narr **BACHELOR-WISSEN.DE**

Fachdidaktik Französisch

narr BACHELOR-WISSEN.DE

narr BACHELOR-WISSEN.DE ist die Reihe für die modularisierten Studiengänge

▶ die Bände sind auf die Bedürfnisse der Studierenden abgestimmt

▶ das fachliche Grundwissen wird in zahlreichen Aufgaben vertieft

▶ der Stoff ist in die Unterrichtseinheiten einer Lehrveranstaltung gegliedert

▶ auf **www.bachelor-wissen.de** finden Sie begleitende und weiterführende Informationen zum Studium und zu diesem Band

Christiane Fäcke

Fachdidaktik Französisch

Eine Einführung

2., überarbeitete und erweiterte Auflage

Idee und Konzept der Reihe: **Johannes Kabatek**, Professor für Romanische Philologie mit besonderer Berücksichtigung der iberoromanischen Sprachen an der Universität Zürich.

Bibliografische Information der Deutschen Nationalbibliothek

Die Deutsche Bibliothek verzeichnet diese Publikation in der Deutschen Nationalbibliografie; detaillierte bibliografische Daten sind im Internet über http://dnb.dnb.de abrufbar.

2., überarbeitete und erweiterte Auflage 2017
1. Auflage 2010

© 2017 · Narr Francke Attempto Verlag GmbH + Co. KG
Dischingerweg 5 · 72070 Tübingen · Deutschland

Das Werk einschließlich aller seiner Teile ist urheberrechtlich geschützt. Jede Verwertung außerhalb der engen Grenzen des Urheberrechtsgesetzes ist ohne Zustimmung des Verlages unzulässig und strafbar. Das gilt insbesondere für Vervielfältigungen, Übersetzungen, Mikroverfilmungen und die Einspeicherung und Verarbeitung in elektronischen Systemen.
Gedruckt auf chlorfrei gebleichtem und säurefreiem Werkdruckpapier.

Internet: www.bachelor-wissen.de
E-Mail: info@narr.de
Satz: Pagina GmbH, Tübingen
Printed in Germany

ISSN 1864-4082
ISBN 978-3-8233-8063-4

Inhalt

Kompetenz 1: Fachdidaktisch denken und arbeiten

Einheit 1: Begriff ‚Fachdidaktik' 1
1.1 Fachdidaktik 2
1.2 Bezugswissenschaften der Fachdidaktik. 10

Einheit 2: Berufswunsch Französischlehrer/in 15
2.1 Motive zur Berufswahl 16
2.2 Vorstellungen vom Lehrerberuf und vom Sprachenlernen und -lehren 19
2.3 Lehrerforschung.. 24

Kompetenz 2: Französischunterricht analysieren

Einheit 3: Methoden des Französischunterrichts 31
3.1 Begriff ‚Methode'... 32
3.2 Die Grammatik-Übersetzungs-Methode 33
3.3 Die Direkte Methode.. 35
3.4 Die Audiolinguale Methode.................................... 37
3.5 Die Vermittelnde Methode..................................... 39
3.6 Die Audiovisuelle Methode 40
3.7 Kommunikative Didaktik...................................... 43

Einheit 4: Alternative Methoden und neuere Entwicklungen 49
4.1 Alternative Methoden 50
4.2 Aktuelle Entwicklungen der Französischdidaktik................. 52
    4.2.1 Interkulturelle Didaktik und Mehrsprachigkeitsdidaktik 52
    4.2.2 Kognitionsorientierung 55
    4.2.3 Digitale Medien und *E-Learning*......................... 62

Einheit 5: Lehrpläne, Curricula und Bildungsstandards............... 67
5.1 Lehrpläne, Curricula und Rahmenrichtlinien.................... 68
5.2 Gemeinsamer europäischer Referenzrahmen für Sprachen 73
5.3 Bildungsstandards, Kompetenz- und Outcomeorientierung........ 77
5.4 Aufgabenorientierung... 81

Einheit 6: Bilinguales Lernen 85
6.1 Individuelle und gesellschaftliche Zwei- und Mehrsprachigkeit...... 86
6.2 Kanadische Immersionsprogramme............................. 88
6.3 Bilingualer Sachfachunterricht in Deutschland................... 91
6.4 Die Staatliche Europa-Schule Berlin (SESB) 95

Einheit 7: Primarstufenunterricht 101
7.1 Der Altersfaktor beim Fremdsprachenlernen 102
7.2 Französisch lernen in der Grundschule 104

Kompetenz 3: Französischunterricht gestalten

Einheit 8: Kompetenzförderung im Französischunterricht 117
8.1 Funktionale kommunikative Kompetenzen 118
8.2 Methodische und soziale Kompetenzen 128
8.3 Transversale Kompetenzen 132

Einheit 9: Wortschatzarbeit 137
9.1 Wörter lehren und vermitteln 138
9.2 Wörter lernen und behalten 144

Einheit 10: Grammatikarbeit 153
10.1 Begriff ‚Grammatik' 154
10.2 Grammatik vermitteln 157

Einheit 11: Landeskunde und interkulturelles Lernen 171
11.1 Landeskunde 172
11.2 Interkulturelles Lernen 174
11.3 Interkulturelle Kompetenzen fördern 181

Einheit 12: Literaturunterricht 191
12.1 Literatur und literarischer Kanon 192
12.2 Literaturdidaktische Modelle 196
12.3 Lesen in der Fremdsprache 200
12.4 Ästhetisch-literarische Kompetenzen fördern 203

Einheit 13: Lehrwerke und Unterrichtsmaterialien 211
13.1 Mit Lehrwerken Französisch lernen 212
13.2 Lehrwerke analysieren 216
13.3 Didaktisierte und authentische Unterrichtsmaterialien einsetzen ... 223

Einheit 14: Leistungsbewertung 229
14.1 Leistungsmessung und Leistungsbewertung 230
14.2 Evaluation schriftlicher Leistungen 235
14.3 Evaluation mündlicher Leistungen 239
14.4 Sprachenzertifikate *DELF* und *DALF* 244

Sachregister 249
Text- und Abbildungsverzeichnis 251

Vorwort zur 2. Auflage

Die vorliegende Einführung in die Fachdidaktik Französisch bildet die 2., überarbeitete und erweiterte Auflage der Fachdidaktik Französisch aus dem Jahr 2010. In den letzten Jahren gab es wichtige Entwicklungen im Bereich der Bildungs- und Sprachenpolitik sowie in der Fremdsprachendidaktik, die im Folgenden berücksichtigt und im Blick auf ihre Auswirkungen auf den Französischunterricht dargestellt werden.

Gegenstand des 1999 von 29 europäischen Bildungsministern initiierten Bologna-Prozesses war die Vereinheitlichung des europäischen Hochschulsystems. Damit verbundene Zielsetzungen zur Förderung von Mobilität, internationaler Wettbewerbsfähigkeit und Beschäftigungsfähigkeit sollten durch ein internationales System vergleichbarer Hochschulabschlüsse, durch konsekutive Studiengänge sowie durch das europäische Leistungspunktesystem (ECTS) umgesetzt werden. Dieser Prozess ist mittlerweile weitgehend abgeschlossen.

Vor diesem Hintergrund werden seit einigen Jahren Bachelor- und Master-Studiengänge an den meisten Universitäten in Deutschland angeboten. Das Studium besteht aus jeweils in sich geschlossenen und aufeinander aufbauenden Modulen, die in der Regel mit einer Prüfung beendet werden. Damit sind einzelne Lehrveranstaltungen innerhalb eines Moduls in sich strukturiert und formal wie inhaltlich aufeinander bezogen. Gerade in den BA-Studiengängen stehen die Vermittlung wissenschaftlicher Grundlagen und verschiedener Kompetenzen sowie die Bezugnahme auf berufsbezogene Qualifikationen im Mittelpunkt.

Im Rahmen eines Lehramtsstudiums sind Studierende unter anderem verpflichtet, fachdidaktische Module abzuleisten. Häufig bilden überblicksartige Einführungsmodule den Auftakt eines solchen fachdidaktischen Studiums. Im Blick auf das Fach Französisch werden im Rahmen einer Einführungsveranstaltung grundlegende Begriffe und zentrale inhaltliche Schwerpunkte der Fremdsprachendidaktik vermittelt und somit Auseinandersetzungen mit Fragen des Lehrens und Lernens von Französisch angeregt.

Der vorliegende Band der Reihe bachelor-wissen entspricht diesen Überlegungen und richtet sich primär an Studierende eines fremdsprachendidaktischen Moduls zur Einführung in die Fachdidaktik Französisch. Wesentliche Zielsetzungen bestehen darin, zentrale Wissensbestände der Fachdidaktik Französisch begleitend zu einer Einführungslehrveranstaltung zu vermitteln oder zum Selbststudium anzuleiten. Der Band besteht aus insgesamt 14 Einheiten, die jeweils in Anlehnung an eine universitäre Lehrveranstaltung bearbeitet werden können. Dabei bildet eine kompetenzorientierte Vermittlung zentrales Konzept der Gestaltung: Neben der expliziten Benennung jeweils angestrebter Kompetenzen wird die Darstellung ergänzt durch Aufgabenstellungen, die auf die vertiefte Bearbeitung des jeweiligen thematischen Abschnitts während oder nach der Lektüre zielen. Ergänzende Materialien sowie Lösungen zu den Aufgaben finden sich auf der Homepage www.bachelor-wissen.de, so dass der eigene Lernfortschritt selbstevaluierend eingeschätzt werden kann. Insgesamt wird mit der auf Anschaulichkeit und Nachvollziehbarkeit zielenden Darstellung angestrebt, insbesondere für Studienanfänger/innen verständlich zu sein und zur eigenverantwortlichen vertieften Auseinandersetzung mit fremdsprachendidaktischen Fragestellungen einzuladen.

Dementsprechend ist der Band in drei Teile gegliedert. Im ersten Abschnitt werden Kompetenzen zu fachdidaktischem Denken und Arbeiten vermittelt, Grundbegriffe der Fachdidaktik Französisch sowie Arbeitsweisen vorgestellt und daneben Informationen zum Beruf Französischlehrer/in gegeben. Im zweiten Abschnitt steht die Analyse des Französischunterrichts im Mittelpunkt. Hier geht es um zentrale Besonderheiten einzelner Methoden sowie um aktuelle Entwicklungen der Fremdsprachendidaktik ebenso wie um die Gestaltung des Französischunterrichts durch Lehrplan, Curriculum oder Bildungsstandards. Daneben werden besondere Ansätze, d.h. Französischunterricht in der Primarstufe sowie bilinguales Lernen, diskutiert. Im dritten Abschnitt liegt der Schwerpunkt auf Kompetenzen zur Gestaltung des Französischunterrichts. Hierzu gehört die Thematisierung kommunikativer, methodischer und sozialer Kompetenzen ebenso wie die Auseinandersetzung mit bestimmten Inhaltsfeldern, d.h. Grammatik, Wortschatz, Literatur und interkulturellem Lernen. Einheiten zu Lehrwerken und Unterrichtsmaterialien sowie zur Leistungsbewertung runden diese Einführung ab.

Augsburg, im März 2017 *Christiane Fäcke*

Einheit 1

Begriff ‚Fachdidaktik'

	Inhalt	
1.1	Fachdidaktik	2
1.2	Bezugswissenschaften der Fachdidaktik	10

In diesem Kapitel werden Definitionen der Begriffe „Fachdidaktik", „Fremdsprachendidaktik" und „Französischdidaktik" als wissenschaftliche Disziplinen entwickelt und ihre Gegenstandsbereiche vorgestellt. Ausgehend von einem Beispiel kommen Einflussfaktoren des Französischunterrichts zur Sprache und hermeneutische wie empirische Methoden werden diskutiert. Anschließend lernen Sie Bezugswissenschaften der Fachdidaktik Französisch sowie die Paralleldisziplin Sprachlehrforschung kennen.

Überblick

1.1 | Fachdidaktik

Fachdidaktische Veranstaltungen sind obligatorischer Bestandteil jedes Lehramtsstudiums. Sie umfassen in der Regel Einführungs- bzw. Überblicksveranstaltungen, themenbezogene Pro- und Hauptseminare sowie Schulpraktika. Die Fachdidaktik als wissenschaftliche Disziplin ist interdisziplinär angelegt und verortet sich zwischen der jeweiligen Fachdisziplin – also beispielsweise Deutsch, Französisch oder Biologie – und den Berufs- bzw. Vermittlungswissenschaften.

Didaktik Didaktik ist ein Begriff, der aus dem Griechischen stammt. ‚Didaktike techne' bedeutet die ‚Lehrkunst'. In wissenschaftlichen Diskursen bestehen heute verschieden weit oder eng gefasste Auffassungen von Didaktik: So wird Didaktik als Wissenschaft vom Lehren und Lernen (z. B. Heimann, Peterßen), als Wissenschaft vom Unterricht (z. B. Huber, Stöcker), als Theorie der Bildungsinhalte (z. B. Weniger, Klafki), als Wissenschaft vom Lehrplan (Curriculumforschung) oder auch als Wissenschaft von der Verhaltensänderung (z. B. Frank, von Cube) verstanden (vgl. Kron 1996: 329).

Methodik Häufig wird auch zwischen Didaktik und Methodik unterschieden. Zusammengefasst zielt die Didaktik auf Fragen nach dem Was und Warum, die Methodik hingegen auf Fragen nach dem Wie. Didaktische Fragestellungen sind methodischen Zugängen vorgeordnet, d. h. Inhalte und Begründungen von Unterricht sollten vor konkreten Umsetzungen reflektiert werden. Sobald Didaktik auf ein bestimmtes Unterrichtsfach bezogen wird, spricht man von Fachdidaktik.

Definition **Fachdidaktik ist eine wissenschaftliche Disziplin**, die Inhalte, Begründungen und Zielsetzungen fachbezogenen Lehrens und Lernens sowie methodische Umsetzungen zum Gegenstand hat und analysiert. Sie befasst sich mit Lehr-/Lernsituationen in schulischen und anderen institutionellen Zusammenhängen.

Dabei stellen sich je nach Schulfach, das unterrichtet wird, spezifische Fragen. So werden im naturwissenschaftlichen Unterricht häufig Experimente zu begründen und zu analysieren sein, im Fremdsprachenunterricht hingegen kommen andere Lehr- und Lernformen zum Tragen: beispielsweise die Imitation authentischer Gesprächssituationen, die Lektüre von Texten oder auch die Anwendung des Gelernten in Übungen und Aufgaben. Damit ist die Fremdsprachendidaktik konkret auf das Lehren und Lernen von Fremdsprachen bezogen und befasst sich mit Lehr-/Lernsituationen „im Kontext des institutionalisierten Fremdsprachenunterrichts" (Hallet/Königs 2010: 11).

Fremdsprachendidaktik Hier kommen bestimmte Themen zum Tragen, die in jedem Fremdsprachenunterricht von Bedeutung sind, unabhängig davon welche Fremdsprache denn nun gelernt werden soll. Im Englischunterricht, im Französischunterricht oder auch im Russischunterricht gilt es beispielsweise, sich mit Grammatik auseinanderzusetzen, Wortschatz zu erwerben oder auch Lernstrategien zu entwickeln. Ob nun die Bedeutung des *Present Perfect* erlernt werden soll oder der *Subjonctif*, – beide Male müssen Lehrkräfte sich grundlegend überlegen, warum und wie sie denn nun das jeweilige Grammatikthema präsentieren, erklären und üben wollen. Darüber hinaus geht es immer wieder um das Erlernen und Behalten neuen Wortschatzes. Schülerinnen und Schüler müssen in jedem Fremdsprachenunterricht Strategien entwickeln, ihren eigenen Lernprozess möglichst effektiv und konstruktiv zu gestalten. Diese Fragen werden jeweils in fremdsprachendidaktischen Perspektiven diskutiert.

> Als wissenschaftliche Disziplin ist die Fremdsprachendidaktik auf Inhalte, Begründungen und Zielsetzungen sowie auf die Methodik des Lehrens und Lernens von Fremdsprachen ausgerichtet. Diese Didaktik der modernen Fremdsprachen analysiert übergeordnete Fragestellungen, die auf die in Deutschland in schulischen und anderen institutionellen Zusammenhängen primär gelehrten Fremdsprachen Englisch, Französisch, Spanisch, Italienisch, Russisch sowie Deutsch als Fremdsprache bezogen sind.

Definition

Darüber hinaus gibt es jedoch auch sprachenspezifische Unterschiede. Landes- und kulturkundliche Themen werden nicht sprachenübergreifend behandelt, sondern sind nur jeweils im Französischunterricht oder im Englischunterricht relevant. Inhaltliche Schwerpunkte wie *La Normandie* oder *Les beurs* bilden beispielsweise ein mögliches Thema für den Französischunterricht, während *The Tudors* oder *Australia* nur dem Englischunterricht zuzuordnen sind.

sprachenspezifische Unterschiede

Andere Beispiele für Unterschiede zwischen dem Unterricht einzelner Fremdsprachen sind die Stellung und Bedeutung des jeweiligen Fachs in der Schule, die Sprachenfolge oder auch daraus resultierende Motivationen der Schülerinnen und Schüler, die jeweilige Fremdsprache zu erlernen. So ist Englisch *lingua franca*, d. h. eine weltweite Verkehrssprache, die nicht nur von *native speakers*, sondern von zahlreichen Menschen als Zweit- oder Fremdsprache gesprochen wird. Französisch hingegen wird in Deutschland weit seltener als wesentliche Weltsprache angesehen. Englisch wird daher im Regelfall als erste Fremdsprache gelernt, Französisch häufig als zweite Fremdsprache. Daraus resultieren weitere fachdidaktische Besonderheiten. Schülerinnen und Schüler sind im Anfangsunterricht Englisch meist jünger als im Anfangsunterricht Französisch. Der Französischunterricht kann damit als zweite Fremdsprache in der Schulsprachenfolge auf Lernerfahrungen der Schülerinnen und Schüler im Englischunterricht zurückgreifen. Dabei gilt es auch, eine andere Motivationshaltung bei den Lernenden zu berücksichtigen. Während Englisch auch im Alltag in Deutschland durch Musik und die Übernahme englischen Wortschatzes in der Alltagssprache – z. B. in Bereichen wie Medien, Computer, Internet usw. – präsent ist, erscheint Französisch demgegenüber eher

BEGRIFF ‚FACHDIDAKTIK'

nachgeordnet. Diese Beispiele machen eine explizit fachdidaktische Dimension deutlich.

Definition

> Fachdidaktik Französisch ist konzentriert auf die Inhalte, Begründungen und Zielsetzungen des Lehrens und Lernens von Französisch sowie auf methodische Umsetzungen. Unter Bezugnahme auf den Französischunterricht in schulischen und anderen institutionellen Zusammenhängen werden fachdidaktische Fragestellungen analysiert und auf ihre Tragfähigkeit für die Umsetzung in konkreten Lehr-/Lernsituationen hin befragt.

Fremdsprachenunterricht

Mit Französischunterricht ist hier vor allem Französisch als Fremdsprache gemeint, nicht Französisch als Erst- oder Zweitsprache. Französisch ist Erst- oder Zweitsprache in Frankreich und anderen frankophonen Staaten, Französisch als Fremdsprache hingegen dominiert in allen Staaten, in denen Französisch nicht Erstsprache (z. B. Frankreich) oder Verkehrssprache (z. B. Marokko) ist.

Betrachten wir nun exemplarisch die folgende Unterrichtssituation, in der eine Fremdsprache gelernt wird bzw. werden soll. Es handelt sich um einen literarischen Text, in dem eine Situation im Fremdsprachenunterricht als Rahmen gewählt und literarisch verarbeitet ist. Fremdsprachenunterricht realisiert sich in jeder Lehr-/Lernsituation jeweils neu, doch kann die folgende Episode exemplarisch verdeutlichen, wie viele Faktoren zur Gestaltung einer Stunde jeweils konkret beitragen.

Das folgende Beispiel ist auf eine Unterrichtssituation im Elsass kurz nach Ende des Deutsch-französischen Kriegs (1870/71) bezogen, der für Frankreich u.a. den Verlust Elsass-Lothringens zur Folge hatte. Der kleine elsässische Schüler Franz schildert die letzte Französischstunde seines Lehrers voller Betroffenheit, denn eine Konsequenz aus dem verlorenen Krieg war das Verbot, das Französische in Elsass-Lothringen zu unterrichten.

Text 1.1

La dernière classe
(récit d'un petit Alsacien)
Ce matin-là, j'étais très en retard pour aller à l'école, et j'avais grand-peur d'être grondé, d'autant que M. Hamel nous avait dit qu'il nous interrogerait sur les participes, et je n'en savais pas le premier mot.

[…] j'entrai tout essoufflé dans la petite cour de M. Hamel.

Par la fenêtre ouverte, je voyais mes camarades déjà rangés à leurs places, et M. Hamel, qui passait et repassait avec la terrible règle en fer sous le bras. […] Vous pensez, si j'étais rouge et si j'avais peur !

Eh bien ! non. M Hamel me regarda sans colère et me dit très doucement :

« Va vite à ta place, mon petit Franz ; nous allions commencer sans toi. »

[…], toute la classe avait quelque chose d'extraordinaire et de solennel. […]

Pendant que je m'étonnais de tout cela, M. Hamel était monté dans sa chaire, et de la même voix douce et grave dont il m'avait reçu, il nous dit :
« Mes enfants, c'est la dernière fois que je vous fais la classe. L'ordre est venu de Berlin de ne plus enseigner que l'allemand dans les écoles de l'Alsace et de la Lorraine... Le nouveau maître arrive demain. Aujourd'hui, c'est votre dernière leçon de français. Je vous prie d'être bien attentifs. »

Ces quelques paroles me bouleversèrent. […]

Ma dernière leçon de français !...

Et moi qui savais à peine écrire ! Je n'apprendrais donc jamais ! Il faudrait donc en rester là !... Comme je m'en voulais maintenant du temps perdu, des classes manquées à courir les nids ou à faire des glissades sur la Saar ! Mes livres que tout à l'heure encore je trouvais si ennuyeux, si lourds à porter, ma grammaire, mon histoire sainte me semblaient à présent de vieux amis qui me feraient beaucoup de peine à quitter. C'est comme M. Hamel. L'idée qu'il allait partir, que je ne le verrais plus, me faisait oublier les punitions, les coups de règle.

Pauvre homme !

[…] J'en étais là de mes réflexions, quand j'entendis appeler mon nom. C'était mon tour de réciter. Que n'aurais-je pas donné pour pouvoir dire tout au long cette fameuse règle des participes, bien haut, bien clair, sans une faute ; mais je m'embrouillai aux premiers mots, et je restai debout à me balancer dans mon banc, le cœur gros, sans oser lever la tête. J'entendais M. Hamel qui me parlait :

« Je ne te gronderai pas, mon petit Franz, tu dois être assez puni... […].

Alors, d'une chose à l'autre, M. Hamel se mit à nous parler de la langue française, disant que c'était la plus belle langue du monde, la plus claire, la plus solide : qu'il fallait la garder entre nous et ne jamais l'oublier, […]. Puis il prit une grammaire et nous lut notre leçon. J'étais étonné de voir comme je comprenais. Tout ce qu'il disait me semblait facile, facile. Je crois aussi que je n'avais jamais si bien écouté et que lui non plus n'avait jamais mis autant de patience à ses explications. On aurait dit qu'avant de s'en aller le pauvre homme voulait nous donner tout son savoir, nous le faire entrer dans la tête d'un seul coup.

La leçon finie, on passa à l'écriture. Pour ce jour-là, M. Hamel nous avait préparé des exemples tout neufs, sur lesquels était écrit en belle ronde : France, Alsace, France, Alsace. […].

(Daudet 1908: 5-12)

Dieses Beispiel macht deutlich, dass Fremdsprachenunterricht von zahlreichen Faktoren und Größen bestimmt wird, die ineinander wirken und sich

BEGRIFF ‚FACHDIDAKTIK'

gegenseitig bestimmen. Bevor Sie nun weiterlesen, lösen Sie bitte die folgende Aufgabe.

| Aufgabe 1.1 | **?** Welche Faktoren beeinflussen die Gestaltung der in diesem Beispiel dargestellten Lehr-/Lernsituation?

Faktoren im Fremdsprachenunterricht

Sicherlich lassen sich etliche Faktoren zur Analyse der hier literarisch verarbeiteten Unterrichtssituation heranziehen. Exemplarisch verweise ich im Folgenden auf drei Faktoren, die mir wichtig erscheinen: politische Rahmenbedingungen und die Identifikation der im Elsass lebenden Bevölkerung mit Frankreich, das Unterrichtsverständnis des Lehrers M. Hamel insgesamt sowie das Verständnis von Sprachunterricht.

politische Rahmenbedingungen

Von zentraler Bedeutung sind die am Unterricht Beteiligten, d.h. der Lehrer M. Hamel sowie die Schülerinnen und Schüler der Klasse, deren Unterricht nicht neutral und völlig losgelöst von den politischen Rahmenbedingungen erfolgt, sondern ganz in seine Zeit und Umwelt eingebettet ist. Die Identität aller am Unterrichtsprozess Beteiligten ist auf Frankreich hin ausgerichtet, die Preußen werden als Feinde und Besatzungsmacht wahrgenommen. Dementsprechend wird das Verbot, Französisch zu unterrichten, als Verlust der eigenen Identität gedeutet. Die Aussichten auf einen deutschsprachigen Unterricht lassen keine Vorfreude aufkommen.

Leistungsorientierung

Das Unterrichtsverständnis von M. Hamel bildet einen weiteren wichtigen Faktor bei der Gestaltung des Französischunterrichts. Ganz im Geist seiner Zeit sieht er sich selbst als absolute Autorität im Unterrichtsgeschehen, die von keiner Seite hinterfragt wird. Sein lehrer- und leistungsorientierter Unterricht ist von einem hierarchischen Verhältnis zu seinen Schülern geprägt, die ihm trotz aller kindlichen Spiel- und Lebensfreude mit Angst gegenübertreten. Motivierung der Lernenden, Methodenvielfalt oder Aspekte eines offenen Unterrichts sind in dieser Schule nicht vorgesehen und nicht denkbar, stattdessen bilden Strafen und Stock zentrale Mittel zur Förderung der Disziplin und des Lernens.

Sprachunterricht

Der hier dargestellte Unterricht bezieht sich auf die Vermittlung des Französischen, das im Elsass dieser Zeit die Erstsprache der Lernenden bildet. Sprachunterricht wird hier vor allem als Grammatikunterricht verstanden. Die grammatische Form sowie die grammatikalische Metasprache werden als wichtig erachtet, die Funktion der grammatischen Form nachrangig behandelt. Die Bearbeitung der Grammatik erfolgt entkontextualisiert, wobei die grammatikalische Metasprache wenig lernerorientiert, d.h. für die Schüler wenig verständlich formuliert wird. Als entscheidend wird das Rezitieren einer auswendig gelernten Regel angesehen. Eine von einem konkreten Beispiel ausgehende Thematisierung der grammatischen Form in einem situativen und kommunikativen Kontext erfolgt nicht. Insgesamt steht die Form der Grammatik vor ihrer Funktion.

Soweit beispielhaft drei Faktoren, die die Durchführung des geschilderten Fremdsprachenunterrichts beeinflussen. Für andere Französischstunden ließen sich sicherlich andere Einflussfaktoren vorstellen.

? Bevor Sie nun weiterlesen, listen Sie bitte einmal für sich auf, welche Faktoren den Französischunterricht insgesamt bestimmen bzw. einzelne Stunden bestimmen können.

|Aufgabe 1.2

Die wichtigsten Faktoren des Französischunterrichts sind in der folgenden Grafik zur Übersicht zusammengestellt. Weitere Faktoren lassen sich problemlos ergänzen und darüber hinaus auch die Zuordnungen zu- und untereinander teilweise modifizieren. Da zahlreiche Faktoren ineinander wirken, spricht man auch von einer Faktorenkomplexion:

Faktorenkomplexion

Faktorenkomplexion im Französischunterricht

Eine ausführliche Mind-map, die weitere Faktoren enthält, finden Sie unter www.bachelor-wissen.de.

Die hier genannten Faktoren beeinflussen u. a. die konkrete Realisierung von Französischunterricht. Eine Französischstunde an einem Montag in der ersten Stunde in einer unmotivierten Klasse 7 mit einer hohen Anzahl an Schülerinnen und Schülern zum Thema *Le système scolaire en France* auf der Basis eines Lehrwerktextes ist sicher anders gestaltet als eine Französisch-

BEGRIFF ‚FACHDIDAKTIK'

stunde in einer hoch motivierten Klasse 9, in der eine an Bildungsstandards und Outputorientierung angelehnte Aufgabe zum Thema *Préparons un échange avec une classe à Bayeux* selbstständig bearbeitet werden soll.

Analyse des Französischunterrichts

Wenn Fachdidaktik Französisch nun, wie in der Definition oben aufgeführt, die Inhalte, Begründungen und Zielsetzungen des Lehrens und Lernens von Französisch zum Gegenstand hat und analysiert, stellt sich auch die Frage nach den Analysemöglichkeiten konkret realisierten Französischunterrichts.

Die Französischdidaktik bedient sich dabei zwei verschiedener Zugänge. Wenn wir beispielsweise herausfinden wollen, welche Inhalte im Französischunterricht standardmäßig bearbeitet werden, so könnten wir z. B. die Inhalte von Französischlehrwerken analysieren. Ausgehend von dem Postulat, dass Französischunterricht in der Sekundarstufe I in der Regel lehrwerkbasiert durchgeführt wird, können wir daraus schlussfolgern, dass die Inhalte der Lehrwerke indirekt Aufschluss über die Inhalte des Französischunterrichts geben und diese dann interpretieren. So könnte man gezielt untersuchen, welche Themen in die Lehrwerke aufgenommen sind, wie häufig und wie intensiv sie zur Sprache kommen oder auch aus welcher Perspektive sie geschildert werden.

Hemeneutik

Eine solche Interpretation von Lehrwerkinhalten basiert auf einem geisteswissenschaftlichen und hermeneutischen Wissenschaftsverständnis. Im Griechischen bedeutet das Verb ‚hermeneuo', ‚aussagen, erklären, auslegen'. Die Hermeneutik zielt somit auf die Auslegung und Deutung von – in diesem Fall – Lehrwerktexten und steht im Gegensatz zu einem sozialwissenschaftlichen Empirieverständnis und zu naturwissenschaftlichen Erklärungen.

Definition

> Hermeneutik ist eine wissenschaftliche Methode, die Ereignisse, menschliches Verhalten und menschliche Werke, wie z. B. Texte oder Kunstwerke, aus sich heraus und in ihrem Zusammenhang verstehen will. Ziel ist dabei das Verstehen von Bedeutung und Sinn. Dieses Verstehen kann niemals endgültig und abschließend sein, sondern ereignet sich immer neu.

Verstehen

Verstehen ist im Sinne des ‚hermeneutischen Zirkels' niemals abgeschlossen und definitiv, sondern besteht in einem Prozess, der immer wieder neu durchgeführt wird. Dies steht in Zusammenhang damit, dass das Verstehen immer schon an ein Vorverstehen gebunden ist, dass der Verstehende immer schon ein Vorverständnis hat und dass sich bei immer neuen Auslegungen ein immer neuer Sinn und eine neue Bedeutung ergeben. Kehren wir zur Verdeutlichung zu dem bereits genannten Beispiel der Interpretation von Lehrwerktexten zurück. Ein Französischlehrwerk, das in den 1970er Jahren erstellt wurde, wird heute sicherlich anders verstanden als damals. Zeichnungen und Fotos von Menschen mit Haarfrisuren und Kleidung im Disco-Stil galten damals als schick und modern, werden heute jedoch als veraltet angesehen. Vergleichbares gilt für das Layout des Lehrwerks oder auch die Gestaltung der Übungen und Lehrwerktexte. Gemäß dem hermeneutischen Zirkel müssen sich die Sichtweisen auf Texte und Fotos immer neu erschließen und das Verständnis wird sich demgemäß immer wieder verändern.

Hermeneutische Zugangsweisen wurden und werden in der Französischdidaktik genauso wie in anderen wissenschaftlichen Disziplinen immer wieder genutzt. Doch wissen wir damit genau, welche Inhalte im Französischunterricht nun wirklich thematisiert werden? Die Rückschlüsse aus Inhalten von Französischlehrwerken erfolgen nur indirekt. Vielleicht nutzen Lehrkräfte die Lehrwerke nicht genau so wie vorgegeben. Vielleicht nutzen sie ganz andere Unterrichtsmaterialien. Was nun tatsächlich im Französischunterricht zum Thema gemacht wird, kann somit nicht exakt durch die hermeneutische Methode geklärt werden.

Dazu müssten wir den Französischunterricht selbst beobachten und analysieren. Durch Unterrichtsbeobachtung und Hospitation aller gehaltenen Französischstunden in einem bestimmten Zeitraum und einem bestimmten Gebiet, z. B. aller Gymnasien in Köln von Januar bis März eines Jahres, ließe sich ganz genau herausfinden, welche Inhalte wirklich thematisiert werden. Eine entsprechend hohe Anzahl an ausgewerteten Stunden könnte verallgemeinert und als repräsentativ für den Unterricht aller Gymnasien in Deutschland verstanden werden. Eine solche methodengeleitete, strukturierte Unterrichtsbeobachtung folgt einem von Empirie geleiteten Wissenschaftsverständnis.

Empirie

> Empirie ist eine wissenschaftliche Methode, die sich auf Erfahrung, d. h. Beobachtung, Messung und Experiment, als Zugang zu Erkenntnisgewinn stützt. Empirische Verfahren der Feldforschung gelten als gesicherte Möglichkeit, Realität zu erfassen.

Definition

Empirische Verfahren werden nicht nur in den Naturwissenschaften genutzt, sondern in neuerer Zeit auch in den wissenschaftlichen Disziplinen, die eher von hermeneutischen Verfahren geprägt waren, so z. B. in der Psychologie, Soziologie, Pädagogik und eben auch in den Fachdidaktiken. Besonders bekannte Beispiele sind umfangreiche empirische Untersuchungen wie die PISA-Studie oder die DESI-Studie.

Hermeneutik und Empirie werden heute nicht mehr als einander entgegengesetzte und sich ausschließende Methoden verstanden, sondern in gegenseitiger Ergänzung genutzt. Damit werden auch die Gefahren der jeweiligen Methoden – Spekulation der hermeneutischen Interpretation und unhinterfragter Positivismus der Empirie – verringert oder vermieden. Wenn wir nun herausfinden wollen, welche Inhalte im Französischunterricht wirklich zum Tragen kommen, bietet es sich an, eine von hermeneutischen Methoden geleitete Lehrwerkanalyse ebenso durchzuführen wie eine von empirischen Methoden geleitete Unterrichtsbeobachtung. Die jeweiligen Ergebnisse der beiden Untersuchungen können sich sinnvoll und konstruktiv ergänzen. Dies

Hermeneutik und Empirie in der Französischdidaktik

wird in der Französischdidaktik zunehmend umgesetzt. Qualitative und quantitative empirische Studien zum Französischunterricht untersuchen gezielt einzelne Faktoren und streben damit an, zusätzliche Aussagen und Ergebnisse im Vergleich zu den ursprünglich eher hermeneutisch angelegten Zugängen der Französischdidaktik zu bieten.

Aufgabe 1.3 | ? Vergleichen Sie hermeneutische und empirische Methoden miteinander. Arbeiten Sie die jeweiligen Charakteristika, Gemeinsamkeiten und Unterschiede heraus. Analysieren Sie Vor- und Nachteile beider Methoden für die Fachdidaktik Französisch. Welche Chancen liegen in einer Kombination von Hermeneutik und Empirie?

1.2 | Bezugswissenschaften der Fachdidaktik

Die bislang aufgeführten Aspekte deuten bereits darauf hin, dass die Französischdidaktik von Interdisziplinarität geprägt ist und Bezüge zu anderen wissenschaftlichen Disziplinen hat. Sie ist zwischen Fachwissenschaften und Berufs- bzw. Vermittlungswissenschaften angesiedelt.

Dazu werden unter anderen „die deskriptive und angewandte Linguistik, die Lernpsychologie und Hirnforschung, die Erziehungswissenschaft (Pädagogik), die Literaturwissenschaft sowie die Kultur- und Landeswissenschaften" und darüber hinaus „die Soziologie, Politologie, Geschichte, Übersetzungs- und Medienwissenschaft" gerechnet (Reinfried 2006: 15 ff.).

Aufgabe 1.4 | ? Welche Fragestellungen könnten für die genannten wissenschaftlichen Disziplinen und für die Französischdidaktik gemeinsam relevant sein? Formulieren Sie jeweils für jede Disziplin eine mögliche Fragestellung bzw. ein Thema, das interdisziplinär auf die Fachdidaktik Französisch bezogen werden kann.

Im Folgenden werden einige fachwissenschaftliche und vermittlungswissenschaftliche Bezüge genauer vorgestellt (Fäcke 2007). Fachwissenschaftliche Bezüge bestehen zu Literatur- und Sprachwissenschaft sowie zu Kultur- und Landeswissenschaften, vermittlungswissenschaftliche Bezüge beispielsweise zur Erziehungswissenschaft und Lernpsychologie.

Literaturwissenschaft   In der Literaturwissenschaft lassen sich zahlreiche Diskurse für die Fachdidaktik Französisch nutzen. Hierzu gehören Fragen zum Charakter von literarischen Texten und zu ihrer Fiktionalität oder auch das Verhältnis zwischen Autor, Text und Textrezipienten.

Literaturwissenschaftliche Analysen fokussieren die Gattungen Lyrik, Epik und Drama. Die Interpretationsansätze zielen auf biographische Aspekte zu den jeweiligen Autoren oder leiten sich von den Texten her. Dabei kommen verschiedene Argumentationsschienen zum Tragen: Psychoanalytische und literatursoziologische Ansätze finden sich neben postkolonialen oder feministischen Positionen, daneben gibt es Perspektiven der komparatistischen Literaturwissenschaft oder strukturalistische und poststrukturalistische Ansätze, die jeweils ihren Niederschlag im fremdsprachlichen Literaturunterricht finden. Für den Französischunterricht ist die Rezeptionsästhetik zentral, insofern als ihr Fokus auf die Interaktion zwischen Text und Rezipienten zur Konstitution von Bedeutung für die schulische Praxis praktikabel und sinnvoll erscheint.

Auch die Sprachwissenschaft ist für die Französischdidaktik von Relevanz. Ein grundlegender Unterschied zwischen Linguistik und Fachdidaktik besteht darin, dass die Linguistik Kenntnisse *über* die Fremdsprache zum Gegenstand hat, während die Fachdidaktik auf Kenntnisse *in* der Fremdsprache, d. h. primär auf die Anwendung der jeweiligen Fremdsprache und auf Kommunikation in der Fremdsprache, zielt.

Sprachwissenschaft

Dabei erweisen sich vor allem Diskussionen innerhalb der verschiedenen linguistischen Teildisziplinen als für die Fremdsprachendidaktik relevant. Dazu gehören u. a. die Soziolinguistik, Ethnolinguistik, Pragmalinguistik oder auch die Psycholinguistik. Die Linguistik hat in den letzten Jahren zahlreiche unterrichtsrelevante Forschungsbereiche bearbeitet, dazu gehören u.a. die Analye von Diskurstraditionen in Bezug auf die gesprochene und geschriebene Sprache, die Kontrastive Linguistik, die Textlinguistik, die Korpuslinguistik und die Varietätenlinguistik (Kabatek 2011).

Gegenstand der Kultur- und Landeswissenschaften sind die Kultur(en) der jeweiligen Zielsprachenländer, die die Fremdsprachendidaktik auf Möglichkeiten zur Umsetzung im Unterricht reflektiert. Die Vermittlung einer Fremdsprache wird stets mit der Auseinandersetzung mit den Kulturen der Zielländer verknüpft.

Kultur- und Landeswissenschaften

Aus den Landeswissenschaften mit einem Fokus auf geografische, historische oder politische Zusammenhänge hat sich die Landeskunde in der Fremdsprachendidaktik entwickelt, die zunächst Wissen über das jeweilige Land vermitteln will. Dabei können kulturkundliche Perspektiven in philologisch-hermeneutischer Tradition verfolgt werden oder auch eher alltagskulturelle Perspektiven in der Tradition der *cultural studies*. Die Kulturwissenschaften vertreten insgesamt einen weiten Kulturbegriff, der jegliche Form von Kultur als materielle und symbolische Praktiken umfasst.

Die Französischdidaktik ist auch durch vermittlungswissenschaftliche Bezüge geprägt, von denen im Folgenden exemplarisch die Erziehungswissenschaft und die Lernpsychologie vorgestellt werden.

Vermittlungswissenschaften

Die Erziehungswissenschaft thematisiert und erforscht Erziehung in jeglichen Zusammenhängen und Formen. Dazu gehören der Sozialisations- und der Erziehungsprozess ebenso wie Institutionen und Organisationsformen im Erziehungswesen oder didaktische Fragestellungen und die Reflexion des Zusammenhangs von Lehren und Lernen (Hofmann 2015). Die Schulpädagogik bildet einen Schwerpunkt innerhalb der Pädagogik und konzentriert sich auf Erziehungszusammenhänge in der Schule, ohne jedoch primär inhaltliche

Erziehungswissenschaft

Zusammenhänge des Lehrens und Lernens zu reflektieren. Die Allgemeine Didaktik thematisiert didaktische Fragen in Hinblick auf alle Schulfächer.

In der Erziehungswissenschaft werden gerade vor dem Hintergrund von Bildungsstudien wie PISA und DESI veränderte Lernbedingungen diskutiert, was auch ein verändertes Verständnis des Französischunterrichts nach sich zieht. So mehren sich Stimmen, die den lehrer-, lernziel- und leistungsorientierten Französischunterricht zunehmend durch selbst entdeckendes und selbst gesteuertes Lernen ersetzen wollen. Forderungen der Allgemeinen Didaktik und der Erziehungswissenschaft nach Selbsttätigkeit wird auch in der Französischdidaktik zunehmend Rechnung getragen, so z.B. durch stärkere Berücksichtigung von Lernerautonomie, Lernstrategien oder *language awareness* (vgl. Einheit 4; S. 55 ff.). Darüber hinaus ist auch die Diskussion zum Umgang mit Bildungsstandards, von Evaluation und Outputorientierung für die Französischdidaktik von Bedeutung. Sie impliziert ein verändertes Verständnis von Französischunterricht orientiert am Europäischen Referenzrahmen für Sprachen oder an einem auf Aufgaben basierten Verständnis des Unterrichts (*task based language learning*) (vgl. Einheit 5; S. 73 ff./S. 81 ff.).

Lernpsychologie

Die Lernpsychologie analysiert in psychologischer und neurowissenschaftlicher Perspektive Mechanismen des Lernens, des Behaltens und Vergessens. Ihre Gegenstandsbereiche sind Grundfragen des menschlichen Lernens im Kontext von Erkenntnis, Wissen und Bewusstsein. Ihre Erkenntnisse können als Grundlage für konkrete Umsetzungen in pädagogischen Kontexten und damit auch für das Lehren und Lernen von Fremdsprachen dienen. Was ist Lernen und wie funktioniert Lernen? Diese Fragen versuchen verschiedene Lerntheorien jeweils neu zu beantworten. Hierzu gehören Lerntheorien behavioristischer Prägung (z.B. Skinner, Pawlow) oder auch kognitive Lerntheorien (z.B. Bruner, Piaget und Wygotski), die den Lernprozess als aktive Aufnahme von Informationen sehen. Daneben verfolgt die Lernpsychologie auch Fragen der Motivation und des sozialen Lernens (Lefrançois 2015).

Fragen nach Funktionsweisen des Gehirns und nach der Aufnahme von Informationen werden empirisch untersucht und im Blick auf Gedächtnismodelle reflektiert. Dabei wird ein Zusammenhang zwischen der Intensität und Dauer der Aufnahme von Informationen und der Behaltensleistung des Gehirns gesehen. Diese Gedächtnismodelle sind von unmittelbarer Relevanz für die Französischdidaktik, der es ja auch um die Aufnahme und das Behalten z. B. von französischem Wortschatz geht. Hier werden Fragen zur Unterstützung und Erleichterung von Lernen reflektiert und auf mögliche methodische Umsetzungen bezogen. Möglichkeiten der Steigerung von Gedächtnisleistungen bestehen beispielsweise in der Vernetzung von Sinnzusammenhängen, in der Verknüpfung von Neuem mit Bekanntem oder auch in der Anregung der Fantasie.

Sprachlehrforschung

Neben interdisziplinären Bezügen der Französischdidaktik gilt es auch, die in den 1970er Jahren begründete Sprachlehrforschung als Paralleldisziplin zur Fremdsprachendidaktik vorzustellen. Sie widmet sich Forschungsfragen zum

Lehren und Lernen fremder Sprachen und visiert eine aus empirischen Untersuchungen begründete Bestätigung oder Veränderung bestimmter Lehr-/Lernformen im Fremdsprachenunterricht an. Dabei geht es um Bedingungen und Möglichkeiten des Erwerbs und der Vermittlung von Sprache (vgl. Hallet/Königs 2010: 11 f.).

Aktuelle Forschungsschwerpunkte, die aus der empirischen Wende in der Fremdsprachendidaktik und aus der zunehmenden Relevanz von Bildungsstudien wie PISA entstanden, nehmen Faktoren des gesteuerten Fremdsprachenerwerbs in institutionellen Zusammenhängen auf und umfassen z.B. folgende Forschungsfelder: die empirische Unterrichtsforschung und *Action Research*, die Lehrwerkforschung, die Curriculumforschung, Kompetenzstandards und Aufgabenentwicklung, Bilingualität und Mehrsprachigkeit sowie die Interkomprehensionsforschung (Hallet/Königs 2010: 359 ff.).

Forschungsthemen beziehen sich auf autonomes und selbst gesteuertes Fremdsprachenlernen, auf den Radikalen Konstruktivismus (vgl. Einheit 4, S. 59 ff.), auf Mehrsprachigkeit (vgl. Einheit 4, S. 53 ff.), auf das Selbstverständnis und die Ausbildung von Fremdsprachenlehrenden (vgl. Einheit 2, S. 15 ff.), auf innovative Neuerungen wie das bilinguale Lernen (vgl. Einheit 6, S. 85 ff.) oder den Fremdsprachenfrühbeginn (vgl. Einheit 7, S. 101 ff.), auf interkulturelles Lernen und multiethnisch zusammengesetzte Lerngruppen (vgl. Einheit 11, S. 174 ff.), auf Lesen in der Fremdsprache (vgl. Einheit 8, S. 123 ff.) oder auch auf den Einsatz neuer Medien (vgl. Einheit 4, S. 62 ff.).

Forschungsschwerpunkte

In dieser ersten Einheit wurden Definitionen für die Fachdidaktik, die Fremdsprachendidaktik und die Französischdidaktik erarbeitet sowie die Themengebiete der jeweiligen Disziplinen präsentiert. Fremdsprachendidaktik und Fachdidaktik Französisch teilen weitgehend Themen und Inhalte, unterscheiden sich aber in ihrem Grad der Konzentration auf fachspezifische Zusammenhänge. Die Erforschung und Verbesserung des Lehrens und Lernens von Französisch basiert auf geisteswissenschaftlichen und sozialwissenschaftlichen, auf hermeneutischen und empirischen Methoden, die in den Fachdidaktiken als gegenseitige Ergänzung betrachtet werden. Die Analyse von Französischunterricht muss dabei einer hohen Anzahl von Faktoren Rechnung tragen, die den Unterricht beeinflussen. Die Fachdidaktik Französisch ist eine interdisziplinäre Wissenschaft, die Bezüge zu den Fachwissenschaften und zu den Vermittlungswissenschaften entfaltet. Die Sprachlehrforschung ist eine parallele Disziplin zur Fremdsprachendidaktik.

Zusammenfassung

BEGRIFF ‚FACHDIDAKTIK'

|Aufgabe 1.5

? Vergleichen Sie die Themen, die in folgenden Publikationen zur Französischdidaktik und zur Fremdsprachendidaktik zum Gegenstand gemacht werden, anhand der jeweiligen Inhaltsverzeichnisse. Welche Gemeinsamkeiten und welche Unterschiede sind erkennbar? Welche Rückschlüsse ziehen Sie daraus für die Entwicklung der Fachdidaktik Französisch und der Fremdsprachendidaktik?

Arnold, Werner (^{3}1989): Fachdidaktik Französisch. Stuttgart: Klett.
Nieweler, Andreas (Hg.) (2006): Fachdidaktik Französisch. Tradition, Innovation, Praxis. Stuttgart: Klett.
Leupold, Eynar (2010): Französisch lehren und Lernen. Das Grundlagenbuch. Seelze: Klett, Kallmeyer.

Bausch, Karl-Richard/Christ, Herbert/Krumm, Hans-Jürgen (Hg.) (1995): Handbuch Fremdsprachenunterricht. 3. Auflage. Tübingen und Basel: Francke.
Bausch, Karl-Richard/Christ, Herbert/Krumm, Hans-Jürgen (Hg.) (2007): Handbuch Fremdsprachenunterricht. 5. Auflage. Tübingen: Francke.
Burwitz-Melzer, Eva/Mehlhorn, Grit/Riemer, Claudia/Bausch, Karl-Richard/Krumm, Hans-Jürgen (Hg.) (2016): Handbuch Fremdsprachenunterricht. 6. Auflage. Tübingen: Francke.

Literatur

Bausch, Karl-Richard/Christ, Herbert/Krumm, Hans-Jürgen (2007): Fremdsprachendidaktik und Sprachlehrforschung. In: dies. (Hg.): Handbuch Fremdsprachenunterricht. 5. Auflage. Tübingen: Francke, 1–9.
Daudet, Alphonse (1908): Contes du lundi. Paris: Fasquelle.
Fäcke, Christiane (2007): Fachdidaktik und Unterrichtsqualität: spezifische Aspekte im Bereich Französische Sprache. In: Arnold, Karl-Heinz (Hg.) (2006): Unterrichtsqualität und Fachdidaktik. Bad Heilbrunn: Klinkhardt, 155–176.
Hallet, Wolfgang/Königs, Frank G. (2010): Fremdsprachendidaktik als Theorie und Disziplin. In: Hallet, Wolfgang/Königs, Frank G. (Hg.): Handbuch Fremdsprachendidaktik. Seelze-Velber: Klett, Kallmeyer, 11-17.
Hofmann, Michèle (Hg.) (2015): Lehrbuch Pädagogik. Eine Einführung in grundlegende Themenfelder. Bern: Hep-Verlag.
Kabatek, Johannes (2011): Spanische Sprachwissenschaft. 2. Auflage. Tübingen: Narr.
Lefrançois, Guy R. (2015): Psychologie des Lernens. 5. Auflage. Berlin und Heidelberg: Springer.
Reinfried, Marcus (2006): Fachdidaktik Französisch und ihre Bezugswissenschaften. In: Nieweler, Andreas (Hg.): Fachdidaktik Französisch. Tradition, Innovation, Praxis. Stuttgart: Klett, 15–18.
Schumann, Adelheid (2002): Zwischen Eigenwahrnehmung und Fremdwahrnehmung: Die *Beurs*, Kinder der maghrebinischen Immigration in Frankreich. Untersuchungen zur Darstellung interkultureller Konflikte in der *Beur*-Literatur und in den Medien. Frankfurt am Main: IKO.

Einheit 2

Berufswunsch Französischlehrer/in

	Inhalt	
2.1	Motive zur Berufswahl	16
2.2	Vorstellungen vom Lehrerberuf und vom Sprachenlernen und -lehren	19
2.3	Lehrerforschung	24

Gegenstand dieser Einheit sind Überlegungen zur Berufswahl, d.h. zu Kriterien und Entscheidungen, die den Prozess zur Aufnahme eines Lehramtsstudiums begleiten, sowie zu Gründen, die zu dem Berufswunsch Französischlehrer/in führen. Dabei werden persönliche Motive zur Berufswahl ebenso diskutiert wie Vorstellungen vom Berufsbild Französischlehrer/in. Anschließend lernen Sie einige empirische Befunde der Lehrerforschung kennen. Hier werden Ergebnisse der biografischen Lehrerforschung vorgestellt und Untersuchungen zum Selbstbild und zu subjektiven Theorien von Lehrer/innen aus der Perspektive der Erziehungswissenschaft und der Fremdsprachendidaktik präsentiert.

Überblick

BERUFSWUNSCH FRANZÖSISCHLEHRER/IN

2.1 | Motive zur Berufswahl

Wenn Sie dieses Buch lesen, haben Sie sich vermutlich bereits zur Aufnahme eines Lehramtsstudiums entschieden oder sind gerade dabei, dieses zu tun. Sicherlich gibt es zahlreiche und sehr unterschiedliche Gründe, den Berufswunsch Französischlehrer/in zu entwickeln und sich darüber Gedanken zu machen. Derartige Entscheidungen sind von etlichen Faktoren beeinflusst, so unter anderem von der eigenen Sozialisation und Herkunft, von Vorlieben für bestimmte Schulfächer und Erfahrungen aus der eigenen Schulzeit, von Vorstellungen zur eigenen Lebensplanung oder auch von gesellschaftlichen Rahmenbedingungen. Grundsätzlich stellt sich dabei die Frage nach der individuell richtigen Berufswahl.

Motive zur Berufswahl

Zu Beginn eines Lehramtsstudiums erscheint es daher besonders sinnvoll, sich einmal grundsätzlich Gedanken über die Motive der eigenen Berufswahl zu machen. Studierende führen dabei häufig bestimmte Argumentationen an, wie die folgenden Beispiele verdeutlichen. Es handelt sich um Auszüge aus autobiografischen Texten, die im Rahmen von Einführungsveranstaltungen und Seminaren der Französischdidaktik entstanden sind. Auf die Frage, welche Gründe zur Berufswahl und zur Entscheidung für die Aufnahme eines Lehramtsstudiums geführt haben, antworten einige Studierende folgendermaßen:

Text 2.1

Ich habe diesen Beruf gewählt, weil ich mit Menschen zu tun haben wollte. Ich wollte im sozialen Bereich arbeiten und die Schule kann das bieten. Schließlich hat man an einem Vormittag mit ca. 150 Schülern zu tun. Ich finde, dass die Schule eine sehr wichtige Rolle für das Heranwachsen der Kinder spielt, natürlich nach der Erziehung der Eltern.

Ich hatte selber Lehrer, von denen ich etwas fürs Leben gelernt habe. Deswegen finde ich es auch sehr wichtig, sich als Lehrer nicht nur an den Lehrplan zu halten, sondern außerschulisches Wissen – Allgemeinbildung, eigene Erfahrung, etc. – zu vermitteln. Schule ist dafür da, die Schüler zu sozialisieren. Das ist auch für die Schüler viel interessanter, anstatt nur den Lehrplan „durchzukauen".

Ich bin auf diesen Beruf gekommen, indem ich Nachhilfe gegeben habe, und wenn man den Erfolg und Fortschritt der Schüler sieht, hat man sozusagen das Ziel erreicht. Die Schüler sind auch zu mir gekommen, wenn sie Probleme hatten, und haben mich um Rat gebeten. Diesen Aspekt finde ich auch sehr wichtig, denn Lehrerberuf heißt nicht nur den Unterricht halten und dann wieder zu gehen, sondern dass man mit den Schülern Kontakt aufnimmt und ein gutes Verhältnis hat. Nicht nur in der Schule, auch im privaten Leben sollen die Schüler auf einen Lehrer zukommen können. Natürlich muss auch gegenseitiger Respekt vorhanden sein, um ernst genommen zu werden.

Man kann diesen Beruf als eine Kunst bezeichnen. Die Kunst mit Menschen umzugehen. Die Kunst, jemandem etwas zu lehren, ohne die Geduld zu verlieren. Die Kunst, mit einem Fehlschlag zu rechnen und damit umgehen zu können und neue Wege zu finden. Man muss kreativ, schlagfertig und selbstbewusst in diesem Beruf sein. Der Erfolg und Fortschritt der Schüler ist der Beweis für diese Kunst. Danach kann man selbst dieses Kunstwerk betrachten und stolz auf sich sein.

| Text 2.2

Für mich war nicht von vornherein klar, dass ich Lehrerin werden möchte. Vielmehr haben mich Fremdsprachen schon immer interessiert und ich habe immer gerne neue Sprachen gelernt.

Als ich mir Gedanken über meinen zukünftigen Beruf gemacht habe, habe ich mich auch mit dem Lehrerberuf beschäftigt und mich letztendlich dafür entschieden, weil ich mir vorstellen kann, dass es Spaß machen kann, Schülern eine Sprache beizubringen, und dass es ein sehr abwechslungsreicher Beruf sein kann, wenn auch vielleicht manchmal stressig und arbeitsintensiv. Aber wenn man motiviert ist, jungen Menschen eine fremde Sprache und Kultur beizubringen, glaube ich, dass es ein schöner Beruf ist.

Ich war mir nicht immer hundertprozentig sicher, ob der Beruf des Lehrers für mich geeignet ist, aber vor allem mein Orientierungspraktikum hat mir sehr geholfen und hat mich in meiner Wahl eher bestätigt als abgeschreckt, da es mir sehr viel Spaß gemacht hat, und da ich selbst einige Stunden halten konnte und wirklich praxisnahe Erfahrungen sammeln konnte und auch durch Gespräche mit anderen Lehrern viel gelernt habe.

| Text 2.3

Als ich mich entschied, auf Lehramt zu studieren, wusste ich über den Lehrerberuf wenig mehr, als dass man als Lehrer viele Ferien hat, meistens eine sichere Anstellung kriegt und recht gut bezahlt wird.
Obwohl wir natürlich alle 13 Jahre lang als Schüler die Gelegenheit hatten, uns genau anzuschauen, was der Lehrer da eigentlich macht, fällt es doch schwer, sich in die andere Seite hineinzuversetzen. Auch überlegt man sich als Schüler im Unterricht ja kaum, ob das, was der Lehrer da produziert, ein didaktisch wertvoller Unterricht ist.

Als ich das Orientierungspraktikum machte, fühlte ich mich immer noch eher der Seite der Schüler zugehörig, zumal bei diesem Praktikum wenig mehr gefordert wird, als sich mit in den Unterricht zu setzen und dem Lehrer zuzuhören – also auch nichts anderes, was man die letzten 13 Jahre sowieso gemacht hat.

Ich muss also zugeben, dass die Entscheidung für den Lehrerberuf bei mir durchaus aus praktischen Erwägungen resultierte. Einen richtigen „Traumberuf", den ich unbedingt ausüben wollte, hatte ich keinen.
Natürlich spielt auch meine Vorliebe für Fremdsprachen und andere Länder eine Rolle bei der Entscheidung für dieses Studium; außerdem fühlte ich mich durchaus fähig, andern Leuten etwas zu erklären. Aber dazu „berufen", Lehrer zu werden, fühlte ich wie gesagt nicht.

BERUFSWUNSCH FRANZÖSISCHLEHRER/IN

Neben den hier genannten Überlegungen lassen sich sicherlich weitere Argumente für die Aufnahme eines Lehramtsstudiums und für die Entscheidung, Französischlehrer/in zu werden, anführen (vgl. auch Özkul 2011). Zusammenfassend können die folgenden, häufig genannten Entscheidungsfelder und Einflussfaktoren aufgeführt werden:

Einflussfaktoren zur Berufswahl

- Entscheidung für das Schulfach und die Fremdsprache
- Entscheidung für Frankreich und die Franzosen
- Entscheidung für das Unterrichten und die Schüler/innen
- Entscheidung für Sicherheit im Berufsleben, für Unkündbarkeit, für Beamtenstatus
- Entscheidung für einen Beruf, der die Vereinbarkeit mit Kindern und Familie gut ermöglicht (ein häufig von Studentinnen genanntes Argument)
- Entscheidung für den gleichen Beruf wie die eigenen Eltern
- Entscheidung im Blick auf Erfahrungen mit eigenen Lehrern (als Vorbild oder als Abschreckung: „Ich will es besser machen.")

Aufgabe 2.1

? Zeichnen Sie eine Lebenslinie und markieren Sie darauf entscheidende Momente, die einen Beitrag zu Ihrer persönlichen Entscheidung für ein Lehramtsstudium geleistet haben. Überlegen Sie, warum Sie sich gerade für diesen Beruf entschieden haben.

Bei einer Analyse solcher Texte gilt es nicht nur darauf zu achten, welche Argumente die Studierenden anführen, sondern auch welche Argumente fehlen. Ein selten genannter Aspekt ist beispielsweise der Hinweis darauf, Karriere machen zu wollen. Karriere – dieses Stichwort wird in Bezug auf den Beruf Französischlehrer/in weitaus seltener erwähnt als in Bezug auf Juristen, Politiker oder Professoren, was wohl auch damit zusammenhängt, dass die Tätigkeit als Französischlehrer/in nicht unbedingt zu einer beruflichen Karriere in Spitzenpositionen der Wirtschaft und Politik führt.

Career Counselling for Teachers

Vor dem Hintergrund dieser Überlegungen erscheint das erziehungswissenschaftlich geprägte Projekt *Career Counselling for Teachers* mit dem Ziel der Berufsberatung von Lehrer/innen interessant. Ein gemeinnütziger Verein mit dem gleichen Namen und mit Sitz am Institut für Unterrichts- und Schulentwicklung der Alpen-Adria-Universität Klagenfurt bietet im Internet eine Laufbahnberatung für Lehrerinnen und Lehrer an. Die Verantwortlichen sind Mitglieder von Hochschuleinrichtungen aus sechs verschiedenen europäischen Staaten und meist Erziehungswissenschaftler. Das Projekt *Career Counselling for Teachers* richtet sich explizit an Studieninteressierte, an Studierende, an Berufseinsteiger/innen sowie an erfahrene Lehrer/innen. Neben Informationen zum Lehramtsstudium und Reportagen aus dem Leben von Lehrerinnen und Lehrern finden sich Angebote zur Selbstreflexion durch entsprechende Tests, d. h. Selbsterkundungsverfahren und eine Geführte Tour. Die einzelnen Fragebögen konzentrieren sich auf die Bereiche Persönlichkeit,

Interessen oder die Wahl des jeweiligen Studienfachs. Die hier angebotenen Fragebögen sind, wie es häufig bei derartigen Selbsttests der Fall ist, transparent und verbergen das zu erwartende Ergebnis kaum. Dennoch eröffnet eine intensive Bearbeitung verschiedene Facetten des Berufsbilds, die bei kritischer Auseinandersetzung hilfreich für eigene Entscheidungen sein können. Die Internetseite will Beratung für verschiedene berufsbiographische Etappen und Entscheidungssituationen bieten. Insgesamt lohnt es sich, einen kritischen Blick auf Möglichkeiten der Berufsberatung zu werfen.

? Besuchen Sie im Internet die Seite www.cct-germany.de. Wenn Sie ein Lehramtsstudium in Baden-Württemberg aufnehmen wollen, klicken Sie bitte auf www.bw-cct.de. Machen Sie sich mit den Seiten vertraut und durchlaufen Sie die angebotenen Selbsterkundungsverfahren und die Geführte Tour. Zu welchen Erkenntnissen kommen Sie mit Blick auf Ihre eigene Berufswahl?

| Aufgabe 2.2

Vorstellungen vom Lehrerberuf und vom Sprachenlernen und -lehren

| 2.2

Die Entscheidung für ein Lehramtsstudium ist sicher nicht nur durch die Erfahrungen der eigenen Schulzeit mit verschiedenen Lehrerinnen und Lehrern geprägt, sondern auch durch gesellschaftlich geprägte Vorstellungen vom Lehrerberuf.

? Welche Vorstellungen haben Sie vom Lehrerberuf? Bitte notieren Sie für sich Aspekte, die Ihr Bild von diesem Beruf prägen.

| Aufgabe 2.3

Berufswünsche, Berufsbilder und Diskurse über Berufe sind gesellschaftlich, ökonomisch oder auch historisch eingebunden und bedingt. Dies wird u. a. deutlich bei einem historischen Vergleich von Berufsbild und Image des Fremdsprachenlehrers.

Im 19. Jahrhundert dominiert der Philologe, d. h. der Altphilologe und der Neuphilologe. (Die maskuline Form ist hier bewusst gewählt, da Lehrer in der Regel männlich waren.) Das Selbstverständnis des Französischlehrers ist in dieser Zeit an der universitären philologischen Ausbildung orientiert, d. h. an einem Studium der Romanistik, am Interesse an französischer Sprache und klassischer Literatur sowie an einem Bildungsideal in der Tradition Humboldts. Seine gesellschaftliche Stellung ist ebenso wie seine Position im Klassenzimmer in der Regel von Autorität und hohem Ansehen geprägt.

Berufsbild des Fremdsprachenlehrers

Das Bild des Fremdsprachenlehrers bzw. der -lehrerin hat sich seit Mitte des 20. Jahrhunderts deutlich gewandelt. Wesentliche Aspekte, die das Berufsbild prägen, sind der Bezug zur Kommunikationsfähigkeit bei der Vermittlung des Französischen, die Wissenschaftlichkeit der Ausbildung an Universitäten und

BERUFSWUNSCH FRANZÖSISCHLEHRER/IN

die Bezugnahme auf die Fremdsprachendidaktik als Berufswissenschaft der Französischlehrer/innen (Krumm 2007).

In diesem Zusammenhang ergeben sich einige Veränderungen des Berufsbilds entlang einer großen Entwicklungslinie, nämlich von Konzeptionen einer an Instruktion orientierten Tätigkeit hin zu Vorstellungen vom Lehrberuf, die stärker von Begleitung und Beratung bei Lernprozessen bestimmt sind (Leupold 2007: 111 ff.). Der ursprünglich sehr förmliche und distanzierte Philologe ist nunmehr abgelöst von einem weit zugänglicheren Lehrer, der an Autorität in gleichem Maße eingebüßt hat wie er an Nähe zu den Lernenden gewonnen hat.

Berufliches Selbstverständnis

Das Berufsbild und berufliche Selbstverständnis kann von verschiedenen Anforderungen an der Beruf und Leitbildern bestimmt sein, so u.a. den folgenden: Lehrer/innen fungieren als Stoffvermittler und Instruktoren, als Klassenlehrer, als Betreuer, als Handwerker, als Pädagogen, als Vorbilder oder als Mediatoren, deren Professionalität im Kontext ihres Berufsethos und ihrer Kompetenz diskutiert wird (vgl. Herzog/Makarova 2011). Darüber hinaus ist zu unterscheiden zwischen Lehrer/innen an Grundschule, Haupt- und Realschule oder Gymnasium und es ist die lebensbiografische Entwicklung der älter werdenden Lehrer/innen zu beachten (und die sich damit ändernde Zusammensetzung von Lehrerkollegien).

In dieser Aufstellung werden verschiedene berufliche Identitäten von heutigen Lehrkräften erkennbar, die vorwiegend auf administrative und pädagogische Aufgabenfelder verweisen. Fachspezifische und fachdidaktische Aspekte stehen hier noch eher im Hintergrund. Darüber hinaus ließen sich weitere Berufsbilder sowie Funktionen und Aufgaben von Fremdsprachenlehrer/innen vorstellen, die weit mehr auf den Lehr-/Lernprozess und zum Teil auch auf den Fremdsprachenunterricht zielen.

Hierzu gehören auch die folgenden Aspekte der Berufsbilder von Lehrer/innen. Sie erfüllen Funktionen als Erzieher, als Motivator, als Sprachpartner, als Beichtvater, als Ratgeber, als Trainer, als Berater, als Dozent, als Lernbegleiter, als Lernquelle, als Autorität, als lebendes Lexikon, als Gesprächspartner, als fremdsprachlicher Ratgeber, als Lernhelfer, als Moderator, als Vermittler, als Diktator, als Sachverständiger, als Gutachter, als Bürokrat, als Organisator, als sprachlicher Repräsentant der französischen Sprache, als Agitator, als Lernberater, als älterer Freund ... – eben als Lehrer/in.

Aufgabe 2.4

? Vergleichen Sie die hier angeführten Berufsbilder von Lehrer/innen mit Französischlehrer/innen, die Sie selbst erlebt haben. Welche Bilder erkennen Sie wieder? Woran machen Sie dies fest? Bitte nehmen Sie begründet Stellung dazu.

Schule an sich, Lehrende und Lernende sind natürlich ausgesprochen vielfältig und können wohl kaum typisiert werden. Dennoch bietet die Comic-Reihe *Les Profs* (Pica & Erroc 2000) eine pointierte und auf Unterhaltsamkeit ausgerichtete Darstellung einer Schule, einer Klasse und ihrer verschiedenen Lehrer/innen, in denen Sie vielleicht einige der Berufsbilder und Aspekte beruflichen Selbstverständnisses, wie es oben beschrieben ist, wiedererkennen werden.

| Text 2.4

BERUFSWUNSCH FRANZÖSISCHLEHRER/IN

(aus: Pica & Erroc 2000: 4 f.)

Aufgabe 2.5 ? Beschreiben Sie die hier aufgeführten Lehrertypen. Welche Stärken und Schwächen weisen sie jeweils auf? Welche Überlegungen zu beruflichem Selbstverständnis prägen ihr Verhalten? Analysieren Sie den Diskurs über Lehrer/innen, der zur Gestaltung des Comics in dieser Form beigetragen haben könnte.

Die oben angeführten Aufgaben und Funktionen von Lehrer/innen verweisen auf Kompetenzen und Teilkompetenzen, die verschiedene Aufgabenbereiche des Berufs ausmachen. Hierzu gehört an zentraler Stelle das Unterrichten. Der Unterricht gelingt auf der Basis verschiedener Lehrkompetenzen. Dazu gehören fachliche und fachwissenschaftliche Kompetenzen ebenso wie fachdidaktische, kommunikative und soziale Kompetenzen. Fachliche Kompetenzen beinhalten u. a. das weitgehende Beherrschen der französischen Sprache (*near native competence*) sowie landeskundliche, kulturkundliche, sprach- und literaturwissenschaftliche Kenntnisse. Dies umfasst beispielsweise Wissen über Gustave Flauberts *Madame Bovary* oder Marguerite Duras' *Moderato Cantabile* oder auch die Kenntnis zur Entwicklung der französischen Sprache aus dem Vulgärlatein über das Altfranzösische zum heutigen Französisch. Häufig genannten Argumenten, diese Inhalte seien doch niemals Gegenstand des Französischunterrichts, ist entgegenzuhalten, dass gerade ein massiver Wissensvorsprung gegenüber den Schüler/innen zu Sicherheit und fachlicher Kompetenz beiträgt, was u. a. zu Ansehen, Respekt und Autorität von Französischlehrer/innen in den Augen von Schüler/innen führt. Fachliche Sicherheit führt auch zu Sicherheit im Unterrichten, insofern als die Aufmerksamkeit verstärkt auf fachdidaktische, pädagogische und soziale Entscheidungen gelenkt werden kann.

Kompetenzen der Französischlehrer/innen

Aufgabenfelder von Französischlehrer/innen erstrecken sich nicht nur auf das Unterrichten, sondern auch auf die Bereiche Erziehen, Diagnostizieren, Beurteilen und Evaluieren (vgl. Einheit 14, S. 229 ff.) sowie darauf, berufliche Kompetenz und Schule weiterzuentwickeln. Erziehung als Begleitung zur Persönlichkeitsentwicklung impliziert pädagogische und psychologische Kompetenzen, die bewusster und selbstkritischer Reflexion bedürfen. Gleichzeitig gilt es, sich der Grenzen der Erziehung innerhalb der Institution Schule bewusst zu sein, insofern als Eltern nicht von Lehrer/innen ersetzt werden können und die Institution Schule keine therapeutische oder sozialpädagogische Einrichtung darstellt. Gleiches gilt für Beratungsaufgaben gegenüber Eltern und Schüler/innen (Terhart 2000: 48 ff.).

Aufgabenfelder

Auch die Tätigkeit der Beurteilung und Evaluation gehört zu den zentralen Aufgaben von Lehrer/innen. Die Einschätzung und Beurteilung von Leistungen und Lernerfolg beinhaltet nicht nur pädagogische Aspekte wie die Förderung extrinsischer Motivation, sondern führt auch zu Selektion und Zuweisung im Hinblick auf Ausbildung und Beruf der Schüler/innen. Weitere Tätigkeitsfelder von Lehrer/innen sind die Kooperation mit Kolleg/innen des eigenen Fachs und anderer Fächer, mit Eltern und außerschulischen Institutionen sowie schließlich der Beitrag zur Entwicklung der eigenen Schule insgesamt (Terhart 2000: 48 ff.).

Evaluation

2.3 | Lehrerforschung

biografische Lehrerforschung

Motive zur Berufswahl und Vorstellungen vom Berufsbild des Französischlehrers und der Französischlehrerin liegen im Bereich persönlicher Überzeugungen, Einstellungen und subjektiver Theorien. Sie entfalten dennoch ihre Wirksamkeit und beeinflussen die Entscheidung, nach dem Abitur ein Lehramtsstudium aufzunehmen, genauso wie Einstellungen und Verhaltensweisen von Schüler/innen und Lehrer/innen einer Schule. Inwieweit sie der Wirklichkeit entsprechen ist damit noch nicht genau geklärt. Dementsprechend besteht innerhalb der Erziehungswissenschaft ein breites Forschungsfeld, das Lehrer/innen in den Mittelpunkt empirischer Untersuchungen stellt. Hierzu gehört u. a. auch die biografische Lehrerforschung.

Berufsbild und Berufsbiografie

Seit den 1980er Jahren hat sich der biografische Ansatz in der Lehrerforschung etabliert. Hierzu gehört die Erforschung beruflicher Lebensläufe, verschiedener Phasen der Entwicklung des eigenen Berufsbilds und eigener Kompetenzen sowie kritischer Momente in Berufsbiografien (Terhart 2011). Dieser Forschungszweig konzentriert sich auf eine typologische Perspektive und versucht, Gemeinsamkeiten in biografischen Entwicklungen von Lehrer/innen auszumachen. Ergebnisse der Forschungen zeigen auf, dass das Geschlecht und die Schulform, an der unterrichtet wird, entscheidende Faktoren zur Gestaltung von Berufsbild und Berufsbiografie sind. Lehrerinnen und Lehrer haben unterschiedliche Einstellungen zu ihren pädagogischen Aufgaben, Lehrerinnen berücksichtigen deutlich mehr als ihre männlichen Kollegen die eigene Familie und damit verbundene Aufgaben in ihrer Lebensplanung und Lebensgestaltung.

berufsbiografische Entwicklung

Der Übergang von der Ausbildung zur eigenen Lehrtätigkeit bedeutet einen weit geringeren Einschnitt als zunächst angenommen. Demgegenüber wird eine grundlegende und allmähliche Veränderung bzw. Schwächung der beruflichen Belastbarkeit erkennbar, die mit dem Alter zunimmt. Im Lauf des Berufslebens steigen somit Enttäuschungen, Verbitterung, Hoffnungslosigkeit und Ängste. Während in einigen Studien eine kontinuierliche berufsbiografische Entwicklung angenommen wird, sehen andere Studien eher berufsbiografische Plateaueffekte. Insgesamt wird bei etwa 70 % der Lehrer/innen Berufszufriedenheit festgestellt, während etwa 30 % sich als eher als beruflich unzufrieden sehen (Reh/Schelle 2006: 394 f.).

Einzelfallanalyse

Diese Studien verfolgen quantifizierende Analysen und erheben den Anspruch, dass ihre Ergebnisse verallgemeinert werden können. Inwieweit jedoch wirklich alle Lehrer/innen im Einzelfall diesen Aussagen entsprechen, kann letztlich damit nicht ausgesagt werden. Dementsprechend gibt es auch eine biografisch orientierte Lehrerforschung, die auf die Rekonstruktion einzelner Fälle abhebt und aus einer detaillierten qualitativen Einzelfallanalyse zu differenzierten Ergebnissen kommt. Diese Forschung weist auf große individuelle Unterschiede zwischen einzelnen Lehrer/innen hin und stellt damit die

Ergebnisse der eher quantitativ orientierten, biografischen Lehrerforschung in Frage. Dies verdeutlichen die folgenden Beispiele von Studien aus der Erziehungswissenschaft und der Fremdsprachendidaktik (vgl. auch Berchoud 2011).

In einer biografisch angelegten Untersuchung aus dem Bereich der Bildungsgangforschung werden Rekonstruktionen zur Berufseingangsphase von Lehrerinnen und Lehrern (Hericks 2006) fokussiert. Ausgehend von drei Fallbeispielen kommen Aspekte einer gelingenden Professionalisierung zur Sprache. Reflexion und Selbstanalyse sowie die Fähigkeit zur Kooperation mit Kolleg/innen unterstützen Prozesse der Professionalisierung, fehlende Reflexion hingegen führt zu Stagnation in Feldern, die nicht direkt mit dem Unterricht zu tun haben, so beispielsweise im Bereich der sozialen Kontakte mit den Schüler/innen. *Berufseingangsphase*

Die Bedeutsamkeit einer biografischen Reflexion und Selbstpositionierung weist eine weitere Studie zur Professionalisierung von Englischlehrer/innen nach (Dirks 2000). Gegenstand der Analyse ist die berufsbiografische Entwicklung von Englischlehrer/innen in den neuen Bundesländern in einer Situation des grundlegenden Umbruchs nach der Wende und der Integration der neuen Bundesländer in die Bundesrepublik. Mit diesem politischen Wandlungsprozess geht seit 1989 auch ein grundlegender Einschnitt in berufliche, pädagogische und bildungspolitische Rahmenbedingungen einher. Eine biografische Standortklärung führt gerade vor diesem Hintergrund zu Professionalisierung und zu Flexibilität in neu gestalteten Berufsfeldern. *Professionalisierung*

In einer Studie zum beruflichen Selbstverständnis von Fremdsprachenlehrer/innen wurden zwölf Interviews geführt, in denen die Befragten sich selbst und ihre Funktion, d. h. ihre Vorstellungen von eigenen Aufgaben oder Rollen als Fremdsprachenlehrer/innen, thematisierten. Die Untersuchung basiert auf dem Ansatz der „subjektiven Theorien", die als subjektive Konstrukte von Wissen, Einstellungen, Absichten, Gefühlen etc. im Kontext beruflicher Erfahrungen sowie deren Bewertungen betrachtet werden. Dabei kommen gerade individuelle Charakteristika der befragten Lehrer/innen zum Tragen (Caspari 2003). *subjektive Theorien von Fremdsprachenlehrer/innen*

Soweit Ergebnisse von Studien zum beruflichen Selbstverständnis von Lehrer/innen und zu einzelnen berufsbiografischen Entwicklungen. Nun könnte man, in Erinnerung an eigene Erfahrungen mit Lehrer/innen und mit eigenen Lernprozessen, zu der Vermutung kommen, dass eventuell all diese Aussagen wenig mit den eigentlichen Lernprozessen der Schüler/innen in der Schule zu tun haben. So erinnern wir uns alle vielleicht an Beispiele, denen zufolge ein Schüler wegen einer ihn ermutigenden und motivierenden Lehrerin mit Vergnügen Französisch gelernt hat, ebenso wie an andere Beispiele, denen zufolge eine Schülerin trotz einer als streng und abweisend erlebten Lehrerin Französisch als Lieblingsfach betrachtete. *Zusammenhang zwischen Lehren und Lernen*

Wie steht es um die Zusammenhänge zwischen dem Lehren der Lehrer/innen und dem Lernen der Schüler/innen? Ist die Position des Lehrers wirklich so zentral, wie man dies in Alltagsgesprächen von Eltern und Schüler/innen immer wieder hören kann? „Ich hatte einen schlechten Französischlehrer. Deswegen habe ich nie richtig Französisch gelernt." Diese Aussage eines ehemaligen Schülers in der Retrospektive postuliert einen großen Einfluss des ehemaligen Französischlehrers. Inwieweit dies wirklich so ist, dem gehen Studien nach, die Zusammenhänge zwischen Lehrerhandeln, Lehrerkompetenzen und dem Lernen der Schüler/innen untersuchen (Lipowsky 2006).

Einflussfaktoren auf erfolgreiches Lernen

Empirische Untersuchungen, die Einflussfaktoren auf erfolgreiche Lernprozesse analysieren, finden die wichtigsten Gründe für Leistungsunterschiede in Lerngruppen bei individuellen Schülermerkmalen, darauf folgen die Merkmale der Klasse und der einzelnen Lehrer/innen sowie schließlich Merkmale der Schule. Andere Studien weisen die Bedeutung guter Lehrer/innen und guten Unterrichts besonders für schwächere Schüler/innen sowie für das Lernen in den ersten Schuljahren nach (Lipowsky 2006: 48f.).

In weiteren Studien werden weitere Faktoren und deren Bedeutung für Lernprozesse in schulischen Zusammenhängen insbesondere für das Fach Mathematik nachgewiesen. Hierzu gehören in unterschiedlicher Ausprägung je nach Studie das fachliche Wissen der Lehrer/innen, fachdidaktisches und pädagogisches Wissen, Berufserfahrung, epistemologische Überzeugungen (*beliefs*) und selbstbezogene Kognitionen (Lipowsky 2006: 49ff.). Mit diesen *beliefs* sind Vorstellungen der Lehrkräfte über sich selbst, ihren eigenen Unterricht, ihre Wertvorstellungen, Normen, Regeln oder ihre Ziele gemeint.

Text 2.5

Lehrer haben mit ihren Kompetenzen und ihrem unterrichtlichen Handeln erheblichen Einfluss auf die Lernentwicklung von Schülern. […].

Was die Bedeutung des Unterrichts anbelangt, lassen sich die dargestellten Ergebnisse dahingehend deuten, dass nicht nur allgemeine fachunabhängige Merkmale, wie eine effiziente Klassenführung, für die Lernentwicklung wichtig sind, sondern auch Merkmale, die auf eine vertiefte inhaltliche Auseinandersetzung mit dem Unterrichtsgegenstand hindeuten. Hierzu gehören eine interessante, klare, verständliche und vernetzte Präsentation neuer Inhalte und Konzepte, die Aktivierung des vorhandenen Vorwissens der Schüler, das Evozieren kognitiv anspruchsvoller Tätigkeiten, die Kultivierung eines diskursiven Unterrichtsstils, der Einsatz geeigneter Repräsentationsformen, die Förderung der Bewusstheit für das eigene Lernen sowie die Vermittlung von Strategien zur Strukturierung und Elaboration des Unterrichtsgegenstands.

Dies legt einen Unterricht nahe, der sich vor allem durch eine aktive Lehrerrolle auszeichnet, was jedoch nicht bedeutet, dass dieser Unterricht kleinschrittig aufgebaut ist, die Schüler in eine passive Rolle drängt und sie zu Stichwortgebern degradiert.

Die dargestellten Ergebnisse zeigen auch, dass ein Unterricht, der sich durch einen geringeren Grad an Lehrersteuerung und durch stärker schülerorientierte, z.B. durch kooperative Arbeitsformen auszeichnet, in seiner Effektivität gesteigert werden kann, wenn die Schüler über Techniken, Strategien und Kompetenzen verfügen, ihre Arbeitsprozesse zu strukturieren und zu steuern. Ähnliche Ergebnisse liegen auch aus der Forschung zum selbstgesteuerten Lernen vor. Das bedeutet: Die Einführung schülerorientierterer Arbeitsformen sollte mit bereichsspezifischen Begleit- und Trainingsmaßnahmen für Schüler gekoppelt werden, die auf den Erwerb entsprechender Strategien und Kompetenzen abzielen. Dann steigt die Wahrscheinlichkeit, dass das Potenzial kooperativer und schülerorientierter Arbeitsformen genutzt werden kann.

(Lipowsky 2006: 64 f.)

Insgesamt wird die Komplexität der Forschungen und des Forschungsgegenstands, nämlich das Berufsbild und berufliche Selbstverständnis von Lehrer/innen in diesen Ausführungen deutlich. Lehrer/in zu sein aktualisiert sich jeden Morgen in jeder Unterrichtsstunde mit jeder Lerngruppe neu. Infolge zahlreicher Faktoren, die diesen Beruf bestimmen, ist das Lehren kein Handwerk und nicht auf der Ebene von Kochrezepten zu erlernen. Dementsprechend wird die Ausbildung zu diesem Beruf als Lehramtsstudium konzipiert und durchgeführt. Gegenstand eines solchen Hochschulstudiums ist die theoretische Reflexion und Analyse verschiedener wissenschaftlicher Disziplinen und bestimmter Gegenstandsfelder, die einen Beitrag zu einer kritischen und analytischen Auseinandersetzung mit verschiedenen Tätigkeiten im Rahmen des Lehrerberufs leisten. Da die konkrete Unterrichtswirklichkeit niemals genau antizipiert werden kann, ist diese Form der Ausbildung eben nicht als Kochrezept zu verwirklichen. Eine gelungene Französischstunde setzt sich aus weit mehr zusammen als aus 100 Gramm Motivation, 50 Gramm Bildmaterial, 3 Litern Phasen- und Methodenwechsel sowie schließlich 250 Gramm Lehrwerken. Dementsprechend besteht die fremdsprachendidaktische Lehramtsausbildung aus der Reflexion und Analyse praxisbezogener Themen durch theoretische Modelle, wobei eine gegenseitige Durchdringung und wechselseitige Beeinflussung von Theorie und Praxis mitgedacht wird.

Lehramtsausbildung

Dabei wird dieser Form der Ausbildung von Studierenden immer wieder mangelnde Praxisnähe vorgeworfen. Dies bezeichnet die Fremdsprachendidaktik als Theorie-Praxis-Bruch: Die theoretische Reflexion kann schulische Praxis niemals in allen Dimensionen vorwegnehmen. Enttäuschungen Studierender und ihrer Hoffnungen auf konkrete Hilfestellungen für methodische Entscheidungen und praxisrelevante Handlungsanweisungen sind nachvollziehbar, doch können sie inhaltlich von der Fremdsprachendidaktik an den Universitäten nicht bedient werden. Letztlich stehen Französischlehrer/innen selbst und allein vor ihrer Lerngruppe und müssen in jeder Situation selbstverantwortlich und selbstreflexiv handeln. Eine fachdidaktische Ausbildung und ein Hochschulstudium, das neben der Fremdsprachendidaktik weitere wissenschaftliche Disziplinen umfasst, will Lehramtsstudierende darauf bestmöglich vorbereiten.

Theorie-Praxis-Bruch

BERUFSWUNSCH FRANZÖSISCHLEHRER/IN

Zusammenfassung

In dieser Einheit haben Sie Argumente und Motive für die Wahl des Berufs „Französischlehrer/in" kennengelernt. Dabei ist die individuelle Vielfalt und Unterschiedlichkeit einzelner Lehramtsstudierender zum Ausdruck gekommen. Auch das Berufsbild und berufliche Funktionen von Französischlehrer/innen sind sehr vielfältig. Das Aufgabenspektrum reicht von administrativen und fachlichen Faktoren zu fachdidaktischen und sozialen bzw. pädagogischen Aufgaben.

Subjektiv geprägte Sichtweisen auf Französischlehrer/innen wurden durch einige empirische Befunde aus der Lehrerforschung ergänzt. Neben typologischen Ergebnissen der biografischen Lehrerforschung wurden einige Studien mit einem individuellen Fokus auf der Basis von qualitativ angelegten Untersuchungen der empirischen Sozialforschung vorgestellt. Dabei kam die Unterschiedlichkeit zahlreicher Aspekte und verschiedener biografischer Ausprägungen einzelner Lehrer/innen und ihrer subjektiven Theorien zum Ausdruck. Eine Gemeinsamkeit etlicher Studien wurde ebenfalls deutlich: Gerade ein selbstreflexives Moment und die Fähigkeit zu kritischer Analyse und Selbsteinschätzung unterstützen erfolgreiches und zufriedenstellendes Lehrerhandeln.

Aufgabe 2.6

? Stellen Sie sich eine Feier zu Ihrem 25-jährigen Dienstjubiläum als Französischlehrer/in vor. Der Direktor Ihres Gymnasiums überreicht Ihnen die Urkunde des Ministers und hält eine kurze Ansprache im Kollegium, in der er auf Ihre Kompetenzen, Ihre Stärken und Schwächen sowie Ihre besonderen Leistungen in der Schule eingeht. Dabei kommen Ihre persönlichen Eigenheiten und Ihr Verdienst für die Schule zur Sprache. Antizipieren Sie diese Rede und nehmen Sie all die Aspekte darin auf, die Sie sich für Ihre zukünftige Tätigkeit vornehmen und erhoffen.

Literatur

Berchoud, Marie J. (coord.) (2011): Formation des enseignants, recherche et sciences du langage. Paris: Didier.

Caspari, Daniela (2003): Fremdsprachenlehrerinnen und Fremdsprachenlehrer. Studien zu ihrem beruflichen Selbstverständnis. Tübingen: Narr. (Giessener Beiträge zur Fremdsprachendidaktik)

Dirks, Una (2000): Wie werden EnglischlehrerInnen professionell? Eine berufsbiographische Untersuchung in den neuen Bundesländern. Münster u. a.: Waxmann.

Hericks, Uwe (2006): Professionalisierung als Entwicklungsaufgabe – Rekonstruktionen zur Berufseingangsphase von Lehrerinnen und Lehrern. Wiesbaden: Verlag für Sozialwissenschaften.

Herzog, Walter/Makarova, Elena (2011): Anforderungen an und Leitbilder für den Lehrerberuf. In: Terhart, Ewald/Bennewitz, Hedda/Rothland, Martin (Hg.): Handbuch der Forschung zum Lehrerberuf. Münster u.a.: Waxmann, 63-78.

Krumm, Hans-Jürgen (2007): Der Fremdsprachenlehrer. In: Bausch, Karl-Richard/Christ, Herbert/Krumm, Hans-Jürgen (Hg.): Handbuch Fremdsprachenunterricht. 5. Auflage. Tübingen und Basel: Francke, 352–358.

Leupold, Eynar (2007): Französisch unterrichten: Grundlagen, Methoden, Anregungen. 4. Auflage. Seelze-Velber: Kallmeyer.

Lipowsky, Frank (2006): Auf den Lehrer kommt es an. Empirische Evidenzen für Zusammenhänge zwischen Lehrerkompetenzen, Lehrerhandeln und dem Lernen der Schüler. In: Allemann-Ghionda, Cristina/Terhart, Ewald (Hg.): Kompetenzen und Kompetenzentwicklung von Lehrerinnen und Lehrern: Ausbildung und Beruf. Weinheim und Basel: Beltz, 47–70. (Zeitschrift für Pädagogik, 51. Beiheft)

Özkul, Senem (2011): Berufsziel Englischlehrer/in. Berufswahlmotive der Lehramtsstudierenden in Anglistik/Amerikanistik. Berlin u.a.: Langenscheidt.

Pica & Erroc (2000): Les Profs. Tome 1: Interro surprise. Charnay-lès-Mâcon: Bamboo Édition.

Reh, Sabine/Schelle, Carla (2006): Biographieforschung in der Schulpädagogik. Aspekte biographisch orientierter Lehrerforschung. In: Krüger, Heinz-Hermann/Marotzki, Winfried (Hg.): Handbuch erziehungswissenschaftliche Biographieforschung. 2. Auflage. Wiesbaden: Verlag für Sozialwissenschaften, 391–411.

Terhart, Ewald (Hg.) (2000): Perspektiven der Lehrerbildung in Deutschland. Abschlussbericht der von der Kultusministerkonferenz eingesetzten Kommission. Weinheim und Basel: Beltz.

Terhart, Ewald (2011): Forschung zu Berufsbiographien von Lehrerinnen und Lehrern: Stichworte. In: Terhart, Ewald/Bennewitz, Hedda/Rothland, Martin (Hg.): Handbuch der Forschung zum Lehrerberuf. Münster u.a.: Waxmann, 339-342.

Einheit 3

Methoden des Französischunterrichts

Inhalt

3.1	Begriff ‚Methode'	32
3.2	Die Grammatik-Übersetzungs-Methode	33
3.3	Die Direkte Methode	35
3.4	Die Audiolinguale Methode	37
3.5	Die Vermittelnde Methode	39
3.6	Die Audiovisuelle Methode	40
3.7	Kommunikative Didaktik	43

In dieser Einheit erfolgt ein Überblick über die Methoden des modernen Fremdsprachenunterrichts. Ausgehend von einer Definition des Begriffs ‚Methode' werden verschiedene Methoden, die den Fremdsprachenunterricht seit etwa 1880 geprägt haben, vorgestellt und ihre jeweiligen Charakteristika analysiert. Dabei lernen Sie die einzelnen Methoden im Zusammenhang mit konkreten Beispielen kennen. Darüber hinaus werden Bezüge zum Französischunterricht heute hergestellt.

Überblick

3.1 | Begriff ‚Methode'

Unschärfe des Methodenbegriffs

Der Begriff ‚Methode' zeichnet sich insgesamt durch eine hohe begriffliche Unschärfe aus. Im Alltagsgespräch könnte damit das grundlegende didaktische Prinzip gemeint sein, an dem der Französischunterricht ausgerichtet ist, es könnten aber auch einzelne Lehrtechniken und Lehrverfahren beispielsweise in Bezug auf die Überprüfung von Vokabelkenntnissen gemeint sein oder pädagogische Entscheidungen, um Lernende zu disziplinieren und ihre Aufmerksamkeit zu steuern. Methode verweist auf Begriffe wie Unterrichtsmethode, Lehrtechnik, Lehrverfahren, Unterrichtsgestaltung, Unterrichtsverlauf oder auch Lerntechnik und Lernverfahren.

Die angewendeten Methoden können somit aus Sicht der Lehrenden und auch aus Sicht der Lernenden betrachtet werden. Methoden der Lernenden könnten sich darauf beziehen, einen Text zu interpretieren oder ein Wörterbuch zu benutzen. Darüber hinaus könnten Methoden auch auf einer Metaebene angesiedelt sein und auf die Strukturierung und Planung des eigenen Lernprozesses bezogen sein. Aus der Sicht der Lehrenden könnte Methode die grundlegende Strukturierung des Unterrichts meinen und damit auf Unterrichtsmethoden wie Frontalunterricht, Gruppenarbeit und Einzelarbeit verweisen, aber auch Konzepte wie Offenen Unterricht, Projektunterricht und lehrerzentrierten Unterricht umfassen.

Methode als Weg

Der Ursprung des Begriffs liegt im altgriechischen Wort ‚methodos' und bedeutet den Weg zur Erreichung eines bestimmten Orts bzw. Ziels.

> In der Methodenlehre werden diejenigen Ansätze, Verfahren und wiederholbaren Handlungsmuster zusammengefasst, die geeignet sind, das unterrichtspraktische Handeln des Lehrers zu leiten, das sich auf den auswählend gliedernden und stufenden Umgang mit verschiedenen Arten von Lehrgegenständen in der sprachlichen Interaktion mit Schülern bezieht und das Ziel verfolgt, bestimmte Lerninhalte möglichst anwendungsbereit und dauerhaft zu vermitteln […].
>
> (Neuner 2007: 225)

Lehr-Lern-Verfahren

Wenn Französischunterricht nun als gemeinsamer Weg von Lehrenden und Lernenden hin zu einem Lernziel, nämlich zu den kommunikativen Kompetenzen im Französischen, verstanden wird, dann meint der Begriff ‚Methode' – oder modern ausgedrückt: Lehr-Lern-Verfahren – die Regelung und Strukturierung eben dieses Lernwegs der Lehrenden mit den Lernenden, um die gesetzten Lernziele über ausgewählte Lerninhalte zu erreichen. Ausgehend von diesem Verständnis wird der Begriff ‚Methode' als umfassendes didaktisches Prinzip zur Gestaltung des Französischunterrichts verstanden.

Definition

> Methode meint die Gesamtheit der Lehr-Lern-Verfahren, die den Französischunterricht strukturieren und gestalten. Dazu gehören Schwerpunktsetzungen im Blick auf bestimmte Inhalte, Vorgehensweisen, Medien, Zielsetzungen oder Spracherwerbstheorien.

DIE GRAMMATIK-ÜBERSETZUNGS-METHODE   Einheit 3

Wenn in den Kapitelüberschriften in dieser Einheit verschiedene Methoden von der Grammatik-Übersetzungs-Methode bis zur Kommunikativen Didaktik Erwähnung finden, könnte dies den Eindruck erwecken, dass die Geschichte der Methoden des Fremdsprachenunterrichts linear verlaufen sei. Dem ist jedoch nicht so. Einzelne Methoden lassen sich nur grob bestimmten Zeiträumen zuordnen. Sie folgen nicht aufeinander und lösen einander ab, sondern bestanden und bestehen teilweise auch nebeneinander. Die Methoden des Fremdsprachenunterrichts waren und sind grundlegend in einen allgemeinen gesellschaftlichen und bildungspolitischen Wandel eingebunden.

Die Grammatik-Übersetzungs-Methode | 3.2

Die Methoden des neusprachlichen Unterrichts, d.h. des Unterrichts der modernen und damit der lebenden Fremdsprachen, hängen eng mit der Etablierung der Fremdsprachen als Schulfächer zusammen. Englisch und Französisch werden in Deutschland ab der zweiten Hälfte des 19. Jahrhunderts an der Höheren Schule unterrichtet. Bis dahin sind Latein und Altgriechisch unumstrittener Bestandteil der Bildung. Dementsprechend orientiert sich die Vermittlung der neueren Sprachen an den Vermittlungsmethoden der alten Sprachen, so dass es im Englisch- und Französischunterricht dieser Zeit primär um sprachliche Strukturen, um Kenntnis der Grammatikregeln und der Wörter geht, jedoch nicht um Kommunikation. Die Beherrschung der Fremdsprache wird durch Übersetzung von Texten nachgewiesen. Der Fremdsprachenunterricht baut auf der lateinischen Schulgrammatik und auf der geschriebenen, literarisch geformten Sprache auf. Lernende, die Französischunterricht nach dieser Methode durchlaufen, sind nach einigen Jahren in der Lage, Texte von Rabelais oder Flaubert zu lesen und zu übersetzen, sie können jedoch kaum einen *café au lait* bestellen oder sich in Frankreich über das Wetter unterhalten. Sprachbeherrschung, wie sie sich die Vertreter der Grammatik-Übersetzungs-Methode vorstellen, besteht in metasprachlichem Wissen, d.h. in Wissen über die Sprache, jedoch nicht in Kenntnissen zur Anwendung der Sprache. Das Sprachenlernen steht im Dienst einer formalen Schulung des Geistes und einer Erziehung zu ordnendem Denken. Diese Vorstellung von Bildung bleibt damit auch Privileg der höheren Bildung und somit einer Elite vorbehalten.

Symptomatisch für das Verständnis der Grammatik-Übersetzungs-Methode ist das Vorwort, das der französischen Schulgrammatik „Etudes Françaises. Neue Französische Sprachlehre" (Strohmeyer 1949) vorangestellt ist. Sie ist weitgehend von dieser Methode geprägt:

Kenntnis der Grammatikregeln und Übersetzung von Texten

METHODEN DES FRANZÖSISCHUNTERRICHTS

Text 3.1

Vorwort

Die Grammatik vermittelt positive Kenntnisse. Positive Kenntnisse aber sind die Bausteine, aus denen der Bau: freie Verwendung der Fremdsprache und leichtes Erfassen einer Literaturwerkes, erstehen soll. Ohne gute Bausteine kein festes Haus. Ohne Lernen kein Wissen. Ohne gründliche Kenntnisse in der Grammatik kein gründliches Erreichen jenes Zieles.

Die Zeiten haben sich gewandelt und stellen neue Aufgaben. Die für den französischen Sprachunterricht zur Verfügung stehende Stundenzahl ist eingeschränkt worden. Die Leistung aber soll annähernd dieselbe bleiben wie früher. Darum heißt es, in knapper Form das nötige Rüstzeug zu geben, damit die Aneignung der Sprache möglichst schnell und doch gründlich vonstatten gehen kann und Zeit genug für das eigentliche Ziel, die Verwendung der Sprache in Wort und Schrift und die Erarbeitung der Lektüre, übrig bleibt. Das versucht die vorliegende „Neue Sprachlehre".

Die erste Aufgabe war die **Begrenzung des Stoffgebiets**. Es war festzustellen, was der Schüler als Memorierstoff sich zu eigen machen muss, um einigermaßen fehlerfrei die Sprache handhaben zu können, und – davon sichtbar abgesondert – was er zur Hand haben muss, um seine Lektüre zu verstehen. Das, aber auch nur dieses Unbedingteste, gehört in eine Sprachlehre, die sich den heutigen Bedingungen anpasst; alles andere muss wegbleiben.

Die zweite Aufgabe war, das, was sich nun an großen Gesetzen und Einzelregeln als unbedingt notwendig verblieb, vor allem aber das zu Memorierende, so zu **gestalten**, dass es durch äußerste Knappheit und weitgehendste Leichtigkeit der Darstellung möglichst schnell zu fassen und mühelos zu behalten war. Dabei wurden alle Hilfsmittel visueller Einprägung: in die Augen fallende Paradigma, Schriftbilder, die entweder das Wesentliche einer Spracherscheinung oder die Verschiedenheit zwischen Mutter- und Fremdsprache sinnfällig vor Augen führen, in möglichst weitem Umfang herangezogen.

Ein dritter sehr wichtiger Punkt war die Auswahl und die Anordnung der **Beispiele**. Damit die Regeln schnell und sicher erfasst werden könnten, wurde nur solches Beispielmaterial aufgenommen, das, ohne ins Banale zu verfallen, leicht und **allgemeinverständlich** schien.

Aufgabe 3.1

? Welche Zielsetzungen werden mit dieser Grammatik verfolgt und welche Bedeutung hat Grammatik in diesem Französischunterricht? Fassen Sie die Charakteristika dieses Verständnisses von Französischunterricht zusammen.

Einfluss der Grammatik-Übersetzungs-Methode auf den Französischunterricht der Gegenwart

Die Grammatik-Übersetzungs-Methode prägt nicht nur die Anfänge des Unterrichts der neueren Sprachen im 19. Jahrhundert, sondern wird bis weit in die Mitte des 20. Jahrhunderts praktiziert. Der Fokus auf Grammatik, Vokabular, Übersetzung und Lektüre literarischer Texte im Zeichen eines klassischen Bildungsbegriffs fügt sich gut ein in Traditionen des deutschen Gymnasiums. Einige Charakteristika dieser Methode finden sich auch im

Französischunterricht zu Beginn des 21. Jahrhunderts. Der Rückgriff auf die Terminologie der lateinischen Schulgrammatik mit Begriffen wie Substantiv, Adjektiv, Deklination und Konjugation bildet weiterhin die Basis der Lernergrammatiken, die im Französischunterricht heute benutzt werden. Die Übersetzung literarischer Texte wird heute wohl kaum in der gleichen Intensität wie damals praktiziert, doch gibt es vereinzelt immer wieder Übersetzungen kurzer Texte in der schulischen Praxis. Der literarische Kanon des Französischunterrichts heute weicht wohl von dem Kanon ab, der in der Grammatik-Übersetzungs-Methode dominierte, doch ist die Lektüre bestimmter „Klassiker" des Französischunterrichts wie Voltaire, Molière und Flaubert auch auf Einflüsse dieser Methode und des darin liegenden Bildungsbegriffs zurückzuführen.

Die Direkte Methode | 3.3

Im Lauf der Etablierung der neueren Sprachen im Schulwesen entsteht ein neues Selbstverständnis zur Vermittlung der lebenden Fremdsprachen vor allem bei den Anhängern der neusprachlichen Reformbewegung. „Der Sprachunterricht muß umkehren." So betitelt Wilhelm Viëtor 1882 sein Plädoyer für eine Neuorientierung und andere Schwerpunktsetzung in den Methoden der modernen Sprachen, die als lebende Fremdsprachen und somit als Kommunikationsmittel genutzt und damit gesprochen werden sollen. Die gesprochene Sprache und der natürliche Spracherwerb haben für ihn Vorrang vor Grammatik und Übersetzung (Schröder 1984).

neusprachliche Reformbewegung

Die Direkte Methode wird auch als induktive Methode bzw. natürliche Methode bezeichnet. Vertreter eines *direct approach* fordern, dass der Fremdsprachenunterricht in der Fremdsprache selbst durchgeführt wird und grenzen sich damit deutlich von dem Unterricht der alten Sprachen Latein und Griechisch ab.

Ein bekannter Vertreter dieses Ansatzes ist im amerikanischen Raum der aus dem Schwarzwald stammende Maximilian Berlitz, der ebenfalls die Vermittlung der Umgangssprache und die Kommunikation in den Mittelpunkt seines Konzepts stellt. Ursprünglich unterrichtet er in seiner Sprachenschule nach der Grammatik-Übersetzungs-Methode. Ausgelöst durch unglückliche Umstände, nämlich die Einstellung eines jungen Franzosen ohne jegliche Englischkenntnisse als Französischlehrer und eine eigene heftige Erkrankung zur gleichen Zeit, entdeckt Berlitz die Möglichkeiten der Direkten Methode. Der neu eingestellte Französischlehrer Nicholas Joly unterrichtet seine Lerngruppen ohne Rückgriff auf Englisch sowie durch direkte Kommunikation und erzielt damit weit bessere Erfolge als Berlitz mit der Grammatik-Übersetzungs-Methode. Berlitz erkennt das Potenzial nach seiner Genesung: Sechs Wochen später sind die Lernenden in der Lage, mit ihrem Lehrer Joly in entspanner

Maximilian Berlitz

Atmosphäre zu kommunizieren. Berlitz übernimmt daraufhin die innovative Methode und baut sie aus.

Alltags-kommunikation

Zentrale Charakteristika sind die Arbeit mit alltagspraktischem Wortschatz und mit Grammatik in simulierten realen Kommunikationssituationen. Der Fokus liegt auf dem Sprechen und Lernen ausschließlich in der Zielsprache, wobei gerade die mündlichen Fertigkeiten im Vordergrund stehen und Lesen und Schreiben als Ergänzung verstanden werden.

total immersion

Dieses Prinzip vertreten die Berlitz Sprachschulen bis heute. Die Lehrkräfte sind zwingend Muttersprachler, die zum Teil keine Sprachkenntnisse der Erstsprachen ihrer Schülerinnen und Schüler haben. Der Unterricht wird immer in der jeweiligen Zielsprache durchgeführt, ein Rückgriff auf eine grammatische Metasprache wie die der lateinischen Grammatik findet nicht statt. Berlitz Schulen gibt es weltweit. Seit den 1950er Jahren geht es um die Vermittlung von Fremdsprachen vor allem an Geschäftsleute, die fremdsprachliche Kompetenzen aus beruflichen Gründen benötigen. Damit geht der Wechsel von konventionellen Klassengrößen hin zu kleinen, privaten Lerngruppen einher, in denen vor allem eine hohe Intensität den Lernprozess auf der Basis einer *total immersion* dominiert. Die Kurse dauern in der Regel nur wenige Wochen und basieren auf einem mehrstündigen Tagesprogramm.

Einschnitt in der Fremdsprachen-vermittlung

Die Direkte Methode bedeutet einen wesentlichen Einschnitt in der Vermittlung fremder Sprachen. Die Abkehr von metasprachlichem Wissen, von Grammatik und Übersetzung und der Fokus auf aktive Kommunikation in der gesprochenen Alltagssprache führen zu einem qualitativ grundlegend anderen Fremdsprachenunterricht. Die Lektüre klassischer literarischer Texte z. B. von Corneille oder Stendhal kommt nicht mehr vor, stattdessen beschäftigen sich die Lernenden jetzt mit Alltagskommunikation und landeskundlichem Wissen. Im Vordergrund stehen Alltagsgespräche wie Einkaufssituationen, Orientierung in fremder Umgebung oder Knüpfen neuer Kontakte.

Einfluss der Direkten Methode auf den Französischunterricht der Gegenwart

Gerade dieser Fokus auf die alltagssprachliche Kommunikation, die Einsprachigkeit und damit der direkte Zugang zur Zielkultur prägen den Französischunterricht bis heute. Während diese Charakteristika beispielsweise in den Berlitz Sprachschulen konsequent und absolut verstanden werden, bilden sie im Französischunterricht in Deutschland zwar eine Grundorientierung, jedoch sind Abweichungen möglich. So sollten Lehrkräfte in der Regel die Erstsprache ihrer Schülerinnen und Schüler verstehen, d. h. ein Französischlehrer in Deutschland spricht Deutsch genau wie seine Lerngruppe (von Minderheitenangehörigen einmal abgesehen). Dies ermöglicht den Rückgriff auf die gemeinsame Erstsprache, um beispielsweise als schwierig empfundene grammatische Regeln zu erklären oder auch Rückfragen bei Unverständnis oder Missverständnis zuzulassen.

Das Prinzip der totalen Immersion wird in den Berlitz Sprachschulen konsequent umgesetzt, hat sich im schulischen Fremdsprachenunterricht in Deutschland jedoch nicht in dieser Form etablieren können. Warum nicht?

| Aufgabe 3.2

Die Audiolinguale Methode

| 3.4

Der Französischunterricht verändert sich weiter ausgehend von Neuansätzen in der Linguistik und der Lernpsychologie der 1930er bis 1950er Jahre: Auf der Basis des Strukturalismus und des Behaviorismus kommt die audiolinguale Methode auf. Diese vor allem in den USA entwickelte Lehr-Lern-Methode stammt aus der Ausbildung von Dolmetschern der US-Armee.

Der Strukturalismus ist eine in verschiedenen wissenschaftlichen Disziplinen angewandte Theorie, die Systeme und ihre Bestandteile analysiert. Die strukturalistische Analyse wird vor allem in den 1960er Jahren u. a. in der Literaturwissenschaft, Linguistik oder Psychoanalyse praktiziert.

Strukturalismus

Den Ausgangspunkt bildet Ferdinand de Saussure und sein Verständnis von Sprache als strukturiertes Zeichensystem. Er unterscheidet zwischen *langue* (Sprache als System) und *parole* (Sprache als Sprechakt). Eine *langue* ist ein System einzelner Elemente und ihrer Werte (*valeur*), deren Funktion durch Differenz zu anderen Elementen bedeutsam wird. Insgesamt konzentriert sich de Saussure auf Sprache als synchrones System und betrachtet sie nicht in diachronischer Perspektive.

Ferdinand de Saussure

Auch im amerikanischen Strukturalismus (Bloomfield) geht es um Sprache als synchrones System. Gegenstand der Analyse ist wiederum die gesprochene Sprache. Ausgehend von einer Analyse eines Korpus von Äußerungen wird die Grammatik einer Sprache konstruiert, ohne die Bedeutungen der Äußerungen zu beachten. Ziel ist die Segmentierung und Klassifikation dieser Äußerungen, um daraus eine strukturelle Beschreibung der grammatischen Formen zu entwickeln. Im Strukturalismus in der Sprachwissenschaft geht es nicht darum, Sprache zu verstehen, sondern die ihr zugrunde liegenden Regeln.

Insgesamt orientiert sich der Strukturalismus somit nicht mehr an der lateinischen Grammatik, sondern analysiert jede Sprache nach den ihr eigenen Strukturen. Dies erfolgt auf der Basis einer Analyse der gesprochenen Sprache und nicht der geschriebenen Sprache. Die strukturalistische Sprachanalyse untersucht eine Sprache nach ihren charakteristischen Gegebenheiten streng synchronisch und deskriptiv.

strukturalistische Sprachanalyse

Die audiolinguale Methode ist auch vom Behaviorismus stark geprägt. In der Lernpsychologie wird in dieser Zeit ein behavioristisches Menschenbild vertreten. Im Anschluss an Untersuchungen von Skinner und Pawlow steht lediglich das beobachtbare Verhalten im Mittelpunkt, mentale Prozesse im Gehirn gelten als nicht untersuchbar. Das Gehirn wird als *black box* bezeich-

Behaviorismus

net, Verhalten wird nicht als aktiver, selbst konstruierter und selbstgesteuerter Prozess, sondern als von außen konditioniert verstanden. Der Mensch, menschliches Verhalten und auch Lernen funktionieren nach einem Reiz-Reaktions-Schema (*stimulus – response*). Nach diesem Muster wird auch Spracherwerb gesehen: Analog zu dem Pawlow'schen Hund, dessen Speichelfluss nach entsprechender Konditionierung nicht mehr nur über eine Wurst, sondern ein gleichzeitig zum Füttern klingelndes Glöckchen ausgelöst wird, stuft man den Spracherwerb als Verhaltenskonditionierung ein. Auf wiederholten sprachlichen Input in Gestalt von *Pattern drill*-Übungen antwortet der Mensch mit sprachlichen Reaktionen. Man betrachtet den Lernprozess als linear und eindimensional, durch Habitualisierung und Wiederholung in *Pattern drill*-Übungen soll eine daraus automatisch resultierende Beherrschung des Französischen erreicht werden.

Pattern drill

Ausgehend von diesen Vorstellungen wird in der Bundesrepublik Deutschland in den 1960er Jahren Englischunterricht für alle eingefordert und auch in der Hauptschule eingeführt. Der Französischunterricht bleibt zunächst den Gymnasien (und später den Gesamtschulen und Realschulen) vorbehalten. Charakteristisch sind wiederum der Fokus auf die Alltagskommunikation, landeskundliches Alltagswissen und der Primat des Mündlichen. Die Einsprachigkeit des Unterrichts ist ebenso von Bedeutung wie die situative Einbettung von Kommunikationssituationen. Darüber hinaus werden die vier Fertigkeiten Hören – Lesen – Sprechen – Schreiben in dieser Reihenfolge vermittelt, um dem natürlichen Spracherwerb Rechnung zu tragen. Die Einübung von Sprachmustern erfolgt durch Imitation und Wiederholung in *Pattern drill*-Übungen. Insgesamt bildet auch die Benutzung von Tonbandgeräten ein zentrales Charakteristikum dieser Methode.

Einsprachigkeit

Diese Konzeption des Spracherwerbs erfährt analog zur Kritik am Behaviorismus zahlreiche Infragestellungen. In kognitionsorientierten Lernmodellen werden demgegenüber die Eigenständigkeit und die selbstständige Steuerung von Lernprozessen unterstrichen. Dabei stehen bewusste Kognitionen der Lernenden im Mittelpunkt, die selbstständigkeitsorientierte Lernformen stärker unterstützen.

Kritik

Dennoch finden sich aus dieser Methode einige Umsetzungen, die bis heute im Französischunterricht realisiert werden. Wenn auch der Behaviorismus und der Strukturalismus keine prägenden Ansätze mehr sind, werden einige Vorgehensweisen aus der audiolingualen Methode weiterhin praktiziert. Hierzu gehören die Einsprachigkeit des Unterrichts, die Orientierung an Alltag und Kommunikation sowie die Vermittlung der vier Fertigkeiten Hören, Lesen, Sprechen und Schreiben in dieser Reihenfolge. *Pattern drill*-Übungen haben den Französischunterricht lange Zeit geprägt. Gerade Vorstellungen zur Bedeutung von Wiederholung und Übung für den Spracherwerb führten zur Beibehaltung gleichförmiger wiederholender Übungsmuster nach immer gleichen Schemata weit über die audiolinguale Methode hinaus. Übungen nach

Einfluss der Audiolingualen Methode auf den Französischunterricht der Gegenwart für Lehrkräfte leicht überschaubaren Frage-Antwort-Mustern tragen zudem dem Bedürfnis nach Transparenz der Überprüfbarkeit von Leistungen Rechnung. Dementsprechend finden sich lange Zeit Übungen wie die folgende:

> Qu'est-ce que tu achètes? – J'achète une pomme.
> Qu'est-ce que tu achètes? – J'achète une poire.
> Qu'est-ce que tu achètes? – J'achète une banane.
> Qu'est-ce que tu achètes? – J'achète une tomate.
> Qu'est-ce que tu achètes? – J'achète un concombre.
> Qu'est-ce que tu achètes? – J'achète …

Pattern drill-Übung

Diese Übung zielt auf die Konjugation des Verbs *acheter* sowie auf Obst- und Gemüsesorten. Aktuelle Übungsmuster sind demgegenüber weniger eindimensional angelegt, nutzen eine größere Breite sprachlicher Redemittel und imitieren mehr authentische Kommunikationssituationen. Dennoch wird auf das Prinzip der Wiederholung nicht grundlegend verzichtet.

? Überlegen Sie, warum die oben angeführte *Pattern drill*-Übung zum Kauf von Obst und Gemüse nicht mehr in dieser Form im Französischunterricht heute Verwendung findet. Welche Argumente sprechen dagegen? Entwickeln Sie eine Übung unter Rückgriff auf das Verb *acheter*, die diese Nachteile konstruktiv umsetzt und weiterentwickelt.

Aufgabe 3.3

Die Vermittelnde Methode

| 3.5

In den 1950er Jahren gibt es Bestrebungen, ein traditionelles Verständnis des Fremdsprachenunterrichts mit deutlicher Orientierung an Bildungsinhalten und Lernzielen mit audiolingualen Konzepten zu verbinden. Diese theoretischen Überlegungen zielen auf die Verknüpfung der jeweiligen Vorteile der Grammatik-Übersetzungs-Methode, der Direkten Methode und der audiolingualen Methode. Diese Methoden sind in ihrer jeweiligen Reinform mit etlichen Nachteilen behaftet. Die Grammatik-Übersetzungs-Methode fokussiert Kenntnisse der lateinischen Grammatik, Lektüre literarischer Texte und deren Übersetzung, vernachlässigt jedoch grundlegend die Vermittlung kommunikativer Kompetenzen. Die direkte Methode und die audiolinguale Methode hingegen stellen die Alltagskommunikation, Einsprachigkeit und die vier sprachlichen Fertigkeiten in den Mittelpunkt ohne expliziten Rückgriff auf Grammatik oder Literatur. Eine Verbindung dieser drei Methoden wirkt somit vielversprechend, doch ist die Praxis des Französischunterrichts lange Jahre vor allem durch die Grammatik-Übersetzungs-Methode bestimmt.

Verknüpfung von drei Methoden

Charakteristisch für die vermittelnde Methode sind insgesamt die Orientierung an Inhalten und Zielen der höheren Bildung, d. h. die Auseinandersetzung mit bleibenden Werten und Zeugnissen der Zielkultur, die grundlegende Aktivierung der Schülerinnen und Schüler sowie die Orientierung am

Charakteristika der Vermittelnden Methode

Prinzip der Einsprachigkeit außer bei der Erklärung von grammatischen und semantischen Fragen oder bei der Diskussion über abstrakte Gedankengänge. Weiterhin werden neue Wörter in dem jeweiligen Kontext erklärt und gelernt, die Grammatikarbeit ist durch Induktion geprägt und wird in zyklischer Progression vermittelt. Übungen zum mündlichen Sprachgebrauch werden auf der Basis lebendiger und authentischer Sprechsituationen entwickelt, Übersetzungsübungen kommen in Maßen zum Tragen.

Einfluss der Vermittelnden Methode auf den Französischunterricht der Gegenwart

Insgesamt finden sich in der vermittelnden Methode zahlreiche sinnvolle Ansätze, die auch im Französischunterricht heute umgesetzt werden. Die Kombination der Charakteristika verschiedener Methoden ermöglicht prinzipiell einen von Vielfalt und Abwechslung geprägten Französischunterricht, doch sind die gängigen Lehrwerke der Zeit nach der Grammatik-Übersetzungs-Methode gestaltet, so dass die vermittelnde Methode kaum Chancen zur Durchsetzung in der Unterrichtspraxis hatte.

3.6 | Die Audiovisuelle Methode

CREDIF

Die audiovisuelle Methode ist eine Weiterentwicklung der audiolingualen Methode in den 1950er und 1960er Jahren. Diese Weiterentwicklung erfolgt mit der audio-visuell-global-strukturalen Methode (Guberina 1965), die in Frankreich vom CREDIF, dem *Centre de Recherche et d'Etudes pour la Diffusion du Français*, entwickelt und in den USA ausformuliert wird. Hier wird gerade das visuelle Moment besonders für den Anfangsunterricht betont.

Französischlehrwerk „voix et images de france"

Ein Charakteristikum dieser Methode ist der Einsatz zahlreicher Medien. Basis ist die Entwicklung und Weiterentwicklung technischer Medien in der Mitte des 20. Jahrhunderts. Dazu gehören im visuellen Bereich Diaprojektoren, Overheadprojektoren und Videorecorder und auditive Medien wie das Sprachlabor, Tonbandgeräte und Kassettenrecorder. Sprache wird in Kontexten, Situationen und Dialogen vermittelt. Dabei sind ein rigider Ausschluss der Erstsprache sowie kognitiver Elemente charakteristisch für die audiovisuelle Methode. Die Akzente liegen auf authentischen Sprechweisen und vielfältigen Übungen, beispielsweise Substitutions- und Einsetzübungen sowie auf einer genauen Phaseneinteilung des Unterrichts.

Medien

Visuelle Impulse werden als eindeutig verbalisierbar erachtet und dementsprechend bestimmte Zeichnungen mit französischen Sätzen korreliert. Das Bild gilt z. B. in dem Französischlehrwerk „voix et images de france" als Impuls, der bei den Betrachtern sprachliche Reaktionen auslösen soll. Dementsprechend besteht das gesamte Lehrwerk ausschließlich aus visuellen Impulsen in Form gezeichneter Bilder (Guberina/Rivenc 1966). Der Beginn der zweiten Lektion zum Thema *La maison* sieht folgendermaßen aus:

DIE AUDIOVISUELLE METHODE **Einheit 3**

LEÇON 2. — LA MAISON. | Text 3.2

(Guberina/Rivenc 1966: 10)

? Jedes der Bilder wird als Impuls verstanden, um eine sprachliche Reaktion auszulösen (stimulus – response). Formulieren Sie zu jedem Bild eine sprachliche Äußerung. Was stellen Sie dabei an sich fest? Beschreiben Sie Besonderheiten der audiovisuellen Methode.

| Aufgabe 3.4

Damit wird der Weg frei für neue Ziele und Inhalte des Französischunterrichts. Wenn Sprache vor allem als Mittel zur Kommunikation betrachtet wird, dann geht es im Sprachunterricht darum, dass Lernende möglichst schnell das wichtigste, weil am häufigsten auftretende Vokabular sowie zentrale grammatische Strukturen beherrschen sollen, um Kontakte mit Sprechern des Französischen kommunikativ zu bewältigen. Dabei wird die erfolgreiche Kommunikation für wichtiger erachtet als die Orientierung an komplexen sprachlichen Strukturen, die in der Praxis nicht benutzt werden können, weil der Lerner sie noch nicht gut genug beherrscht.

Sprachlabor

Insgesamt ist auch diese Methode von einem technizistischen, mechanistischen Verständnis von Spracherwerb gekennzeichnet. Symptomatisch ist der Einsatz eines Sprachlabors, d.h. eines Mediums, das Lernende in einen Dialog mit Hörmaterial auf Kassetten treten lässt, in dem die bereits genannten *Pattern drill*-Übungen permanent wiederholt werden können und das der Lehrkraft die individuelle Überprüfung der einzelnen Lernenden ermöglicht. Kommunikation wird hier mit Technik simuliert, echte Kommunikation zwischen zwei einander gegenüberstehenden Menschen erscheint demgegenüber nachrangig.

Nicht nur die Durchführung einer Französischstunde in einem solchen Medium ist bezeichnend, sondern bereits die Bezeichnung des Sprachlabors als Sprach*labor*. Der Begriff ‚Labor' macht das Menschenbild und Lernerbild der Zeit deutlich. Analog zu anderen Laboren der Biologie oder Chemie wird Fortschritt – in diesem Fall: Lernfortschritt – als durch technische Unterstützung garantiert verstanden und weniger durch die eigenständige und kreative Gestaltung des Lernprozesses durch die Lernenden selbst. An dieser Stelle

Kritik

setzt auch die Kritik an der audiovisuellen Methode an: Der Lehrer sei zum Medientechniker degradiert, der konsequente Ausschluss von Kognition und Kreativität der Lernenden sei wenig hilfreich und das Lehrwerk sei vor allem durch eine Sinnentleerung der Lehrbuchdialoge sowie an indirekter Orientierung an Grammatik charakterisiert. Insgesamt wurde diese Methode in ihrer Reinform kaum so praktiziert.

Einfluss der Audiovisuellen Methode auf den Französischunterricht der Gegenwart

Sprachlabore und *Pattern drill*-Übungen finden sich im Französischunterricht heute wohl nicht mehr, ebenso wenig die kritiklose Orientierung an Technik und sinnentleerten Dialogen. Dennoch lassen sich einige Spuren der audiovisuellen Methode auch heute noch finden. Hierzu gehört das aktive Einbeziehen von aktuellen Medien in den Unterricht. Waren es in den 1960er Jahren das Sprachlabor und das Tonbandgerät, sind es zu Beginn des 21. Jahrhunderts Computer, Internet, DVD und CD. Lediglich der Overheadprojektor hat die Jahrzehnte überdauert. Darüber hinaus gilt wohl einer der oben angeführten Kritikpunkte an der audiovisuellen Methode auch für den Französischunterricht der Gegenwart. Auch heute werden Lehrwerke wegen der heimlichen Orientierung an Grammatik in der Lehrwerkprogression und den daraus resultierenden oberflächlichen Lehrwerktexten kritisiert.

Kommunikative Didaktik

| 3.7

Eine grundlegende Erneuerung findet in den 1970er Jahren mit der kommunikativen Didaktik statt, die den Französischunterricht bis heute wesentlich prägt. Zentral ist die Betonung der kommunikativen Kompetenz als übergeordnetes Lernziel des Fremdsprachenunterrichts:

kommunikative Kompetenz

> We have to account for the fact that a normal child acquires knowledge of sentences not only as grammatical but also as appropriate. He or she acquires competence as to when to speak, when not, and as to what to talk about to whom, when, where in what manner. In short, a child becomes able to accomplish a repertoire of speech acts, to take part in speech events and to evaluate the accomplishment by others. (Hymes 1972: 270)

> Kommunikative Kompetenz bedeutet [nicht] das Erreichen bestimmter Normen, sondern die Fähigkeit, sich ohne Ängste und Komplexe mit sprachlichen Mitteln, die man durchschaut und in ihren Wirkungen abschätzen gelernt hat, zu verständigen und kommunikative Absichten auch dann zu durchschauen, wenn sie in einem Code ausgesprochen werden, den man selbst nicht beherrscht und der nur partiell im eigenen Idiolekt vorhanden ist. (Piepho 1974: 9 f.)

Kommunikation und kommunikative Kompetenz werden hier nicht gleichgesetzt mit sprachlicher Korrektheit und sicherer Anwendung grammatischer Strukturen, Wortschatz oder Syntax. Fehler wie eine falsche Pluralbildung oder die falsche Konjugation einer Verbform werden für das Verständnis als nachrangig betrachtet. Weit wichtiger ist hier die angemessene sprachliche Kommunikation je nach Situation und Gesprächspartnern. Ausgehend von linguistischen und sprachphilosophischen Diskursen zur Sprechakttheorie in den USA werden Überlegungen für den Fremdsprachenunterricht formuliert. Dabei erscheint die situative Angemessenheit der Kommunikation, beispielsweise die richtige Wortwahl gegenüber einer alten Dame in einem Café, gegenüber einem Jugendlichen auf dem Schulhof oder gegenüber dem eigenen Vorgesetzten, weit wichtiger als sprachliche Fehler, die das Verständnis nicht beeinträchtigen.

Angemessenheit der Kommunikation

Parallel dazu vollzieht sich eine weitere Schwerpunktverlagerung. Nachdem zuvor primär die Vermittlung des Lernstoffs aus der Sicht der Lehrkräfte im Mittelpunkt stand und den Ausgangspunkt didaktischer Überlegungen bildete, geht man nun eher von den Lernenden und ihren Lernprozessen aus. Lernende werden verstärkt als Subjekte des Lernprozesses betrachtet. Zielgruppenspezifische Bedürfnisse von Lernenden hinsichtlich des Gebrauchs der Fremdsprache werden vermehrt in den Mittelpunkt gerückt, so dass gerade Alltagskommunikation und Themenfelder, die Jugendliche interessieren könnten, auch in Lehrwerken häufiger zur Sprache kommen (Neuner 2003: 227 ff.).

Lernende als Subjekte des Lernprozesses

METHODEN DES FRANZÖSISCHUNTERRICHTS

Der Englischdidaktiker Hans Eberhard Piepho ist einer der wesentlichen Vertreter der kommunikativen Didaktik. Er fasst sein Verständnis von Fremdsprachenunterricht u. a. folgendermaßen zusammen:

Text 3.3

2. Lernzielbestimmungen
2.1. allgemeine Bedingungen der fachlichen Lernziele
Das Erlernen des Englischen als Zweitsprache ist der Erwerb einer Kommunikationssprache. Geläufigkeit und Angemessenheit sind wesentlichere Kriterien als die grammatische Korrektheit und eine phonologisch-artikulatorische Elaboriertheit. Unter diesen Gesichtspunkten kann Englisch nicht (wie im herkömmlichen Verständnis) als erste Fremdsprache propädeutisch auf das Lernen weiterer Sprachen oder eine bestimmte Schullaufbahn gesehen werden. Obwohl im Einflussbereich des Europarates und als internationaler Trend festzustellen ist, die Zweitsprache bereits auf der Primarstufe zu lehren, erscheint es erst dann als realistisch, vom Frühbeginn als dem Regelfall auszugehen, wenn die Ausbildungssituation der Lehrer und der Stand der Planung die Voraussetzungen hierzu bieten. Dies sollte angestrebt werden. Zunächst wird mit dem Beginn des Englischunterrichts im fünften Jahrgang gerechnet, und die Lernziele und Methoden werden entsprechend gewählt.

Richtziel des Englischunterrichts in der Sekundarstufe I ist, den Schüler in die Lage zu versetzen und sprachlich dafür auszustatten, in bestimmten Situationen auf bestimmte Informationen und Inhalte rollenspezifisch angemessen kommunikativ zu reagieren. Dem Primat der Sprachtüchtigkeit stehen stützend und erweiternd die Informationsaufnahme und -verarbeitung (die Lese- und Verstehensfähigkeit; eine nach Eignung gestufte schriftliche Ausdrucksfähigkeit; kognitives Verständnis grammatischer Formen, Beziehungen und Bedeutungsweisen) zur Seite.

Angebote, Methoden und Arbeitsformen richten sich sowohl nach lehrgangsspezifischen Kriterien wie in zunehmendem Maße nach Neigungen der Schüler und übergeordneten pädagogischen Absichten, z. B. der Erziehung zum Selbstlernen, zur freien Wahl des Instruktionsmediums, zum planvollen und bewussten Arbeiten, zu emanzipierter und informierter Distanz gegenüber dem schulischen Angebot. Der Englischunterricht in den Klassen 5 und 6 muss in diesen Perspektiven seine Aufgaben und Ziele definieren.

(Piepho 1973: 22 f.)

Aufgabe 3.5

? Fassen Sie die Position Hans-Eberhard Piephos zusammen und vergleichen Sie sie jeweils mit den Prinzipien der Grammatik-Übersetzungs-Methode, der Direkten Methode und der audiovisuellen Methode. Welche Gemeinsamkeiten und welche Unterschiede stellen Sie fest?

Die Orientierung der kommunikativen Didaktik an kommunikativer Kompetenz in authentischen Alltagssituationen sowie an Angemessenheit der Kommunikation prägt den Fremdsprachenunterricht bis heute. „Oberstes Richtziel ist die kommunikative Kompetenz." Aussagen wie diese, die von der kommunikativen Didaktik geprägt sind, prägen seit den 1970er Jahren zahlreiche Lehrpläne und Rahmenrichtlinien einzelner Bundesländer.

Im Bremer Bildungsplan für die Oberschule wird beispielsweise Folgendes formuliert: „Der Bildungsplan Französisch/Spanisch als zweite Fremdsprache ab Jahrgang 6 der Oberschule hat als Richtziel die systematische Entwicklung und Förderung der kommunikativen Kompetenz und interkulturellen Handlungsfähigkeit der Schülerinnen und Schüler in praktischen Anwendungsbezügen." (Freie Hansestadt Bremen 2012: 5) kommunikative Kompetenz im Lehrplan

Der Lehrplan für das Gymnasium in Bayern sieht Ähnliches vor: bayrischer Lehrplan

> Der Unterricht der Modernen Fremdsprachen verfolgt grundsätzlich einen kommunikativen Ansatz und vernetzt erworbene Inhalte und Fertigkeiten auf vielfältige Weise miteinander. Im Vordergrund dieses integrativen Vorgehens steht das Kommunikationsbedürfnis der Schülerinnen und Schüler. Aus diesem ergeben sich die sprachlichen Mittel, die zur Bewältigung der jeweiligen Kommunikationssituation benötigt werden.
> Der Unterricht in der jeweiligen Fremdsprache folgt […] von Beginn an dem Prinzip der Einsprachigkeit. Um Gespräche im Klassenzimmer verstehen und sich in angemessener Weise daran beteiligen zu können, ist es notwendig, dass die Schülerinnen und Schüler vom ersten Lernjahr an über die dafür notwendigen Redemittel verfügen. Die Lernenden erleben so die Fremdsprache als Kommunikationsmittel im Unterricht und im Schulleben, z. B. im Rahmen von Austauschprogrammen und kulturellen Veranstaltungen.

Text 3.4

(Bayerisches Staatsministerium für Unterricht und Kultus 2016)

Französischunterricht wird heute erteilt mit der Zielsetzung, die Lernenden auf Kommunikation in französischer Sprache vorzubereiten. Dabei gilt die Orientierung an Angemessenheit der Kommunikation, was in den oben angeführten Auszügen aus curricularen Texten erkennbar ist, sie wird jedoch in der Praxis des gymnasialen Französischunterrichts eher weniger umgesetzt. Nach wie vor werden Fehler in Orthografie und Grammatik stärker wahrgenommen und z. B. in Klausuren sanktioniert als Fehler der Angemessenheit und Authentizität in der Kommunikation. Dies hängt wohl auch damit zusammen, dass ein fehlendes Plural-s einfacher zu diagnostizieren und als Fehler zu zählen ist als eine tendenziell zu höfliche oder zu unhöfliche Wortwahl in einem fingierten Brief in einer Klassenarbeit. Einfluss der kommunikativen Didaktik auf den Französischunterricht der Gegenwart

Grundsätzlich bleibt das Prinzip der kommunikativen Kompetenz jedoch unumstritten und es finden sich wohl auch weitere Charakteristika der kommunikativen Didaktik bis heute. Dazu gehört auch die Kritik an einem heimlichen Lehrplan, der die Strukturierung eines Französischkurses an grammati- kommunikative Kompetenz als Basis

METHODEN DES FRANZÖSISCHUNTERRICHTS

schen Themen bedeutet und diese den „echten" Inhalten, nämlich Situationen und Themen, vorordnet.

Die kommunikative Didaktik bildet die Grundlage des modernen Französischunterrichts seit den 1970er Jahren. Danach hat es keine weitere eigenständige Methode gegeben. Weiterentwicklungen basieren im Grunde auf der kommunikativen Didaktik, ohne sie grundlegend in Frage zu stellen, und bedeuten ein Additum zu dieser Methode.

Zusammenfassung

Gegenstand dieser Einheit waren die großen Methoden, die den Französischunterricht seit Mitte des 19. Jahrhunderts geprägt haben. Dabei wurde deutlich, welche Charakteristika die jeweiligen Methoden aufweisen und wie sie ineinander verquickt sind. Die hier aufgeführte grobe, zeitlich gegliederte Reihenfolge bildet eine erste Orientierung. Die Grammatik-Übersetzungs-Methode und die Direkte Methode stehen einander gegenüber und präzisieren grundlegende Gegensätze des Zugangs zur Fremdsprache. Die audiolinguale und die audiovisuelle Methode bilden eine Einheit in ihrer Bezugnahme auf den Einsatz von Medien, die Arbeit mit *Pattern drill*-Übungen sowie auf Entwicklungen in anderen wissenschaftlichen Disziplinen wie beispielsweise den Strukturalismus. Die in den 1970er Jahren entwickelte kommunikative Didaktik bildet die letzte der großen Methoden, die bis heute die zentrale Grundlage des Französischunterrichts ist – wenn auch mit Weiterentwicklungen.

Aufgabe 3.6

? Analysieren Sie die folgenden Äußerungen einiger Französischlehrerinnen und -lehrer. Worauf legen die einzelnen Personen jeweils Wert? Welcher der oben genannten Methoden des Französischunterrichts sind sie jeweils zuzuordnen?

Aussagen von Französischlehrerinnen und -lehrern

„Das wichtigste im Französischunterricht ist für mich, dass meine Schülerinnen und Schüler miteinander reden. Hauptsache in der Fremdsprache, ob sie dabei Fehler machen oder nicht, ist mir völlig egal."

„Schüler sollen Französisch lernen, d. h. korrekte Aussprache, korrekte Anwendung des Wortschatzes und der Grammatik. Fehler korrigiere ich sofort."

„Übersetzung nimmt in meinem Unterricht einen wichtigen Stellenwert ein. Erst durch genaue Übersetzung in die Muttersprache können die wahren Feinheiten der Fremdsprache erkannt werden."

„Für mich spielt Wiederholung eine wichtige Rolle. Erst wenn Schülerinnen und Schüler 25 Mal verschiedene Daten geübt haben, beherrschen sie die französischen Zahlen."

„Meine Schüler sollen am Ende ihrer Schulzeit Französisch als Sprache der Philosophie und Literatur kennengelernt haben. Voltaire und Rousseau, Diderot und Molière sollen sie lesen und schätzen lernen."

„Ein systematischer oder ein pragmatischer Zugang zur Sprache? Ich stehe auf Letzteres: Was nützt mir das System der Sprache, wenn ich nicht weiß, in welchen Situationen und unter welchen Umständen ich wie zu wem, wann, was sagen kann?"

„Unterschiede zwischen Deutschland und Frankreich müssen beachtet werden. Mir geht es um mehr als nur um *bol* und Kaffeetasse, *baguette* und Weißbrot. Auch Unterschiede in der Anwendung der Sprache in bestimmten Situationen je nach individueller Einschätzung sollen mit bedacht werden."

Literatur

Guberina, Pierre (1965): La méthode audio-visuelle-structuro-globale. In: Revue de phonétique appliquée 4: 35–44.

Guberina, Pierre/Rivenc, Paul (1966): voix et images de france. Cours audio-visuel de français. Livre de l'élève. Cours CREDIF. Paris: Didier.

Hymes, Dell H. (1972): On communicative competence. In: Pride, John B./Holmes, Janet (Hg.): Sociolinguistics. London: Penguin, 269–293.

Neuner, Gerhard (2007): Vermittlungsmethoden: Historischer Überblick. In: Bausch, Karl-Richard/Christ, Herbert/Krumm, Hans-Jürgen (Hg.): Handbuch Fremdsprachenunterricht. 5. Auflage. Tübingen und Basel: Francke, 225–234.

Piepho, Hans-Eberhard (1973): Moderne Unterrichtsgestaltung. Stundenvorbereitung Englisch für die Klassen 5–10. 30 Beispiele. Limburg: Frankonius.

Piepho, Hans-Eberhard (1974): Kommunikative Kompetenz als übergeordnetes Lernziel im Englischunterricht. Limburg: Frankonius

Schröder, Konrad (Hg.) (1984): Wilhelm Viëtor: „Der Sprachunterricht muss umkehren". Ein Pamphlet aus dem 19. Jahrhundert neu gelesen. München: Hueber.

Strohmeyer, Fritz (1949): Études françaises: Grammatik. Neue französische Sprachlehre. Stuttgart: Klett.

Internet

Bayerisches Staatsministerium für Unterricht und Kultus (2016): LehrplanPLUS für das Gymnasium in Bayern. Fachprofile Moderne Fremdsprachen. http://www.lehrplanplus. bayern.de/fachprofil/gymnasium/franzoesisch/auspraegung/moderne%20fremdsprachen

Freie Hansestadt Bremen. Die Senatorin für Bildung, Wissenschaft und Gesundheit (Hg.) (2012): Französisch/Spanisch. Bildungsplan für die Oberschule. http://www.lis.bremen. de/sixcms/detail.php?gsid=bremen56.c.15226.de

Einheit 4

Alternative Methoden und neuere Entwicklungen

	Inhalt
4.1 Alternative Methoden	50
4.2 Aktuelle Entwicklungen der Französischdidaktik	52
4.2.1 Interkulturelle Didaktik und Mehrsprachigkeitsdidaktik	52
4.2.2 Kognitionsorientierung	55
4.2.3 Digitale Medien und *E-Learning*	62

Diese Einheit präsentiert Ihnen einen Überblick über alternative Methoden und aktuelle Entwicklungen in der Französischdidaktik. Sie erfahren Grundzüge alternativer Methoden, die sich in der schulischen Praxis jedoch kaum durchgesetzt haben. Anschließend werden Ihnen drei Strömungen der Französischdidaktik vorgestellt, die verschiedene Bereiche des Französischunterrichts anvisieren, jedoch anders als die großen Methoden keinen umfassenden Wahrheitsanspruch für sich einnehmen. Ergänzend zur kommunikativen Didaktik lernen Sie die Interkulturelle Didaktik und die Mehrsprachigkeitsdidaktik, Kognitionsorientierung sowie die Integration digitaler Medien und *E-Learning* kennen.

Überblick

ALTERNATIVE METHODEN UND NEUERE ENTWICKLUNGEN

4.1 | Alternative Methoden

Neben den großen Methoden, die in der vorangegangenen Einheit dargestellt sind, werden seit den 1970er Jahren verschiedene alternative Methoden entwickelt, die kaum Eingang in den schulischen Fremdsprachenunterricht gefunden haben. Sie basieren zum Teil auf ideologischen und esoterischen Überzeugungen oder gründen sich auf neurophysiologische oder tiefenpsychologische Positionen. Hierzu gehören u. a. die Suggestopädie und *Superlearning*, *Total Physical Response*, *Community Language Learning*, *Humanistic Approach* und *Natural Approach* oder auch die *Psychodramaturgie linguistique* (vgl. Ortner 2007).

Suggestopädie

Die von dem Bulgaren Georgi Lozanov begründete Suggestopädie bezieht explizit suggestive Elemente in den Fremdsprachenunterricht mit ein. Charakteristisch sind Suggestion und Desuggestion, Tiefenentspannung der infantilisierten Lernenden sowie die Verbindung von Sprache und Musik im Lernkonzert. Suggestion meint dabei, die Lernenden in den Zustand einer positiven Entspannung zu versetzen und dadurch eine positive Lernatmosphäre aufzubauen. Desuggestion bedeutet den Abbau ihrer Lernbarrieren und die Überwindung von Ängsten. Lernende meist der Erwachsenenbildung nehmen eine fiktive Identität für den Sprachkurs an, der durch angenehme Lernatmosphäre, Musik, Rollenspiele, Singen, Tanzen und Malen gekennzeichnet ist. Verweise auf spektakuläre und damit unseriös wirkende Lern- und Behaltensleistungen (z. B. 500 Vokabeln in 45 Minuten lernen) führen zu internationaler Aufmerksamkeit und zu kritischer Infragestellung dieser Methode, gleichzeitig jedoch auch zu etlichen Nachahmern, von denen das

Superlearning

bekannteste Beispiel das *Superlearning* (Ostrander/Schroeder) ist. Darüber hinaus operieren etliche Angebote zum Selbstlernen von Fremdsprachen auf dieser Basis. Wissenschaftliche Kritik an der Suggestopädie gründet sich auf die Nichtbeachtung bewährter fremdsprachendidaktischer Vorstellungen und auf die unseriöse empirische Begründung der spektakulären Lernerfolge, die durch weitere empirische Untersuchungen mit moderateren Ergebnissen modifiziert werden.

Total Physical Response

Die Bezeichnung der Methode *Total Physical Response* (Asher) beschreibt ihr zentrales Charakteristikum: Lernende „antworten" auf sprachliche Aufforderungen der Lehrkraft durch physische Reaktionen. Im Zentrum dieser Methode stehen Imperative der Lehrenden und Reaktionen der Lernenden, die zunächst nicht zu sprachlichen Reaktionen aufgefordert werden. Die Aufforderung einer Lehrerin – beispielsweise: *Ouvre la fenêtre. Va au tableau et écris ton adresse.* – wird durch entsprechende Ausführungen „beantwortet". Gleichsam wie beim kindlichen Erstspracherwerb sollen und dürfen die Lernenden erst dann verbal reagieren, wenn sie sich dafür bereit fühlen.

Community Language Learning

Community Language Learning (Curran) basiert auf Lernen in einem Sitzkreis in Kleingruppen, deren Teilnehmer miteinander kommunizieren und insbesondere spontane ichbezogene Aussagen machen sollen. Die Lehrkraft steht außerhalb des Sitzkreises und kann leise nach fehlenden Redemitteln befragt werden. Das Kreisgespräch wird aufgezeichnet und dient als Grundlage für eine metasprachliche Analyse. Die Lehrkraft transkribiert das Gespräch und bespricht Fehler in einer darauffolgenden Grammatikstunde in der Muttersprache. Mit fortschreitendem Niveau sollen die Lernenden mehr und mehr eigenständig sprachlich handeln, so dass sich das *counselor-client*-Verhältnis zwischen Lehrkraft und Lernenden zunehmend selbst aufhebt.

Humanistic Approach und *Natural Approach* entstehen in den USA im Zuge der 1968er Studentenbewegung. An die Stelle eines methodisch erstarrten, kognitiv ausgerichteten Fremdsprachenunterrichts sollen Freude an der Sprache, eine gute Lernatmosphäre und ein konstruktives Lehrer-Schüler-Verhältnis treten. In diesem ganzheitlichen Unterricht sollen authentische fremdsprachliche Kommunikation, die Äußerung von Gefühlen und echte Interaktion im Mittelpunkt stehen. Dieser Zugang wird u. a. auch lernpsychologisch begründet mit Theorien, denen zufolge die linke Gehirnhälfte logisch-abstraktes Denken und die rechte Gehirnhälfte ganzheitlich-affektives Denken repräsentiert. Beide Seiten sollen im Fremdsprachenunterricht zum Tragen kommen, so dass die Kompetenzen beider Gehirnhälften genutzt werden.

Humanistic Approach
Natural Approach

In Frankreich wird der *Humanistic Approach* weiterentwickelt zur *Psychodramaturgie linguistique* (Dufeu). Insbesondere im Bereich der Erwachsenenbildung werden gestaltpsychologische und tiefenpsychologische Elemente integriert. In einem solchen Sprachkurs kommen zahlreiche Aspekte eines tiefenpsychologischen *workshops* zum Tragen, so u. a. die Nutzung pränataler Erfahrungen von Geborgenheit für ein vertrauensvolles Fremdsprachenlernen.

Psychodramaturgie linguistique

Die genannten alternativen Methoden sind durch umfassende ideologische Begründungen und durch spezifische methodische Umsetzungen gekennzeichnet. Sie alle visieren ein Aufbrechen methodisch-didaktischer Umsetzungen des institutionalisierten Fremdsprachenunterrichts an und damit höhere Erfolge des Fremdsprachenlernprozesses. Infolge absolut formulierter Überzeugungen, z. B. aus der Tiefenpsychologie, und daraus resultierender starrer Umsetzungen in der Gestaltung des Unterrichts konnten sie sich im schulischen Fremdsprachenunterricht nicht durchsetzen.

Gleichzeitig können aus den genannten Methoden Impulse für den Fremdsprachenunterricht aufgenommen werden und diesen bereichern. Dazu gehören die verstärkte Berücksichtigung individueller Lernerbedürfnisse und der Motivation der Lernenden, der Bezug auf ganzheitliche und emotionale Elemente im Unterricht, die Reduktion der Dominanz der Lehrkraft in einem lehrerzentrierten Unterricht oder auch die Nutzung kreativer Verfahren für den Unterricht.

Impulse für den Fremdsprachenunterricht

ALTERNATIVE METHODEN UND NEUERE ENTWICKLUNGEN

4.2 | Aktuelle Entwicklungen der Französischdidaktik

Seit dem Ende der großen Methoden und der bis heute bestehenden Orientierung an der in den 1970er Jahren begründeten kommunikativen Didaktik gibt es Weiterentwicklungen, die neue Akzente in Bezug auf ein grundsätzliches Verständnis des Französischunterrichts setzen und damit eine Ergänzung zu einem auf Kommunikation zielenden Französischunterricht bilden. Die einzelnen Richtungen visieren jeweils unabhängig voneinander unterschiedliche Bereiche des Französischunterrichts an.

Insgesamt lassen sich folgende Entwicklungen grob nachzeichnen:

- Berücksichtigung von Interkulturalität, Mehrsprachigkeit und Mehrkulturalität
- Fokussierung von Kognition, Lernerautonomie, Lernerstrategien und Konstruktivismus
- Einbeziehung digitaler Technologien und der Möglichkeiten des *E-Learning*
- Orientierung an *task based language learning* bzw. Aufgabenorientierung (siehe dazu ausführlich Einheit 5, S. 81 ff.)

4.2.1 | Interkulturelle Didaktik und Mehrsprachigkeitsdidaktik

Interkulturelle Didaktik

In den 1990er Jahren etabliert sich die interkulturelle Didaktik auf der Basis verschiedener Diskurse zu interkulturellem Lernen und zu interkultureller Kommunikation. Damit einher geht ein veränderter Fokus auf Inhalte und Zielsetzungen des Französischunterrichts (vgl. auch Einheit 11, S. 171 ff.). Geht es in der kommunikativen Didaktik noch um kommunikative Kompetenz, wird dies nunmehr erweitert auf interkulturelle und kommunikative Kompetenz. Das Ideal des *near native speaker* im Französischunterricht kommunikativer Prägung wird modifiziert zum *intercultural speaker*. Auch der Begriff der Kompetenz selbst erfährt eine Verschiebung: Zu Zeiten der kommunikativen Kompetenz unterscheidet man noch stärker zwischen Kompetenz und Performanz (vgl. de Saussure, Chomsky), d. h. zwischen Kompetenz als Wissen über die Sprache und Performanz als Handeln in der Sprache (Wissen und Können). Aktuelle Diskurse streben an, diese Spaltung aufzuheben, Wissen als eine der Voraussetzungen von Können zu begreifen und im Französischunterricht weit mehr das Können als das Wissen in den Mittelpunkt zu stellen.

Die interkulturelle Didaktik basiert auf verschiedenen interkulturellen Diskursen, die grob eine Entwicklung von Multikulturalität über Interkulturalität zu Transkulturalität erfahren (vgl. Einheit 11, S. 171 ff.).

Insgesamt ist es das Verdienst der interkulturellen Didaktik, kulturspezifische Kommunikationsformen in den Blickpunkt der Aufmerksamkeit gerückt zu haben. Während die kommunikative Didaktik gerade die Angemessenheit und Situationsbezogenheit von Kommunikation an sich thematisiert, berücksichtigt die interkulturelle Didaktik darüber hinaus auch unterschiedliche Kom-

AKTUELLE ENTWICKLUNGEN DER FRANZÖSISCHDIDAKTIK — Einheit 4

munikationsstile zwischen Gesprächspartnern mit verschiedenem kulturellem Hintergrund. Dies wird beispielsweise auch in der Formulierung der Zielsetzungen des Französischunterrichts in Bremen deutlich, die kommunikative Kompetenz und interkulturelle Handlungsfähigkeit erwähnen (vgl. Einheit 3, S. 45).

| Text 4.1

Le baiser

1 Un dimanche matin, devant une boulangerie-pâtisserie, à Concarneau, un port en Bretagne. Stefan, un jeune Autrichien de 14 ans, arrive en vélo avec Emilie, sa correspondante, chez qui il est en vacances. Ils viennent acheter des croissants et du pain frais pour le petit déjeuner.
[…]
3 Ils entrent dans le magasin.
Stefan: Bonjour, madame. Une baguette et cinq croissants, s'il vous plait.
La boulangère: Voilà. Et avec ça?
Stefan: Euh… Emilie, tu veux peut-être un petit baiser?
Emilie (surprise): Un baiser?!!
La boulangère (qui s'amuse beaucoup): Dis donc, Emilie, est-ce qu'il est amoureux de toi?
Stefan (qui n'a pas compris, montre un plat dans la vitrine): Oui, Emilie, un de ces trucs-là!
Ça s'appelle bien un baiser, non? Chez moi, en Autriche, on appelle ça comme ça …
La boulangère: Ah, vous voulez dire une meringue! Mais Emilie préfère peut-être un baiser! …
Emilie devient rouge comme une tomate.   (Beutter 1995: 77)

| Aufgabe 4.1

? Lesen Sie den Ausschnitt aus dem Lehrwerk *Découvertes*. Welche Charakteristika stellen Sie am Beispiel der Gestaltung dieses Textes im Blick auf die kommunikative Didaktik und die interkulturelle Didaktik fest?

Neben der interkulturellen Didaktik, die zunächst zwei verschiedene Kulturen im Blick hat, entfaltet sich die Didaktik der Mehrsprachigkeit und Mehrkulturalität mit einem Fokus auf mehr als zwei Kulturen.

Die Entwicklung der Mehrsprachigkeitsdidaktik erfolgt gerade im Bereich der Didaktik der romanischen Sprachen. Ausgangsüberlegung sind enge Parallelen zwischen den romanischen Sprachen, die zu einem Lernen mehrerer (romanischer) Sprachen und für ein interlinguistisches Verständnis genutzt werden sollen (Meißner/Reinfried 1998). Dies bedeutet auch, verschiedene intralinguistische Transfers anzuvisieren: Transfer aus der Ausgangssprache (L1), der Brückensprache (L2, L3) und der Zielsprache (L3, L4, L5) sowie schließlich kognitiven didaktischen Transfer über den eigenen Lernprozess. Eine besondere Bedeutung kommt hierbei der Brückensprache zu, die zur Überbrückung zwischen Ausgangs- und Zielsprache fungiert.

Mehrsprachigkeitsdidaktik

Französisch als Brückensprache	Aus sprachpolitischen und linguistischen Gründen wird häufig das Französische als Brückensprache für die romanischen Sprachen favorisiert, obwohl im Grunde auch andere romanische Sprachen die Funktion einer Brückensprache erfüllen könnten. Die Mehrsprachigkeitsdidaktik zielt nicht auf aktive und umfassende Beherrschung zahlreicher Fremdsprachen, sondern eher auf breite passive, auf einer Brückensprache basierende Sprachkenntnisse in weiteren Sprachen, die je nach Bedarf vertieft und aktiviert werden können.
EuroComRom	Eine Möglichkeit für deutschsprachige Lehrende und Lernende, sich mit Mehrsprachigkeit vertraut zu machen, wird mit dem Projekt EuroComRom (www.eurocomresearch.net) anvisiert. Das Ziel besteht nicht in einer *near native*-Kompetenz, sondern es geht um die Entwicklung rezeptiver Mehrsprachigkeit, um rezeptive (Lese)Kompetenz sowie um die kognitive Nutzung von Verwandtschaftsbeziehungen zwischen Sprachen. In diesem Zusammenhang sollen bestimmte Strategien zur Nutzung der Parallelen zwischen den romanischen Sprachen entwickelt bzw. bewusst gemacht werden.
Interferenz	Durch diese mehrsprachigkeitsdidaktische Perspektive werden die Parallelen zwischen romanischen Sprachen zur Erleichterung des Sprachlernprozesses fruchtbar gemacht. Parallelen bestehen nicht nur im Wortschatz, sondern auch in grammatischen und syntaktischen Strukturen. Diese Vorteile bedeuten jedoch auch Nachteile, insofern als sie auch Interferenzen nach sich ziehen. Interferenzen bezeichnen Fehler, die Lernende eng verwandter Fremdsprachen machen, weil sie aufgrund der Nähe der beiden Sprachen falsche Schlussfolgerungen aus dem sprachlichen Phänomen einer Fremdsprache auf sprachliche Phänomene der anderen Fremdsprache ziehen, wie das folgende Beispiel verdeutlicht. Die Nähe zwischen dem französischen *subjonctif* und dem spanischen *subjuntivo* erleichtert einen grundsätzlichen Zugang zu einem Konjunktiv, der in dieser Form und mit diesen Funktionen im Deutschen so nicht existiert. Gleichzeitig gilt es jedoch auch, Nuancen zwischen dem Spanischen und dem Französischen zu beachten. So heißt es im Französischen beispielsweise: *J'espère qu'il va faire beau demain*. Im Spanischen fordert das Verb *esperar* jedoch den *subjuntivo*: *Espero que haga buen tiempo mañana*.
Förderung der Mehrsprachigkeit in Europa	Dieser Ansatz zielt insgesamt primär auf sprachdidaktische Überlegungen und impliziert bildungspolitische Aspekte. Anvisiert wird vor allem, Parallelen zwischen romanischen Sprachen zu nutzen und daraus mindestens passive Sprachkenntnisse zu fördern. Die genannte Lesekompetenz wird hier eher so verstanden, dass z. B. Lerner des Französischen Texte in anderen romanischen Sprachen lesen können. Damit steht die Mehrsprachigkeitsdidaktik im Dienst sprachenpolitischer Bestrebungen des Europarats zur Förderung der Mehrsprachigkeit der Bürger der europäischen Union. Anstelle der Dominanz des Englischen als *lingua franca* und einzige Verkehrssprache Europas besteht die sprachpolitische Zielsetzung darin, dass alle Bürger der EU in mindestens zwei Fremdsprachen neben der eigenen Erstsprache kommunizieren können

sollten. Diese Förderung der Mehrsprachigkeit unterstützt damit Bestrebungen, die romanischen Sprachen (u. a. auch) als Schulfremdsprachen weiter zu stützen und auszubauen und damit einen Gegenpol zur Dominanz des Englischen zu bilden.

Für den Französischunterricht übernimmt man aus diesen Überlegungen eine bewusste Einbeziehung anderer Sprachen zur Erleichterung des Französischlernens. Dies wird vor allem auf der Ebene des Wortschatzes umgesetzt, insofern als Verweise in Vokabelverzeichnissen der Lehrwerke auf parallele Wörter in anderen Sprachen aufgenommen werden. Dabei wird oft auch Bezug genommen auf Sprachen, die üblicherweise vor Französisch gelernt werden, so u. a. Englisch und Latein, aber auch auf andere (romanische) Sprachen mit offensichtlichen Beispielen: *Le restaurant*, il *ristorante*, the *restaurant*, …

Parallelen im Wortschatz

? Besuchen Sie die Internetseite des Eurocom-Projekts www.eurocomprehension.de und konzentrieren Sie sich dabei besonders auf die Programme zum Eurocom Online Training. Absolvieren Sie exemplarisch die Bearbeitung eines Textes mit Kontrollfragen einer Sprache Ihrer Wahl.

Wie kamen Sie mit der Aufgabenstellung und dem Text zurecht? Analysieren Sie Stärken und Schwächen dieses mehrsprachigkeitsdidaktischen Ansatzes ausgehend von Ihren eigenen Erfahrungen.

Aufgabe 4.2

Kognitionsorientierung

4.2.2

Der bewusste Einbezug der Kognitionsorientierung stellt eine weitere Entwicklung der Fremdsprachendidaktik dar. Im Zuge der kognitiven Wende manifestiert sich ein grundlegender Paradigmenwechsel in der Erziehungswissenschaft, der Psychologie und damit auch in den Fachdidaktiken. Lernen wird insgesamt nicht mehr wie im Behaviorismus als vom Lehrer gesteuerter Prozess nach einem mechanischen Stimulus-Response-Prinzip verstanden, sondern als vom Lerner selbst verantworteter autonomer Prozess. In diesem Zusammenhang stehen verschiedene fremdsprachendidaktische Konzepte und Impulse, die die Bewusstheit der Lernenden in den Mittelpunkt stellen: Lernerautonomie, *language awareness*, Lernen lernen oder auch Lern(er)strategien.

Kognitionsorientierung

Erste Anfänge der Lernerautonomie finden sich bereits in den 1970er Jahren. In den 1990er Jahren und nach der Jahrtausendwende erfährt das Konzept einen enormen Aufschwung. Damit gehen auch Bedeutungsverschiebungen und -erweiterungen einher: Die ursprünglich politische Bedeutung von Lernerautonomie als „la capacité de l'apprenant de prendre en charge son propre apprentissage" (Holec 1980: 1) wird ergänzt um Vorstellungen von Autonomie als Neustrukturierung von Lernbedingungen und Ablehnung traditioneller Lernstrukturen, d. h. Lernerautonomie wird mehr und mehr verstanden als selbstverständlicher Bestandteil des Fremdsprachenunterrichts. Das Kon-

Lernerautonomie

zept wird darüber hinaus auf Vorstellungen eines guten, nämlich autonomen Fremdsprachenlerners bezogen. Neben strukturellen, sozialen und gesellschaftspolitischen Dimensionen umfasst Lernerautonomie auch psychologische und individuelle Dimensionen. Dies bedeutet auch einen Fokus auf Lernmethoden und Lerntechniken. Darüber hinaus ergibt sich seit den 1990er Jahren eine weitere Bedeutungserweiterung: Lernerautonomie wird nicht allein verstanden als völlige Unabhängigkeit eines isolierten und für sich lebenden Individuums, sondern kann sich nur unter Bezugnahme auf andere Menschen realisieren. Autonomie verweist somit auch auf Interdependenzen innerhalb einer Gemeinschaft. Das Bewusstsein, autonom zu sein, resultiert damit auch aus der Möglichkeit und Fähigkeit, sich selbst als verantwortlich für eigene Entscheidungen im Miteinander mit Anderen zu sehen. Autonomie wird damit nicht als Unabhängigkeit, sondern als Interdependenz verstanden. Das Konzept verweist damit nicht allein auf die Lernenden, sondern auf die Komplexität von Lernenden und Lehrenden, Lernprozessen und Lernprodukten sowie auf Lernsituationen (Martinez 2008).

Autonomie als Interdependenz

Text 4.2

L'autonomie de l'apprenant est la *volonté* et *capacité* de l'apprenant de *contrôler* son propre apprentissage. Le terme de *contrôle* […] a l'avantage d'être plus concret et tangible (et donc opérationnalisable) que le terme de *prise en charge*. Ce contrôle s'effectue au niveau de l'organisation de l'apprentissage, des ressources à mobiliser, des contenus à définir, de la motivation, du contexte d'apprentissage et des processus cognitifs (qui sont les garants de l'autonomie) – ceux-ci renvoyant également au contrôle des transferts linguistiques et didactiques. Cette capacité de contrôle ne peut être réduite à l'opposition fréquente entre hétero-formation et auto-formation mais implique des mécanismes complexes de *self-direction, other-direction* et *inner-direction* […], l'apprentissage étant un processus interne de traitement des données linguistiques à la fois individuel et social, c'est-à-dire inscrit dans un contexte social.

L'autonomie s'inscrit ainsi dans une modélisation constructiviste de l'apprentissage reposant sur des bases empiriques […] et faisant actuellement l'objet d'un large consensus au sein de la didactique des langues étrangères.

L'autonomie implique un certain degré de conscience métalinguistique et acquisitive des apprenants, c'est-à-dire une compétence d'acquisition ou une *(multi-)language and learning awareness* qui permet aux apprenants de réguler leur apprentissage, donc de mobiliser et d'activer les ressources dont ils disposent afin de réorganiser les savoirs […].

L'autonomie est un outil conceptuel qui est défini *dans son rapport* à un dispositif de formation et au processus d'autonomisation. Ainsi les différentes définitions ont-elles engendré différentes versions ou perspectives qui ne s'excluent pas mais se complètent et se déploient de manière différente selon le contexte donné […]. Un concept vaste, un *Großkonzept*, comprend une dimension politique, technique et psychologique, une dimension individuelle

> et sociale, une dimension cognitive et affective ainsi qu'une dimension déclarative et procédurale. Le principe invariable de ce concept repose dans *la relation (psychologique)* que l'apprenant entretient avec l'objet d'apprentissage et les processus d'apprentissage […].
>
> C'est cette autonomisation qui est au centre des réflexions en didactologie des langues. (Martinez 2008: 218)

Das Konzept der Lernerautonomie verweist auch auf bestimmte Bezugswissenschaften, so u. a. auf die kognitive Psychologie, die die Fähigkeit des Wahrnehmens, Lernens, Denkens und Urteilens bearbeitet. Der Mensch gilt als autonom, insofern als die Verarbeitung von Informationen mit Hilfe von Strategien und Wissensspeicher, in Abhängigkeit von Umweltreizen und eigenem Wissen erfolgt. Daraus resultiert, dass zu vermittelnde Inhalte an bereits vorhandenes Wissen anknüpfen sollten. Hier finden sich zahlreiche Parallelen zu sozialkonstruktivistischen und radikalkonstruktivistischen Positionen (siehe unten). Insgesamt gilt, dass ein an Lernerautonomie orientierter Fremdsprachenunterricht keine Selbstverständlichkeit ist und Autonomie fördernde authentische Lernsituationen erst bereitgestellt werden müssen. Dies führt auch zu einer Veränderung der Rolle der Französischlehrer/innen als Lernbegleiter und Berater des Lernprozesses. <!-- kognitive Psychologie; Konstruktivismus -->

Lernerautonomie bedeutet für den Französischunterricht konkret verschiedene methodische Umsetzungen, so beispielsweise die Förderung von Gruppenarbeit und Projektunterricht. Die Bewertung erfolgt prozessorientiert, visiert vor allem Lernfortschritte an und umfasst Selbsteinschätzungen der Lernenden. Lernerautonomie setzt die intrinsische Motivation der Lernenden voraus, d. h. dass Lernende mit Interesse an der Sache oder dem Thema weit eher verantwortlich und autonom arbeiten können als Lernende ohne diese Einstellung, und steht in engem Zusammenhang mit Autonomie fördernden Methoden wie dem Einsatz von Lernstrategien und Lerntechniken (vgl. Fäcke 2016). Darüber hinaus können ebenfalls umfangreiche verantwortungsvolle Aufgaben an die Lernenden übertragen werden, so u. a. im Konzept Lernen durch Lehren. Hinzu kommen Aspekte von *language awareness* und Sprachreflexion. <!-- Charakteristika der Lernerautonomie -->

? Vergleichen Sie die geschilderten Ausführungen zur Lernerautonomie mit eigenen Unterrichtserfahrungen. Welche Parallelen, welche Unterschiede stellen Sie fest? Welchen Stellenwert soll Lernerautonomie in Ihrem eigenen zukünftigen Französischunterricht einnehmen? Begründen Sie ihre Position. <!-- Aufgabe 4.3 -->

Das in Großbritannien entstandene Konzept der *language awareness* fokussiert einen anderen vernachlässigten Aspekt der kommunikativen Didaktik, nämlich das Nachdenken über Sprache. Nach einer zu starken Orientierung an instrumenteller Sprachkompetenz zur mündlichen Kommunikation <!-- language awareness -->

ALTERNATIVE METHODEN UND NEUERE ENTWICKLUNGEN

kommt jetzt die Seite der Kognition in Lernzielen, Übungsformen und Inhalten, Sprach- und Sprachlernvergleichen stärker zum Tragen. Damit stehen die Lernenden und ihr Lernprozess mehr im Mittelpunkt.

Lehr-/Lernkonzept

Language awareness umfasst ein integratives Lehr-/Lernkonzept. Im affektiven Bereich geht es um Sprachsensibilisierung und um die Förderung von Neugierde auf die Sprache, im sozialen Bereich werden Sprachverhalten in verschiedenen sozialen Kontexten, sprachliche und soziale Toleranz gegenüber Minderheiten oder auch Unterschiede in sozialen Beziehungen der Kommunikation anvisiert. Im politischen Bereich wird ein herrschaftskritischer Fokus zum Umgang mit Sprache und Texten beispielsweise in der Werbung verfolgt. Eine kognitive Komponente zielt auf das Erkennen sprachlicher Regeln und Normen, auf sprachliche Variation und Korrektheit. Auch die Bedeutung von Fehlern im Lernprozess wird bewusst reflektiert (Gnutzmann 2011).

Lernerstrategien, Lerntechniken, Arbeitstechniken

Lern(er)strategien, Lerntechniken und Arbeitstechniken werden in der Fremdsprachendidaktik verstärkt seit den 1990er Jahren (O'Malley/Chamot 1990) diskutiert und kommen auch im Französischunterricht immer mehr zum Tragen. Terminologische Unterscheidungen sind relativ unscharf, insgesamt gilt jedoch, dass Lernstrategien eher abstraktere Umsetzungen, Lerntechniken eher konkretere Umsetzungen bezeichnen. Eine Lernstrategie zum Lesen eines französischen Textes besteht beispielsweise darin, sich beim Lesen auf zentrale Aussagen zu konzentrieren, diese in Stichworten zu exzerpieren und unbekannte Wörter zunächst zu vernachlässigen. Eine Lerntechnik zum Lesen dieses gleichen Textes wäre z. B. das Unterstreichen wichtiger Passagen beim Lesen und das Markieren von Fragezeichen oder anderer Zeichen am Rand des Textes. Strategien lassen sich insgesamt nach dem Grad ihrer Bewusstheit (kognitive Strategien – metakognitive Strategien), nach ihrer Funktion (Lesestrategien, Lernstrategien, Kommunikationsstrategien, Kompensationsstrategien) oder auch nach dem Grad ihrer Abhängigkeit von Lerninhalten strukturieren (vgl. Einheit 8, S. 129 ff.).

Mit Lernstrategien werden etliche Vorteile verbunden: Die Förderung autonomer Lernprozesse unterstützt Lernerfolg und Nachhaltigkeit beim Lernen, Bewusstmachungsprozesse tragen zu Lernerfolg bei, metakognitive Strategien erweisen sich gegenüber kognitiven Strategien als das Lernen stärker fördernd und unterstützend.

Begründungen für die vermehrte Einbeziehung von Lernstrategien liegen in deren Schlüsselrolle für erfolgreiches Lernen sowie in der Stärkung der Position und Verantwortung des Lerners für seinen eigenen Lernprozess. Lebenslanges Lernen in Europa wird als nötig und charakteristisch für moderne Gesellschaften erachtet. Hierauf kann der Lerner durch die Bezugnahme auf Lernstrategien vorbereitet werden.

AKTUELLE ENTWICKLUNGEN DER FRANZÖSISCHDIDAKTIK | **Einheit 4**

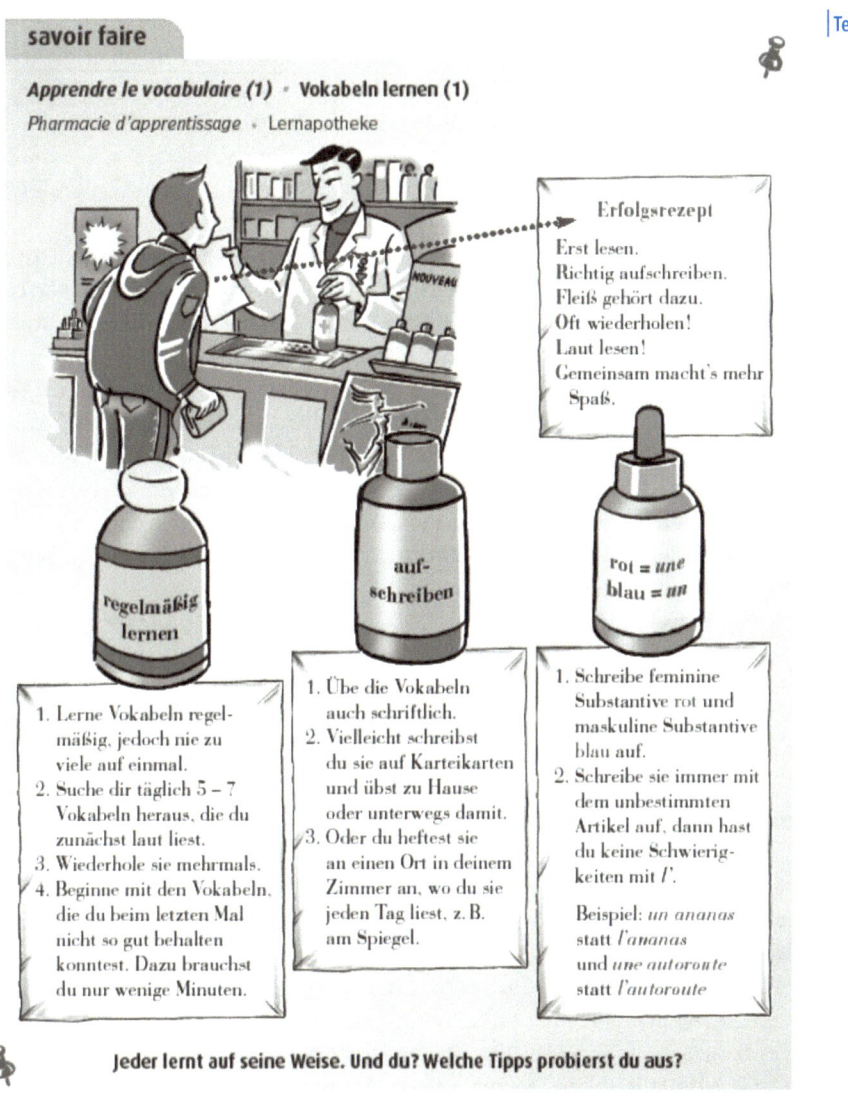

Text 4.3

(Belaval-Nink 2004: 53)

? Lesen Sie die hier angegebenen Tipps zum Vokabeln lernen und vergleichen Sie sie mit anderen Ihnen bekannten Lernstrategien. Was fällt Ihnen auf? Welchen Stellenwert sollten Lernstrategien in Ihrem eigenen Französischunterricht einnehmen? Formulieren Sie eine begründete Stellungnahme.

Aufgabe 4.4

Eine theoretische Begründung für kognitionsorientierte Unterrichtsformen liefert der Konstruktivismus. Dieser Ansatz bezeichnet lerntheoretische und

Konstruktivismus

erkenntnistheoretische Positionen, die insgesamt vom Konstruktcharakter der Wirklichkeit ausgehen und die Lernen, Verstehen und Erkennen als Konstruktionsprozesse begreifen. In der Französischdidaktik unterscheidet man vor allem zwischen informationstheoretischem, gemäßigtem Konstruktivismus und erkenntnistheoretischem, radikalem Konstruktivismus. Im fremdsprachendidaktischen Diskurs erfolgt eine verstärkte Rezeption konstruktivistischer Positionen seit den 1990er Jahren.

gemäßigter Konstruktivismus

Im gemäßigten Konstruktivismus (Wolff 2002) wird Lernen als selbstgesteuerter, autonomer, selbstverantwortlicher Konstruktionsprozess verstanden. Dies bedeutet eine Abkehr vom Instruktivismus und ein Votum für konstruktivistische Lerngestaltung, d. h. die Schaffung einer Lernumgebung mit komplexen Unterrichtsinhalten, authentischem Lebensbezug und Lernmaterialien, Rückgriff auf metakognitive Elemente, d. h. Lernerstrategien, Lern- und Arbeitstechniken, auf Projektunterricht und kooperatives Lernen. Insgesamt wird hier eine theoretische Grundlage für Ansätze offenen Unterrichts seit der Reformpädagogik der 1920er Jahre gelegt. Fremdsprachlicher Unterricht wird damit qualifiziert durch Arbeit in Kleingruppen, Publikation der Lernergebnisse im Klassenzimmer, Gruppenarbeit, Bereitstellung zahlreicher Materialien, Führen eines Lernertagebuchs, konsequente Einsprachigkeit und Nutzung der Fremdsprache als Arbeitssprache, gemeinsame Evaluation in der Fremdsprache sowie Authentizität der Interaktion. Konstitutiv ist dabei auch die Unterscheidung zwischen Lehrbarkeit und Lernbarkeit von Wissen und Fertigkeiten. Dahinter steht die verbreitete Erfahrung, dass Lehrende zwar Wissen und Fertigkeiten im Fremdsprachenunterricht lehren, Lernende diese jedoch nicht in gleichem Maße aufnehmen und umsetzen.

Kritik

Diese Abkehr vom Instruktionsparadigma entspricht aktuellen Forschungsdiskursen, die selbstgestaltete Lernprozesse als fruchtbarer und nachhaltiger einstufen als passive und durch Instruktion gesteuerte Lernprozesse. Daneben wird jedoch auch Kritik am gemäßigten Konstruktivismus formuliert. So wird eine völlige Abkehr vom Instruktivismus in theoretischen Diskursen in Frage gestellt und auch die Praxis des Fremdsprachenunterrichts erweist sich immer wieder als resistent gegenüber offenen Verfahren.

Grundsätzlich wird im gemäßigten Konstruktivismus eine Übereinstimmung zwischen einer ontologisch gegebenen Realität und ihrer prinzipiellen Erkennbarkeit postuliert, wenn auch die Wahrnehmung infolge der Unvollkommenheit menschlicher Sinnesorgane defizitär sei. An diesem Punkt besteht ein grundlegender Unterschied zum radikalen Konstruktivismus, der von einer prinzipiellen Unvereinbarkeit von Realität und der durch Menschen erkennbaren Wirklichkeit ausgeht.

radikaler Konstruktivismus

Ursprünge des radikalen Konstruktivismus liegen in Forschungen der Biologen und Neurowissenschaftler Francisco Varela und Humberto Maturana in den 1980er Jahren. Der Begriff geht auf den Philosophen und Psychologen Ernst von Glasersfeld zurück.

Der radikale Konstruktivismus (Wendt 2002) wird in der Fremdsprachendidaktik seit Mitte der 1990er Jahre intensiv rezipiert und diskutiert. Dabei stehen vor allem erkenntnistheoretische Fragen im Vordergrund, konkrete Umsetzungen für die Praxis des Fremdsprachenunterrichts werden erst an zweiter Stelle reflektiert.

Ausgangspunkt radikalkonstruktivistischer Überlegungen ist die Unterscheidung von Realität und Wirklichkeit, d. h. von physischer Welt und subjektiv mentaler Welt. Die Realität sei dabei infolge der Selbstreferenzialität des Gehirns nicht erkennbar. Das Subjekt konstruiere sich subjektive Wirklichkeiten, die durch Kommunikation bzw. Viabilisierung zu interindividuellen oder sozialen werden können. Aus der Konstruktivität von Wahrnehmen und Erkennen resultiere, Realität als Anlass von Wahrnehmung zu betrachten (Wendt 2002: 9 ff.). *erkenntnistheoretische Perspektive*

Insgesamt ergeben sich im radikalen Konstruktivismus bestimmte Vorstellungen zu Lernen und Konstruktion: Lernen bedeutet die Konstruktion und Viabilisierung von Hypothesen (Wendt 2002: 13) und führt zu einem Verständnis von Fremdsprachenunterricht, der von Handlungsorientierung, Lernerzentrierung, prozessbezogener Bewusstmachung und ganzheitlicher Spracherfahrung gekennzeichnet ist. *Lernen als Konstruktion*

Die Sichtweise des radikalen Konstruktivismus hat massive Kritik hervorgerufen (z. B. Reinfried 1999). Diese Kritik fokussiert die semantische Geschlossenheit des Gehirns, die daraus resultierende Subjekt-Objekt-Spaltung und grundsätzliche Unmöglichkeit des Subjekts, Welt zu erkennen. Dies zielt auch auf die sich daraus ergebende Konsequenz für das konstruktivistische Subjekt, unmöglich ethisch verantwortlich zu handeln, auf den damit einhergehenden Wahrheitsbegriff sowie auf die Unterscheidung zwischen Wirklichkeit und Realität. Gerade auch der Solipsismusvorwurf, d. h. die subjektivistische Geschlossenheit des Einzelnen, wird immer wieder erhoben (Bredella 2002: 110 ff.). Darüber hinaus zielt die Kritik auch auf den hoch theoretischen und abstrakten Charakter radikalkonstruktivistischer Überlegungen und auf ihre mangelnde Umsetzbarkeit für den Fremdsprachenunterricht. *Kritik*

Die grundlegende Differenz zwischen instruktivistischen und konstruktivistischen Positionen liegt in unterschiedlichen Vorstellungen möglicher Zugänge zu einer ontologisch vorgegebenen und jenseits subjektiver Wahrnehmungen stehenden Wirklichkeit und damit in der Frage nach Wahrheit. Ein erkenntnistheoretischer Skeptizismus auf Seiten des radikalen Konstruktivismus verhindert damit jeglichen Zugang zu dem jenseits subjektivistischer Wahrnehmungen stehenden Sein. Eine instruktivistische Sichtweise auf Welt, Wirklichkeit und Wahrheit legt auf vermeintlich objektive Zugänge zu einer objektiven Wahrheit und Wirklichkeit fest und negiert subjektive bzw. intersubjektive Faktoren. *Instruktivismus und Konstruktivismus*

Beispielhaft wird die konstruktivistische Fokussierung eines eigenständigen Lernprozesses in konkreten methodischen Verfahren des offenen Unter-

ALTERNATIVE METHODEN UND NEUERE ENTWICKLUNGEN

simulation globale   richts umgesetzt, so u. a. in der aus den 1970er Jahren stammenden *simulation globale*, im Konzept Lernen durch Lehren oder auch im Stationenlernen. In einer *simulation globale* wird eine komplexe Rahmensituation simuliert und mit einzelnen Aufgaben bzw. Handlungssträngen bestückt, die die Lernenden jeweils sprachlich bewältigen müssen. Lernen durch Lehren besagt, dass Lernende jeweils einzelne Lehraufgaben des Lehrenden übernehmen müssen und Unterrichtsphasen eigenständig und nach vorheriger Anleitung durch die Lehrkraft steuern. Das Stationenlernen ist eine Adaptation des Zirkeltrainings aus dem Sportunterricht, wobei Lernende eigenständig etliche Stationen im Unterricht selbstständig bearbeiten und dabei u. U. auch die Reihenfolge der Bearbeitung selbst festlegen. In all diesen Formen tritt die Lehrkraft von einer zentralen, steuernden Position zurück und nimmt eine lernberatende und lernbegleitende Funktion wahr.

Lernen durch Lehren

Stationenlernen

Aufgabe 4.5 | **?** Vergleichen Sie konstruktivistische und instruktivistische Vorstellungen von Französischunterricht. Welche Charakteristika, Vor- und Nachteile stellen Sie jeweils fest? Vervollständigen Sie die folgende Tabelle:

	Instruktivismus	Konstruktivismus
Charakteristika	–	–
	–	–
Vorteile	–	–
	–	–
Nachteile	–	–
	–	–

4.2.3 | Digitale Medien und *E-Learning*

Computer und Internet

Die Einbeziehung digitaler Medien, d. h. von Computern und Tablets, bildet eine weitere neue Entwicklung des Französischunterrichts. Digitale Medien werden seit den 1990er Jahren im Fremdsprachenunterricht eingesetzt. Die Anfänge der Integration des Computers waren recht euphorisch, man sprach von *computer assisted language learing* (CALL) und von *computer-mediated communication* (CMC), wobei die Übungen damals vorwiegend durch einfache Strukturen in entkontextualisiertem Rahmen charakterisiert waren (Rösler 2004: 210 ff.). Insgesamt wurden neue Möglichkeiten zur Integration von Computer und Internet in den Französischunterricht positiv und optimistisch diskutiert (Münchow 2004).

computer assisted language learning

E-leaning ist heute ein breiter und unscharfer Begriff, der etliche Lernszenarien umfasst und dabei mindestens „irgendeine Art von digitalem Material oder eine Verwendung von digitalen Kommunikationskanälen" (Rösler 2004:

8) berücksichtigt. Dazu gehören Formen des Präsenzlernens, des *Blended Learning*, des Vollvirtuellen Lernens, des Fernlernens oder auch des Alleinlernens (Rösler 2004).

Infolge der rasanten technischen Entwicklungen und damit einhergehenden Veränderungen gibt es zahlreiche konkrete Umsetzungsmöglichkeiten. Dazu gehören Email-Projekte im Fremdsprachenunterricht oder auch Kommunikationsformen wie Chats oder Internetforen, Videopods und Podcasts, Blogs und Video-Blogs. Die Möglichkeiten und Grenzen des Web 2.0 für den Fremdsprachenunterricht werden breit und kontrovers diskutiert (Roche 2008; Reinfried/Volkmann 2012).

Die Arbeit mit digitalen Medien eröffnet Zugang zum Internet. Damit bieten sich Möglichkeiten zur Nutzung fremdsprachlicher Authentizität im Klassenzimmer oder zu Hause, es eröffnet die Überbrückung von zeitlicher und räumlicher Distanz, direkte und authentische Kommunikation mit Muttersprachlern, landeskundliche Tagesaktualität und stellt damit einen Erprobungsraum für interkulturelles Lernen und fremdsprachliche Kommunikation dar.

Internet im Französischunterricht

Recherchen im Internet bieten authentische und aktuelle Informationen z. B. landeskundlicher Art, sie eröffnen darüber hinaus jegliche Form der thematischen Recherche und können im Unterricht frei oder auch gesteuert eingesetzt werden. Hierzu zählen Webquests, d. h. aufgabenorientierte Rechercheprojekte, die beispielsweise die Planung einer (virtuellen) Reise zum Gegenstand haben. Internetrecherchen bilden mehr und mehr integralen Bestandteil von Lehrwerken und umfassen z. B. die Suche nach ergänzenden Informationen im Netz. Dabei sind zum Teil vereinfachte und didaktisierte Internetseiten direkt in die Lehrwerke integriert.

Internetrecherche

Unabhängig davon, dass Computer und Internet einen selbstverständlichen Teil des Lebens in der Informationsgesellschaft bilden und allein aus diesem Grund keinesfalls aus der Unterrichtswirklichkeit ausgeblendet werden können, bieten sich weitere Gründe für ihre Integration in den Französischunterricht. So bedeutet das Internet ein Fenster zur Welt und zu anderen Kulturen, die eigenständige Recherche und Lektüre von Internetseiten unterstützt authentische Leseprozesse (*skimming* und *scanning*) (vgl. Einheit 12; S. 202). Insgesamt zeichnet sich der Umgang mit Computer, Tablet und Internet durch die Förderung selbstgesteuerter Lernprozesse, durch Interaktion und Interaktivität sowie durch die Adaptation an individuelle Lernprozesse aus. Damit einher gehen die Motivierung der Lernenden und die Förderung von Medienkompetenz. Digitale Medien sind flexibel und bieten mehr Adaptationen als andere Medien, die nicht so schnell reagieren können.

Begründungen zur Nutzung von Computer und Internet

Mit der Integration digitaler Medien in den schulischen Französischunterricht bietet sich *E-Learning* als alternatives Angebot zu einem kursartigen Französischunterricht an. *E-Learning* bezeichnet eine Form des Lernens, die primär über Distanz zwischen Lehrenden und Lernenden mit der Hilfe von

E-Learning

ALTERNATIVE METHODEN UND NEUERE ENTWICKLUNGEN

E-Learning-Kursen durch digitale Medien organisiert wird. Die Lernenden sind nicht mehr zeitlich und räumlich festgelegt. Die Kombination eigenständiger und individueller *E-Learning*-Phasen mit Präsenzformen des Lernens wird als *blended learning* bezeichnet.

blended learning

Zusammenfassung

> Nach einem kurzen Überblick über alternative Methoden, die im schulischen Französischunterricht kaum praktiziert werden, haben Sie in dieser Einheit vor allem große neuere Tendenzen der letzten Jahre kennengelernt und damit Entwicklungen, die den Französischunterricht heute erheblich beeinflussen.
>
> Die interkulturelle Didaktik und die Didaktik der Mehrsprachigkeit, Kognitionsorientierung, neue Medien und *E-Learning* bilden eine Ergänzung zur kommunikativen Didaktik, der letzten der großen Methoden, die bis heute eine Basis des Fremdsprachenunterrichts bildet. In aktuellen fremdsprachendidaktischen Diskursen wird versucht, interkulturelles Lernen und Perspektiven der Mehrsprachigkeit, d. h. der lebensweltlichen Mehrsprachigkeit und der Interkomprehension zwischen den romanischen Sprachen, sowie einen kognitiven Zugang zum Fremdsprachenlernen in Form von Lernerautonomie, *language awareness* oder auch Lern(er)strategien und schließlich die Nutzung von Internet und Computer in den Französischunterricht heute zu integrieren und damit eine Ergänzung und Weiterentwicklung zur kommunikativen Didaktik in der Unterrichtspraxis zu verankern.

Aufgabe 4.6

? In wenigen Tagen wird eine Fachkonferenz Französisch an Ihrer Schule stattfinden. Sie haben die Aufgabe, Ihren Kolleg/innen in dieser Sitzung neuere fremdsprachendidaktische Entwicklungen vorzustellen. Bereiten Sie einen Vortrag von 5 Minuten vor. Fassen Sie dabei das Wesentliche zusammen und stellen Sie auch Ihre eigene Position dar.

Literatur

Belaval-Nink, Sandrine u. a. (2004): Tout va bien. Lehrwerk für den Französischunterricht. Band 1. Frankfurt am Main: Diesterweg.

Beutter, Monika (1995): Découvertes. Série verte, Bd. 2. Stuttgart u.a.: Klett.

Bredella, Lothar (2002): Die Entwertung der Welt und der Sprache in der radikal-konstruktivistischen Fremdsprachendidaktik. in: Zeitschrift für Fremdsprachenforschung 13 (2): 109–129.

Fäcke, Christiane (Hg.) (2016): Selbstständiges Lernen im lehrwerkbasierten Französischunterricht. Stuttgart: ibidem. (Romanische Sprachen und ihre Didaktik)

Gnutzmann, Claus (2011): Language Awareness. In: Hallet, Wolfgang/Königs, Frank G. (Hg.): Handbuch Fremdsprachendidaktik. Seelze-Velber: Klett Kallmeyer, 115-119.

Holec, Henri (1980): Autonomie et apprentissage des langues étrangères. Strasbourg.

Martinez, Hélène (2008): Du rapport aux savoirs: l'autonomie comme pratiques. In: französisch heute 39/3: 214–228.

Meißner, Franz-Joseph/Reinfried, Marcus (1998): Mehrsprachigkeitsdidaktik. Konzepte, Analysen, Lehrerfahrungen mit romanischen Fremdsprachen. Tübingen: Narr.

Münchow, Sabine (Hg.) (2004): Computer, Internet & Co. im Französisch-Unterricht. Berlin: Cornelsen.

O'Malley, J. Michael/Chamot, Anna (1990): Language Learning Strategies. Cambridge: Cambridge University Press.

Ortner, Brigitte (2007): Alternative Methoden. In: Bausch, Karl-Richard/Christ, Herbert/Krumm, Hans-Jürgen (Hg.): Handbuch Fremdsprachenunterricht. 5. Auflage. Tübingen und Basel: Francke, 234–238.

Reinfried, Marcus (1999): Der Radikale Konstruktivismus: eine sinnvolle Basistheorie für die Fremdsprachendidaktik? in: Fremdsprachen Lehren und Lernen 28: 162–180.

Reinfried, Marcus/Volkmann, Laurenz (Hg.) (2012): Medien im neokommunikativen Fremdsprachenunterricht. Einsatzformen, Inhalte, Lernerkompetenzen. Frankfurt am Main u.a.: Lang. (Fremdsprachendidaktik inhalts- und lernerorientiert, Bd. 20)

Roche, Jörg (2008): Handbuch Mediendidaktik Fremdsprachen. Ismaning: Hueber.

Rösler, Dietmar (2004): E-Learning Fremdsprachen – eine kritische Einführung. Tübingen: Stauffenburg.

Wendt, Michael (2002): Kontext und Konstruktion: Fremdsprachendidaktische Theoriebildung und ihre Implikationen für die Fremdsprachenforschung. in: Zeitschrift für Fremdsprachenforschung, 13 (1): 1–62.

Wolff, Dieter (2002): Instruktivismus vs. Konstruktivismus: 20 Thesen zur Lernbarkeit und Lehrbarkeit von Sprachen. In: Bach, Gerhard/Viebrock, Britta (Hg.): Die Aneignung fremder Sprachen. Frankfurt am Main u.a.: Lang, 19–24. (Kolloquium Fremdsprachenunterricht, Bd. 10)

Einheit 5

Lehrpläne, Curricula und Bildungsstandards

	Inhalt
5.1 Lehrpläne, Curricula und Rahmenrichtlinien	68
5.2 Gemeinsamer europäischer Referenzrahmen für Sprachen	73
5.3 Bildungsstandards, Kompetenz- und Outcomeorientierung	77
5.4 Aufgabenorientierung	81

In dieser Einheit erfahren Sie, wie Französischunterricht konzeptionell modelliert und von staatlicher Seite gesteuert werden kann. Dabei haben sich die Einflussparameter in den vergangenen Jahrzehnten immer wieder verschoben: von Strukturierungen durch Lehrpläne (und damit vor allem Inhalte und Methoden des Französischunterrichts) und Curricula (d.h. primär Zielsetzungen und Lernziele) hin zu Bildungsstandards und Kompetenzen der Lernenden. Die gegenwärtige Verlagerung von Input zu Outcome, von den Inhalten zu den Lernenden spiegelt sich in der Bezugnahme auf den Gemeinsamen europäischen Referenzrahmen für Sprachen sowie in Kompetenz- und Aufgabenorientierung im Französischunterricht.

Überblick

LEHRPLÄNE, CURRICULA UND BILDUNGSSTANDARDS

5.1 | Lehrpläne, Curricula und Rahmenrichtlinien

Einflussnahme durch Kultusministerien

Auf die Gestaltung und Durchführung des Französischunterrichts wird auch von staatlicher Seite Einfluss ausgeübt. Dabei geht es den Kultusministerien der einzelnen Bundesländer in ihren bildungs- und schulsprachenpolitischen Entscheidungen insgesamt um Regulierung, Evaluation und Qualitätssicherung sowie um Vereinheitlichung und Vergleichbarkeit oder um die konzeptionelle Ausrichtung des Französischunterrichts. Konzeptionen, Inhalte, methodische Umsetzungen sowie Zielsetzungen und Abschlussprüfungen werden durch curriculare Vorgaben, durch Lehrpläne und Rahmenrichtlinien gesteuert.

An den einzelnen Begriffen – Lehrplan, Curriculum, Richtlinien, Rahmenplan – wird ein unterschiedliches Verständnis von Einflussnahme auf den Französischunterricht deutlich, was nicht zuletzt auch im Zusammenhang mit fachdidaktischen Tendenzen der Zeit steht. Dennoch gibt es zahlreiche Überschneidungen, die eine genaue terminologische Abgrenzung der Begriffe erschweren.

Lehrplan

Der Lehrplan eines Bundeslandes sieht Angaben zu Begründungen und Zielsetzungen, zu Inhalten und Themen sowie zu methodischen Umsetzungen des Französischunterrichts vor. Dabei wird in der Regel nach Schularten, Jahrgangsstufen und Sprachenfolge, d. h. Französisch als erster, zweiter oder dritter Fremdsprache, unterschieden. Ein Lehrplan dient zur Orientierung für die Gestaltung und Durchführung des Französischunterrichts, als Legitimation und Absicherung für die ausgewählten Inhalte und angewandten Methoden oder auch als Rahmen zur Normierung von Unterricht.

Lehrpläne können dabei als sinnvoller Halt oder als einschränkendes Korsett erfahren werden, doch zeigt die Praxis, dass Lehrkräfte selten Lehrpläne wirklich lesen und sich direkt danach richten. Im Französischunterricht der Spracherwerbsphase bildet das Lehrwerk ein faktisches Abbild des Lehrplans

heimlicher Lehrplan

und wirkt geradezu als „heimlicher Lehrplan". Im Oberstufenunterricht sind Rahmenthemen aufgeführt, die einzelnen Lehrkräften ein breites Feld an Themen eröffnen. Insgesamt bleiben ihnen zahlreiche Gestaltungsräume und Entscheidungen überlassen.

hessischer Lehrplan

So sieht das Hessische Kultusministerium für das Kerncurriculum Französisch (2016), hier exemplarisch für die Q1, verbindliche und fakultative Unterrichtsinhalte bzw. Aufgaben vor. Sie werden durch eher allgemeine Stichworte konkretisiert, die ein breites Spektrum möglicher Unterrichtsinhalte abdecken. Zu den verbindlichen thematischen Kernbereichen gehören:

Text 5.1 | **Qualifikationsphase (Q)**

Q1	La France d'aujourd'hui: vivre ensemble (Frankreich heute: Zusammen leben)
Themenfelder	
Q1.1	Les rapports humains (Menschliche Beziehungen)

Q1.2	Réalités sociales (Soziale Gegebenheiten)
Q1.3	Identité et diversité culturelle (Identität und kulturelle Vielfalt)
Q1.4	Enjeux et perspectives de l'éducation (Aufgaben und Perspektiven der Erziehung)
Q1.5	La révolution numérique (Die digitale Revolution)

verbindlich: Themenfelder 1 und 2 sowie ein weiteres aus den Themenfeldern 3–5, durch Erlass festgelegt; innerhalb dieser Themenfelder können durch Erlass Schwerpunkte sowie Konkretisierungen ausgewiesen werden. (Hessisches Kultusministerium 2016:34 ff.)

Neben der Steuerung des Französischunterrichts durch die Festlegung bestimmter Unterrichtsinhalte wurde Unterricht auch durch die Festlegung von Zielsetzungen strukturiert, wie der historische Rückblick auf curriculare Texte verdeutlicht:

Nach jahrelanger Dominanz von Lehrplänen mit vorwiegend inhaltlicher Ausrichtung zielt die Curriculumtheorie der 1960er Jahre (Saul B. Robinsohn) auf die Befähigung der Lernenden zur Bewältigung von Lebenssituationen. Somit stehen nicht die Unterrichtsinhalte, sondern die zu erwerbenden Qualifikationen der Lernenden im Mittelpunkt. Dabei wird genau beschrieben, was der Einzelne können muss, um ein bestimmtes Ziel zu erreichen. Ein Curriculum führt somit vor allem operationalisierbare, d. h. konkret überprüfbare Lernziele zu entsprechenden Inhalten, ihre Anordnung und Überprüfung auf. Die Zielsetzungen werden unterteilt in Richtziele, Grobziele und Feinziele oder auch in affektive, kognitive und psychomotorische Lernziele. Anstelle einer kritisierten vermeintlichen Beliebigkeit von Bildungsinhalten soll Bildung nun primär zur konkreten Vorbereitung auf zu bewältigende Lebenssituationen dienen, auf die mit genau bestimmten *skills*/Fertigkeiten, Fähigkeiten, Kenntnissen und Haltungen hingearbeitet wird.

Diese genaue Form der Präzisierung der Lernziele und Inhalte kommt jedoch schnell an ihre Grenzen, insofern als Lebenswirklichkeiten weit komplexer und vielfältiger sind, so dass eine genaue Vorhersagbarkeit und damit Planbarkeit einzelner Lernziele und dazugehöriger sprachlicher Strukturen kaum umgesetzt werden kann. Dies führt zur Einführung „offener Curricula" in den 1970er Jahren.

Curriculare Texte zum Französischunterricht führen somit genau sprachliche Strukturen auf. Dies wird auch am bayerischen curricularen Lehrplan von 1982 deutlich.

Das Bayerische Staatsministerium für Unterricht und Kultus veröffentlicht im Februar 1982 den Curricularen Lehrplan für Französisch als 3. Fremdsprache in der 9. und 10. Jahrgangsstufe des Gymnasiums Bayern (Bayerisches Staatsministerium 1982). Hier werden didaktische Schwerpunkte, Lernziele, Lerninhalte und Unterrichtsverfahren formuliert. Lernzielbeschreibungen werden als zentrale Möglichkeit zur Steuerung von Unterricht in den Mittelpunkt gestellt: „Lernziele müssen möglichst eindeutig und differenziert

Randbemerkungen: Curriculumtheorie; Lernziel; offene Curricula; Bayerisches Kultusministerium: Curricularer Lehrplan

formuliert werden, um die Schüler vor Überforderung zu schützen, Leistungsbewertung vergleichbar zu machen und einheitliche Grundlagen für weiteres Lernen zu schaffen." (Bayerisches Staatsministerium 1982: 343) Dabei wird jedes Lernziel einer der vier Zielklassen (Wissen, Können, Erkennen, Werten) zugeordnet und der gewünschte Intensitätsgrad des Lernens innerhalb einer Zielklasse formuliert. Neben den allgemeinen Richtzielen für den Französischunterricht werden drei Richtzielbereiche spezifiziert: Sprachliche Fähigkeiten und Fertigkeiten (Hörverstehen, Sprechfertigkeit und mündlicher Ausdruck, Leseverstehen, schriftlicher Ausdruck), fachliche Kenntnisse und Einsichten (Landeskunde, Textbetrachtung, Sprachbetrachtung) und fächerübergreifende Lernziele.

Richtziel

Exemplarisch wird im Folgenden das „Richtziel 1.4: Schriftlicher Ausdruck" in Auszügen aufgeführt:

Text 5.2

Richtziel 1.4: Schriftlicher Ausdruck
Bereitschaft und Fähigkeit, das Französische schriftlich anzuwenden und dabei Gedanken, Empfindungen und Sachverhalte durch Anwendung sprachlicher Grundkenntnisse schriftlich auszudrücken.

Fähigkeit, bei eigenen schriftlichen Äußerungen in der Fremdsprache sowohl auf inhaltliche Angemessenheit als auch auf sprachliche Richtigkeit zu achten.

Bereitschaft und Fähigkeit zu gedanklichem Austausch (Briefverkehr) mit Angehörigen des französischen Kulturkreises.

Bereitschaft, durch Üben des schriftlichen Ausdrucks zu einer Verbesserung der sprachlichen Fertigkeiten zu gelangen.

Lernziele	Lerninhalte	Unterrichtsverfahren	Lernzielkontrollen
1. Schriftlicher Ausdruck in verschiedenen Situationen:	Äußerungen zu Themen aus den Situationsbereichen	Übungen im Erstellen von Texten bzw. Textabschnitten, auch in Gruppenarbeit und/oder in häuslicher Nachbereitung: regelmäßige schriftliche Wiedergabe von Sachverhalten und Gedanken durch Übernahme aus Lehrbuchtexten bzw. in Anleh-	Beantwortung bzw. Formulierung von Fragen zu Texten oder über eigene Erlebnisse; Bildergeschichte, Bildbeschreibung; gelenkte Texterstellung anhand sprachlicher Vorgaben (kürzere Stichwortangaben französisch oder deutsch), auch als Abfassen eines
Fähigkeit, sich schriftlich in französischer Sprache bei verschiedenen Anlässen in einer dem Lernniveau entsprechenden Form (vgl. Lernziel 2) verständlich und korrekt auszudrücken, d. h.	– Persönlicher Lebensbereich – Freizeit – Einkaufen – Post und Bank – Arbeitswelt – Mensch und Gesellschaft – Mensch und Umwelt – Kritische Situationen		

LEHRPLÄNE, CURRICULA UND RAHMENRICHTLINIEN **Einheit 5**

– Reise und Verkehr; dazu passende Sprechhandlungen und Aussageinhalte; Arten sprachlicher Äußerungen: siehe Anhang Grammatik Teil I;

nung an Lehrbuchtexte; Freie Wiedergabe von Lektions- und Übungstexten; ferner im einzelnen:

Briefes oder als Fortführung eines Textes, dessen Anfang vorgegeben ist.

(Bayerisches Staatsministerium 1982: 354)

Im Anhang zur Grammatik werden darüber hinaus einzelne grammatische Strukturen detailliert aufgelistet und präzise vorgegeben.

Gerade derartige detaillierte Vorgaben einzelner grammatischer Strukturen, die auch sehr konkrete Auflistungen von Adjektiven oder Verbformen beinhalten, lassen sich in einem kommunikativ angelegten Französischunterricht nicht im Vorhinein genau festlegen. Der Sprachgebrauch erscheint komplexer und individueller als in den curricularen Lehrplänen der 1970er und 1980er Jahre.

Lehrpläne der 1990er Jahre geben weit offener Hinweise auf Gestaltungsmöglichkeiten und Rahmenbedingungen des Französischunterrichts und gehen nicht auf sprachliche Strukturen im Detail ein. So beschreibt auch der Lehrplan Französisch für die gymnasiale Oberstufe des Landes Nordrhein-Westfalen (1999) Aufgaben und Ziele des Fachs, Bereiche, Themen und Gegenstände sowie Unterrichtsgestaltung und Lernorganisation und geht auch auf die Lernerfolgsüberprüfung und die Abiturprüfung ein. Ausgangspunkt ist ein auf kommunikative und interkulturelle Kompetenz zielender Französischunterricht. In einem Anhang werden die Kompetenzstufen des Allgemeinen Europäischen Referenzrahmens für das Lehren und Lernen von Sprachen aufgeführt.

Lehrplan Französisch Nordrhein-Westfalen

Schwerpunkte der Weiterentwicklung des Französischunterrichts in der Sekundarstufe II zielen darauf, selbstbestimmtes und kooperatives Lernen zu stärken, interkulturelle Lernprozesse zu unterstützen, grenzüberschreitende und authentische Kommunikation herzustellen, aktiven und kreativen Umgang mit Texten zu fördern, Medienkompetenz zu entfalten sowie die eigene Mehrsprachigkeit für weiteres Sprachenlernen zu nutzen (Ministerium für Schule NRW 1999: 10).

In diesem Lehrplan finden sich Aussagen zur didaktischen Begründung des Französischunterrichts und zu Bereichen des Fachs:

didaktische Begründung

2.1 Bereiche: Herleitung und didaktische Funktionen

| Text 5.3

Die Entwicklung der **interkulturellen Handlungsfähigkeit** der Schülerinnen und Schüler **im Medium der französischen Sprache** setzt ihre Bereitschaft voraus, diese **Sprache** zu lernen, um sie als Mittel der interkulturellen Kommu-

nikation anwenden zu können und durch **interkulturelles Lernen** Einblicke in die Lebenswirklichkeit der frankophonen Sprachgemeinschaft zu gewinnen. Dieser Lernprozess vollzieht sich im **Umgang mit französischsprachigen Texten und Medien**, wobei den **Methoden und Formen selbstständigen Arbeitens** eine besondere Bedeutung zukommt (vgl. 1.1.2). Dementsprechend können die Themen und Gegenstände des Französischunterrichts in der gymnasialen Oberstufe **den vier Bereichen des Faches** zugeordnet werden, die in diesem Kapitel beschrieben werden:
- Sprache
- Interkulturelles Lernen, soziokulturelle Themen und Inhalte
- Umgang mit Texten und Medien
- Methoden und Formen selbstständigen Arbeitens.

(Ministerium für Schule NRW 1999: 13)

Inhalte und Kompetenzen

Darüber hinaus kommen ausführlich Lerninhalte und Kompetenzen der Lernenden zur Sprache. Somit werden Inhalte des Französischunterrichts anders als im oben genannten bayerischen curricularen Lehrplan von 1982 beschrieben. In konkreten Beispielsequenzen wird der ausgewogene Blick auf Thema, Textauswahl sowie didaktisch-methodische Schwerpunkte erkennbar:

Text 5.4

3.4.3 Beispielsequenzen für einen Grundkurs I
(Jahrgangsstufen 11, 12 und 13)
11/I

Thema	**Les jeunes, leur famille et leurs amis** (inhaltlicher Schwerpunkt)
	Lire et écrire des lettres – teilweise als Korrespondenzprojekt – (methodischer Schwerpunkt)
Texte und Medien	Lehrbuchtexte; kurze Ausschnitte aus authentischen erzählenden Texten (z. B. aus M. Tournier: Amandine ou les deux jardins; J. M. G. Le Clézio: Lullaby; S. Morgenstern: La première fois que j'ai 16 ans; A. Ernaux: Ce qu'ils en disent. Videoclips über die eigene Familie und die eigenen Freunde im Austausch mit Videoclips französischer Partnerschülerinnen und Partnerschüler. Les lettres personnelles/le courrier du cœur/le forum des lecteurs; Briefe aus Zeitungen und Zeitschriften; le courrier des affaires: französische Musterbriefe; selbst verfasste Briefe (u. a. als courriel)

Didaktisch-methodische Schwerpunkte:

Sprache	Erweiterung der Sprachkenntnisse im Hinblick auf das themenspezifische Vokabular und auf Redemittel zur Kommentierung unterschiedlich medial vermittelter Texte (Schwerpunkt: Erzähltexte; Hör- bzw. Bildtexte; Briefe)

Interkulturelles Lernen, sozio-kulturelle Themen und Inhalte	Ebene des Alltagslebens und Themen, die für Heranwachsende von besonderer Bedeutung sind
Umgang mit Texten und Medien	Unterschiedliche Vermittlungsformen von Texten (Sachtexte; kurze epische Texte; Rezeption und Produktion von Brieftexten; Videoclips; analytisch-reflektierende und kreativ-gestaltende Zugangsweisen)
Methoden und Formen des selbstständigen Arbeitens	Selbstständige Erarbeitung von Sachthemen und des themenrelevanten Wortschatzes; Partner-/Gruppenarbeit; Präsentation von Arbeitsergebnissen

(Ministerium für Schule NRW 1999: 84)

Lehrpläne spiegeln somit immer wieder auch ihre Zeit und die jeweils dominierenden fremdsprachendidaktischen Diskurse, daneben jedoch auch bildungspolitische Schwerpunkte des jeweiligen Bundeslandes, dem sie entstammen. Insgesamt wird hier von Seiten der Kultusministerien strukturierend auf Inhalte, Methoden, Konzeptionen und Zielsetzungen des Französischunterrichts eingewirkt. Aktuelle Lehrpläne sind häufig als Kerncurricula angelegt und orientieren sich an kompetenzorientierten Strukturen der Bildungsstandards, so dass anzuvisierende Kompetenzen stärker in den Vordergrund gerückt werden und Inhalte eher in den Hintergrund treten, so z.B. im neuen hessischen Kerncurriculum (Hessisches Kultusministerium 2016).

? Vergleichen Sie die Auszüge aus dem bayerischen curricularen Lehrplan (1982) und aus dem Lehrplan in Nordrhein-Westfalen (1999). Wie sind sie jeweils strukturiert und auf welche Aspekte des Französischunterrichts wird hier von Seiten der Kultusministerien Einfluss genommen? Welche Gemeinsamkeiten und welche Unterschiede stellen Sie fest?

Aufgabe 5.1

Gemeinsamer europäischer Referenzrahmen für Sprachen

5.2

Neben diesen staatlichen Einflüssen auf den Französischunterricht kommt seit der Jahrtausendwende auch ein überstaatlicher Impuls stark zum Tragen: Im Jahr 2001 verabschiedet der Europarat den Gemeinsamen europäischen Referenzrahmen für Sprachen mit dem Ziel der Homogenisierung und Transparenz von Lehrplänen, Curricula, Prüfungen, Qualifikationsnachweisen und Lehrmaterialien für den Fremdsprachenunterricht in Europa. Dieses europäische Dokument ist als Grundlage für die Planung, Gestaltung und Durchführung von Fremdsprachenunterricht gedacht. Es stellt somit keinen Lehrplan dar, sondern den Rahmen zur Einordnung von Sprachenlernen und Sprachunterricht (Blons-Pierre 2012).

LEHRPLÄNE, CURRICULA UND BILDUNGSSTANDARDS

Kompetenzniveau

Im Referenzrahmen sind Kenntnisse und Fertigkeiten für kommunikativ erfolgreiches Handeln in einer Fremdsprache sowie kulturelle Kontexte einer Sprache dargestellt. Im Mittelpunkt stehen sechs verschiedene Kompetenzniveaus zur Messung von Lernprozessen in bestimmten Bereichen.

Diese sechs Referenzniveaus sind wie folgt gegliedert:
- Elementare Sprachverwendung (A1: Niveau *Introductif* ou *Découverte,* A2: Niveau *Intermédiaire* ou *de Survie*)
- Selbstständige Sprachverwendung (B1: Niveau *Seuil,* B2: Niveau *Avancé* ou *Indépendant*)
- Kompetente Sprachverwendung (C1: Niveau *Autonome,* C2: Niveau *Maîtrise*)

Kompetenzstufen und Kompetenzbereiche

Hier geht es also darum, objektive Kriterien zur Einordnung sprachlicher Kompetenzen bereitzustellen, um auf dieser Basis eine Vergleichbarkeit von Abschlüssen und Qualifikationsnachweisen zu ermöglichen. Neben einer taxonomischen Strukturierung der Kompetenzstufen unterscheidet der Referenzrahmen auch Kompetenzbereiche, d. h. allgemeine Kompetenzen und kommunikative Sprachkompetenzen. Zu den allgemeinen Kompetenzen werden deklaratives Wissen (savoir), Fertigkeiten und prozedurales Wissen (savoir-faire), persönlichkeitsbezogene Kompetenz (savoir-être) und Lernfähigkeit (savoir-apprendre) (Europarat 2001: 103 ff.) gerechnet.

Kommunikative Sprachkompetenzen

Kommunikative Sprachkompetenzen. Zur Umsetzung ihrer kommunikativen Absichten setzen Sprachverwendende/Lernende sowohl […] ihre allgemeinen Fähigkeiten („savoir", „savoir-faire", „savoir-être", „savoir-apprendre") als auch eine spezifisch sprachenbezogene Kompetenz (proficiency) ein. Die „kommunikative Kompetenz" in diesem engeren Sinne besteht aus folgenden Komponenten: linguistische Kompetenzen, soziolinguistische Kompetenzen, pragmatische Kompetenzen. (Europarat 2001: 109)

Sprachaktivitäten

Darüber hinaus werden vier verschiedene kommunikative Sprachaktivitäten getrennt aufgeführt und berücksichtigt: Rezeption, Produktion, Interaktion und Sprachmittlung (jeweils mündlich und/oder schriftlich).

Charakteristika des Referenzrahmens

Insgesamt wird in diesem Dokument Wert auf eine konstruktive Einschätzung von Fremdsprachenkenntnissen gelegt. Die hier formulierten Kann-Beschreibungen sind, anders als bislang im Schulsystem üblich, positiv und nicht an Defiziten ausgerichtet. Sie unterstreichen Kompetenzen, die bereits erworben wurden, und ermöglichen damit eine die Motivation stützende Rückmeldung für Lernende. Neben diesem auf Vergleichbarkeit ausgerichteten Standard liegen weitere Stärken des Referenzrahmens in der Betonung der Selbstevaluation durch Lernende oder in der Unterstützung (rezeptiver) Mehrsprachigkeit. Da alle modernen Sprachen gleichberechtigt Raum finden, unterstützt der Referenzrahmen darüber hinaus auch die Würdigung von Herkunftssprachen, die bislang im Schulsystem nicht zum Tragen kommen.

Insgesamt sind im Referenzrahmen fremdsprachliche Kompetenzen operationalisiert dargestellt.

Diese Charakteristika werden in der Beschreibung der sechs Referenzniveaus deutlich:

| Text 5.5

Echelle globale
Classement des examens et des diplômes d'après les niveaux communs de référence du Conseil de l'Europe

Nom du diplôme: Langue:

			Diplôme
Utilisateur expérimenté Kompetente Sprachverwendung Uso competente della lingua Proficient User	C2	Peut comprendre sans effort pratiquement tout ce qu'il/elle lit ou entend. Peut restituer faits et arguments de diverses sources écrites et orales en les résumant de façon cohérente. Peut s'exprimer spontanément, très couramment et de façon précise et peut rendre distinctes de fines nuances de sens en rapport avec des sujets complexes.	
	C1	Peut comprendre une grande gamme de textes longs et exigeants, ainsi que saisir des significations implicites. Peut s'exprimer spontanément et couramment sans trop apparemment devoir chercher ses mots. Peut utiliser la langue de façon efficace et souple dans sa vie sociale, professionnelle ou académique. Peut s'exprimer sur des sujets complexes de façon claire et bien structurée et manifester son contrôle des outils d'organisation, d'articulation et de cohésion du discours.	
Utilisateur indépendant Selbstständige Sprachverwendung Uso indipendente della lingua Independent User	B2	Peut comprendre le contenu essentiel de sujets concrets ou abstraits dans un texte complexe, y compris une discussion technique dans sa spécialité. Peut communiquer avec un degré de spontanéité et d'aisance tel qu'une conversation avec un locuteur natif ne comportant de tension ni pour l'un ni pour l'autre. Peut s'exprimer de façon claire et détaillée sur une grande gamme de sujets, émettre un avis sur un sujet d'actualité et exposer les avantages et les inconvénients de différentes possibilités.	
	B1	Peut comprendre les points essentiels quand un langage clair et standard est utilisé et s'il s'agit de choses familières dans le travail, à l'école, dans les loisirs, etc. Peut se débrouiller dans la plupart des situations rencontrées en voyage dans une région où la langue cible est parlée. Peut produire un discours simple et cohérent sur des sujets familiers et dans ses domaines d'intérêt. Peut raconter un événement, une expérience ou un rêve, décrire un espoir ou un but et exposer brièvement des raisons ou explications pour un projet ou une idée.	
Utilisateur élémentaire Elementare Sprachverwendung Uso elementare della lingua Basic User	A2	Peut comprendre des phrases isolées et des expressions fréquemment utilisées en relation avec des domaines immédiats de priorité (par exemple, informations personnelles et familiales simples, achats, environnement proche, travail). Peut communiquer lors de tâches simples et habituelles ne demandant qu'un échange d'informations simple et direct sur des sujets familiers et habituels. Peut décrire avec des moyens simples sa formation, son environnement immédiat et évoquer des sujets qui correspondent à des besoins immédiats.	
	A1	Peut comprendre et utiliser des expressions familières et quotidiennes ainsi que des énoncés très simples qui visent à satisfaire des besoins concrets. Peut se présenter ou présenter quelqu'un et poser à une personne des questions la concernant – par exemple, sur son lieu d'habitation, ses relations, ce qui lui appartient, etc. – et peut répondre au même type de questions. Peut communiquer de façon simple si l'interlocuteur parle lentement et distinctement et se montre coopératif.	

Le classement du diplôme ou de l'examen sur l'échelle du Cadre européen commun de référence pour les langues a été obtenu de la manière suivante:

Evaluation collective par le corps enseignant de l'institution.	*
Contrôle du classement par la comparaison du travail de l'apprenant(e) avec des exemples officiels pour les niveaux communs de référence du Conseil de l'Europe.	**
Comparaison de résultats d'apprenant(e)s avec des résultats obtenus à des examens dont le classement sur l'échelle est connu.	***
Recherche scientifique avec comparaison statistique.	****

Timbre de l'école   Date

(http://www.unifr.ch/ids/Portfolio/pdfs/pf-neu-d/d-kopiervorlagen.pdf)

LEHRPLÄNE, CURRICULA UND BILDUNGSSTANDARDS

Sprachenportfolio

Eine konkrete Umsetzung der Überlegungen des Referenzrahmens findet sich im Europäischen Sprachenportfolio, das aus dem Sprachen-Pass, der Sprachen-Biografie und dem Dossier besteht. Der Sprachenpass dient zur Dokumentation bereits erreichter Kompetenzen (Hörverstehen, Leseverstehen, mündlicher Sprachgebrauch, schriftliche Textproduktion, Korrektheit und Ausdrucksvermögen), die vom Lernenden verfasste Sprachen-Biografie zeigt individuelle sprachliche Entwicklungen auf und das Dossier bildet den Rahmen für eigene besondere Arbeiten.

Text 5.6

Révision 1A

Mon portfolio du français

Kreuze an.

Was ich im Französischen schon kann:	Kein Problem.	Ich mache ein paar Fehler.	Das muss ich noch üben.
Ich kann die Anweisungen der Lehrerin / des Lehrers verstehen und darauf reagieren.			
Ich kann die französische Handschrift lesen.			
Ich kann jemanden begrüßen und mich verabschieden.			
Ich kann sagen, wie ich heiße, woher ich komme und meine Familie vorstellen.			
Ich kann sagen, welche Sprachen ich spreche.			
Ich kann Fragen zu Namen, Herkunft und Befinden einer Person stellen.			
Ich kann Angaben zu meiner Person in einem Steckbrief ergänzen.			
Ich kann mich in einem kurzen Text beschreiben.			
Ich kann eine kurze E-Mail über mich, meine Familie und Freunde/innen schreiben.			
Ich beherrsche die Zahlen bis 20.			
• das Verb *être* anwenden.			
• die regelmäßigen Verben auf -*er* anwenden.			
• Besitzverhältnisse einzelner Personen angeben.			

Was ich für mein Sprachenlernen getan habe:	häufig	gelegentlich	selten	nie
• mit Hilfe der Rallye das Lehrbuch erforscht				
• mit den Begleitmaterialien (CD oder CD-Rom) gearbeitet				
• mein eigenes Vokabelheft oder eine Vokabelkartei geführt				
• mit den Redemittelkärtchen *Maintenant, je sais …* gearbeitet				
• grammatische Regeln im *Atelier grammaire* selbst entdeckt und formuliert				
• mit dem Grammatikteil des Schülerbuches gearbeitet				
• Sätze oder kurze Texte für Dialoge und Rollenspiele auswendig gelernt				
• mit einem Partner oder in Gruppen zusammen gearbeitet				
• am Unterrichtsgespräch aktiv teilgenommen				
• kürzere Texte abgeschrieben und auf richtige Schreibung geachtet				
• vorgegebene Texte (Lückentexte) vervollständigt				
• vorgegebene Texte abgewandelt oder fortgesetzt				
• Sätze zu *C'est moi*-Übungen eigenständig verfasst				

Was ich in nächster Zukunft häufiger tun will:

(Belaval-Nink 2004: 31)

BILDUNGSSTANDARDS, KOMPETENZ- UND OUTCOMEORIENTIERUNG Einheit 5

? Eine konkrete Umsetzung des Referenzrahmens und des Sprachenportfolios sind im Lehrwerk *Tout va bien* durch „Mon portfolio du français" gegeben. Analysieren Sie Stärken und Schwächen dieses Selbsteinschätzungsbogens, der für das erste Lernjahr an der Realschule konzipiert ist.

| Aufgabe 5.2

Bildungsstandards, Kompetenz- und Outcomeorientierung

| 5.3

Über Jahrzehnte regulieren die Bundesländer den Französischunterricht durch die genannten Lehrpläne, Curricula oder Rahmenrichtlinien. Dabei setzen sie ihre Einflussnahme mal im Bereich der Inhalte und Methoden, mal bei den Lernzielen der Lernenden an. Inwieweit diese Dokumente jedoch den Französischunterricht tatsächlich beeinflussen, kann mit inputorientierten Lehrplänen nicht erfasst werden. Daher setzen neuere bildungspolitische Bestrebungen wieder bei dem ein, was Französischunterricht in der Realität bei den Lernenden bewirkt und fokussieren die Seite des Outcome.

Von Input zu Outcome

Ende der 1990er Jahre verstärkt sich ein Trend zur Evaluation von konkretem Unterricht und seinen Erfolgen. Der Fokus der Aufmerksamkeit verlagert sich von Input hin zu Outcome, d. h. auf Kenntnisse, Lernerfolge und Kompetenzen der Schülerinnen und Schüler. Nachdem die Bildungspolitik und die Fremdsprachendidaktik jahrzehntelang ihre Aufmerksamkeit auf Lehrpläne gelenkt haben, in denen die Lernenden eher ausgespart blieben, wird dieses Defizit nunmehr aufgegriffen und verstärkt analysiert.

Evaluation

Umfangreiche empirische und z. T. internationale Schulvergleichsstudien fokussieren jetzt die Kompetenzen der Lernenden und damit die Seite des Outcome. Hierzu gehören Vergleichsstudien wie TIMMS (*Third International Mathematics and Science Study*), LAU (Aspekte der Lernausgangslage und der Lernentwicklung), IGLU (Internationale Grundschul-Lese-Untersuchung) und vor allem PISA (*Programme for International Student Assessment*). Gerade die Ergebnisse der Pisa-Studie rütteln die Republik auf und führen zu grundlegendem Umdenken.

Schulvergleichsstudien

Als Konsequenz auf den Pisa-Schock reagiert die Bildungspolitik auf die großen Defizite der Lernenden in Deutschland. In der Folge der Klieme-Expertise (Klieme u. a. 2007) verabschiedet die Kultusministerkonferenz im Dezember 2003 Bildungsstandards für die erste Fremdsprache (Englisch/Französisch) für den Mittleren Schulabschluss (Jahrgangsstufe 10), im Oktober 2004 für den Hauptschulabschluss (Jahrgangsstufe 9) und im Oktober 2012 für die fortgeführte Fremdsprache für die Allgemeine Hochschulreife. Die Bildungsstandards bilden im Sinne von Regelstandards verbindliche Vorgaben für die jeweiligen Bildungsabschlüsse.

Bildungsstandards für die 1. Fremdsprache

In der Diskussion um die Bildungsstandards werden Mindeststandards und Regelstandards voneinander unterschieden. Mindeststandards gelten als das Minimum, das jeder Schüler und jede Schülerin erreichen kann und sollte.

Mindeststandards

LEHRPLÄNE, CURRICULA UND BILDUNGSSTANDARDS

Regelstandards   Von staatlicher Seite geht damit die Verpflichtung einher, allen Lernenden im Schulsystem das Erreichen dieser Mindeststandards zu garantieren. Regelstandards gelten demgegenüber als die Standards, die der Durchschnitt der Lernenden erreichen sollte, die jedoch nicht alle Lernenden erreichen können. Die Kultusministerkonferenz hat sich nach einer kontroversen Diskussion zu den Mindest- und Regelstandards für die Verabschiedung von Regelstandards entschieden.

Definition

> Bildungsstandards formulieren Anforderungen an das Lehren und Lernen in der Schule. Sie benennen Ziele für die pädagogische Arbeit, ausgedrückt als erwünschte Lernergebnisse der Schülerinnen und Schüler. Damit konkretisieren Standards den Bildungsauftrag, den allgemein bildende Schulen zu erfüllen haben.
>
> Bildungsstandards [...] greifen allgemeine Bildungsziele auf. Sie benennen Kompetenzen, welche die Schule ihren Schülerinnen und Schülern vermitteln muss, damit bestimmte zentrale Bildungsziele erreicht werden. Die Bildungsstandards legen fest, welche Kompetenzen die Kinder oder Jugendlichen bis zu einer bestimmten Jahrgangsstufe erworben haben sollen. Die Kompetenzen werden so konkret beschrieben, dass sie in Aufgabenstellungen umgesetzt und prinzipiell mit Hilfe von Testverfahren erfasst werden können. (Klieme u. a. 2007: 19)

Dabei knüpft die Diskussion an einen breit gefassten Kompetenzbegriff an:

Definition

> **Kompetenzen sind**
> die bei Individuen verfügbaren oder durch sie erlernbaren kognitiven Fähigkeiten und Fertigkeiten, um bestimmte Probleme zu lösen, sowie die damit verbundenen motivationalen, volitionalen und sozialen Bereitschaften und Fähigkeiten, um die Problemlösungen in variablen Situationen erfolgreich und verantwortungsvoll nutzen zu können. (Weinert 2001: 27 ff.)

Diesem Verständnis zufolge bedeutet Kompetenz weit mehr als nur „träges" Wissen und schließt die Umsetzung von Wissen, Können und Einstellungen zur Lösung von „Aufgaben" und „Problemen" mit ein:

> Kompetenz kann nur leistungsbezogen erfasst und gemessen werden. Kompetenz stellt die Verbindung zwischen Wissen und Können her und ist als Befähigung zur Bewältigung von Situationen bzw. von Aufgaben zu sehen. Jede Illustration oder Operationalisierung einer Kompetenz muss sich daher auf konkrete Anforderungssituationen beziehen. (Klieme u. a. 2007: 73)

IQB   Die Implementierung der Bildungsstandards wird durch das Institut für Qualitätsentwicklung im Bildungswesen (IQB) verantwortet. Das von der Kultusministerkonferenz 2004 ins Leben gerufene IQB ist an der Humboldt-Universität zu Berlin angesiedelt und ist für die Normierung, Entwicklung und Überprüfung der Bildungsstandards zentral zuständig. Für den Französisch-

BILDUNGSSTANDARDS, KOMPETENZ- UND OUTCOMEORIENTIERUNG — Einheit 5

unterricht werden hier kompetenzorientierte Lernaufgaben (Tesch/Leupold/Köller 2008) und in Kooperation mit dem CIEP (*Centre International d'Études Pédagogiques*) Testaufgaben zur Überprüfung der Bildungsstandards entwickelt. In der Folge der Publikation der Bildungsstandards für die Allgemeine Hochschulreife (KMK 2012) koordiniert das IQB die Umsetzung standardbasierter Prüfungsaufgaben für das Abitur und unterstützt Entwicklungen der Bundesländer mit dem perspektivischen Ziel der Realisierung eines länderübergreifenden Zentralabiturs.

? Welche Begründungen werden für neuere bildungspolitische Entwicklungen formuliert und welche Zielsetzungen mit der Einführung der Bildungsstandards verfolgt? Nehmen Sie begründet dazu Stellung. | Aufgabe 5.3

Die konkrete Umsetzung der Bildungsstandards in kompetenzorientierten Aufgaben wird von der Kultusministerkonferenz beispielsweise wie folgt illustriert: | kompetenzorientierte Aufgabe

| Text 5.7

> 3. Beispiel
> Standardbezug
> Die Schülerinnen und Schüler können die Aussage einfacher literarischer Texte verstehen. […].
> Lösungserwartungen
> Die Schülerinnen und Schüler erfassen die wesentlichen Textaussagen und können entsprechend die angemessene Zuordnung in den „multiple choice"-Aufgaben vornehmen. […]
> 1. Rachid est malheureux parce que…/qu'…
> A. sa petite copine dont il est très amoureux ne lui téléphone pas.
> B. la télévision ne fonctionne pas.
> C. l'émission qu'il aime le plus va commencer bientôt.
> D. il cherche la télécommande.   (Kultusministerkonferenz 2003: 60–62)

Der Zugang zu einem literarischen Text (hier: *Rachid ou l'enfant devant la télé* von Tahar ben Jelloun) wird durch eine Textverstehensaufgabe umgesetzt, in der durch den *multiple-choice*-Test eine strikte Trennung verschiedener Fertigkeiten gewährleistet ist, so dass hier allein das Textverständnis überprüft werden kann. | *multiple-choice*-Test

Insgesamt führen die Bildungsstandards zu einer Strukturierung des Französischunterrichts, in der staatliche Vorgaben vor allem bei den zu erreichenden Kompetenzen der Lernenden ansetzen. Dieser Fokus wird auch in der Gestaltung und Schwerpunktsetzung von Lehrplänen deutlich. So werden im neuen Kerncurriculum für Hessen für die Sekundarstufe I am Gymnasium (2011) ausführlich Kompetenzen aufgeführt, die Schülerinnen und Schüler im Französischunterricht erwerben sollen: | Kompetenzorientierung im hessischen Lehrplan

LEHRPLÄNE, CURRICULA UND BILDUNGSSTANDARDS

|Text 5.8

Die Diskursfähigkeit entwickelt sich im schulischen Fremdsprachenunterricht insbesondere durch die Förderung von Kompetenzen in den folgenden Kompetenzbereichen:
- kommunikative Kompetenz in der Fremdsprache,
- transkulturelle Kompetenz,
- Sprachlernkompetenz.

Kommunikative Kompetenz

Kommunikative Kompetenz wird in den Teilkompetenzen Hör- und Hör-/Sehverstehen, Leseverstehen, Sprechen, Schreiben und Sprachmittlung trainiert und durch die gleichzeitige Entwicklung von transkultureller Kompetenz und Sprachlernkompetenz ausgebildet.

Die Entwicklung der kommunikativen Kompetenz ist eng mit dem Erwerb und der Verfügbarkeit von grundlegenden sprachlichen Mitteln verbunden: Wortschatz, Grammatik, Orthographie, Aussprache und Intonation. Die fremdsprachliche Diskursfähigkeit steht dabei im Vordergrund. Sprachliche Mittel haben in diesem Sinne dienenden Charakter.

Transkulturelle Kompetenz

Transkulturelle Kompetenz beinhaltet die Fähigkeit und Bereitschaft, unterschiedliche kulturelle Perspektiven wahrzunehmen, sie zu respektieren und von ihnen zu lernen. Dazu gehört die Einsicht, dass das Denken, Handeln und Verhalten zwar immer von der eigenen Kultur geprägt ist, jedoch auch verändert werden kann.

Transkulturelle Kompetenz umfasst darüber hinaus das Wissen über die eigene Kultur und andere Kulturen. Sie ermöglicht einen differenzierten Blick auf ökologische und ökonomische Aspekte in einer globalisierten Welt.

Eine selbstbewusste, offene und wertschätzende Haltung gegenüber anderen Kulturen zeigt sich im Denken, Fühlen und Handeln.

Sprachlernkompetenz

Sprachlernkompetenz umfasst fachliche und überfachliche Fähigkeiten, die zu Sprachlernbewusstheit (Entwicklung von Bewusstsein und Wissen über das eigene Sprachlernen) führen. Über die Sprachlernbewusstheit wird in zunehmendem Maße selbstgesteuertes, kooperatives und reflektiertes Sprachlernverhalten gewährleistet und somit auch zu einem besseren Verständnis der Muttersprache beigetragen. Sprachlernkompetenz ist die Grundlage für den Erwerb weiterer Sprachen und dient dem lebenslangen, selbstständigen Lernprozess.

(Hessisches Kultusministerium 2011: 15 f.)

Aufgabe 5.4| ? Welche Themen, Inhalte, Bereiche sind in diesem Lehrplan vor allem aufgeführt, welche nicht? Analysieren Sie Vor- und Nachteile dieser Gestaltung des Lehrplans und überlegen Sie, welche Konsequenzen sich daraus für den Französischunterricht ergeben.

Im Mittelpunkt dieses Dokuments stehen vor allem die Kompetenzen, die die Schülerinnen und Schüler durch den Französischunterricht erreichen sollen. Dabei werden umfassende Kompetenzen in verschiedenen Bereichen benannt. Charakteristisch für diese Schwerpunktsetzung ist dabei, dass die Inhalte, an denen die Kompetenzen erworben werden sollen, in den Hintergrund geraten und zum Teil beliebig zu sein scheinen. Darüber hinaus ergeben sich auch Schwierigkeiten, die Bildungsstandards mit ihrem Schwerpunkt auf funktionalen, pragmatischen Kompetenzen mit dem Bildungsbegriff und der Bildungstheorie zusammenzudenken. Bildungsprozesse, die eine individuelle Entwicklung oder die Auseinandersetzung mit ethischen Fragen nahelegen, erschließen sich den Bildungsstandards und der Kompetenzorientierung weit schwerer als beispielsweise die meisten der im hessischen Lehrplan von 2008 genannten Kompetenzen (siehe oben).

Kompetenzorientierung und Bildung

Aufgabenorientierung

| 5.4

Durch die Impulse des Gemeinsamen europäischen Referenzrahmens für Sprachen und die Diskussionen über die Bildungsstandards ist ein Konzept verstärkt in den Mittelpunkt der Aufmerksamkeit gerückt, dessen Anfänge in den 1980er Jahren liegen: *task based language learning*. Ansätze aufgabenorientierten Fremdsprachenlernens zielen darauf, vor allem den konkreten und persönlichen Lebensbezug beim Lernen einer Fremdsprache herzustellen. Dabei soll der Fremdsprachenunterricht nicht auf der Basis künstlicher Situationen durchgeführt werden, sondern authentische Aufgaben, bei denen die Schülerinnen und Schüler als sie selbst agieren, sollen bearbeitet und gelöst werden.

task based language learning

> Eine *task* nennt den Zweck und das erwartete Ergebnis einer Aktivität, sie legt den Schwerpunkt auf die Bedeutung dessen, was gesagt wird und nicht auf die Verwendung einer bestimmten Form (z. B. die Anwendung einer grammatischen Struktur) und sie versucht, die Sprache so zu verwenden, wie sie im Alltag vorkommen könnte (*real or authentic language use*).
>
> (Müller-Hartmann 2005: 3)

Das hier genannte Verständnis von „Aufgabe" unterscheidet sich deutlich von einem bislang üblichen Aufgabenbegriff im Fremdsprachenunterricht, d. h. eine solche *task* ist nicht gleichzusetzen mit der Struktur üblicher Hausaufgaben oder Übungen bzw. *exercices*, in denen beispielsweise Verbformen in vorgegebene Lücken eingesetzt werden sollen. Aufgaben dienen der Aushandlung von Bedeutung und zielen auf flüssige Sprachproduktion, sprachliche Richtigkeit und sprachliche Komplexität von Leneräußerungen (*fluency, accuracy, complexity*). Somit sind individuelle und vielfältige Lösungswege zur Bewältigung einer Aufgabe, der Bezug zu authentischen Situationen und Rahmenbedingungen oder auch umfangreiche Teilaspekte wie z. B. funktionale oder

Aufgabe

formalsprachliche Aspekte charakteristisch. Eine Aufgabe kann damit auf den Klassenraum oder auch auf echte Nutzung von Sprache und Kommunikation außerhalb des Klassenraums bezogen sein. Aufgaben sind vor allem inhaltsbezogen, sollten jedoch auch formale Aspekte der Sprache berücksichtigen. Daneben sollte ein Bezug zu Bildung hergestellt sein.

Bezug zu Bildung

1. Bildungsrelevante Aufgaben haben Bedeutung für die Alltagswelt der Schüler (also die unmittelbare Gegenwart) und für ihre vermutliche Zukunft. Darüber hinaus haben sie exemplarische Bedeutung, d.h. sie dienen der Klärung allgemeiner Zusammenhänge.
2. Bildungsrelevante Aufgaben fördern die Teilhabe an einer Kultur, die zunehmend mehrsprachig orientiert ist. (Weskamp 2004: 168)

Dieses Verständnis der Aufgabenorientierung findet sich auch in dem Konzept der Lernaufgabe im Rahmen der Diskussion zu den Bildungsstandards wieder. Wenn auch kein detaillierter Konsens über die Lernaufgabe besteht, so bestehen jedoch etliche Übereinstimmungen.

Aufgaben sind charakterisiert durch

Charakteristika der Aufgabe

▶ lebensweltlichen Bezug, d.h. die außerschulische Realität wird zum Rahmen und Inhalt einer Aufgabe, was zugleich eine Abkehr von der Pseudo-Authentizität der Übungen der kommunikativen Didaktik bedeutet;
▶ Handlungsorientierung, d.h. die Bewältigung einer Aufgabe zielt auf konkrete Umsetzungen möglichst mit authentischem Bezug innerhalb des Klassenraums (*pedagogical task*) oder mit Bezügen über den Klassenraum hinaus (*real world task, target task*);
▶ Komplexität, d.h. es gibt eine Rahmenaufgabe und verschiedene Teilaufgaben, die zur Bewältigung der Rahmenaufgabe hinführen;
▶ Outcomeorientierung, d.h. Aufgaben zielen auf ein konkretes Ergebnis und auf die Kompetenzen, die die Schülerinnen und Schüler durch ihre Bearbeitung erreichen sollen;
▶ Transparenz, d.h. die Eigenständigkeit in der Durchführung der Aufgabe durch Lernende wird durch die Darstellung der Rahmenbedingungen und die einzelnen Aufgabenstellungen gewährleistet;
▶ Inhaltsorientierung, d.h. im Vordergrund der Aufgabe stehen Themen und Inhalte, jedoch keine formalen oder metasprachlichen Perspektiven (Bedeutung steht über der Form);
▶ Problemorientierung, d.h. Aufgaben zielen auf die Bearbeitung, Bewältigung oder Lösung von Problemen, die soweit als möglich „real" sein sollen;
▶ Lernerorientierung, d.h. im Zentrum der Aufgabe stehen zunächst die Lernenden, ihre individuellen und vielfältigen Lösungswege, Umgangsweisen mit der Aufgabenstellung und Antworten auf die *task*;
▶ Offenheit, d.h. Prinzipien des offenen Unterrichts oder konstruktivistischer Lerngestaltungen führen zu einem veränderten Verhältnis zwischen

Lehrenden und Lernenden, Lehrende agieren als Lernbegleiter und Lernberater.

Während ein auf Übungen basierender Französischunterricht die sprachliche Form in den Mittelpunkt rückt und die Schülerinnen und Schüler als Lerner betrachtet, stehen im aufgabenorientierten Französischunterricht die Bedeutung und Funktion der Sprache im Zentrum und die Schülerinnen und Schüler werden als Sprachanwender gesehen.

Französischunterricht wird zunehmend durch Aufgabenorientierung modelliert. Eine konkrete Umsetzung findet sich beispielsweise in der Strukturierung von Lehrwerken, u.a. in *A plus!* (Blume et al. 2012).

Übung versus Aufgabe

? Vergleichen Sie Überlegungen zur Aufgabenorientierung mit den in Einheit 4 genannten neueren Tendenzen innerhalb der Französischdidaktik. Zu welchen Konzepten und Ansätzen finden sich Anknüpfungspunkte? Bitte listen Sie Gemeinsamkeiten und Unterschiede auf.

Aufgabe 5.5

Gegenstand dieser Einheit waren Curricula, Lehrpläne und Bildungsstandards, mit denen die Bildungspolitik Einfluss auf den Französischunterricht nimmt. Dabei wird an verschiedenen Parametern angesetzt: Lehrpläne zielen vor allem auf Inhalte und methodische Umsetzungen, Curricula setzen eher an den zu erreichenden Lernzielen der Lernenden an. Im Zuge aktueller Entwicklungen in der Folge der Pisa-Studie und des Gemeinsamen europäischen Referenzrahmens für Sprachen werden die Lernenden sowie die Seite des Outcome verstärkt fokussiert. Mit den Bildungsstandards hat die Kultusministerkonferenz gemeinsame Standards für zu erreichende Kompetenzen aller Lernender festgelegt und damit ein Instrument zur Erhöhung der Vergleichbarkeit von Unterricht geschaffen. Diese Standards sollen sich in Kompetenzen konkretisieren und am Beispiel konkreter Aufgaben anvisiert werden.

Zusammenfassung

? Von staatlicher Seite wird durch verschiedene bildungspolitische Impulse immer wieder Einfluss auf die Gestaltung des Französischunterrichts ausgeübt. Welche Vor- und Nachteile sind mit einer solchen Einflussnahme der Politik verbunden? Welche der Argumente sind für Sie selbst ausschlaggebend?

Aufgabe 5.6

Literatur

Bayerisches Staatsministerium für Unterricht und Kultus (1982): Curricularer Lehrplan für Französisch als 3. Fremdsprache in der 9. und 10. Jahrgangsstufe des Gymnasiums Bayern. In: Amtsblatt des Bayerischen Staatsministeriums für Unterricht und Kultus, Teil I. Sondernummer 14. München, 26. Mai 1982.

Belaval-Nink, Sandrine u.a. (2004): Tout va bien. Cahier d'activités 1. Frankfurt: Diesterweg.

Blons-Pierre, Christine (Hg.) (2012) : Apprendre, enseigner et évaluer les langues dans le contexte de Bologne et du CECR. Bern et al.: Lang.

Blume, Otto-Michael u.a. (2012): A plus! Nouvelle Edition, Bd. 1. Berlin: Cornelsen.

Europarat (2001): Gemeinsamer europäischer Referenzrahmen für Sprachen: lernen, lehren, beurteilen. Berlin u. a.: Langenscheidt.

Ministerium für Schule und Weiterbildung, Wissenschaft und Forschung des Landes Nordrhein-Westfalen (Hg.) (1999): Sekundarstufe II, Gymnasium/Gesamtschule. Richtlinien und Lehrpläne. Französisch. In: Schriftenreihe Schule in NRW, Nr. 4705. Frechen: Ritterbach.

Müller-Hartmann, Andreas (2005): Ein Themenheft zum aufgabenorientierten Fremdsprachenlernen? Weshalb es wahrscheinlich eine sehr gute Idee ist, sich mit diesem Ansatz auseinander zu setzen. In: PRAXIS Fremdsprachenunterricht 4: 3–6.

Tesch, Bernd/Leupold, Eynar/Köller, Olaf (Hg.) (2008): Bildungsstandards Französisch: konkret. Sekundarstufe I: Grundlagen, Aufgabenbeispiele und Unterrichtsanregungen. Berlin: Cornelsen-Scriptor.

Weinert, Franz E. (2001): Vergleichende Leistungsmessung in Schulen – eine umstrittene Selbstverständlichkeit. In: ders. (Hg.): Leistungsmessungen in Schulen. Weinheim und Basel: Beltz, 17–31.

Weskamp, Ralf (2004): Aufgaben im Fremdsprachenunterricht. In: PRAXIS Fremdsprachenunterricht 4: 162–170.

Internet

Hessisches Kultusministerium (2016): Kerncurriculum Gymnasiale Oberstufe. Französisch. https://kultusministerium.hessen.de/sites/default/files/media/kcgo-f.pdf

Hessisisches Kultusministerium (2011): Bildungsstandards und Inhaltsfelder. Das neue Kerncurriculum für Hessen. Sekundarstufe I – Gymnasium. Moderne Fremdsprachen. https://kultusministerium.hessen.de/sites/default/files/media/kerncurriculum_moderne_fremdsprachen_gymnasium.pdf

Klieme, Eckhardt u.a. (2007): Zur Entwicklung nationaler Bildungsstandards. Eine Expertise. Hg. v. Bundesministerium für Bildung und Forschung (BMBF). Bonn, Berlin. https://www.bmbf.de/pub/Bildungsforschung_Band_1.pdf

Kultusministerkonferenz (2003): Bildungsstandards für die erste Fremdsprache (Englisch/Französisch) für den mittleren Schulabschluss. Beschluss vom 4.12.2003. https://www.kmk.org/fileadmin/Dateien/veroeffentlichungen_beschluesse/2003/2003_12_04-BS-erste-Fremdsprache.pdf

Kultusministerkonferenz (2012): Bildungsstandards für die fortgeführte Fremdsprache (Englisch / Französisch) für die Allgemeine Hochschulreife (Beschluss der Kultusminister konferenz vom 18.10.2012), http://www.kmk.org/fileadmin/veroeffentlichungen_beschluesse/2012/2012_10_18-Bildungsstandards-Fortgef-FS-Abi.pdf

Einheit 6

Bilinguales Lernen

	Inhalt
6.1	Individuelle und gesellschaftliche Zwei- und Mehrsprachigkeit 86
6.2	Kanadische Immersionsprogramme 88
6.3	Bilingualer Sachfachunterricht in Deutschland 91
6.4	Die Staatliche Europa-Schule Berlin (SESB) 95

Neben dem herkömmlichen Fremdsprachenunterricht gibt es Konzepte, die auf bilinguales Lernen abzielen und sprachbezogenes mit inhaltsbezogenem Lernen kombinieren. In dieser Einheit werden daher Ansätze vorgestellt, die im Bereich des schulischen Fremdsprachenlernens bilinguale Aspekte anvisieren. Im Mittelpunkt stehen zunächst Immersionsprogramme in Kanada, die bereits in den 1960er Jahren bilinguales Lernen realisiert haben. In Deutschland ereignet sich bilinguales Lernen vor allem im bilingualen Sachfachunterricht, in dem ein Sachfach wie beispielsweise Geschichte oder Erdkunde in der Fremdsprache unterrichtet wird. Darüber hinaus kommt exemplarisch die Staatliche Europa-Schule Berlin zur Sprache, in der das bilinguale Prinzip das gesamte Schulkonzept prägt.

Überblick

BILINGUALES LERNEN

6.1 | Individuelle und gesellschaftliche Zwei- und Mehrsprachigkeit

Beispiele für Zweisprachigkeit

Begriffe wie bilinguale Kompetenzen, Bilingualismus und Bilingualität verweisen insgesamt auf Zweisprachigkeit, bedürfen jedoch einer genaueren Definition. Zweisprachig ist ein Kleinkind, das zu Hause mit seiner Mutter Deutsch und mit seinem Vater Französisch spricht, ebenso wie ein Kind türkischer Minderheitenangehöriger, das zu Hause mit der Familie Türkisch und in der Schule Deutsch spricht. Eine Frau, die in Belgien lebt und Flämisch ebenso wie Französisch spricht, gilt ebenfalls als zweisprachig, genauso auch ein Mann, der in Marokko französischsprachige Zeitungen liest und Französisch als Behördensprache nutzt, in der eigenen Familie jedoch marokkanisches Arabisch spricht. Eine Lehrerin, die Deutsch als Erstsprache spricht, in der Schule jedoch Französisch unterrichtet und diese Sprache als Fremdsprache gelernt hat, ist ebenso zweisprachig wie ein französischer Wissenschaftler, der internationale Fachliteratur auf Englisch liest.

Diese Beispiele zeigen ganz unterschiedliche Formen der Zweisprachigkeit auf, die jeweils abhängig sind vom Grad der Beherrschung der jeweiligen Sprachen, von den Nutzungsbereichen oder den Gesprächspartnern. Darüber hinaus sind individuelle und gesellschaftliche Zweisprachigkeit zu unterscheiden.

Definition

> Bilingualismus ist die Fähigkeit, zwei Sprachen auf im Idealfall annähernd gleichem Niveau zu sprechen. Multilingualismus/Plurilingualismus bezeichnet analog dazu die Fähigkeit, mehr als zwei Sprachen zu sprechen.
>
> Gesellschaftliche Formen der Zwei-/Mehrsprachigkeit, d. h. Bi-/Multi-/Plurilingualismus einer gesamten Gesellschaft bzw. Nation, werden von individuellen Formen der Zwei-/Mehrsprachigkeit, d. h. Bi-/Multi-/Plurilingualismus einzelner Menschen in einer mehrheitlich einsprachigen Gesellschaft, unterschieden.

Bilingualismus in frankophonen Staaten

Unabhängig davon, dass in vielen, wenn nicht allen Staaten der Welt infolge von Migration und Globalisierung mehr als eine Sprache gesprochen wird, gibt es in einigen Nationen mehr als eine Sprache. Für das Französische gilt dies in frankophonen Staaten: Bilingualismus besteht beispielsweise in Belgien (Flämisch, Französisch, Deutsch), in Kanada (Französisch, Englisch), im Maghreb (Arabisch, Französisch), im Senegal (Wolof, Französisch, andere afrikanische Sprachen) oder auch in der Schweiz (Französisch, Deutsch, Italienisch, Rätoromanisch). Französisch hat in den einzelnen Staaten einen jeweils unterschiedlichen Status:

Status des Französischen

- ▶ in Frankreich oder in Québec Erstsprache und Staatssprache,
- ▶ im Senegal oder auf Madagaskar Staatssprache, Verwaltungs- und Amtssprache,
- ▶ in den Staaten des Maghreb Verkehrssprache und
- ▶ in Louisiana oder Ägypten Minderheitensprache.

INDIVIDUELLE UND GESELLSCHAFTLICHE ZWEI- UND MEHRSPRACHIGKEIT — Einheit 6

? Welchen Stellenwert hat Französisch in folgenden Staaten: Monaco, Vietnam, Kamerun, Libanon, Madagaskar, Kambodscha, Luxemburg, Mauritius, Haiti und Tschad?
 Wie viele Staaten sind Mitglied der *Organisation internationale de la Francophonie*? Recherchieren Sie auf der Internetseite: www.francophonie.org

Aufgabe 6.1

Neben gesellschaftlicher Zweisprachigkeit sind auch individuelle Formen der Zweisprachigkeit zu betrachten. Die auf Einzelne bezogenen unterschiedlichen Formen werden in simultane oder primäre Zweisprachigkeit sowie in sukzessive oder sekundäre Zweisprachigkeit unterschieden. Erstere verweist auf den gleichzeitigen Erwerb von zwei oder mehreren Sprachen, z. B. Zweisprachigkeit im Zusammenhang mit lebensweltlicher Mehrsprachigkeit, und Letztere bezieht sich auf eine später erworbene Zweisprachigkeit, z. B. durch schulischen Fremdsprachenunterricht. Eine weitere grundsätzliche Unterscheidung bezieht sich auf additiven und subtraktiven Bilingualismus.

individuelle Zweisprachigkeit

> Additiver Bilingualismus bezieht sich auf eine gleichgewichtige und positive Berücksichtigung beider Sprachen und Kulturen für die Entwicklung eines bilingualen Kindes. Subtraktiver Bilingualismus geht von dem gegenteiligen Fall aus, in dem eine der beiden Sprachen bzw. Kulturen als minderwertig gegenüber der anderen Sprache bzw. Kultur erachtet wird und in der Folge nicht gefördert wird.

Definition

Darüber hinaus unterscheidet man Formen eines ausgewogenen bzw. symmetrischen Bilingualismus, in dem zwei Sprachen in gleicher Weise beherrscht werden, von Formen eines unausgewogenen bzw. asymmetrischen Bilingualismus, in dem eine der beiden Sprachen besser beherrscht wird als die andere Sprache. Wenn Menschen zwei Sprachen nur sehr defizitär beherrschen, d. h. nur sehr wenige alltagssprachliche Kommunikationsstrukturen anwenden, spricht man von Semilingualismus bzw. doppelter Halbsprachigkeit. Eine symmetrische Zweisprachigkeit wird wohl nur sehr selten vorliegen und kann als Ideal bezeichnet werden. Weitaus häufiger wird Zweisprachigkeit unausgewogen vorkommen, d. h. in unterschiedlicher Perfektion beider Sprachen und je nach individueller Erfahrung der Sprecher in verschiedenen funktionalen Zusammenhängen.

symmetrischer und asymmetrischer Bilingualismus

Semilingualismus

Zur genaueren Beschreibung und Erklärung unterschiedlicher Formen des Bilingualismus entwickelte Jim Cummins die Interdependenz- bzw. Schwellenniveauhypothese und führte die Begriffe BICS und CALP ein. *Basic Interpersonal Communicative Skills* (BICS) beschreiben mündliche sprachliche Äußerungen im direkten persönlichen Gespräch, die vor allem im Bereich alltagssprachlicher Kommunikation dominieren. *Cognitive Academic Language Proficiency* (CALP) bezieht sich eher auf den Bereich der Schriftsprache und auf komplexere „akademische" Sprachfertigkeiten. Während eine altersangemessene mündliche Kommunikationsfähigkeit in Alltagsgesprächen (BICS)

Interdependenzhypothese

BICS

CALP

BILINGUALES LERNEN

schnell erreichbar sei, geht Cummins von fünf bis sieben Jahren Lernzeit für das Erreichen der weit komplexeren sprachbezogenen kognitiven Fertigkeiten (CALP) aus (Cummins 1982).

Bilingualismus von Migrantenkindern

Diese Unterscheidung unterstützt Analysen zur Begründung unterschiedlicher bilingualer Kompetenzen von Migrantenkindern bzw. Minoritätenkindern und Majoritätenkindern, d.h. beispielsweise von Kindern mit türkischem Migrationshintergrund in Deutschland und Diplomatenkindern mit bilingualen Kompetenzen in Englisch, Deutsch und Französisch. Niedrige sprachliche Kompetenzen bei Kindern mit Migrationshintergrund werden u.a. auf die Rahmenbedingungen der Submersion zurückgeführt.

Definition

> Submersion bezeichnet das Untertauchen in eine andere Sprache bei gleichzeitiger Vernachlässigung der Erstsprache (L 1). Wenn die Erstsprache in der Familie oder der umgebenden Gesellschaft – u.a. wegen ihres geringen sprachlichen Prestiges – nicht weiter gestützt und gefördert wird, führt dies zur Unterdrückung der Erstsprache und häufig zu Misserfolgen in beiden Sprachen (L 1 und L 2) sowie in anderen schulischen Zusammenhängen.

Interdependenzhypothese

Der Interdependenz- bzw. Schwellenniveauhypothese zufolge haben die Kompetenzen in beiden Sprachen Einfluss auf die kognitive Entwicklung der Kinder. Dabei geht es um die wechselseitige Abhängigkeit zwischen den verschiedenen Kenntnissen in der Erstsprache und Zweitsprache. So geht Cummins davon aus, dass das Niveau in der Erstsprache Einfluss habe auf das möglicherweise zu erreichende Niveau in der Zweitsprache. Wenn die Erstsprache bereits auf einem hohen Niveau entwickelt sei, könne eine hohe Kompetenz in der Zweitsprache aufgebaut werden, ohne die Erstsprache zu beeinträchtigen. Bei einer niedrigen erstsprachlichen Kompetenz werde der intensive Aufbau der Zweitsprache zu einer Beeinträchtigung der Erstsprache führen und dies werde sich wiederum negativ auf den Aufbau der Zweitsprache auswirken (Cummins 1982).

6.2 | Kanadische Immersionsprogramme

Sprachenpolitik in Kanada

Staaten, die von Bilingualismus geprägt sind, müssen sich grundlegend Gedanken machen, wie sie mit dieser Zweisprachigkeit umgehen und inwieweit das Lernen und Beherrschen von zwei oder mehreren Sprachen für alle Bürger notwendig und verpflichtend ist. Auch die kanadische Bildungs- und Sprachenpolitik musste zu einer Position kommen, welchen Stellenwert Französisch neben der dominierenden Sprache Englisch einnehmen sollte. So wurde bereits in den 1960er Jahren ein bilinguales Konzept in Kanada entwickelt, um der anglophonen Mehrheit in Québec Französisch zu vermitteln. Dazu wird das Prinzip der Immersion, d.h. des Eintauchens in die zweite Sprache, verwendet.

KANADISCHE IMMERSIONSPROGRAMME — Einheit 6

> Immersion basiert auf der Überlegung, dass eine Zweitsprache besser in einer authentischen, natürlichen Lernsituation erworben wird als im gesteuerten Fremdsprachenunterricht. Lernende sollen in schulischen Lehr-/Lernsituationen in die zweite Sprache eintauchen, permanent von ihr umgeben sein und sich in ihr sprachlich bewegen. Dies führt dazu, die Zweitsprache als Unterrichtssprache zu verwenden. Anders als bei der Submersion wird die Erstsprache in diesem Konzept nicht vernachlässigt.

Definition

Innerhalb der Immersionsprogramme in Kanada, die von weit weniger Lernenden besucht werden als herkömmlicher Französischunterricht, gilt es, verschiedene Ansätze hinsichtlich ihrer Ausführlichkeit in der Vermittlung der Zweitsprache und damit ihrer Ausprägung der Immersion zu unterscheiden:

Transitional: In diesem Programm für frankophone Kinder in Québec werden die meisten Fächer zunächst in der Erstsprache der Lernenden unterrichtet. Gleichzeitig wird Unterricht in der dominierenden Nationalsprache Englisch erteilt. Sobald die Lernenden ausreichende Kenntnisse im Englischen entwickelt haben, erfolgt der gesamte Unterricht auf Englisch. Dieses Programm fördert vor allem die Englischkenntnisse der Lernenden, führt jedoch gleichzeitig zu einer Vernachlässigung des Französischen.

Transitional

Maintenance: Die Zielsetzung dieses Programm besteht vor allem in sprachlicher Ausgewogenheit und in gleichgewichtiger Förderung beider Sprachen. Einige der Fächer werden auf Englisch, andere auf Französisch unterrichtet.

Maintenance

Enrichment: Diese Form des Programms visiert sprachlich homogene Gruppen mit derselben Erstsprache an. Ein Teil der zu erlernenden Inhalte wird in einer anderen Sprache vermittelt mit dem Ziel, auf inhaltlicher Ebene eine Horizonterweiterung zu erreichen. Dieses Vorgehen ist dem in Deutschland üblichen bilingualen Sachfachunterricht (siehe unten) sehr ähnlich.

Enrichment

Die hier aufgeführten Programme beziehen sich vorwiegend auf Lernende in Kindergarten und Primarstufe. In Kanada werden anglophone Kinder in der Regel bereits im Grundschulalter mit bilingualen Programmen konfrontiert, die am ehesten dem Prinzip der *Maintenance* entsprechen. Französisch nimmt für sie einen dominanten Platz ein, wobei sukzessive mehr Englisch bis zu einem Anteil von 40 % des Unterrichts eingeführt wird. Charakteristisch ist somit auch, dass die Erstsprache nicht vernachlässigt wird. Diese Form der Immersion findet eine breite staatliche Förderung bereits seit den 1970er Jahren und wird in allen kanadischen Provinzen umgesetzt.

Immersionsprogramme Englisch – Französisch

Insgesamt werden drei Stufen der Immersion unterschieden: *early immersion* mit Beginn im Kindergarten oder in der ersten Klasse, *middle immersion* mit Beginn in Klasse 4 oder 5 und *late immersion* mit Beginn in Klasse 7.

Die kanadischen Immersionsprogramme zeichnen sich zusammengefasst durch folgende Charakteristika aus:

Charakteristika

▶ Zweitsprache als Unterrichtssprache, damit Medium und nicht Gegenstand der Instruktion

- Gemeinsames Curriculum der Immersionsklassen und der herkömmlichen Klassen
- Zweisprachigkeit der Lehrkräfte
- Gleiche (geringe) Ausgangskompetenzen der Lernenden in der Zweitsprache
- Anvisieren eines additiven Bilingualismus (Englisch *und* Französisch)
- Aktive Unterstützung der Erstsprache

Monitor-Modell Diese Form bilingualen Unterrichts steht in engem Zusammenhang mit den von Steven Krashen in den 1980er Jahren formulierten Theorien zum Zweitspracherwerb. Für sein „Monitor-Modell" (Krashen 1981) ist die Unterscheidung zwischen Lernen und Erwerb grundlegend:

Acquisition *Acquisition* meint einen unbewussten Prozess, der dem Spracherwerb von Kleinkindern beim Erwerb der Erstsprache ähnele. Voraussetzung sei natürliche Kommunikation in der Zielsprache, die nicht die Form, sondern die Kommunikation und ihre Inhalte selbst in den Mittelpunkt stelle. *Learning*

Learning hingegen basiere auf formaler Instruktion und auf einem bewussten Prozess, an dessen Ende bewusstes Sprach- und Regelwissen, z. B. über die Grammatik der Sprache, stehe. Die Aktivierung und Steuerung dieses Wissens erfolge durch eine Kontrollinstanz des Lerners, d. h. durch den Monitor. *Acquisition* und *Learning* werden dabei als streng voneinander getrennte Prozesse gesehen, Spracherwerb wird dem Lernen vorgeordnet. Insgesamt gelten diese Positionen Krashens heute in ihren Grundannahmen sowie in der Konsequenz der strikten Trennung von *Acquisition* und *Learning* jedoch als überholt.

Ergebnisse der Immersionsprogramme in Kanada Etliche umfangreiche empirische Studien zum Erfolg der Immersion in Kanada belegen folgende Ergebnisse: Programme einer *early immersion* für anglophone Kinder fördern sprachliche Flüssigkeit (*fluency*) und Lesekompetenzen (*literacy*) in Französisch, ohne komplexe „akademische" und schriftsprachliche Kompetenzen (CALP) im Englischen zu beeinträchtigen. Darüber hinaus findet sich auch kein Beweis für langfristige Defizite in Bezug auf fachliche Inhalte durch die Immersion im Französischen. So erreichen anglophone Kinder in den bilingualen Programmen das gleiche Niveau an Lesekompetenz wie anglophone Kinder in englischsprachigen Grundschulen. Immersion führe gleichzeitig auch zu höheren Lese- und Schreibkompetenzen der Kinder im Französischen, die jedoch geringer seien als die der frankophonen Kinder. Daneben finden sich jedoch auch zwei problematische Aspekte, nämlich schwache mündliche und schriftliche Fertigkeiten der Lernenden in Bezug auf grammatische Korrektheit sowie eine hohe Abbruchrate.

Fossilisierung Charakteristisch für diese Spracherwerbprozesse ist somit auch das Phänomen der Fossilisierung, d. h. der Aufrechterhaltung von „Fehlern", die Lernende während ihres Sprachenlernens trotz besseren Wissens und zahlreicher Erklärungen immer wieder machen. Larry Selinker (1972) deutet dies mit der *Interlanguage*-Hypothese, die in der psycholinguistisch ausgerichteten Zweitspracherwerbsforschung eine zentrale Rolle spielt:

Interlanguage bezeichnet eine Zwischensprache bzw. Lernersprache, d. h. ein individuelles Sprachsystem mit Elementen, die der eigenen Erstsprache sowie der zu erlernenden Zielsprache entstammen sowie mit Elementen, die mit den beiden Sprachen nicht übereinstimmen.

Definition

Im Zuge des Sprachenlernens entwickele sich die *Interlanguage* flexibel und dynamisch. Das Lernen einer zweiten Sprache wird dabei als Prozess gesehen, in dem es um das Entwickeln und Testen von Hypothesen über die Zielsprache geht und die eigene Lernersprache der Zielsprache sukzessive angepasst wird. Wenn der Erwerb der Zielsprache scheitert, äußert sich dies in Fossilisierungen, d. h. in einer Stagnation des Spracherwerbs.

Forschungsergebnisse zu den kanadischen Immersionsprogrammen sind insgesamt ausgesprochen positiv: So führe die Förderung additiver bilingualer und biliteraler Fertigkeiten nicht zu negativen Konsequenzen für die sprachliche, kognitive und intellektuelle Entwicklung der Kinder, sondern unterstütze hingegen ihre metalinguistischen, akademischen und intellektuellen Fähigkeiten. Gerade auch die Förderung von *language awareness*, d. h. eines bewussten und kognitiven Zugangs zu den beiden Sprachen, sollte verstärkt in die Immersionsprogramme aufgenommen werden (Cummins 1998).

Forschungsergebnisse zu Immersion in Kanada

? Vergleichen Sie Immersion und Submersion. Tun Sie dies am Beispiel möglicher Lernerfahrungen eines Kindes mit kroatischem Migrationshintergrund, das mit seinen Eltern in Deutschland lebt, im Vergleich mit Lernerfahrungen eines kanadischen Kindes in Québec mit Englisch als Erstsprache. Berücksichtigen Sie bei diesem Vergleich das Sprachenprestige, den Stellenwert der jeweiligen Kulturen, die Kompetenzen der Lernenden wie der Lehrenden in den jeweiligen Sprachen, die Vertrautheit mit der jeweiligen Kultur sowie die Förderung der jeweiligen Sprachen im Unterricht.

Erklären Sie mit Hilfe der Interdependenz- bzw. Schwellenniveauhypothese die Ergebnisse und den voraussichtlichen Lernerfolg der beiden Schüler. Nutzen Sie dabei unter Umständen die umfangreiche Darstellung von Wilhelm Grießhaber zu Zweitspracherwerbstheorien im Internet: http://spzwww.uni-muenster.de/~griesha/sla/index.html

Aufgabe 6.2

6.3 Bilingualer Sachfachunterricht in Deutschland

6.3

In Deutschland gibt es keine vergleichbare, geografisch gebundene sprachliche Minderheit wie in Québec. Sprachen autochthoner Minderheiten wie Dänisch in Schleswig-Holstein oder Sorbisch in Sachsen sind von nur regionaler Bedeutung. Die schulische Förderung von Zweisprachigkeit in Deutschland zielt somit nicht auf die Stützung zweier Staatssprachen, sondern dient vor allem dem Ziel der Verbesserung der (Fremd-)Sprachenkenntnisse insgesamt. Dies wird in bilingualen Zweigen vor allem der Gymnasien oder auch in bilingualen Schulen wie der Staatlichen Europa-Schule Berlin angestrebt.

Bilingualismus in Deutschland

BILINGUALES LERNEN

bilingualer Sachfach-unterricht

Bilinguales Lernen wird somit vorwiegend im bilingualen Sachfachunterricht umgesetzt. Dieser Begriff bezieht sich auf den Unterricht eines Sachfachs, z. B. Erdkunde oder Geschichte, in einer Fremdsprache, d. h. meist Englisch oder Französisch. Die Ursprünge dieser Form des bilingualen Unterrichts liegen in der nach dem Zweiten Weltkrieg von Charles de Gaulle und Konrad Adenauer forcierten deutsch-französischen Freundschaft. In der Folge des deutsch-französischen Freundschaftsvertrags 1963 haben sich bilinguale Bildungsgänge und bilinguale Schulen etabliert, die über eine verstärkte Förderung der beiden Sprachen und Kulturen die politischen Versöhnungsbestrebungen umsetzen.

bilingualer Zweig

Dabei werden an vielen Schulen in Deutschland bilinguale Zweige angeboten, in denen ein Sachfach in der Arbeitssprache Französisch unterrichtet wird. Es handelt sich in der überwiegenden Mehrheit um die Fächer Geschichte und Geografie sowie etwas seltener um Gemeinschaftskunde, Sozialkunde und Politik. In einigen wenigen Fällen werden Kunst, Sport, Physik und Mathematik auf Französisch unterrichtet.

Die ersten bilingualen Klassen wurden vor allem in Nordrhein-Westfalen Anfang der 1970er Jahre eingerichtet. Etwa 15 Jahre später kam eine zweite Welle der Einrichtung französischsprachigen Sachfachunterrichts auf, die sich vor allem auf die Zeit zwischen 1988 und 1999 konzentrierte. Obwohl die Idee des bilingualen Sachfachunterrichts ursprünglich auf Französisch bezogen war, dominieren seit den 1990er Jahren englischsprachige bilinguale Züge (Mentz 2004).

Didaktik des Sachfachunterrichts

Charakteristisch für den bilingualen Sachfachunterricht ist die Orientierung an den Inhalten, die Gegenstand des jeweiligen Sachfachs sind. Prinzipiell wird das Sachfach in der Fremdsprache unterrichtet. Dies bedeutet, dass die Fremdsprache nicht Gegenstand, sondern Medium des bilingualen Unterrichts ist. Dementsprechend müssten die theoretische Herleitung und die didaktische Diskussion über Charakteristika, Begründungen und Zielsetzungen vor allem in den Sachfachdidaktiken verortet sein. Faktisch allerdings wird der bilinguale Sachfachunterricht vorwiegend in den Fremdsprachendidaktiken diskutiert. Hierin spiegelt sich die in Deutschland dominierende Vorstellung, dass bilingualer Sachfachunterricht vor allem zu einer vertieften fremdsprachlichen Kompetenz führe. Überlegungen beispielsweise aus der Geschichtsdidaktik oder der Geografiedidaktik zu vertieften Zugängen oder einem differenzierteren Verständnis des jeweiligen Fachs durch das Medium einer anderen Sprache werden weit seltener formuliert. Eine eigenständige Didaktik des bilingualen Unterrichts ist Gegenstand aktueller Diskussionen (Rüschhoff/Sudhoff/Wolff 2015).

Verquickung von Sprache und Inhalt

Argumentationen von Seiten der Fremdsprachendidaktiken zielen darauf ab, dass die integrale Verquickung von Sprache und Inhalt in einem themenbezogenen bilingualen Unterricht zu vertieften Fremdsprachenkenntnissen führe. Der Bezug auf ein Sachfach fördere authentische Gespräche über Inhalte und Themen und gehe damit über einen Französischunterricht hinaus, in dem grammatische Schwerpunkte, Wortschatzarbeit und andere metasprachliche Zugriffe eine weniger an Inhalten ausgerichtete und weniger intensive Auseinandersetzung in der Fremdsprache ermöglichen. Die enge Verquickung von Sprache und Inhalt findet Parallelen in englischsprachigen Diskursen zu dieser Form bilingualen Lernens, in denen sich die Bezeichnung *Content and Language integrated Learning* (CLIL) durchgesetzt hat. Das dem entsprechende Pendant in Frankreich heißt EMILE: *Enseignement de Matières par l'Intégration d'une Langue Étrangère*. CLIL/EMILE

Weitere Argumente für den bilingualen Sachfachunterricht zielen auf veränderte Perspektiven zu bestimmten Themenfeldern sowie auf interkulturelles Lernen. Neben grundsätzlichen Argumentationen zu Möglichkeiten und Rahmenbedingungen (Küster 2004) werden immer wieder konkrete Vorschläge zu bestimmten Inhalten gemacht, die sich gerade für interkulturelles Lernen im bilingualen Sachfachunterricht eigneten. Hierzu gehören beispielsweise im bilingualen Geschichtsunterricht Auseinandersetzungen mit dem Ersten oder Zweiten Weltkrieg aus französischer und deutscher Perspektive, Sichtweisen auf zentrale Kriegsereignisse oder Einschätzungen zu bestimmten Sachverhalten aus französischer oder deutscher Sicht. So bietet es sich an, in einer Unterrichtseinheit zur Landung der Alliierten in der Normandie 1944 originale Quellen der Zeit von beiden Seiten der Kriegsgegner zu bearbeiten und Gemeinsamkeiten oder Unterschiede in der Einschätzung der Ereignisse zu analysieren. interkulturelles Lernen im bilingualen Sachfachunterricht

Dieses Beispiel führt direkt zu einer grundsätzlichen Frage der methodischen Umsetzung, nämlich welche Sprache(n) in welcher Form und mit welchem Stellenwert in diesem Unterricht Raum haben sollten. Wird bilingualer Sachfachunterricht ausschließlich auf Französisch erteilt? Kann auch auf Deutsch zurückgegriffen werden und wenn ja, in welcher Intensität? Diese Fragen finden unterschiedliche Antworten in einzelnen Bundesländern: So schreiben Curricula in Niedersachsen einen Sachfachunterricht vor, der eine bilinguale Diskurskompetenz mit dem Einsatz von Deutsch und der Fremdsprache sowie Code-switching umfasst, Bayern favorisiert den überwiegenden Einsatz der Fremdsprache als Arbeitssprache und Rheinland-Pfalz schreibt zwei Stunden in der Fremdsprache sowie eine Stunde in der Muttersprache vor. methodische Umsetzung

Ein Unterricht, in dem die Fremdsprache als Arbeitssprache, d. h. als Medium fungiert und nicht als Unterrichtsgegenstand, führt spezifische sprachliche und inhaltliche Zielsetzungen mit sich. Wenn beispielsweise das Fach Geschichte auf Französisch erteilt wird, stehen nicht klassische Themen des Fremdsprachenunterrichts im Mittelpunkt, sondern die Schwerpunkte liegen eher auf fachsprachlichen Aspekten, auf der Förderung rezeptiver Lesekompetenzen oder produktiver sprachlicher Kompetenzen in funktionalen Verwendungssituationen. Dies bedeutet auch, dass Fehler in der Fremdsprache anders behandelt und bewertet werden als im herkömmlichen Französischunterricht. Fremdsprache als Arbeitssprache

Leistungsbewertung

Die Leistungsbewertung bildet somit einen umstrittenen Gegenstand von Diskussionen. So muss die Notengebung im bilingualen Geschichtsunterricht mit der des herkömmlichen Geschichtsunterrichts vergleichbar sein. Dies bedeutet, dass die Inhalte im Vordergrund stehen und nicht die fremdsprachlichen Kompetenzen. Fehler in der Fremdsprache sollten somit nicht den gleichen Stellenwert erhalten wie im Französischunterricht und nicht zu einer Verschlechterung der Note führen. Gleichzeitig können die sprachlichen Kompetenzen nicht völlig unabhängig von den Inhalten betrachtet werden, so dass hier konstruktive Verfahrensweisen im Vordergrund stehen sollten, die nicht zu einer Verdoppelung von Fehlerdimensionen – fremdsprachliche einerseits und sachfachliche andererseits – führen sollten.

Orientierung am Sachfach

Inhaltlich ist der bilinguale Sachfachunterricht zunächst Fachunterricht, dessen Inhalte, Zielsetzungen und methodische Umsetzungen an curricularen Vorgaben des Sachfachs ausgerichtet sind. Die Inhalte des auf Französisch erteilten Geschichtsunterrichts unterscheiden sich somit nicht wesentlich von den Inhalten des auf Deutsch erteilten Geschichtsunterrichts. Darüber hinaus bietet es sich jedoch auch an, spezifische Bezüge zum Partnerland Frankreich, zu seiner Geschichte und Kultur gesondert herauszuarbeiten.

Unterrichtsmaterialien

Da bilingualer Sachfachunterricht auf Französisch relativ selten erteilt wird, gibt es von Seiten der Schulbuchverlage kaum Unterrichtsmaterialien, die genau dafür konzipiert sind. Somit müssen Lehrerinnen und Lehrer häufig selbst geeignete Materialien und Texte finden, die den Anforderungen des Sachfachs in der Fremdsprache gerecht werden. Verwendete Unterrichtsmaterialien rekrutieren sich aus Publikationen, die für das Sachfach in Frankreich verwendet werden, d. h. also französische Lehrmaterialien für den Geschichtsunterricht, eigens zusammengestellte authentische Texte oder auch adaptierte Texte, die dem sprachlichen Niveau der Lerngruppe entgegenkommen.

Lehrer/innen

Dieser Unterricht stellt insgesamt hohe Anforderungen an die Lehrkräfte, die in der Regel über eine Lehrberechtigung in der Fremdsprache und im Sachfach verfügen sollten. Gesonderte Zusatzausbildungen wären wünschenswert, sind jedoch nicht flächendeckend in allen Bundesländern vorhanden. Ein Studiengang, der besonders auf bilingualen Unterricht vorbereitet, ist beispielsweise das „Europalehramt" an den Pädagogischen Hochschulen Karlsruhe und Freiburg.

Schüler/innen

Diese hohen Anforderungen des bilingualen Sachfachunterrichts gelten nicht nur für die Lehrenden, sondern auch für die Lernenden. Die (fremd-)sprachlichen Kompetenzen der Schülerinnen und Schüler müssen auf einem Niveau sein, das eine inhaltliche Auseinandersetzung mit den jeweiligen Themen ermöglicht und die Spracharbeit nur nachrangig notwendig macht. Daher gehen dem bilingualen Unterricht häufig verstärkte Unterrichtsstunden in der Fremdsprache voraus: Wird Französisch ab der Jahrgangsstufe 5 erteilt (so beispielsweise im Saarland, Rheinland-Pfalz und in den linksrheinischen

Gebieten Baden-Württembergs), kann der bilinguale Sachfachunterricht zwei bis drei Jahre später einsetzen.

? Vergleichen Sie den bilingualen Sachfachunterricht in der Arbeitssprache Französisch mit herkömmlichem Französischunterricht. Welche Gemeinsamkeiten und Unterschiede stellen Sie im Hinblick auf Begründungen, Zielsetzungen sowie methodisch-didaktische Umsetzungen fest? | Aufgabe 6.3

Die Staatliche Europa-Schule Berlin (SESB) | 6.4

In Berlin besteht seit Anfang der 1990er Jahre eine Schule mit einem besonderen Konzept. Die Staatliche Europa-Schule Berlin (SESB) versteht sich als kulturübergreifende und sprachintensive Begegnungsschule, in der ab Jahrgangsstufe 1 ein konsequent zweisprachiger Unterricht durchgeführt wird, der zu bilingualen Abschlüssen nach der 10. oder der 12./13. Jahrgangsstufe führt. | zweisprachiges Konzept an der SESB

Die Besonderheit dieser Schule (vgl. Schumacher 2011) besteht darin, dass der Unterricht jeweils zur Hälfte in Deutsch und in der jeweiligen Partnersprache – Englisch, Französisch, (Neu-)Griechisch, Italienisch, Polnisch, Portugiesisch, Russisch, Spanisch und Türkisch – erfolgt. Dieser Unterricht wird grundsätzlich von Muttersprachlern durchgeführt, so dass jede Klasse von zwei Lehrern unterrichtet wird. Die Lehrkräfte sollten jedoch nicht allein ihre Erstsprache beherrschen, d. h. Deutsch oder die jeweilige Partnersprache einer Schule, sondern im Idealfall zweisprachig sein. | Partnersprache

Dieses Prinzip einer jeweils hälftigen Aufteilung gilt nicht nur für die Lehrkräfte, sondern auch für die Lerngruppen, die zur Hälfte aus deutsch- und partnersprachigen Schülerinnen und Schülern bestehen. Durch diese Zusammensetzung der Lerngruppen wird zweisprachige Erziehung als Charakteristikum des Alltags gelebt. Insgesamt soll die Präsenz der beiden Partnersprachen konsequent umgesetzt werden, wobei Deutsch als Umgebungssprache häufig dominiert und auch der Status der nicht deutschen Partnersprache von Bedeutung ist. | zweisprachige Erziehung im Alltag

Wesentliche Säulen der SESB bestehen in Binnendifferenzierung im Muttersprachen- und im Partnersprachenunterricht, in der Mitarbeit von Eltern und Elternberatung, im Kontakt und in der Begegnung mit Sprechern der Partnersprache und in der Synthese von Sach- und Sprachlernen (Immersion). Sie sollen zu weitgehenden bilingualen und interkulturellen Kompetenzen bei den Kindern führen (vgl. Zydatiß 2000: 16). | Säulen der SESB

Dabei bestehen deutliche Unterschiede zwischen natürlichem Spracherwerb und dem Spracherwerbskonzept der SESB. Man vertritt einen „primarstufengerechten Zweitspracherwerb unter institutionellen Lernbedingungen" (Zydatiß 2000: 38), wobei in dem themen- und inhaltsbezogenen

Sachunterricht gerade die besondere Situation der SESB berücksichtigt werden muss.

Immersion in der SESB

Zentrale Aspekte von Immersion bestehen hier in der Verwendung einer Zweit- und Fremdsprache als Unterrichtssprache, in gezielter Unterstützung der Mutter- oder Erstsprache der Lernenden, in der Ausrichtung des Schulprogramms auf „additive Zweisprachigkeit", in der Begrenzung der Begegnung mit der Zweitsprache auf das Klassenzimmer, in der Aufnahme von Lernenden mit einem begrenzten Sprachfähigkeitsniveau in der L2, in der Zweisprachigkeit der Lehrkräfte sowie in der soziokulturellen Prägung durch die Umgebungssprache (vgl. Zydatiß 2000: 28)

Prinzip der funktionalen Sprachtrennung

Eine unbestrittene Voraussetzung für eine erfolgreiche zweisprachige Erziehung ist das Prinzip der funktionalen Sprachtrennung (vgl. Kielhöfer/Jonekeit 1983: 20 f.). *One person – one language* wird als zentrale Grundlage erachtet, um Kinder auf dem Weg in die Zweisprachigkeit (ohne Sprachmischung oder Konfliktzweisprachigkeit) zu begleiten. Zweisprachigkeit wird dabei als unabgeschlossener Prozess gesehen, der nicht nach ein paar Grundschuljahren vollendet ist (vgl. Kielhöfer/Jonekeit 1983: 93).

zwei Lehrkräfte pro Klasse

Diese Überlegungen werden in der Europa-Schule konsequent umgesetzt, indem die Klassen jeweils eine Lehrkraft haben, die mit den Kindern ausschließlich Deutsch spricht und den deutschsprachigen Unterricht (Deutsch als Muttersprache, Deutsch als Partnersprache, Mathematik …) erteilt, und eine weitere Lehrkraft, die die jeweils andere Sprache repräsentiert und z. B. Französisch als Muttersprache, Französisch als Partnersprache sowie den auf Französisch abgehaltenen Sachfachunterricht (z. B. *histoire-géographie*) erteilt. Damit werden bestimmte Personen und Fächer mit einer der beiden Partnersprachen assoziiert und eine funktionale Sprachtrennung umgesetzt. Diese beiden Lehrkräfte arbeiten immer zusammen und sollen ihren Unterricht gezielt aufeinander abstimmen.

Französisch als Arbeitssprache

Französisch als Arbeitssprache wird z. B. im Fach *histoire-géographie* verwendet. Dieser Unterricht ist primär inhaltsorientiert, die Vermittlung oder Festigung der Sprache wird eher nachrangig behandelt. Wie genau dieser Unterricht nun aussieht, soll im Folgenden an einem konkreten Beispiel verdeutlicht werden:

In einer 5. Klasse sind die Vor- und Frühgeschichte, die Eiszeiten, das Neolithikum oder auch Lebensweisen der Menschen dieser Zeit Gegenstand des Unterrichts. Man benutzt als Lehrwerk ein für eine französische *Sixième* zugelassenes und in Frankreich verwendetes Geschichts- und Geographiebuch (Casta/Doublet 2000). Ein Element des Unterrichts ist der folgende *Contrôle des connaissances*.

DIE STAATLICHE EUROPA-SCHULE BERLIN (SESB) — Einheit 6

Nom: .... Date: .... | Text 6.1

Contrôle des connaissances

En phrases complètes, explique pourquoi, au fil des millénaires, certaines espèces d'hommes ont disparu et pourquoi d'autres ont survécu! (–1 point pour phrases incomplètes)

....
....
....

(....../3 points)

Vocabulaire – Comment dit-on en français?
1. die Warmzeit ....
2. die Eiszeit ....

(....../2 points)

Écris les mots suivants au bon endroit dans le texte!
de la pierre polie – champs – aliments – domestiquer – l'agriculture – sédentaires – terres – poteries – tissus – huttes – outils

Selon les régions où ils vivent, les hommes préhistoriques deviennent .... entre –10000 et –2500 avant Jésus-Christ. Leur vie se transforme peu à peu. Ils défrichent des ...., pratiquent ...., commencent à .... des animaux, fabriquent des .... Pour transporter et stocker leurs .... Ils fabriquent des .... Pour la chasse, la pêche et l'agriculture ainsi que des .... Pour se protéger du froid. Près de leurs ...., ils construisent des villages formés de .... Leur vie devient plus facile et c'est pourquoi la population est de plus en plus nombreuse. Cette période est appelée le Néolithique, ce qui veut dire période ....

(....../12 points)

Cite le nom de cinq animaux domestiqués à la période du Néolithique!
1. ....   2. ....
3. ....   4. ....
5. ....

(....../5 points)

La pratique de l'agriculture et de l'élevage rend la vie des hommes plus confortable. Explique pourquoi! Réponds par des phrases complètes! (–1 point pour phrases incomplètes)

....
....
....

(....../3 points)

Total des points: ....../25 points (+ ....../1 point pour l'écriture) = .../26 points

BILINGUALES LERNEN

Aufgabe 6.4

? Diese für die Jahrgangsstufe 5 der Staatlichen Europa-Schule Berlin konzipierte Klausur steht am Ende einer Unterrichtseinheit in *histoire-géographie* über das Neolithikum. Nach welchen Kriterien ist diese Klausur konzipiert? Welchen Stellenwert nehmen sachfachliche und fremdsprachliche Dimensionen ein? Beantworten Sie diese Fragen bitte, bevor Sie weiterlesen.

Die Schülerinnen und Schüler haben 20 Minuten Zeit zur Bearbeitung. Dabei werden Wortschatzkenntnisse im Französischen ebenso abgefragt wie inhaltliche Kenntnisse zu den Charakteristika der Jäger und Sammler oder auch eigenständige Antworten eingefordert zur Bedeutung von Agrikultur und Tierhaltung. Ein Beispiel zur Überprüfung des Wortschatzes bildet die zweite Frage, während die erste und die letzte Frage vor allem sachfachliche Inhalte anvisieren.

Kriterien der Bewertung

Die Antworten der Schülerinnen und Schüler werden lediglich auf inhaltlicher Ebene bewertet, Fehler im Französischen werden zwar markiert, fließen jedoch nicht in die Note ein. Die von den Lernenden formulierten Texte machen deutlich, über welche Sprachkenntnisse und welches Wissen die Jugendlichen verfügen. Dies wird in den folgenden Antworten auf die letzte Frage exemplarisch sichtbar (vgl. Fäcke 2007):

Text 6.2

L'agriculture et l'élevage ont pérmis au hommes de produire la nourriture qu'il avaient besoin: ils ont pu avoire une alimentation plus variée: céréales, lentilles, poit. (Lucas)

C'est pratique parce que ils ne doivent pas aller toute la journée pour aller chasser et ceuiller. Et si il y on a pas des animaux ils ont rien a manger. (Sahra-Hélène)

Parce qu'il ne dépendait plus des hasard de la chasse et de la ceuillette. Il avait que besoin d'aller dans le champs ou tuer les animaux qu'il avait domestiquer. (Vanessa)

Es finden sich zahlreiche Fehler in der Grammatik – falscher *accord* der Verben, Akzentfehler, falsche Pronomina – ebenso wie Fehler, die gerade über Unterschiede zwischen Lautbild und Schriftbild zustande kommen. Gleichzeitig sind komplexe Satzstrukturen erkennbar. Einfache und kurze Hauptsätze ohne jegliche Verschachtelung, wie sie im schulischen Fremdsprachenunterricht häufig zu finden sind, fehlen hier völlig. Auch im Wortschatz wird sichtbar, dass Französisch den Stellenwert einer Zweitsprache bzw. Unterrichtssprache und nicht den einer Fremdsprache einnimmt.

Charakteristika des bilingualen Unterrichts

Diese Gestaltung der Stunden macht die Charakteristika des Unterrichts mit Französisch als Arbeitssprache an der Staatlichen Europa-Schule Berlin deutlich: verstärkte Schwerpunktlegung auf inhaltliche Zusammenhänge bei gleichzeitiger und bewusster Nichtbewertung schriftlicher und mündlicher Fehler sowie gezielte Wortschatzarbeit und Ausspracheschulung im Zusammenhang mit dem bearbeiteten Inhalt (Fäcke 2007). Insgesamt erscheint das bilinguale Partnersprachenkonzept dieser Schule trotz einiger Schwächen überzeugend, insofern als sowohl die bilingualen Kompetenzen der Kinder als auch ihre Einstellung und Motivation gegenüber dem Erwerb zweier Sprachen sehr positiv sind.

| Zusammenfassung

In dieser Einheit haben Sie zunächst Definitionen von individuellem und gesellschaftlichem, von additivem und subtraktivem Bilingualismus sowie von Immersion und Submersion kennengelernt. Gesellschaftliche Zweisprachigkeit hat in Kanada schon in den 1960er Jahren zur Implementierung bilingualen Unterrichts auf der Basis verschiedener Modelle der Immersion geführt.

In Deutschland gibt es Ansätze bilingualen Sachfachunterrichts, die weit stärker an schulischen Fremdsprachenunterricht anknüpfen und sprachliches mit inhaltlichem Lernen sowie ein Sprachfach (z. B. Französisch) mit einem Sachfach (z. B. Geschichte) verbinden. Darüber hinaus wurde die Staatliche Europa-Schule Berlin als ein besonderes Beispiel vorgestellt, in dem das gesamte schulische Konzept von der ersten Klasse der Primarstufe bis zur letzten Klasse der Sekundarstufe auf einem bilingualen Ansatz aufgebaut ist.

? Die Gesamtkonferenz eines Gymnasiums diskutiert die Einführung bilingualen Geschichtsunterrichts in der Arbeitssprache Französisch. Bitte listen Sie mögliche Argumente von Lehrerinnen und Lehrern auf, die jeweils aus der Perspektive der Fächer Geschichte und Französisch diese Einführung befürworten oder verhindern wollen. Nehmen Sie anschließend Stellung und geben Sie ein eigenes Votum zu dieser Entscheidung ab.

| Aufgabe 6.5

Literatur

Casta, Michel/Doublet, Frédéric (2000): Histoire Géographie. 6ᵉ. Paris: Magnard.
Cummins, James (1982): Die Schwellenniveau- und die Interdependenzhypothese: Erklärungen zum Erfolg zweisprachiger Erziehung. In: Swift, James (Hg.): Bilinguale und multikulturelle Erziehung. Würzburg: Königshausen + Neumann, 43–43
Fäcke, Christiane (2007): Sprachliche Bildung und zweisprachige Erziehung. Beobachtungen zum Partnersprachenmodell der Staatlichen Europa-Schule Berlin (SESB). In: Elsner, Daniela/Küster, Lutz/Viebrock, Britta (Hg.): Fremdsprachenkompetenzen für ein wachsendes Europa. Das Leitziel „Multiliteralität". Kolloquium Fremdsprachenunterricht, Bd. 31. Frankfurt am Main u. a.: Lang, 241–256.
Kielhöfer, Bernd/Jonekeit, Sylvie (1983): Zweisprachige Kindererziehung. Tübingen: Stauffenburg.
Krashen, Steven (1981): Second language acquisition and second language learning. Oxford u. a.: Pergamon Press.

Küster, Lutz (2004): Interkulturelles Lernen im bilingualen Sachfachunterricht Französisch. Bildungspolitische und bildungstheoretische Überlegungen. In: französisch heute 35/2: 134–141.

Mentz, Olivier (2004): Bilingualer Unterricht mit der Zielsprache Französisch. Eine Untersuchung über die aktuelle Situation in Deutschland – Ein erster Zwischenbericht. In: französisch heute 35/2: 122–133.

Rüschoff, Bernd/Sudhoff, Julian-Thorben/Wolff, Dieter (Hg.) (2015): CLIL revisited. Eine kritische Analyse zum gegenwärtigen Stand des bilingualen Sachfachunterrichts. Frankfurt am Main: Lang.

Schumacher, Birgit (2011): "Staatliche Europa-Schule Berlin" – Das Konzept und Beispiele aus der Praxis. In: Graf, Peter/Fernández-Castillo, Antonio (Hg.): Schüler auf dem Weg nach Europa. Interkulturelle Bildung und Mehrsprachigkeit in der Schule, 191-203.

Selinker, Larry (1972): Interlanguage. In: International Review of Applied Linguistics in Language Teaching 10/1: 209–231.

Wode, Henning (1995): Lernen in der Fremdsprache. Grundzüge von Immersion und bilingualem Unterricht. Ismaning: Hueber.

Zydatiß, Wolfgang (2000): Bilingualer Unterricht in der Grundschule. Entwurf eines Spracherwerbskonzepts für zweisprachige Immersionsprogramme. Ismaning: Hueber.

Internet

Cummins, James (1998): Immersion education for the millennium: What we have learned from 30 years of research on second language immersion. www.iteachilearn.com/cummins/immersion2000.html

Einheit 7

Primarstufenunterricht

	Inhalt
7.1 Der Altersfaktor beim Fremdsprachenlernen	102
7.2 Französisch lernen in der Grundschule	104

In dieser Einheit geht es zunächst um die Frage, inwieweit das Alter der Lernenden einen das Fremdsprachenlernen beeinflussenden Faktor bildet und welches Alter eventuell förderlich für das Lernen von Fremdsprachen sein könnte. Ausgehend von diesen Überlegungen werden sprachenpolitische Umsetzungen in der Schule vorgestellt: Seit etlichen Jahren wird vor allem Englischunterricht und teilweise auch Französischunterricht als Fach in der Grundschule angeboten, wobei verschiedene Konzepte und besondere Aspekte des Fremdsprachenfrühbeginns zum Tragen kommen.

Überblick

7.1 | Der Altersfaktor beim Fremdsprachenlernen

Zusammenhang zwischen Alter und Fremdsprachenlernen

In Anlehnung an Erfahrungen mit dem Erstspracherwerb von Kleinkindern werden häufig Vorstellungen zur Bedeutung des Alters für das (Fremd)Sprachenlernen formuliert, die mehrheitlich davon ausgehen, dass Sprachenlernen mit zunehmendem Alter schwieriger und weniger effizient werde. Je jünger die Lernenden, desto besser und erfolgreicher seien die Lernprozesse. Kindern wird unterstellt, eine Sprache perfekt lernen zu können, Erwachsene hingegen seien nicht mehr dazu fähig.

Frage des optimalen Alters

Psycholinguistische Forschungen zu dieser Fragestellung, die sich vor allem auf den Zweitspracherwerb und nicht auf gesteuerten schulischen Fremdsprachenunterricht beziehen, haben bislang noch nicht zu eindeutigen Ergebnissen geführt. Ein optimales Alter zum Spracherwerb konnte bislang nicht nachgewiesen werden. Darüber hinaus sind Kinder Erwachsenen nicht grundsätzlich überlegen, lediglich im Bereich der Aussprache können Vorteile nachgewiesen werden. In anderen Bereichen sind Erwachsene Kindern überlegen. Dies bezieht sich in der Regel auf kognitive Kompetenzen, d. h. auf das Erfassen kausaler Zusammenhänge, auf logisches Denken oder auf bewusste, strategische Zugänge zur Fremdsprache. Hierzu gehört auch die Möglichkeit, auf Erfahrungen zurückgreifen zu können, die zuvor bereits beim Lernen anderer Fremdsprachen gemacht wurden (Muñoz 2008).

Aussprache

In Bezug auf die Aussprache werden jedoch Vorteile für jüngere Lernende gegenüber Erwachsenen festgestellt. In einigen empirischen Untersuchungen konnte belegt werden, dass Kinder weit eher und besser als Erwachsene eine akzentfreie Aussprache in der Fremdsprache erlernen (Wode 1988: 304 ff.). Die Minimierung von Akzenten hänge stärker vom Anfangsalter ab, in dem eine Sprache gelernt wird, als von der Dauer des Lernprozesses. Diese Unterschiede werden mit dem Konzept einer sensiblen Phase begründet, die für jüngere Lernende hohe Fähigkeiten in der Unterscheidung von Lauten annimmt. Zusammenfassend ergeben sich folgende Tendenzen:

> Die Lerngeschwindigkeit hängt vom Alter und den sprachlichen Strukturbereichen ab. Am günstigsten für die Phonologie ist die Altersspanne von 6;0–10;0. Längerfristig haben präpubertäre Lerner die günstigsten Aussichten auf einen guten Lernerfolg für Flexionen und Syntax. Sprachenlernen unter Zuhilfenahme von erklärenden Regeln gelingt erst nach dem Erreichen des Stadiums der formalen Operationen, also ab etwa 11;0. Jüngere Erwachsene können kurzfristig schneller und erfolgreicher vorankommen als andere Altersgruppen, werden aber meistens längerfristig von Lernern, die als Kinder oder Jugendliche Kontakt zur L2 erhalten, überholt. Die entwicklungsspezifische linguistische Ausprägung von Lerneräußerungen und Entwicklungssequenzen ändert sich für bestimmte Strukturbereiche altersabhängig. Längerfristig führt das intuitive Lernen zu größerem Erfolg, namentlich in der Entwicklung jener Fähigkeiten, die die spontane Verwendung einer Sprache erfordert. (Wode 1988: 306)

Auch David Singleton und Lisa Ryan weisen auf etliche empirische Untersuchungen zur *Critical Period Hypothesis* hin, die unterschiedliche Ergebnisse eröffnen. Ein eindeutiger Vorteil für einen vorgezogenen Fremdspracherwerb kann auch hier nicht belegt werden, doch Singleton und Ryan unterstreichen den Vorteil eines längeren Lehrgangs sowie auf Dauer bessere kommunikative Leistungen und betonen darüber hinaus, dass sich keine negativen Nebenwirkungen für die Gesamtentwicklung von Kindern durch den Frühbeginn ergeben (Singleton/Ryan 2004).

Critical Period Hypothesis

Insgesamt werden verschiedene Erklärungsmodelle für die genannten Ergebnisse herangezogen. Hierzu gehören biologische, intellektuell-kognitive oder auch affektive Erklärungen (Grotjahn 2005).

Forschungen aus den 1960er und 1970er Jahren zufolge wird der Spracherwerb in Zusammenhang mit der Lateralisierung des Gehirns gedeutet (z. B. Lenneberg 1967, Krashen 1973). Die Lateralisierung des Gehirns und der Zugriff auf die linke und rechte Hirnseite wurden als Vorteil für den Spracherwerb gesehen. Mit dem Abschluss der Lateralisierung, die nach Lenneberg in der Pubertät und nach Krashen im Alter von fünf Jahren erfolge, seien die unterschiedlichen Sprachlernerfolge von Kindern und älteren Lernenden zu erklären. Diese neuropsychologischen Hypothesen zur *Critical Period* sind jedoch heute aufgrund weiterer Forschungsergebnisse nicht mehr aufrechtzuerhalten. Die Vermutungen zur Entwicklung des Gehirns und der Fähigkeit, Sprachen (perfekt) zu lernen, können nicht in genauen Zusammenhang mit Lerntempo, Lernniveau oder Lernerfolg gebracht werden. Auch ältere Lernende weisen fremdsprachliche Kompetenzen auf dem Niveau von Sprechern der Zielsprache auf. Darüber hinaus werden vor allem die ersten Lebensmonate als entscheidende Prägephase erachtet (Muñoz 2008).

Lateralisierung des Gehirns

Die kognitive und intellektuelle Entwicklung von Kindern bildet einen weiteren Faktor für das Sprachenlernen. Für die Semantik könne die intellektuelle Entwicklung als Voraussetzung erachtet werden, jedoch nicht für die Phonologie und für formale Aspekte der Syntax. Der Erstspracherwerb stehe in direktem Zusammenhang zur kognitiven Entwicklung eines Kleinkinds, der Zweitspracherwerb hingegen hänge ab von der kognitiven Entwicklung der Lernenden zum Zeitpunkt des Spracherwerbs. Während Kleinkinder in der Regel nur Wörter verwenden, deren Konzept sie kennen und verstehen, gelte dieser direkte Zusammenhang für ältere Lernende nicht mehr (Wode 1988: 309).

kognitive Entwicklung

Auch affektive Faktoren werden mit dem Alter der Lernenden in Zusammenhang gebracht. Der zunehmende Grad der Verfestigung der Identität und Sozialisation sowie daraus folgende Fähigkeiten, sich anderen Wertesystemen gegenüber zu öffnen, spielen für den Sprachlernprozess eine Rolle. Während ältere Lernende bzw. Erwachsene Integrationszwänge gegenüber anderen sozialen Wertesystemen erleben, sind derartige Überlegungen für Kinder noch nicht relevant. Erwachsene verfügen bereits über ausgeprägte Einstellungen gegenüber bestimmten Kulturen, Nationen und deren Sprache, die bei

affektive Faktoren

positiver Prägung den fremdsprachlichen Lernprozess fördern, bei negativer Prägung jedoch auch behindern können. Die Offenheit bzw. Verschlossenheit gegenüber der Zielsprachenkultur und damit gegenüber der zu erlernenden Sprache wirkt sich somit auch auf Sprachlernerfolge aus, so dass affektive Faktoren als Lernmotivation bzw. als Lernbarriere fungieren können.

> Insgesamt zeigt sich, dass der Faktor Lebensalter eine sehr wichtige und komplexe Rolle beim Spracherwerb spielt. Als biologische Eigenschaft ist das Lebensalter nicht direkt relevant für den Spracherwerb, sondern nur indirekt über reifungs- und sozialisationsbedingte Entwicklungen des Gedächtnisses sowie des intellektuellen, sozialen und affektiven Bereiches. (Wode 1988: 318)

Die eingangs genannten verbreiteten Vermutungen dazu, dass jüngere Lernende Fremdsprachen besser und leichter als ältere Lernende erfassen, müssen nach derzeitigem Stand der Forschung revidiert werden. Jedes Lebensalter bietet bestimmte Vor- und Nachteile, die sich auf den Erfolg des Fremdsprachenlernens auswirken.

Dennoch haben die genannten Überlegungen einen grundlegenden Beitrag zu einer schulsprachenpolitischen Entwicklung in Deutschland geleistet, nämlich zur sukzessiven Vorverlegung des Fremdsprachenunterrichts von den Sekundarstufen in die Primarstufe und darüber hinaus auch in den vorschulischen Bereich.

Aufgabe 7.1 — ? In welchem Zusammenhang stehen Alter und Fremdsprachenlernen? Fassen Sie die wesentlichen Forschungsergebnisse zusammen und formulieren Sie in Stichworten einen Kommentar.

7.2 | Französisch lernen in der Grundschule

Die Praxis des Fremdsprachenunterrichts an verschiedenen Schultypen ist durch grundlegende Vorstellungen geprägt, die eine lange historische Tradition haben. So erklärt sich die Erteilung von Fremdsprachenunterricht an weiterführenden Schulen und (zumindest bis vor kurzem) die Ausgrenzung aus Primarschulen mit Vorstellungen aus dem 19. Jahrhundert, wie das folgende Beispiel verdeutlicht:

Adolf Diesterweg — Der Pädagoge Adolf Diesterweg (1790–1866) vertritt gängige Positionen seiner Zeit zum schulischen Fremdsprachenunterricht: Erst nach der bewussten Ausbildung von Wesen und Formen der Muttersprache könnten im Schulunterricht auch fremde Sprachen gelehrt werden. Um Unklarheit und Verwirrung zu vermeiden und den Geist der Lernenden nicht zu schädigen, dürfe mit dem Fremdsprachenunterricht erst nach dem Ende des Elementarunterrichts begonnen werden (Diesterweg 1890: 160 ff.).

Daraus folgt, daß die Muttersprache, ihr Wesen und ihre Formen überhaupt, ihm [dem Kinde] zum klaren Bewusstsein gebracht sein müssen, bevor es nach den Grundsätzen einer natur- und sachgemäßen Methode zur Erlernung einer fremden Sprache durch den Schulunterricht geführt werden kann und soll.

Wenn nun zufolge des früheren der Elementarunterricht der Muttersprache auf der unteren Stufe des Schulunterrichts die Aufgabe hat, die dem Schüler geläufigen Formen derselben zum Bewußtsein zu bringen, und dafür im allgemeinen bis zur Vollendung ein Alter von mindestens zwölf Jahren angenommen werden muss: so ergiebt sich daraus weiter, dass vor diesem Alter der Unterricht in einer fremden Sprache nicht wohl gedeihen kann.

(Diesterweg 1890: 160 f.).

Sprachenlernen im 19. Jahrhundert

Aus dieser Position heraus erklärt sich, warum Fremdsprachenunterricht in Deutschland über Jahrzehnte aus dem Bereich der Primarstufe ausgeschlossen blieb und erst in den Sekundarstufen erteilt wurde. Nachdem Lernende in der Regel erstmals im Alter von 10–11 Jahren Fremdsprachenunterricht erhielten, weicht dieser Einschnitt jedoch zunehmend auf und heute wird die erste Fremdsprache in allen Bundesländern ab Klasse 3 bzw. Klasse 1 erteilt.

Die Anfänge des Frühbeginns, d. h. des Fremdsprachenunterrichts an der Grundschule, liegen in den 1960er Jahren. Ausgelöst durch die oben dargestellten Fragen zum optimalen Alter für das Erlernen einer Fremdsprache und durch Versuche in anderen Ländern, schulischen Fremdsprachenunterricht auszubauen (z. B. Immersionskonzepte in Kanada, Frühbeginn und Sachfachunterricht in der Sowjetunion), werden erste Versuche in Hessen und Berlin mit Englisch ab Klasse 3 durchgeführt. Dabei wird insbesondere auf den Zeitgewinn, d. h. die Verlängerung der Lernzeiten, sowie auf (vermeintlich) bessere Lernchancen im Kindesalter hingewiesen. In Baden-Württemberg finden sich vor allem in grenznahen Gebieten erste Versuche mit Französisch in der Grundschule. Nach einer ersten Hochphase des Frühbeginns in den 1970er Jahren wird das Konzept in den 1980er Jahren weit weniger verfolgt und erlebt einen zweiten Höhepunkt ab den 1990er Jahren. Seit der Jahrtausendwende hat sich der Frühbeginn weithin etabliert und wird mehr und mehr an Grundschulen durchgeführt. Seit etwa 10 Jahren ist die erste Fremdsprache in allen Bundesländern ab Klasse 3 verpflichtend und wird in einigen Bundesländern ab Klasse 1 angeboten (Sauer 2004). Diese aktuelle Entwicklung erklärt sich nicht allein aus lernpsychologischen Überlegungen, sondern steht auch in Zusammenhang mit sprachenpolitischen Zielsetzungen des Europarats zur verstärkten Förderung der Mehrsprachigkeit aller Bürger.

Anfänge des Frühbeginns

Entwicklung seit den 1970er Jahren

Dabei wird über die Konzeption des Frühbeginns zunächst kontrovers diskutiert. Es finden sich insgesamt mehrere Konzepte, die in zwei große, einander entgegen gesetzte Modelle eingeordnet werden können: Systematischer Fremdsprachenunterricht versus Begegnung mit Sprachen. Den Lehrgangs-

Konzepte des Frühbeginns

modellen und den Begegnungssprachenmodellen geht es grundsätzlich um unterschiedliche Zielsetzungen: um das Lernen von Fremdsprachen oder um die Begegnung mit Fremdsprachen.

Begegnungssprachenmodell

Zu den Begegnungssprachenmodellen zählen beispielsweise die Ansätze in Baden-Württemberg „Lerne die Sprache des Nachbarn" (Manfred Pelz) und in Nordrhein-Westfalen „Begegnung mit Sprachen" (Hans Bebermeier). Beide Ansätze zielen auf Sprachenbewusstsein, auf Mehrsprachigkeit und auf interkulturelles Lernen. Begegnungssprachenmodelle stehen einem Lehrgangscharakter auch aus sprachenpolitischen Gründen entgegen, da ein systematischer Fremdsprachenunterricht in der Grundschule faktisch nur eine einzige Fremdsprache fördert: Englisch.

„Lerne die Sprache des Nachbarn"

Das Projekt von Manfred Pelz zielt Ende der 1980er Jahre auf konkrete Begegnung zwischen Kindern an Grundschulen in den grenznahen Gebieten Baden und Elsass und ist bewusst als Nachbarsprachenkonzept angelegt. Im Vordergrund stehen Erfahrungen durch die konkrete Begegnung von französischsprachigen und deutschsprachigen Kindern in Frankreich und Deutschland, die leicht durch Tagesfahrten ins Nachbarland umgesetzt werden können. Ein lehrgangsorientiertes Konzept mit sprachlichem Input auf der Basis einer stringenten Progression, Lernziel- und Leistungsorientierung wird dabei nicht verfolgt.

„Begegnung mit Sprachen"

In Nordrhein-Westfalen gibt es Anfang der 1990er Jahre ein ähnliches Projekt, das jedoch nicht nur eine Zielsprache im Blick hat, sondern gleich mehrere Sprachen der Nachbarn aufgreift. Dazu werden Sprachen der Nachbarländer, z. B. Niederländisch, ebenso gezählt wie die Sprachen der Nachbarn innerhalb Nordrhein-Westfalens, die durch Migration im direkten schulischen Umfeld bzw. in der gleichen Lerngruppe gesprochen werden. Hierzu zählen beispielsweise Türkisch oder Italienisch als Herkunftssprachen der entsprechenden Minderheitenangehörigen. Im Vordergrund dieses Ansatzes stehen Sprachvergleich und Sprachbewusstsein, Überlegungen zu *language across the curriculum* oder natürlicher Mehrsprachigkeit, jedoch nicht das gezielte Erlernen einer einzigen Fremdsprache.

Lehrgangsmodell

Lehrgangsmodelle setzen hingegen auf sprachliche Progression, auf konkrete Lernziele und Leistungsüberprüfung, wenn auch in grundschulgerechter Vermittlungsperspektive (Doyé 1990). Der sprachliche Fortschritt und das Nutzen einer längeren Lehrgangsdauer werden den pädagogischen Zielsetzungen der Begegnungssprachenmodelle vorgeordnet. Gleichzeitig gilt ein in der Primarstufe beginnender Unterricht einer ersten Fremdsprache auch als Grundlage zur Vorverlegung der Einführung einer zweiten Fremdsprache.

FRANZÖSISCH LERNEN IN DER GRUNDSCHULE **Einheit 7**

? Vergleichen Sie die Begegnungssprachenmodelle und die Lehrgangsmodelle miteinander. Welche Vor- und Nachteile stellen Sie auf beiden Seiten fest? Vervollständigen Sie die folgende Tabelle und nehmen Sie begründet Stellung.

	Vorteile	Nachteile
Begegnungssprachenmodell	–	–
	–	–
	–	–
Lehrgangsmodell	–	–
	–	–
	–	–

|Aufgabe 7.2

Parallel zu diesen Bestrebungen finden kontroverse Diskussionen in den Fremdsprachendidaktiken und in der Pädagogik zu Bedeutung und Erfolg des Frühbeginns statt. Einzelne Forschungsprojekte zeigen, dass die Dauer der Lernzeit bzw. des Kontakts mit der Zielsprache mehr von Bedeutung sind als z. B. die im Unterricht angewendeten Methoden oder angenommene besondere frühkindliche Kompetenzen zum Sprachenlernen. Darüber hinaus erweisen sich ein grundschulgerechter Unterricht, gut ausgebildete Lehrkräfte sowie die Kontinuität des Übergangs von der Grundschule zu den weiterführenden Schulen als wesentlich für den Erfolg des Frühbeginns (Sauer 2004). Eine erhöhte Wirksamkeit des Frühbeginns ließ sich in empirischen Studien kaum belegen.

Kritik am Frühbeginn

Nach der Jahrtausendwende verstärkt sich der politische Druck zur Einführung des Frühbeginns. Die ehemals bestehende Kontroverse zwischen Lehrgangsmodellen und Begegnungssprachenmodellen wird zu Gunsten des Fremdsprachenfrühbeginns entschieden. 2003 führen einige Bundesländer Englisch verbindlich ab Klasse 3 ein und verfolgen dabei ein ergebnisorientiertes Konzept (Sauer 2004). In den folgenden Jahren wird Fremdsprachenunterricht in allen Bundesländern verpflichtend eingeführt, meist ab Klasse 3, dann auch ab Klasse 1. Im Saarland, in Rheinland-Pfalz und in den linksrheinischen Gebieten Baden-Württembergs wird Französisch in der Grundschule erteilt, in den meisten Bundesländern hingegen dominiert Englisch (vgl. Böttger 2010). Rheinland-Pfalz vertritt ein lehrgangsorientiertes Konzept und in Baden-Württemberg wird das Modell „Lerne die Sprache des Nachbarn" abgelöst von einem verpflichtenden Fremdsprachenunterricht für alle mit Lernziel- und Leistungsorientierung.

obligatorischer Fremdsprachenfrühbeginn seit 2003

Dem aktuellen Stand der Forschung zufolge ist die Vorverlegung des Fremdsprachenunterrichts allein kein Garant für erhöhte Effektivität gegenüber dem Fremdsprachenunterricht in den Sekundarstufen. Wenn Frühbeginn die Fähigkeiten von Kindern beim Erstspracherwerb nutzen will, braucht dies Zeit. Die Nutzung des Altersfaktors kann nur erfolgreich sein, wenn die

Forschung zum Frühbeginn

Kinder in der Grundschule mehr Zeit zum Kontakt mit der Fremdsprache bekommen, wie es beispielsweise bei kanadischen Immersionsprogrammen oder in der Staatlichen Europa-Schule Berlin (vgl. Einheit 6, S. 95 ff.) der Fall ist. Zwei Wochenstunden reichen dafür nicht aus.

Lehrer/innen In etlichen empirischen Untersuchungen wird ein besonderer Klassen- bzw. Lehrereffekt festgestellt. Dies verweist auf die besondere Bedeutung der Lehrkräfte für den frühen Fremdsprachenunterricht. Gerade auch infolge ihrer dominanten Stellung in den Grundschulen wirken sich die fremdsprachlichen Kompetenzen, die Vielfalt der Methoden, die Grundschulgerechtheit ihrer Umsetzung sowie insgesamt die fachdidaktischen und pädagogischen Fähigkeiten der Lehrkräfte deutlich aus.

Gerade die besondere Bedeutung der Lehrerinnen und Lehrer, die den Frühbeginn an Grundschulen durchführen, verweist auf eine wichtige Frage: Wer soll, darf und kann Französisch an der Grundschule erteilen? In den Bundesländern wird der Unterricht durch grundständig ausgebildete Grundschullehrkräfte, ggf. mit Zusatzqualifikation wie „Europalehramt" oder Nachqualifizierungskurse, und durch Sekundarstufenlehrkräfte durchgeführt. Im Mittelpunkt der Fort- und Weiterbildungsangebote für Grundschullehrkräfte stehen die Sprachschulung und didaktisch-methodische Fortbildung. Die Lehrkräfte sollen dabei über die Niveaustufe C1 des Gemeinsamen europäischen Referenzrahmens verfügen.

Frage des Übergangs Ein erfolgreich durchgeführter Französischunterricht an der Grundschule ist jedoch allein noch kein Erfolgsgarant für die Kinder und ihre Lernprozesse. Darüber hinaus stellt sich die Frage des Übergangs von der Primarstufe in die Sekundarstufe I. Ohne die Fortführung des Fremdsprachenunterrichts in den weiterführenden Schulen drohen die bereits erworbenen und gelernten Kenntnisse in Vergessenheit zu geraten.

Englisch oder Französisch in der Primarstufe Diese Problematik um die Kontinuität stellt sich auf rein organisatorischer Ebene und in methodisch-didaktischen Dimensionen. Zunächst muss gewährleistet sein, dass ein in einer Grundschule angebotener Fremdsprachenunterricht an allen weiterführenden Schulen ebenfalls angeboten wird. Dies ist in der Regel angesichts der Dominanz des Englischen nur für diese Sprache gegeben. Französischunterricht wird häufig nicht an allen weiterführenden Schulen angeboten, an der Hauptschule grundsätzlich nicht. Selbst an Gymnasien ist Französisch häufig nicht die erste Fremdsprache. Damit ist ein zentrales Argument für die Einführung von Englisch an der Grundschule und gegen die Einführung aller anderen Sprachen gegeben. Lediglich Französisch kann sich in einigen grenznahen Gebieten behaupten. Über die Gewährleistung eines faktischen Angebots hinaus stellt sich auch die Frage nach der methodisch-didaktischen Gestaltung und nach einer kontinuierlichen Ausrichtung eines solchen Lehrgangs. Diese Fragen des Übergangs sind seit etlichen Jahren in der Diskussion und werden sich vermutlich im Lauf der nächsten Jahre deutlich weiterentwickeln (Sauer 2004).

Die Frage der Sprachenwahl stellt sich nicht allein aus Perspektive derjenigen, die den Fremdsprachenunterricht anbieten und damit entsprechende Sprachen auswählen müssen. Auch aus der Perspektive der Kinder, die nun Englisch oder Französisch oder eventuell eine andere Sprache lernen möchten, muss eine Sprache ausgewählt werden. Dabei sind sicherlich andere und vielfältige Auswahlkriterien leitend, die wohl kaum mit den Interessen von Bildungspolitikern und Verantwortlichen in der schulischen Administration einhergehen. Der folgende Textausschnitt aus einem französischen Jugendroman macht einige Perspektiven der jugendlichen Protagonistin Margot sichtbar, die in der *Sixième*, d.h. der französischen Entsprechung zur 5. Klasse, eine neue Fremdsprache erlernen soll. Im folgenden Ausschnitt liest sie zunächst ein Schreiben der Schulleitung an Ihre Eltern:

Sprachenwahl aus Sicht der Lernenden

> *L'attention des parents est attirée sur le fait que les bons élèves se destinant à l'étude des langues ont intérêt à commencer en sixième l'apprentissage des langues difficiles (allemand ou russe) dans les sections qui restent, pour l'instant, à effectif limité.*
>
> Margot aurait aimé barrer cette partie. Ça l'embêtait qu'on relègue l'anglais en langue facile pour les lâches et les crétins qui n'avaient pas le courage d'affronter les dragons allemands ou russes. Pour sa part elle avait envie de comprendre enfin les chansons d'Elvis, des Beatles et du rock américain. Sa mère, qui rêvait que sa fille devienne une femme de science, l'encouragea à étudier l'anglais: «Il faut pouvoir le lire pour comprendre l'informatique, la technique, la science.» Son père se contenait de hocher la tête et de hausser les épaules en murmurant: «Bien sûr! Fastoche, Shakespeare!»
>
> «Tu devrais faire l'allemand si tu veux être dans une bonne classe», recommanda Anne, «ou le russe.»
>
> Mais Margot n'aimait pas le son de l'allemand et elle ne connaissait pas de Russes. Elle aurait volontiers choisi l'italien en première langue mais on ne le proposait pas au collège du Parc des Grands Pins. Apprendre une nouvelle langue lui paraissait une inquiétude de plus dans une vie qui en était déjà pleine.
>
> (Morgenstern 1984: 10 f.)

| Text 7.1

Das Beispiel von Margot verdeutlicht, welche Überlegungen für Jugendliche leitend sein können. Neben Abgrenzungsbedürfnissen von den Vorschlägen der eigenen Eltern stehen eigene Wünsche im Vordergrund, die mit persönlichen Lebenserfahrungen wie dem Hören englischsprachiger Popmusik im Zusammenhang stehen.

Die Frage der Sprachenwahl ist somit von verschiedenen Kriterien beeinflusst. Hierzu gehören

Kriterien zur Sprachenwahl

- individuelle Kriterien (persönliche Motivation, Kontakte zu Sprechern einer Sprache, familiäre Einflüsse z. B. Wunsch der Eltern, …)
- gesellschaftliche, historische Kriterien (Bildungstraditionen, Sprachenangebot, Sprachenpolitik der Bundesländer, Schulsystem, Schulformen, …)

▶ sprachenspezifische Kriterien (Sprachenprestige, Schwierigkeitsgrad einer Sprache, Einflüsse der Kultur der Zielsprache z. B. durch Musik, Kino, …)

Wenn Frühbeginn in Deutschland in der Regel zwar auf Englisch bezogen ist, so kann sich Französisch dennoch an der Grundschule flächendeckend in grenznahen Regionen zu Frankreich oder vereinzelt auch in einigen Nischen entwickeln, d. h. in besonderen Schulformen oder an Schulen, die sich durch ein besonderes Sprachprofil auszeichnen wollen.

Aufgabe 7.3

? Sie sind im Gespräch mit Bildungspolitikern Ihres Bundeslandes zur Frage, ob Englisch flächendeckend und verpflichtend an allen Grundschulen angeboten wird oder ob mehrere Sprachen, darunter auch Französisch, angeboten werden sollen. Vertreten Sie eine eigene Position und begründen Sie Ihre Meinung.

Prinzipien des Frühbeginns Französisch

Der Frühbeginn Französisch ist heutzutage durch verschiedene Prinzipien charakterisiert (vgl. z. B. Rück 2008). Dazu gehören je nach Schwerpunktsetzung in einzelnen Bundesländern die folgenden:

▶ Teilimmersion
Fremdsprachenunterricht in der Primarstufe orientiert sich in weiten Teilen an Bestrebungen, Kindern in frühem Alter ein Sprachenbad in Anlehnung an Immersionsunterricht wie beispielsweise in Kanada zu ermöglichen. Allerdings sind die Rahmenbedingungen nicht vergleichbar, so dass höchstens eine Teilimmersion umgesetzt werden kann. Da die Sprache des Frühbeginns nicht die umgebende Sprache ist, kann hier nur auf einen Fremdsprachenunterricht abgezielt werden, der einige der Charakteristika der Immersion aufnimmt. Hierzu gehören die authentische und inhaltsbezogene Kommunikation ebenso wie der Verzicht auf eine systematische und an Grammatik orientierte Progression.

▶ Spielerisches Lernen
Kinder lernen mit allen Sinnen und vor allem durch Spielen. Ausgehend von diesen pädagogischen Überlegungen stehen spielerische Elemente an zentraler Stelle. Hierzu gehören Sprachspiele, Sprachlernspiele und ein insgesamt spielerischer Zugang zur Sprache.

▶ Handlungsorientierung
Kinder lernen, indem sie handeln und agieren. Das Benutzen der neuen Sprache wird somit in konkrete handlungsbezogene Situationen eingebunden. Dies bedeutet vor allem die lebensnahe Umsetzung in authentischem Rahmen.

▶ Bewegung
Kinder haben einen natürlichen Bewegungsdrang und können im wahrsten Sinne des Wortes noch nicht stillsitzen. Darüber hinaus unterstreichen Ergebnisse der Lernpsychologie, dass Lernen durch Bewegung unterstützt wird. Daher kommen im Frühbeginn auch Elemente zum Tragen, die Bewegungen

der Kinder im Klassenraum erfordern. Hierzu gehören u. a. auch Elemente der *Total Physical Response*.

▶ Ganzheitliches Lernen
Sprache wird nicht in ihre Einzelteile zerlegt, genauso wenig der Sprachlernprozess. Daher kommen Elemente ganzheitlichen Lernens zum Tragen, die integrierende Aspekte in den Vordergrund stellen. Die sprachlichen Einheiten werden nicht durch eine grammatische Analyse segmentiert, sondern als Ganzes erlernt.

▶ Primat des Mündlichen
Frühbeginn beginnt in der 3. oder in der 1. Klasse. Gerade in letzterer kann noch nicht davon ausgegangen werden, dass die Kinder bereits alphabetisiert sind. Daher steht das Mündliche im Vordergrund. Dies bedeutet darüber hinaus auch, dass das Lautbild vor dem Schriftbild vermittelt wird und so das Risiko der Aussprachefehler minimiert wird. Die zunächst vermittelten Fertigkeiten sind das Hören und Sprechen.

▶ Sekundäre Stellung des Schriftlichen
Dennoch ist das Schriftliche nicht völlig aus dem Frühbeginn verbannt. Gerade im Fremdsprachenunterricht ab Klasse 3 kommen auch das Lesen und das Schreiben zum Tragen. Somit kann das Mündliche durch den Bezug auf das Schriftliche unterstützt werden.

▶ Progression durch Kommunikation
Anders als im herkömmlichen Französischunterricht der Sekundarstufen, in dem letztlich die Grammatik zentral die Progression steuert und alle anderen Aspekte nachgeordnet werden, wird Progression, sofern es sie gibt, durch Kommunikation gesteuert. Damit können auch formalgrammatische Elemente bereits früh genutzt werden, die im herkömmlichen Französischunterricht erst spät vermittelt werden. Wenn beispielsweise ein Märchen vorgelesen wird, sind Formen des *Imparfait* und des *Passé simple* (z. B. *Il était une fois …*) selbstverständlich, wenn sie auch nicht systematisch gelernt werden sollen.

▶ Nachordnung der Grammatik
Formalgrammatische Elemente und Dimensionen einer grammatischen Metasprache spielen im Frühbeginn eine sekundäre Rolle. Hier geht es zunächst nicht darum, dass Kinder Begriffe einer lateinischen Grammatik (z. B. Demonstrativpronomen) kennen lernen und auch nicht Übungen machen, in denen bestimmte grammatische Formen wiederholt werden. Insgesamt wird der Inhalt der Form deutlich vorgeordnet bzw. die Form im Unterricht weitgehend ausgeblendet.

▶ Sprachreflexion
Neben dem Eintauchen in das Französische kommen auch Aspekte der Reflexion über Sprache zum Tragen. Kinder lernen so das Vorhandensein

mehrerer Sprachen und damit auch Kulturen kennen und haben die Möglichkeit, verschiedene Ausdrucksmöglichkeiten in verschiedenen Sprachen zu reflektieren. Hier kommen Überlegungen aus einem kognitionsorientierten Fremdsprachenunterricht mit Bezug auf *language awareness* in den Blick.

► Bezug auf musische und kreative Elemente
Kinder sind gut durch Musik und eigenen Gesang sowie durch weitere kreative Formen zu motivieren. Diese Dimensionen werden bewusst in den Frühbeginn integriert, z. B. in Form französischer Kinderlieder und Reime (u. a. *comptines*), die sich zum Singen in der Klasse anbieten. Darüber hinaus kann Französisch auch durch kreative Verfahren im Unterricht aktiviert werden, insofern als Kinder basteln, ausschneiden und kleben oder auch eigene Bilder malen und dies mit sprachlichen Aufgaben kombiniert wird.

► Interkulturelles Lernen
Französischunterricht in der Grundschule bezieht sich nicht allein auf die Vermittlung der Fremdsprache, sondern auch auf den Umgang mit der fremden Kultur. Die Kinder werden sensibilisiert für Unterschiede und Gemeinsamkeiten in Bezug auf Frankreich, die Frankophonie und ihre Bewohner. Das erste Kennenlernen des Anderen führt zur Relativierung eigener Lebenserfahrungen.

► Handpuppe
Ein konkretes Element des Frühbeginns, das sich deutlich vom Fremdsprachenunterricht der Sekundarstufen unterscheidet, ist die Integration einer Handpuppe in den Unterricht. Diese Handpuppe wird durch die Lehrkraft mit verstellter Stimme geführt, sie spricht direkt auf Französisch zu den Kindern und bildet eine motivierende Kontaktperson, die Identifikation stiften soll. Häufig handelt es sich um ein Tier, das auch in Unterrichtsmaterialien für den Frühbeginn vorkommt.

Lehrwerke für den Frühbeginn

Die genannten Prinzipien des Frühbeginns lassen sich gut an der Gestaltung von Lehrwerken illustrieren. Derzeit werden etliche Lehrwerke und Unterrichtsmaterialien für den Französischunterricht an Grundschulen angeboten (vgl. die Übersicht bei Müller 2008). Die Lehrwerke sind jeweils nur für die Primarstufe konzipiert und nicht in einen komplexen Lehrgang eingebunden, der in den Sekundarstufen weitergeführt werden könnte. Somit ist die Problematik des Übergangs auf der Ebene der Unterrichtsmaterialien ebenfalls gegeben. Sie erklärt sich vor allem aus einem pragmatischen Grund, nämlich der fehlenden systematischen Fortsetzung des Französischen an allen weiterführenden Schulen.

Eines dieser Lehrwerke, das an dieser Stelle exemplarisch präsentiert werden soll, ist *Toi et Moi* (z. B. Bd. 2: Bernd 2004). Dieses Lehrwerk ist für Französischunterricht an der Grundschule von Klasse 1–4 konzipiert und besteht aus vier Bänden. Neben Schülerbuch und Lehrerband gibt es eine Audio-CD und vor allem die Handpuppe Corax. Der französische Rabe Corax spricht nur Französisch und wird als motivierendes Element in den Unterricht integriert. Als Leitfigur und Ansprechpartner für die Kinder ist er mit seinen Abenteuern in allen Einheiten präsent. Insgesamt verfolgt *Toi et Moi* laut Lehrerband folgende Zielsetzungen:

| Text 7.2

> Der Anfangsunterricht muss auch in der zweiten Klassenstufe handlungsbezogen, erlebnis-, themen- und situationsorientiert gestaltet werden, wenn folgende wesentliche Ziele verwirklicht werden sollen:
>
> – Aufbau einer allgemeinen Sprachlernkompetenz und Aufbau von Lernstrategien (Entwicklung eines Sprachbewusstseins)
> – Aufbau und Entwicklung von rezeptiven und aktiven kommunikativen (auch interaktiven) Strategien und Aktivitäten (Verstehensleistungen wie Hörverstehen, Total Physical Response, Förderung einer eigenen Sprachproduktion)
> – Aufbau sprachlicher Kompetenzen
> – Förderung allgemeiner Kompetenzen (Weltwissen) in Hinsicht auf eine Öffnung zur Mehrsprachigkeit
> – sowie Einblick in und Verständnis für eine andere Kultur (soziokulturelles Wissen) als Voraussetzung für interkulturelle Kompetenz. (Bernd 2004b: 5)

? Vergleichen Sie die hier genannten Zielsetzungen von *Toi et Moi* mit den oben dargestellten Konzeptionen des Frühbeginns. Wo ordnen Sie dieses Lehrwerk im Spektrum zwischen Begegnungssprachenmodellen und systematischem Fremdsprachenunterricht ein? Begründen Sie Ihre Position.

| Aufgabe 7.4

Darüber hinaus verfolgt das Lehrwerk einen teilimmersiven Ansatz und unterstützt ein partielles Sprachenbad, das punktuell an einem Schulvormittag umgesetzt werden soll. Dazu gehört eine Panoramaseite, die die Gesamtsituation illustriert. Die erste Einheit in Band 2 hat als Thema *La Rentrée* und schildert die Ankunft von Kindern zum neuen Schuljahresbeginn in einer französischen Grundschule.

Teilimmersion

Auf der Panoramaseite im Schülerbuch ist ein Schulhof abgebildet. Zwei Lehrkräfte erwarten die Kinder am Eingang der Tür, einige Kinder spielen noch auf dem Schulhof, andere begeben sich in Richtung Eingang. Auf der Straße vor dem Schulhof hält gerade ein Schulbus, ein Schülerlotse stoppt den Verkehr und geleitet die Kinder sicher über den Zebrastreifen (Bernd 2004a: 4f.).

Dazu werden im Lehrerband zwei Immersionstexte mit unterschiedlichem Schwierigkeitsgrad angeboten. Der leichtere und kürzere Text lautet folgendermaßen:

PRIMARSTUFENUNTERRICHT

Text 7.3

E:	Les vacances sont finies. C'est la rentrée.
La mère:	« Bonne rentrée, mon grand, et bon courage. »
Bertrand:	« Merci, maman, à bientôt. »
E:	Le bus s'arrête devant l'école. Un policier fait passer les enfants.
Dominique:	« Salut, François. Salut, Corax. »
François:	« Salut, Dominique. Finies les vacances. L'école recommence. »
E:	Les parents accompagnent les enfants à l'école.
	Dans la cour, il y a déjà beaucoup d'élèves.
	Ils jouent, bavardent et se mettent en rang.
	Le maître et la maîtresse sont devant la porte.
	« Bonjour, les enfants. Bienvenus à l'école. » (Bernd 2004b: 20)

grundschulgerechte Vermittlung

Da das Lehrwerk insgesamt auf eine grundschulgerechte Vermittlung von Französisch abzielt, berücksichtigt es spielerische und handlungsorientierte Elemente ebenso wie das Prinzip der Teilimmersion und die Vermittlung fremdsprachlicher Kompetenzen. Dabei stehen in Klasse 1 und 2 das Lesen und das Schreiben noch im Hintergrund, Band 1 und 2 enthalten ausschließlich Illustrationen und keinen Text. Landeskundliche Informationen zu den Grundschulklassen in Frankreich sowie interkulturelle Zielsetzungen zur Sensibilisierung gegenüber der fremden Sprache und Kultur runden das Bild ab.

Elemente des Frühbeginns in der Sekundarstufe

Abschließend stellt sich nun die Frage, welche Aspekte des Fremdsprachenfrühbeginns konstruktive Anregungen für den Fremdsprachenunterricht der Sekundarstufen darstellen. Auch wenn sich der Französischunterricht an weiterführenden Schulen sicherlich deutlich von dem der Grundschule unterscheidet, z. B. im Blick auf eine gezielte Progression, auf Lernziel- und Leistungsorientierung oder auch auf die Geschwindigkeit des angestrebten Lernfortschritts, so lassen sich dennoch fruchtbare Anregungen aus den hier dargestellten Überlegungen zum Frühbeginn auf den Französischunterricht in der Sekundarstufe übertragen. Hierzu gehören motivierende Elemente ebenso wie der Fokus auf Sprachreflexion, Progression durch Kommunikation oder auch die Nachrangigkeit der Grammatik. Andere Aspekte wie die Bezugnahme auf eine Handpuppe, die deutliche Nachrangigkeit des Schriftlichen oder ein spielerisches Bewegungslernen werden bei älteren Kindern vermutlich weniger motivierend wirken und zu Recht als Infantilisierung empfunden werden. Gleichwohl werden Elemente eines Grundschulunterrichts vor allem für die 5. und 6. Klasse einer weiterführenden Schule einen konstruktiven Beitrag leisten können. Die konzeptionelle und pragmatische Weiterentwicklung des Frühbeginns in den kommenden Jahren sowie die Integration von Primarstufen- und Sekundarstufenunterricht könnten sich als wegweisend erweisen.

FRANZÖSISCH LERNEN IN DER GRUNDSCHULE **Einheit 7**

Gegenstand dieser Einheit war ein Überblick über Forschungsdiskurse zum optimalen Alter für das Fremdsprachenlernen, die sich deutlich am Erstspracherwerb von Kleinkindern orientieren. Ein optimales Alter konnte jedoch bislang von der Forschung nicht nachgewiesen werden, vielmehr zeichnen sich alle Altersstufen durch Vor- und Nachteile aus. Während Erwachsene bzw. fortgeschrittene Lernende Vorteile durch ihre kognitiven Kompetenzen haben, ergibt sich für Kinder und jüngere Lernende ein Vorteil im Blick auf einen langfristigen und ganzheitlichen Fremdspracherwerb, der vor allem im Bereich der Aussprache zu deutlich hörbaren Erfolgen führt.

Eine indirekt damit in Zusammenhang stehende Entwicklung ist die sukzessive Vorverlegung des Fremdsprachenunterrichts in Deutschland auf die Primarstufe sowie darüber hinaus in den vorschulischen Bereich. Gerade seit der Jahrtausendwende hat sich die verpflichtende Einführung der ersten Fremdsprache ab Klasse 3 in allen Bundesländern etabliert, die sich durch ein grundschulgerechtes Konzept des Fremdsprachenfrühbeginns auszeichnet.

Zusammenfassung

? Im Gespräch mit Eltern, deren Kinder eine Grundschule mit Französisch als erster Fremdsprache besuchen könnten, werden Sie um eine Stellungnahme nach Sinn, Bedeutung, Vor- und Nachteilen des Frühbeginns Französisch gebeten. Stellen Sie die wesentlichen Argumentationsstränge dar und formulieren Sie darüber hinaus eine eigene Position dazu. Fassen Sie die zentralen Aspekte in einem Elternbrief von der Länge einer Din-A-4 Seite zusammen.

Aufgabe 7.5

Literatur

Bernd, Claudia u.a. (2004a): Toi et moi 2. Schülerbuch. Leipzig, Stuttgart, Düsseldorf: Ernst Klett Grundschulverlag.
Bernd, Claudia u.a. (2004b): Toi et moi 2. Lehrerband. Leipzig, Stuttgart, Düsseldorf: Ernst Klett Grundschulverlag.
Böttger, Heiner (2010): Englisch lernen in der Grundschule. Bad Heilbrunn: Klinkhardt.
Diesterweg, Adolf (1890): Ausgewählte Schriften. 2. Auflage. Erster Band. Hg. von Georg Langenberg. Frankfurt am Main: Diesterweg.
Doyé, Peter (1990): Fremdsprachenunterricht als verbindlicher Lernbereich der Grundschule. Bedingungen für seine bundesweite Einführung. In: Gumpf, Gondi (Hg.): Kinder lernen europäische Sprachen e.V.: Jahrbuch 1990. Stuttgart: Klett, 26–31.
Grotjahn, Rüdiger (2005): Je früher, desto besser? – Neuere Befunde zum Einfluss des Faktors „Alter" auf das Fremdsprachenlernen. In: Pürschel, Heiner/Tinnefeld, Thomas (Hg.): Moderner Fremdsprachenerwerb zwischen Interkulturalität und Multimedia. Reflexionen und Anregungen aus Wissenschaft und Praxis. Bochum: AKS, 186-202.
Krashen, Steven D. (1973): Lateralisation, language learning, and the critical period: Some new evidence. In: Language Learning 23, 63–74.
Lenneberg, Eric H. (1967): Biological foundations of language. New York u.a.: Wiley.

Morgenstern, Susie (1984): La sixième. Paris: l'école des loisirs.
Müller, Ralf (2008): Französisch in der Grundschule. Ein interkulturelles Unterrichtsdesign. Marburg: Tectum.
Muñoz, Carmen (2008): Age-related differences in foreign language learning. Revisiting the empirical evidence. In: International review of applied linguistics in language teaching 46, 197-220.
Rück, Heribert (2008): Fremdsprachen in der Grundschule – Französisch und Englisch. 2. Auflage. Landau: Verlag Empirische Pädagogik. (Landauer Schriften zur Kommunikations- und Kulturwissenschaft, Bd. 4)
Sauer, Helmut (2004): Erfahrungen und Erkenntnisse der Geschichte des frühbeginnenden Fremdsprachenlernens. In: Kierepka, Adelheid u.a. (Hg.): Frühes Fremdsprachenlernen im Blickpunkt. Status quo und Perspektiven. Tübingen: Narr, 11–33. (Giessener Beiträge zur Fremdsprachendidaktik)
Singleton, David/Ryan, Lisa (2004): Language Acquisition: The Age Factor. 2. Auflage. Clevedon: Multilingual Matters.
Wode, Henning (1988): Psycholinguistik. Eine Einführung in die Lehr- und Lernbarkeit von Sprachen. Ismaning: Hueber.

Einheit 8

Kompetenzförderung im Französischunterricht

	Inhalt
8.1 Funktionale kommunikative Kompetenzen	118
8.2 Methodische und soziale Kompetenzen	128
8.3 Transversale Kompetenzen	132

Gegenstand dieser Einheit ist die Ausrichtung des Französischunterrichts an verschiedenen zu vermittelnden Kompetenzen. In Anlehnung an Überlegungen aus dem Gemeinsamen europäischen Referenzrahmen für Sprachen und an Diskurse im Sinne der Bildungsstandards für den Mittleren Schulabschluss werden funktionale kommunikative Kompetenzen, interkulturelle Kompetenzen, methodische und soziale Kompetenzen unterschieden. Darüber hinaus werden für den Französischunterricht relevante Fertigkeiten – Hörverstehen bzw. Hör-/Sehverstehen, Sprechen, Leseverstehen, Schreiben, Sprachmittlung – und Lern(er)strategien mit konkreten Beispielen dargestellt. Anschließend werden transversale Kompetenzen der Bildungsstandards für die Allgemeine Hochschulreife vorgestellt.

Überblick

KOMPETENZFÖRDERUNG IM FRANZÖSISCHUNTERRICHT

8.1 | Funktionale kommunikative Kompetenzen

kommunikative Kompetenz

Kommunikative Kompetenz ist ein Begriff, der seit den 1970er Jahren (Piepho 1974) die didaktische Theorie und Praxis des Französischunterrichts wesentlich bestimmt. Zentral sind seit dieser Zeit Vorstellungen eines Fremdsprachenlernens, das weniger das Wissen über die Sprache und ihre korrekte Anwendung in den Mittelpunkt stellt und mehr auf die Angemessenheit der sprachlichen Kommunikation entsprechend der Situation und den Gesprächspartnern zielt (vgl. Einheit 3, S. 43 ff.).

Gemeinsamer europäischer Referenzrahmen für Sprachen

Dieser Begriff erfährt insbesondere durch den Gemeinsamen europäischen Referenzrahmen für Sprachen (Europarat 2001) eine Ausweitung und Ausdifferenzierung. Hier werden kommunikative Sprachkompetenzen in linguistische, soziolinguistische und pragmatische Kompetenzen unterteilt (vgl. Tesch 2014).

- **Linguistische Kompetenz**, d. h. die Fähigkeit, sich auf lexikalischer, grammatikalischer, semantischer und phonologischer Ebene angemessen und für andere akzeptabel auszudrücken;
- **Soziolinguistische Kompetenz**, d. h. die Fähigkeit, soziale Beziehungen zu etablieren und sprachlich zu gestalten, registerbezogen zu formulieren sowie Sprachvarietäten zu erkennen und in der Interaktion zu berücksichtigen;
- **Pragmatische Kompetenz**, d. h. die Fähigkeit, den sprachlichen Diskurs situationsangemessen und funktional im Sinne der kommunikativen Intentionen zu gestalten;
- **Strategische Kompetenz**, d. h. die Fähigkeit, Interaktionen zu planen, auszuführen und zu kontrollieren und Kommunikationshindernisse (z. B. Missverständnisse) auszuräumen. (Schumann 2009: 185 f.)

linguistische Kompetenzen

Linguistische Kompetenzen lassen sich in deklaratives Wissen über die Sprache, d. h. beispielsweise Wortschatz, Grammatik, Aussprache und Orthografie, und in prozedurales Wissen, d. h. in die Fertigkeiten Sprechen, Hören, Schreiben, Lesen und Sprachmittlung, untergliedern. Im Referenzrahmen werden die linguistischen Kompetenzen weiter ausdifferenziert in lexikalische, grammatische, semantische, phonologische, orthographische und orthoepische Kompetenzen (Europarat 2001: 110 ff.). Orthoepik ist die Lehre der korrekten Aussprache der Wörter.

Kompetenzen gemäß Referenzrahmen und Bildungsstandards

Dem Referenzrahmen und den von der Kultusministerkonferenz verabschiedeten Bildungsstandards für die erste Fremdsprache für den Mittleren Schulabschluss (Kultusministerkonferenz 2003) zufolge geht es jedoch nicht allein um kommunikative Kompetenzen zur Förderung des Sprechens selbst, sondern für den Fremdsprachenunterricht werden interkulturelle Kompetenzen, ästhetisch-literarische Kompetenzen, Methodenkompetenz, Medienkompetenz sowie soziale Kompetenzen anvisiert (vgl. Einheit 5, S. 73 ff.). Erst die Kombination dieser Dimensionen trage zu einem komplexen und umfassenden Verständnis einer kritischen und verantwortlichen Partizipation in der Fremdsprache bei.

? Welche Konsequenzen ergeben sich aus dem hier dargestellten Verständnis für einen Französischunterricht, der an den oben genannten Kompetenzen ausgerichtet ist?

| Aufgabe 8.1

Je nach ihrer Relevanz für authentische Kommunikationssituationen kommen die Fertigkeiten Hören, Sprechen, Lesen, Schreiben und Sprachmittlung zum Tragen. Die Reihenfolge Hören – Sprechen – Lesen – Schreiben nimmt gleichzeitig die Reihenfolge des natürlichen Spracherwerbs auf. Diese Fertigkeiten werden in aktive und passive bzw. rezeptive und produktive unterteilt.

Fertigkeiten

Der erste Kontakt mit der Fremdsprache Französisch erfolgt in der Regel durch das Hören. Die Fertigkeit des Hörverstehens kommt seit der Jahrtausendwende wieder stärker zum Tragen und wird in schulexternen Sprachenzertifikaten wie DELF (vgl. Einheit 14; S. 244 ff.) oder Aufgabenformaten im Sinne des Europäischen Referenzrahmens und der Bildungsstandards explizit überprüft.

Hörverstehen

Hörverstehen wird in der Kognitionspsychologie als komplexer Prozess gesehen, der *bottom up-* und *top down*-Prozesse der Informationsverarbeitung und der Bedeutungskonstruktion umfasst. Während des Hörens wird versucht, das Gehörte zu verstehen, und gleichzeitig erfolgt der Rückgriff auf vorhandenes Weltwissen und Vorkenntnisse zu dem Thema, um das Gehörte besser einordnen zu können (Wolff 2003). Diesem interaktiven Verständnis des Hörverstehens zufolge sind gerade die Interdependenzen zwischen den genannten Prozessen von Bedeutung.

Mit einem solchen Verständnis des Hörverstehens lassen sich Schwierigkeiten konstruktiv bewältigen. Probleme ergeben sich beispielsweise durch ein hohes Sprechtempo und undeutliche Aussprache, durch eine hohe Anzahl verschiedener Sprecher, die sich gegenseitig nicht ausreden lassen, durch Situationen, Konstellationen oder Inhalte, die Lernenden unvertraut sind, durch eine entsprechend komplexe Sprache mit hohem Fachvokabular oder auch durch die Verwendung einer unvertrauten Varietät.

Schwierigkeiten beim Hörverstehen

Um dem entgegenzutreten werden Hörtexte auf Tonträgern wie CDs und DVDs zu Lehrwerken des Anfangsunterrichts sehr langsam und deutlich ausgesprochen. Hintergrundgeräusche sind stark reduziert, das Sprechtempo ist verlangsamt und die Aussprache erfolgt normgerecht. Für den Fortgeschrittenenunterricht ändert sich diese Praxis zu Gunsten einer stärkeren Imitation authentischer Gesprächssituationen, in denen das Sprechtempo erhöht ist, Dialekte oder andere Besonderheiten der Aussprache zum Tragen kommen und auch mehr Hintergrundgeräusche hörbar sind.

Hörtexte auf Tonträgern

Die Förderung des Hörverstehens im Französischunterricht erfolgt nicht automatisch dadurch, dass Lernende die französische Sprache durch die Lehr-

KOMPETENZFÖRDERUNG IM FRANZÖSISCHUNTERRICHT

kraft oder andere Mitschüler/innen hören, sondern bedarf einer gezielten methodischen Umsetzung. Dabei gilt es Globalverstehen, selektives Verstehen und Detailverstehen zu unterscheiden. Beim Globalverstehen geht es darum, den Gesamtzusammenhang des Gehörten zu verstehen und einordnen zu können, d. h. beispielsweise die Situation, den Rahmen, die Sprecher, Inhalte und Themen. Detailinformationen sind hier jedoch nicht gefragt. Darauf zielt wiederum das Detailverstehen, bei dem wirklich alle Informationen des Hörtextes verstanden werden sollen. Eine authentische Variante bildet daneben das selektive Verstehen, bei dem bestimmte Informationen gezielt herausgehört werden sollen, ohne jedoch wirklich alle Details zu verstehen. Selektives Verstehen ist häufig an Bahnhöfen oder Flughäfen gefordert, wenn beispielsweise Abfahrtzeiten, Bahngleise oder Verspätungen verstanden werden sollen, die durch einen Lautsprecher bei hohem Geräuschpegel im Hintergrund bekannt gegeben werden. Dabei gilt es herauszuhören, ob man selbst von der Mitteilung betroffen ist und ob gegebenenfalls Änderungen, z. B. Verspätungen des Zuges oder ein anderes Abfahrtgleis, zu beachten sind.

Globalverstehen

Detailverstehen

selektives Verstehen

Hörverstehen in drei Phasen

Das Hörverstehen kann im Französischunterricht aktiv gefördert werden. Dazu gehört, verschiedene Phasen zu berücksichtigen: vor dem Hören, während des Hörens und nach dem Hören. Die Vorbereitung auf das Hörverstehen dient dazu, die Lernenden auf Thema, Situation oder Kontext einzustimmen, Vorkenntnisse zu aktivieren oder auch Hypothesen über das Kommende und eigene Erwartungen zu formulieren. Während des Hörens können die Lernenden durch spezifische Aufgabenformate dem Hörtext gezielte Informationen entnehmen (z. B. Schlüsselbegriffe, Anzahl der Sprecher, Ort und Zeit), gezielte Fragen zum Inhalt beantworten oder aus Einzelinformationen Rückschlüsse auf Gesamtzusammenhänge ziehen. Nach dem Hören geht es darum, abschließend das Verständnis des Gehörten zu sichern, es inhaltlich zusammenzufassen, zu analysieren und zu kommentieren.

Aufgabe 8.2

? Lesen Sie den folgenden Text durch und hören Sie die dazugehörige Lautsprecheransage aus dem Bahnhof von Casablanca im Internet an.

« Mesdames et Messieurs, le train rapide en provenance de Marrakech et à destination de Aïn Sebaá, Mohammedia, Rabat Agdal, Rabat Ville, Salé, Kénitra, Sidi Slimane, Sidi Kacem, Meknès, Fès, Taza, Oujda entre en gare en quelques instants. Quai numéro 1. La première classe se trouve en tête du train. »

(http://www.sound-fishing.net/bruitages_train_gare.html)

Entwickeln Sie verschiedene Aufgabenstellungen zu diesem Hörverstehenstext, die vor dem Hören, während des Hörens und nach dem Hören im Französischunterricht Anwendung finden könnten (jeweils zwei pro Phase).

Hör-/Sehverstehen

Eine weitere Dimension neben dem Hörverstehen bildet das Hör-/Sehverstehen, bei dem auditive und visuelle Aspekte miteinander kombiniert werden. Die Bedeutung des Hör-/Sehverstehens ist angesichts der Dominanz von

Fernsehen, Internet oder DVD nicht zu vernachlässigen. Gerade die Kombination verschiedener Wahrnehmungskanäle kann das Verstehen erleichtern und das Französischlernen unterstützen. So wird das Verstehen der täglichen Nachrichten im Fernsehen sicher einfacher sein als im Radio, insofern als Informationen über politische Ereignisse durch die visuelle Berichterstattung verständlicher werden und Kontexte schneller und besser hergestellt werden können. Seien es Naturkatastrophen, Terrorakte oder politische Gipfeltreffen, sie alle lassen sich durch Bild und Film schneller und leichter erfassen als allein durch den gesprochenen Text eines Nachrichtensprechers im Radio. Darüber hinaus können sprachliche Defizite durch Bedeutungskonstruktionen aus dem Bildmaterial aufgefangen werden.

Das Sprechen in der Fremdsprache ist sicherlich weit komplexer und schwieriger umzusetzen als das Hörverstehen. Üblicherweise hat es im Französischunterricht zwar einen wichtigen Stellenwert, doch überwiegt der Redeanteil der Französischlehrkraft, während derjenige der einzelnen Schülerinnen und Schüler pro Unterrichtsstunde in der Regel nur wenige Sekunden oder Minuten beträgt. Diese extrem unterschiedlichen Redeanteile erklären sich u. a. mit der großen Differenz zwischen rezeptiven und produktiven Sprachkenntnissen. Gleichwohl enthebt dies den Französischunterricht nicht seiner Verpflichtung, gerade auch die Fertigkeit Sprechen zu fördern. *Sprechen*

Dabei gilt es, das Sprechen im Dialog oder im Monolog zu unterscheiden. Beim Sprechen im Dialog kommt es darauf an, mit anderen zu interagieren, Mechanismen des Sprecherwechsels zu beachten, die Aussagen der Gesprächspartner zu verstehen und sprachlich angemessen darauf zu reagieren. Ein monologisches Sprechen hingegen verlangt die gezielte Planung und Darstellung beispielsweise eines Vortrags oder einer Erzählung. Im Referenzrahmen wird zwischen mündlicher Interaktion und mündlicher Produktion, zwischen interaktiver und transaktionaler Kompetenz unterschieden. *Dialog und Monolog*

> Bei **produktiven mündlichen Aktivitäten** (beim **Sprechen**) produzieren die Sprachverwendenden einen gesprochenen Text, der von einem oder mehreren Zuhörern empfangen wird. Beispiele für solche Sprachaktivitäten sind:
> – öffentliche Durchsagen (Mitteilungen, Anweisungen usw.);
> – vor Zuhörern sprechen (öffentliche Reden, Vorlesungen, Predigten, unterhaltende Darbietungen, Sportreportagen, Verkaufspräsentationen usw.)
>
> Dazu gehört zum Beispiel:
> – einen geschriebenen Text vorlesen;
> – anhand von Notizen oder anhand eines schriftlichen Textes oder mit anderen visuellen Stützen (Diagramme, Bilder, Schaubilder) sprechen;
> – eine eingeübte Rolle spielen;
> – spontan sprechen;
> – singen. (Europarat 2001: 63)

|Text 8.1

Text 8.2 Bei der mündlichen Interaktion handeln Sprachverwendende abwechselnd als Sprechende und Hörende mit einem oder mehreren Gesprächspartnern, um durch das Aushandeln von Bedeutung auf der Basis des Prinzips der Kooperation das Gespräch gemeinsam entstehen zu lassen.

Während einer Interaktion werden ständig Rezeptions- und Produktionsstrategien verwendet. Ferner gibt es Klassen von kognitiven und kooperativen Strategien (auch Diskurs- oder Kooperationsstrategien genannt), die die Kooperation und Interaktion steuern, wie etwa ‚Sprecherwechsel', ‚sich auf ein Thema einigen und darauf, wie man sich ihm nähert', ‚Lösungen vorschlagen und evaluieren', ‚rekapitulieren und den erreichten Gesprächsstand zusammenfassen', ‚in einem Konflikt vermitteln' usw.

Beispiele für interaktive Aktivitäten sind:
- Tranksaktionen: Dienstleistungsgespräche;
- zwanglose Unterhaltung;
- informelle Diskussion;
- formelle Diskussion;
- Debatte;
- Interview;
- Verhandlung;
- gemeinsames Planen;
- praktische zielorientierte Zusammenarbeit usw. (Europarat 2001: 78)

Zum Sprechen gehören verschiedene mentale Prozesse: das Planen dessen, was man sagen möchte, das Formulieren, das Aussprechen sowie das Darstellen des zu Sagenden.

Fertigkeitsstufen beim Sprechen Darüber hinaus werden verschiedene Fertigkeitsstufen beim Sprechen unterschieden (Rampillon 1989: 98 ff.). Die erste Stufe besteht in der Reproduktion dessen, was sprachlich vorgeben ist, z. B. beim Auswendiglernen von Texten und Textpassagen oder beim Vor-/Nachsprechen in Partnerarbeit. Die zweite Stufe der Rekonstruktion beinhaltet bereits mehr Eigenständigkeit beim Sprechen, insofern als hier mit verschiedenen Stützmaßnahmen wie z. B. dem Anfertigen von Notizen Elemente freien Sprechens mit gelenktem Sprechen verknüpft werden. Die letzte Stufe der Konstruktion zielt auf das freie und eigenständige Sprechen, sei es im Monolog oder im Dialog. Die sukzessive Förderung des Sprechens gemäß diesen Fertigkeitsstufen wird sicherlich parallel zu Entwicklungen des Sprechens im Anfangsunterricht und im Fortgeschrittenenunterricht erfolgen. Ausgehend von eher reproduktiven und rekonstruktiven Anteilen, die vermutlich eher in den ersten Lernjahren überwiegen, werden zunehmend mehr eigenständige Redeanteile mit fortschreitendem Lehrgang angestrebt.

Total Physical Response Es gibt jedoch auch fremdsprachendidaktische Methoden, denen zufolge das Sprechen gerade in der Anfangsphase außen vor bleibt und Lernende im Französischunterricht in den ersten Monaten nicht sprechen, sondern nur hören. Dies gilt insbesondere für die Methode der *Total Physical Response*

(Asher) (vgl. Einheit 4; S. 50). In der Regel wird diese Methode im Anfangsunterricht Französisch der staatlichen Schulen nicht praktiziert, sondern das Sprechen der Lernenden von der ersten Französischstunde an eingefordert.

Dazu gehört auch das Einüben einer korrekten Aussprache, die neuerdings wieder einen etwas größeren Stellenwert einnimmt, nachdem sie im Zuge des kommunikativen Ansatzes in den 1970er Jahren stark vernachlässigt wurde. Übungen zur Ausspracheschulung werden in aktuellen Lehrwerken wieder verstärkt integriert, darüber hinaus sind auch Intonation und Gesprächsführung von Bedeutung.

Ausspracheschulung

So bedarf das Sprechen selbst gezielter Schulung. Dies kann geschehen durch das Einüben der Aussprache, bestimmter Kommunikationsmuster, von Besonderheiten des Sprechflusses im Französischen (d.h. Intonation, Pausen, Betonung) oder auch von Besonderheiten einer mündlichen Umgangssprache.

? Schülerinnen und Schüler einer 8. Klasse tragen im Französischunterricht (3. Lernjahr) kleinere selbst verfasste Sketche vor. In welcher Form könnte eine sinnvolle und konstruktive Ausspracheschulung in eine solche Stunde integriert werden? Entwickeln Sie mehrere Vorschläge und begründen Sie Ihre Position.

Aufgabe 8.3

Das Leseverstehen gehört in den Bereich der schriftlichen Kommunikation. Ähnlich wie das Hörverstehen umfasst das Leseverstehen *bottom up-* und *top down-*Prozesse. *Bottom up-*Prozesse sind datengeleitete, textgesteuerte Prozesse, das Lesen erfolgt vom graphischen Symbol über Phoneme, Wörter und Sätze zu Sinneinheiten. *Top down-*Prozesse hingegen sind wissensgeleitete Verarbeitungsprozesse und sie bedeuten, Vorerfahrungen und Vorkenntnisse zum Inhalt des Textes beim Leseverstehen heranzuziehen und über Hypothesen zum Inhalt den Lesetext zu erschließen.

Leseverstehen

bottom up

top down

Bei Lesern, die lediglich *bottom up-*Prozesse verfolgen, hängt die Lesegeschwindigkeit stark von den Fremdsprachenkenntnissen ab und kann u. U. sehr langsam sein, was das Leseverstehen stark beeinträchtigt, insofern als die Aktivitäten des Arbeitsspeichers im Gehirn durch das Lesen der Buchstaben und Wörter gebunden sind und kaum Raum für das Verstehen des Textes und seines Inhaltes insgesamt bleibt (vgl. Einheit 12, S. 201).

Abb. 8.1

KOMPETENZFÖRDERUNG IM FRANZÖSISCHUNTERRICHT

Ebenen des Lesens

Somit werden in der Leseverstehensforschung mehrere Ebenen des Lesens unterschieden, d. h. Dekodierung, Bedeutungselaboration und Sinnkonstitution (Karcher 1985: 16), und verschiedene Fertigkeiten verlangt.

Text 8.3

Um zu lesen, muss der Lernende
- den schriftlichen Text *wahrnehmen* können (visuelle Fertigkeiten)
- die Schrift *erkennen* können (orthographische Fertigkeiten)
- die Mitteilung als solche *identifizieren* können (linguistische Fertigkeiten)
- die Mitteilung *verstehen* können (semantische Fertigkeiten)
- die Mitteilung *interpretieren* können (kognitive Fertigkeiten)

(Europarat 2001: 93)

reading literacy

Mit den im Referenzrahmen genannten linguistischen Fertigkeiten sind sprachliche Fertigkeiten gemeint und nicht sprachwissenschaftliche. Lesen und Leseverstehen bestehen somit nicht nur aus den ersten der drei im Referenzrahmen genannten Fertigkeiten, die ein Lesen ohne wirkliches Verstehen des Gelesenen zulassen könnten, sondern gerade das Verstehen und Interpretieren des Gelesenen, d. h. das Erfassen seiner tieferen Bedeutung, gehören konstitutiv zu einer *reading literacy* dazu.

Lesekompetenz gemäß PISA

Der PISA-Studie zufolge wird *reading literacy*, d. h. die Lesekompetenz, als verstehender Umgang mit Texten betrachtet, wobei das Lesen ein komplexer Prozess der Bedeutungsentnahme ist und Lesekompetenz als Fähigkeit erachtet wird, Texte in einen größeren Zusammenhang einzuordnen und sachgerecht zu nutzen. Nach diesem Verständnis geht es um ein Lesen als Informationsentnahme und pragmatisch-utilitaristische Vorbereitung auf Lebenswirklichkeit und Alltag (Baumert 2001).

Leerstellen und Inferieren

Zum Leseverstehen gehört auch, Leerstellen im Text zu erkennen, durch Inferieren die Lücke zu schließen und Hypothesen zu inhaltlichen Zusammenhängen zu entwickeln. Wenn beispielsweise in einem Kriminalroman die Flucht einer Person durch einen dunklen, einsamen Wald sowie die Verfolgung durch zwei weitere bewaffnete Personen geschildert wird und im nächsten Kapitel der Kommissar eine Leiche in eben diesem Wald findet, könnte diese Leerstelle im Text dahingehend gefüllt werden, dass routinierte Leser von Kriminalromanen die flüchtende Person im Wald mit der Leiche identifizieren.

Textsorten

Das Leseverstehen sollte durch eine große Bandbreite an Textsorten geschult werden, z. B. Sachtexte und literarische Texte, kontinuierliche und diskontinuierliche Texte, z.B. Tabellen oder auch Bildmaterial. Gerade die Vielfalt an Textsorten sowie die Authentizität dieser Texte tragen zur Förderung des Leseverstehens im Französischunterricht bei.

Text 8.4

Bei visuellen rezeptiven Aktivitäten (beim Lesen) empfangen und verarbeiten Sprachverwendende als Lesende geschriebene Texte als Input (Eingabe), der von einem oder mehreren Autoren geschrieben wurde. Zu den Lesetätigkeiten gehören:

– zur allgemeinen Orientierung lesen;
– lesen, um Informationen aufzunehmen, z. B. Nachschlagewerke benutzen;
– Anweisungen lesen und befolgen;
– zur Unterhaltung lesen.

Mit dem Lesen könnte folgende Absicht verbunden sein:
– global verstehen (erfassen, was insgesamt gemeint ist);
– selektiv verstehen (eine ganz bestimmte Information erhalten);
– detailliert verstehen (das Gesagte in seinen Einzelheiten verstehen);
– Schlussfolgerungen ziehen können usw. (Europarat 2001: 74)

Das Leseverstehen kann im Französischunterricht konstruktiv gefördert werden. Dabei werden *pre reading activities*, *reading activities* und *post reading activities* unterschieden (Hinz 1995). Vor der Lektüre eines Textes empfiehlt es sich beispielsweise, den Text sprachlich und inhaltlich vorzuentlasten, d. h. bestimmten Wortschatz, grammatische Strukturen oder auch inhaltliche Zusammenhänge zu vermitteln. Während des Lesens können Aufgabenstellungen zu gezieltem Leseverstehen den Leseprozess strukturieren und unterstützend wirken, so beispielsweise Fragen zum Globalverstehen eines Romankapitels oder auch zu einzelnen Details in einem informativen Sachtext, je nach Zielsetzung der Lektüre. Nach dem Lesen kann es darum gehen, das Verstandene zu strukturieren, zu festigen, zu analysieren oder zu kommentieren. Dabei erweist sich ein großer Unterschied zum Hörverstehen als hilfreich: Die Lesegeschwindigkeit ist individuell bestimmbar, so dass beim Leseverstehen Textpassagen oder Sätze wiederholt gelesen werden können, einzelne Aspekte im Text gezielt gesucht werden können oder auch je nach Bedürfnis schnell oder langsam gelesen werden kann.

Leseverstehen in drei Phasen

? Lesen Sie einen aktuellen Artikel aus *Le Figaro* und entwickeln Sie *pre reading activities*, *reading activities* und *post reading activities* zur Förderung des Leseverstehens an diesem Textbeispiel.
Bitte nutzen Sie für Ihre Recherche die folgende Internetseite: www.lefigaro.fr

Aufgabe 8.4

Die Fertigkeit Schreiben stellt im Französischunterricht traditionell einen wichtigen Bestandteil dar und hat eine zentrale Funktion, insofern als auf ihrer Basis üblicherweise Noten erstellt werden.

Schreiben

Dabei gilt es zunächst, Schreibanlässe zu unterscheiden: Beispiele für authentische Schreibanlässe sind das Schreiben einer Email oder eines Briefes im Rahmen eines Schüleraustauschs nach Frankreich, Beispiele für funktionales Schreiben sind das Verfassen einer Postkarte, eines Leserbriefs, eines Bewerbungsschreibens oder eines Briefs, die jedoch auch fingiert sein könnten und nicht unbedingt an real existierende Personen adressiert sein müssen.

Schreibanlässe

Darüber hinaus sind auch gelenktes und kreatives Schreiben im Französischunterricht relevant. Gelenktes Schreiben bedeutet, dass der Schreibauf-

gelenktes und kreatives Schreiben

KOMPETENZFÖRDERUNG IM FRANZÖSISCHUNTERRICHT

Aufgabe 8.5

Lesen Sie die folgenden beiden Schreibaufgaben durch:
1. Tu passes tes vacances en France avec tes parents. A la plage, tu trouves un nouveau copain/une nouvelle copine. Ecris une lettre et raconte ce que vous faites.
2. Kreatives Schreiben: Personen beschreiben

9 Kreatives Schreiben: Personen beschreiben

Stratégie

Du kannst dich nun im Französischen schon gut ausdrücken und eigene Texte verfassen. Häufig kommt es vor, dass du eine Person beschreiben sollst. Auch dafür gibt es bestimmte Tipps. Um eine Person zu charakterisieren, sind folgende Einzelheiten wichtig:
→ ihr Aussehen, ihr Alter, ihre Familie, ihr Wohnort, ihre Hobbys und ihr Charakter.

Aussehen	il / elle est	grand (e) ↔ petit (e) mince ↔ gros (se)		beau, belle, joli (e) mignon, mignonne	
	il / elle a	les cheveux longs ↔ courts les cheveux noirs, blonds*, châtains* les yeux bleus / verts / marron …			
Kleider	il / elle porte	un jean* un pantalon une chemise	une robe un t-shirt*	rouge bleu (e) blanc, blanche	jaune vert (e)
Familie	il / elle a	deux sœurs, un frère			
	son père est sa mère est	médecin, professeur, cuisinier … actrice, conductrice, professeur …			
Charakter	il / elle est il / elle a l'air	facile ↔ difficile curieux (-euse), sympa, bizarre, content (e), bête, triste, calme, timide, dur (e), cordial (e) …			
Alter	il / elle a	13 ans			
	il / elle est né(e)	en 1999, à Lyon			
	il / elle est	jeune ↔ vieux, vieille			
Hobbys	il / elle joue	au foot, au tennis … du piano, de la guitare …			
	… aime / adore	la musique, le cinéma …			
Wohnort	il / elle habite	à Paris 3 rue Trousseau			

Wenn du einen Text fertig gestellt hast, überprüfe ihn noch einmal mithilfe der Strategie „Fehler vermeiden" aus Lektion 2 (S. 31).

A vous. Faites le portrait de la fille sur la photo. Donnez-lui un nom, un âge, une adresse. Parlez de sa famille, de ses activités préférées et de son caractère*.

(Alamargot u. a. 2005: 117)

Vergleichen Sie die beiden Aufgaben. Welche Vor- und Nachteile stellen Sie für die jeweilige Schreibaufgabe fest?

trag etliche Vorgaben umfasst, die beim Verfassen des Textes berücksichtigt werden müssen. Diese Vorgaben können eine Hilfestellung und Orientierung für das Schreiben darstellen, jedoch auch als einengendes Korsett erfahren werden. Ein solches Korsett ist beim kreativen Schreiben weitgehend abgeschafft, insofern als hier gerade die Eigenständigkeit, Phantasie und Kreativität der Schülerinnen und Schüler im Vordergrund stehen.

Der Schreibprozess selbst ist im Französischunterricht begründet in verschiedene Phasen unterteilt: Die erste Phase beinhaltet das Planen und Strukturieren des Textes, der geschrieben werden soll. Hierzu gehören das Sammeln von Stichworten, zentralen Gedanken und Argumenten sowie die Vorstrukturierung des Inhalts. Die zweite Phase stellt das eigentliche Schreiben dar: Dabei geht es um das Formulieren des Textes selbst, wobei neben dem Inhalt auch Aspekte wie die Orthografie und der Stil zum Tragen kommen. Die letzte Phase des Schreibprozesses besteht im Überarbeiten des geschriebenen Textes. Hierzu gehören das Überarbeiten der inhaltlichen Seite, d.h. der Gedanken, der Argumentation, der Stellungnahmen etc., sowie das sprachliche Überarbeiten und eine Selbstkorrektur im Blick auf sprachliche Fehler (s. Aufgabe 8.5).

Schreibprozess in drei Phasen

Die Fertigkeit Sprachmittlung (Mediation) fordert eine Kombination verschiedener Fertigkeiten, d.h. Hör- oder Leseverstehen und Sprechen oder Schreiben. Dabei geht es um die Vermittlung zwischen Menschen, die verschiedene Sprachen sprechen. Anders als bei der Übersetzung, die seit der Grammatik-Übersetzungs-Methode im Französischunterricht praktiziert wird, geht es bei der Mediation nicht um die wörtliche Übersetzung zwischen Deutsch und Französisch, sondern um die sinngemäße Vermittlung von Informationen.

Sprachmittlung/ Mediation

> Bei **sprachmittelnden Aktivitäten** geht es den Sprachverwendenden nicht darum, seine/ihre eigenen Absichten zum Ausdruck zu bringen, sondern darum, Mittler zwischen Gesprächspartnern zu sein, die einander nicht direkt verstehen können, weil sie Sprecher verschiedener Sprachen sind (was der häufigste, aber nicht der einzige Fall ist). (Europarat 2001: 89)

Mediation wird beispielsweise relevant, wenn Schüler/innen mit ihren Eltern den Urlaub in Frankreich verbringen und ihre Eltern kein Französisch sprechen. In diesem Fall kommt es den Lernenden zu, auf dem Campingplatz, im Hotel, im Restaurant oder beim Einkaufen sprachlich zu vermitteln. Wesentlich ist nicht, dass dabei wörtlich übersetzt wird, sondern dass die nötige Information über den Preis des Hotelzimmers, die Zusammensetzung eines Menüs oder die Öffnungszeiten der örtlichen Boulangerie vermittelt werden.

Aufgaben zur Sprachmittlung nehmen derartige Situationen auf und laden zur Mediation in fingierten authentischen Kommunikationssituationen ein. In zentralen Abiturprüfungen bilden sie einen konstitutiven Bestandteil und so bietet das Institut für Qualitätsentwicklung im Bildungswesen zur Vorbereitung auf seiner Homepage entsprechende Aufgabenbeispiele mit Hinweisen für die Lösung an:

Aufgaben zur Sprachmittlung

KOMPETENZFÖRDERUNG IM FRANZÖSISCHUNTERRICHT

Text 8.5

Aufgabenstellung

Lors de son séjour en Allemagne, Karim, votre correspondant français, constate qu'il y a très peu d'enseignants d'origine étrangère dans votre lycée ; il en est surpris parce qu'il y a beaucoup d'élèves issus de l'immigration. Karim dont la famille est d'origine franco-arabe est déçu car il rêve de travailler dans l'enseignement en Allemagne. Alors, vous vous informez sur Internet pour savoir si l'Allemagne se rend compte des avantages offerts par l'embauche de professeurs issus de l'immigration.

Sur Internet, vous tombez sur l'article « Vielfalt lehren » du magazine Magazin SCHULE, dont vous présentez les idées principales à votre correspondant par e-mail.
[...]

Aufgabenerfüllung
Es wird erwartet, dass die Schülerinnen und Schüler eine kohärente und strukturierte E-Mail mit geeigneter Anrede und Schlussformel, in (formeller oder informeller) Standardsprache verfassen, die einen passenden Adressaten- und Situationsbezug aufweist.
Inhaltliche Aspekte:
– les professeurs issus de l'immigration sont :
  – intermédiaires en cas de conflits interculturels
  – en mesure de prendre en considération des besoins spécifiques des élèves d'origine étrangère
  – sensibles à certains problèmes et besoins des élèves d'origine étrangère
  – un modèle de réussite : motivant les jeunes à ne pas baisser les bras
– leur présence
  – assure une bonne ambiance en classe
  – garantit un reflet authentique de la société actuelle en salle des professeurs

(Beispielaufgabe zur Sprachmittlung aus der Aufgabensammlung des IQB mit Beispielaufgaben für eine standardbasierte Abiturprüfung Französisch, https://www.iqb.hu-berlin.de/bista/abi/franzoesisch/aufgaben)

8.2 | Methodische und soziale Kompetenzen

Neben den funktionalen kommunikativen Kompetenzen sind für den Französischunterricht auch interkulturelle Kompetenzen (vgl. Einheit 11, S. 181 ff.), methodische und soziale Kompetenzen relevant. Gerade die letztgenannten Kompetenzen zielen darauf, dass Lernende ihre eigenen Lernprozesse bewusst und eigenständig steuern sowie dazu notwendige Strategien und Techniken entfalten (vgl. Einheit 4, S. 58 f.).

METHODISCHE UND SOZIALE KOMPETENZEN — Einheit 8

Diese Strukturierung der Kompetenzen wird auch in curricularen Texten manifest. So sind für das Fach Französisch (1. Fremdsprache) im Bildungsplan Gymnasium des Landes Baden-Württemberg Leitgedanken für den Kompetenzerwerb formuliert, die sich deutlich an der Strukturierung der Kompetenzen durch die Bildungsstandards für die Allgemeine Hochschulreife (Kultusministerkonferenz 2012) orientieren. Demzufolge wird die interkulturelle kommunikative Kompetenz gerahmt von den kommunikativen Fertigkeiten Hör-/Hörsehverstehen, Leseverstehen, Sprechen, Schreiben und Sprachmittlung sowie den sprachlichen Mitteln (Wortschatz, Grammatik, Aussprache und Intonation), die wiederum in die Text- und Medienkompetenz, Sprachbewusstheit und Sprachlernkompetenz sowie Soziokulturelles Wissen eingebettet sind (Ministerium für Kultus, Jugend und Sport Baden-Württemberg 2016: 4). *(Bildungsplan Baden-Württemberg)*

Ein Französischunterricht in diesem Sinne ist nicht allein auf die Fremdsprache und auf kommunikative Kompetenzen ausgerichtet, sondern greift auch Überlegungen der Lernerautonomie, der *language awareness*, der Sprachbewusstheit, des Lernen lernens oder auch der Lernstrategien und Lerntechniken auf. Insgesamt steht dahinter die Vorstellung, dass die höhere Verantwortlichkeit der Lernenden für ihre eigenen Lernprozesse zu einer erhöhten intrinsischen Motivation sowie daraus resultierend zu Erfolg und Nachhaltigkeit des Französischlernens beiträgt. Dies geschieht durch eine verstärkte Übertragung von Verantwortung an die Lernenden in Bezug auf die Planung und Gestaltung ihrer Lernprozesse, die Vermittlung von Lernstrategien und Lerntechniken oder auch die Schaffung einer angenehmen Lernatmosphäre mit zahlreichen Lernanlässen. Eine mitverantwortliche oder eigenständige Planung und Gestaltung von Lernprozessen durch die Lernenden selbst besteht in der Einflussnahme der Lernenden auf das Thema, auf den inhaltlichen oder sprachlichen Schwerpunkt, auf den Zeitpunkt und die Dauer der Bearbeitung, auf den Ort der Bearbeitung, auf die Sozial- und Aktionsformen (z. B. Einzelarbeit, Partnerarbeit usw.) oder auch auf die Methoden. *(Lernerautonomie)*

Die Anbahnung oder Umsetzung von Lernerautonomie im Französischunterricht lässt sich beispielsweise durch Lernstrategien unterstützen (vgl. Einheit 4, S. 58 f.). *(Lernstrategien)*

> **Strategien** werden von Sprachverwendenden dazu eingesetzt, die eigenen Ressourcen zu mobilisieren und ausgewogen zu nutzen, Fertigkeiten und Prozesse zu aktivieren, um die Anforderungen der Kommunikation in einem Kontext zu erfüllen und die jeweilige Aufgabe erfolgreich und möglichst ökonomisch der eigenen Absicht entsprechend zu erledigen. Kommunikations- und Kompensationsstrategien sollten daher nicht einfach im Sinne eines Defizitmodells aufgefasst werden, d. h. als eine Möglichkeit, sprachliche Defizite oder fehlgeschlagene Kommunikation auszugleichen. Vielmehr setzen auch Muttersprachler regelmäßig kommunikative Strategien aller Art ein, die der jeweiligen Situation angemessen sind […]. *(Text 8.6)*

KOMPETENZFÖRDERUNG IM FRANZÖSISCHUNTERRICHT

Den Einsatz kommunikativer Strategien kann man auffassen als Anwendung der metakognitiven Prinzipien *Planung, Ausführung, Kontrolle* (*monitoring*) und *Reparaturhandlungen* bei den verschiedenen Arten kommunikativer Aktivitäten, nämlich Rezeption, Interaktion, Produktion und Mittlung. Der Begriff ‚Strategie' wird auf vielfältige Weise verwendet. In diesem Kontext ist damit die Auswahl einer möglichst effektiven Handlungsweise gemeint. Fertigkeiten, die für das Verstehen oder Artikulieren gesprochener und geschriebener Sprache unverzichtbar sind (z. B. *chunking*, d. h. das Bündeln eines Kontinuums von Sprachlauten, um diese in eine Abfolge von Wörtern zu „übersetzen", die eine propositionale Bedeutung haben), werden in Hinblick auf die jeweiligen kommunikativen Prozesse als untergeordnete Fertigkeiten eingestuft […].

(Europarat 2001: 62 f.)

direkte und indirekte Strategien

Die Strukturierungen und Abgrenzungen zwischen verschiedenen Strategien werden immer wieder unterschiedlich vorgenommen, doch hat sich folgende Unterteilung (nach Oxford 1990) als pragmatisch und überzeugend erwiesen:

Text 8.7

Direkte Strategien	Indirekte Strategien
Gedächtnisstrategien	Metakognitive Strategien
– mentale Verbindungen herstellen	– das Lernen auf das Wesentliche konzentrieren
– Bilder und Geräusche anwenden bzw. nutzen	– das Lernen planen und vorbereiten
– Gelerntes genau überprüfen	– das Lernen evaluieren
– Handlungen zum Behalten nutzen	Affektive Strategien
Kognitive Strategien	– Ängste reduzieren
– aktiv üben	– sich Mut machen
– analysieren und schlussfolgern	– eigene Gefühle wahrnehmen
– Strukturen für Input und Output erstellen	Soziale Strategien
Kompensationsstrategien	– Fragen stellen
– kluges Raten	– mit anderen kooperieren
– eigene Wissensgrenzen beim Reden und Schreiben überwinden	– sich in andere hineinversetzen

(nach Oxford 1990: 17)

Strategien im Fremdsprachenunterricht

Die Unterteilung in direkte und indirekte Strategien sowie die genannten Beispiele sind auf Lehr-/Lernprozesse allgemein bezogen und können für alle Schulfächer genutzt werden. Ein direkter Bezug auf den Fremdsprachenunterricht bedeutet, Strategien konkreter auf den Wortschatzerwerb, auf Grammatikerwerb sowie auf die Fertigkeiten zu beziehen (vgl. Rampillon 1989).

Bildungsplan Baden-Württemberg

Ein Beispiel für eine solche konkrete Umsetzung für den Französischunterricht bietet sich im Bildungsplan 2016 für das Gymnasium in Baden-Württemberg, in dem für die Klassen 5/6 folgende Methodenkompetenzen formuliert sind:

METHODISCHE UND SOZIALE KOMPETENZEN — Einheit 8

Die Schülerinnen und Schüler können […]
Strategien und Methoden
(6) unterschiedliche Lesestile nutzen (global, detailliert, selektiv)
(7) Methoden der Texterschließung unter Anleitung nutzen (zum Beispiel Unterstreichen, Randnotizen, Übersetzen einzelner Textausschnitte ins Deutsche, falls erforderlich)
(8) zur Texterschließung die Kenntnis ähnlicher Wörter aus ihrer Erstsprache beziehungsweise in der Erstsprache frequent verwendete Lehn- und Fremdwörter nutzen
(9) das Vokabelverzeichnis ihres Lehrwerks zur Texterschließung nutzen
[…]
(8) ihr Verständnis sichern, indem sie einfache Techniken, automatisierte Strukturen und (auch auswendig) gelernte Wendungen einsetzen (zum Beispiel Bitte um Wiederholung, Formulierung des Nichtverstehens)
(9) Gestik und Mimik nutzen, um das vom Gesprächspartner Gemeinte leichter zu erschließen oder den Sinn eigener Worte zu verdeutlichen
[…]
(9) einfache Strukturformen zur Ideenfindung anwenden (zum Beispiel Auflistungen, Mindmap mit Grobgliederung)
(10) Hilfsmittel zum Verfassen von eigenen Texten verwenden (unter anderem Wörterbücher, einfache Konnektorenlisten zur zeitlichen Strukturierung und Begründung) (Ministerium für Kultus, Jugend und Sport Baden-Württemberg 2016: 18ff.).

Text 8.8

Die Beschreibung von Strategien und zu erreichenden Kompetenzen allein stellt keine Garantie für die konkrete Umsetzung im Französischunterricht dar, sondern Strategien müssen gezielt vermittelt und praktiziert werden, was am Beispiel der Kompensationsstrategien, die im Französischunterricht zentral relevant sind, dargestellt werden soll. Lernende machen immer wieder Erfahrungen damit, dass sie etwas sagen möchten, jedoch über dafür notwendige einzelne Wörter oder auch ganze Satzstrukturen im Französischen nicht verfügen. An dieser Stelle gilt es, das fehlende Sprachwissen in der konkreten Kommunikationssituation zu überbrücken.

Dies kann beispielsweise dadurch geschehen, dass den Lernenden zunächst bewusst gemacht wird, dass sie in einem Gespräch mit Muttersprachlern Defizite im Bereich Hörverstehen oder auch Sprechen haben. Sie können nicht alles oder vielleicht sogar überhaupt nichts verstehen und sie können sich selbst nicht verständlich machen. Nach diesem ersten Schritt der Bewusstmachung könnten entsprechende Kompensationsstrategien vermittelt werden, z. B. die Entschuldigung (*Pardon, je n'ai pas compris.*), die Bitte um Wiederholung (*Tu peux répéter, s'il te plaît?*), die Rückfrage (*Peux-tu m'expliquer encore une fois?*) oder auch die Bitte um deutliche Aussprache (*Tu peux parler plus lentement?*). Hierzu gehört auch, Möglichkeiten der Umschreibung, Defini-

Vermittlung von Kompensationsstrategien

tion oder sogenannte „Platzhalter" (*la chose, le truc*) sowie Verben mit breitem Bedeutungsspektrum (*faire, mettre*) zu nutzen.

Ein Französischunterricht, in dem aktiv Lernerstrategien vermittelt werden und die Eigenständigkeit und Autonomie der Lernenden unterstützt wird, kann somit den theoretischen Überlegungen im Sinne des Gemeinsamen europäischen Referenzrahmens, der Bildungsstandards und Kompetenzorientierung Rechnung tragen.

Transversale Kompetenzen

8.3 |

Die Bildungsstandards für die fortgeführte Fremdsprache (Englisch/Französisch) für die Allgemeine Hochschulreife werden im Herbst 2012 von der Kultusministerkonferenz verabschiedet, um „für Transparenz schulischer Anforderungen zu sorgen, die Entwicklung eines kompetenzorientierten Unterrichts zu fördern und eine Grundlage für die Überprüfung der erreichten Ergebnisse zu schaffen" (Kultusministerkonferenz 2012: 2). Sie beinhalten analog zu den Bildungsstandards für den Mittleren Schulabschluss (Kultusministerkonferenz 2003) funktionale kommunikative Kompetenz als zentrale Kompetenz und unterscheiden dabei fünf einander ausschließende Teilkompetenzen: Hör-/Hörsehverstehen, Leseverstehen, Sprechen, Schreiben und Sprachmittlung. Daneben umfassen integrative und transversale Kompetenzen übergreifende Dimensionen, die alle Aspekte des Lehrens und Lernens fremder Sprachen und damit alle funktionalen kommunikativen Kompetenzen betreffen. Zu den transversalen Kompetenzen werden interkulturelle kommunikative Kompetenz, Text-Medienkompetenz, Sprachbewusstheit und Sprachlernkompetenz gezählt:

Integrative und transversale Kompetenzen

Interkulturelle kommunikative Kompetenz

> Interkulturelle kommunikative Kompetenz ist gerichtet auf Verstehen und Handeln in Kontexten, in denen die Fremdsprache verwendet wird. Schülerinnen und Schüler erschließen die in fremdsprachigen und fremdkulturellen Texten enthaltenen Informationen, Sinnangebote und Handlungsaufforderungen und reflektieren sie vor dem Hintergrund ihres eigenen kulturellen und gesellschaftlichen Kontextes. (Kultusministerkonferenz 2012: 20)

Eine Unterscheidung zwischen grundlegendem und erweitertem Niveau wird nicht vorgenommen. Darüber hinaus orientiert sich das Verständnis interkultureller kommunikativer Kompetenz an den Dimensionen *savoir*, *savoir-faire* und *savoir-être*. Im Einzelnen verweisen die Bildungsstandards auf fremdkulturelles Wissen, d.h. auf soziokulturelles Orientierungswissen, auf die kulturellen Prägungen von Sprache und Sprachverwendung oder auch auf strategisches Wissen (vgl. Einheit 11, S. 183 f.).

Die zweite übergreifende Kompetenz ist auf die Rezeption von Texten und Medien bezogen:

> Text- und Medienkompetenz umfasst die Fähigkeit, Texte selbstständig, zielbezogen sowie in ihren historischen und sozialen Kontexten zu verstehen, zu deuten und eine Interpretation zu begründen. Text- und Medienkompetenz schließt überdies die Fähigkeit mit ein, die gewonnenen Erkenntnisse über die Bedingungen und Techniken der Erstellung von Texten zur Produktion eigener Texte unterschiedlicher Textsorten zu nutzen. (Kultusministerkonferenz 2012: 22)

Text- und Medienkompetenz

Mit diesem Verständnis überschreitet die Text-Medien-Kompetenz die rezeptiven Teilkompetenzen Lese- und Hör-/Hörsehverstehen und umfasst Dimensionen des Verstehens und Deutens von Texten in ihren Kontexten. Dazu gehören die Berücksichtigung individuellen Vorwissens, das „Erkennen konventionalisierter, kulturspezifisch geprägter Charakteristika von Texten und Medien, die Verwendung dieser Charakteristika bei der Produktion eigener Texte sowie die Reflektion des individuellen Rezeptions- und Produktionsprozesses" (Kultusministerkonferenz 2012: 23).

Zu den transversalen Kompetenzen wird ebenfalls die Sprachbewusstheit gefasst:

> Sprachbewusstheit bedeutet Sensibilität für und Nachdenken über Sprache und sprachlich vermittelte Kommunikation. Sie ermöglicht Schülerinnen und Schülern, die Ausdrucksmittel und Varianten einer Sprache bewusst zu nutzen; dies schließt eine Sensibilität für Stil und Register sowie für kulturell bestimmte Formen des Sprachgebrauchs, z.B. Formen der Höflichkeit, ein. Die Reflexion über Sprache richtet sich auch auf die Rolle und Verwendung von Sprachen in der Welt, z.B. im Kontext kultureller und politischer Einflüsse. (Kultusministerkonferenz 2012: 23f.)

Sprachbewusstheit

Damit verbunden ist die Zielsetzung, in Kommunikationssituationen sensibel agieren zu können und somit interkulturelles Lernen ebenso wie Persönlichkeitsbildung zu fördern.

Die vierte übergreifende Kompetenz ist die Sprachlernkompetenz:

> Sprachlernkompetenz beinhaltet die Fähigkeit und Bereitschaft, das eigene Sprachenlernen selbstständig zu analysieren und bewusst zu gestalten, wobei die Schülerinnen und Schüler auf ihr mehrsprachiges Wissen und auf individuelle Sprachlernerfahrungen zurückgreifen. (Kultusministerkonferenz 2012: 25)

Sprachlernkompetenz

Die Sprachlernkompetenz wird auf Lernmethoden und Lernstrategien bezogen und manifestiert sich darüber hinaus im bewussten Umgang mit der eigenen Motivation beim Lernen von Sprachen. Gemeinsam mit Sprachbewusstheit wird Sprachlernkompetenz im Blick auf ihren Bildungswert, d.h. im Blick auf Persönlichkeitsentwicklung, gesehen. Im Gegensatz zu den ersten drei genannten transversalen Kompetenzen wird die Sprachlernkompetenz im Abitur nicht explizit evaluiert.

KOMPETENZFÖRDERUNG IM FRANZÖSISCHUNTERRICHT

Stärken und Schwächen

Diese Kompetenzen unterscheiden sich qualitativ deutlich von der funktionalen kommunikativen Kompetenz mit ihren Teilkompetenzen Hör-/Hörsehverstehen, Leseverstehen, Sprechen, Schreiben und Mediation. Während sich diese Teilkompetenzen durch Eindeutigkeit und Überprüfbarkeit auszeichnen, beinhalten sie gleichzeitig die Schwäche, inhalts- und themenbezogene Dimensionen oder auch Aspekte ‚zwischen den Zeilen' nicht zu berücksichtigen. Damit repräsentiert funktionale kommunikative Kompetenz die charakteristischen Stärken der Kompetenzorientierung wie Vergleichbarkeit, Überprüfbarkeit, Authentizität und Funktionalität. Teilkompetenzen wie Hören und Sprechen visieren primär zielgerichtete Formen der mündlichen Kommunikation im Sinne einer erfolgreichen authentischen Kommunikation in Alltagssituationen und Ähnlichem an. Bildungsorientierte Formen der Kommunikation, beispielsweise ein offenes Gespräch über Werte und Normen im Kontext einer individuellen Persönlichkeitsbildung, das nicht auf ein konkretes und eindeutig anzuvisierendes Ergebnis zielte, scheinen in dieser Logik nicht primär mitgedacht.

Die transversalen Kompetenzen gehen darüber hinaus und umfassen weiterführende Dimensionen, die auch Aspekte der Bildungsorientierung berühren.

Aufgabe 8.6

? Welchen Stellenwert sollten Strategien und Strategieförderung im Französischunterricht einnehmen? Begründen Sie ihre Meinung unter Bezugnahme auf ein konkretes Beispiel.

Zusammenfassung

In dieser Einheit haben Sie verschiedene Kompetenzen, Fertigkeiten und Strategien kennengelernt, die den Französischunterricht im Sinne des Gemeinsamen europäischen Referenzrahmens für Sprachen und der Bildungsstandards prägen. Die gezielte Vermittlung fünf verschiedener Fertigkeiten – Hörverstehen bzw. Hör-/Sehverstehen, Sprechen, Leseverstehen, Schreiben, Sprachmittlung – erweist sich dabei als zentral. Ein daran angelehntes Verständnis von zu vermittelnden Kompetenzen wird auch in curricularen Vorgaben (z. B. in Baden-Württemberg) verfolgt.

Neben funktionalen kommunikativen Kompetenzen haben Sie methodische und soziale Kompetenzen kennengelernt, die sich u. a. in einem Fokus auf Lern(er)strategien manifestieren. Mit einer solchen Struktur erweitert sich das Verständnis des Französischunterrichts von einem engen Fokus auf die Vermittlung der Sprache bzw. sprachlichen Metawissens auf ein komplexes Verständnis eines Unterrichts, in dem auch Einstellungen zur Sprache oder Methoden zum Sprachenlernen zum Tragen kommen. Darüber hinaus werden transversale Kompetenzen der Bildungsstandards für die Allgemeine Hochschulreife thematisiert.

? Lesen Sie die zentralen Passagen in curricularen Vorgaben Ihres Bundeslandes zum Französischunterricht (z. B. Lehrplan, Rahmenplan, Kerncurriculum, Bildungsstandards, Bildungsplan) in Bezug auf die Vermittlung von Kompetenzen, Fertigkeiten und Strategien. Inwiefern erscheinen Ihnen die dort aufgeführten Aussagen für Ihre eigene zukünftige Arbeit als Französischlehrer/in hilfreich, unterstützend, einengend, erschwerend, etc.? Nehmen Sie begründet Stellung.

| Aufgabe 8.7

Literatur

Alamargot, Gérard u. a. (2005): Découvertes 2, für den schulischen Französischunterricht. Stuttgart: Klett.

Baumert, Jürgen u. a. (Hg.) (2001): PISA 2000. Basiskompetenzen von Schülerinnen und Schülern im internationalen Vergleich. Opladen: Leske und Budrich.

Europarat (2001): Gemeinsamer europäischer Referenzrahmen für Sprachen: lernen, lehren, beurteilen. Berlin u. a.: Langenscheidt.

Hinz, Klaus (1995): Die Phasen des pre-reading, reading und post-reading im fremdsprachlichen Literaturunterricht. In: Börner, Wolfgang/Vogel, Klaus (Hg.): Der Text im Fremdsprachenunterricht. Bochum: AKS, 249–259. (Fremdsprachen in Lehre und Forschung, 17)

Karcher, Günther L. (1985): Aspekte einer Fremdsprachenlegetik: Zur Differenzierung von erst- und fremdsprachlichem Lesen. In: Jahrbuch DaF 11: 14–35.

Oxford, Rebecca L. (1990): Language Learning Strategies. What every teacher should know. Boston, MA: Heinle & Heinle.

Piepho, Hans-Eberhard (1974): Kommunikative Kompetenz als übergeordnetes Lernziel im Englischunterricht. Limburg: Frankonius.

Rampillon, Ute (1989): Lerntechniken im Fremdsprachenunterricht. Ismaning: Hueber.

Schumann, Adelheid (2009): Förderung funktionaler kommunikativer Kompetenzen. In: Grünewald, Andreas/Küster, Lutz (Hg.): Fachdidaktik Spanisch. Tradition, Innovation, Praxis. Stuttgart, Seelze: Klett, Kallmeyer, 185–212.

Tesch, Bernd (2014): „Competences, Language Skills and Linguistic Means", in: Fäcke, Christiane (Hg.): Manual of Language Acquisition. Berlin u. a.: De Gruyter, 325-342.

Wolff, Dieter (2003): Hören und Lesen als Interaktion: Zur Prozesshaftigkeit der Sprachverarbeitung. In: Der fremdsprachliche Unterricht Englisch 64 + 65: 11–16.

Internet

Kultusministerkonferenz (2003): Bildungsstandards für die erste Fremdsprache (Englisch/Französisch) für den mittleren Schulabschluss. Beschluss vom 4. 12. 2003. https://www.kmk.org/fileadmin/Dateien/veroeffentlichungen_beschluesse/2003/2003_12_04-BS-erste-Fremdsprache.pdf

Kultusministerkonferenz (2012): Bildungsstandards für die fortgeführte Fremdsprache (Englisch / Französisch) für die Allgemeine Hochschulreife (Beschluss der Kultusministerkonferenz vom 18.10.2012), http://www.kmk.org/fileadmin/veroeffentlichungen_beschluesse/2012/2012_10_18-Bildungsstandards-Fortgef-FS-Abi.pdf

Ministerium für Kultus, Jugend und Sport Baden-Württemberg (2016): Bildungsplan 2016. Französisch als erste Fremdsprache. http://www.bildungsplaene-bw.de/site/bildungsplan/get/documents/lsbw/export-pdf/depot-pdf/ALLG/BP2016BW_ALLG_GYM_F1.pdf

Einheit 9

Wortschatzarbeit

	Inhalt	
9.1	Wörter lehren und vermitteln	138
9.2	Wörter lernen und behalten	144

Im Zentrum dieser Einheit steht die Arbeit mit Wörtern, die eine wesentliche Basis für das Französischlernen darstellen. Ausgehend von der Verarbeitung des Wortschatzes im Gehirn und der Darstellung des mentalen Lexikons werden Rahmenbedingungen der Wortschatzarbeit aus Sicht der Lehrenden und der Lernenden dargestellt. Hierzu gehören Verfahren der Semantisierung sowie der Festigung und Evaluation des Wortschatzes ebenso wie Hilfen zum Erlernen und Memorieren der Wörter aus Sicht der Lernenden.

Überblick

WORTSCHATZARBEIT

9.1 | Wörter lehren und vermitteln

Französischlehrer/innen vermitteln im Lauf ihres Berufslebens Tausende von Wörtern und tun dies regelmäßig. Vermutlich wird in der großen Mehrheit aller Französischstunden neuer Wortschatz eingeführt, geübt oder überprüft. Das Lehren und Lernen von Wortschatz hat demzufolge in einem Französischlehrgang einen kontinuierlichen und wichtigen Platz. Wörter nehmen somit einen zentralen Stellenwert im Französischunterricht ein. Diese Einsicht hat sich seit den 1980er Jahren verstärkt durchgesetzt, nachdem in der Fremdsprachendidaktik über Jahre die Grammatik als wichtigster Aspekt der Fremdsprachenvermittlung erachtet wurde (Stork 2003: 10 ff.). Doch mit Grammatik allein kann man nicht Französisch sprechen, dazu sind vor allem auch Wörter nötig.

Le Grand Robert

Die Bedeutung und Anzahl von Wörtern im Fremdsprachenunterricht spiegelt sich in der Bedeutung und Anzahl von Wörtern in einer Sprache. So beinhaltet *Le Grand Robert de la langue française*, das umfangreichste Wörterbuch der französischen Sprache, 100.000 Einträge (Rey 2009).

Wortschatz in der Erstsprache

Wie viele Wörter der Wortschatz eines Menschen in der Erstsprache umfasst, kann jedoch nicht in vergleichbarer Weise präzise bestimmt werden. Man geht allerdings davon aus, dass ein gebildeter Erwachsener mit Englisch als Erstsprache wahrscheinlich nicht unter 50.000 Wörtern kennt und aktiv nutzen kann, dass diese Zahl jedoch weit höher liegen könnte (Aitchison 1997: 9). Gerade auch infolge der hohen Anzahl an Wörtern einer Sprache lassen sich hier kaum präzise Bestimmungen vornehmen, sondern man muss eher mit Schätzungen operieren. Dies gilt auch für die Einschätzung des Wortschatzes bei Kindern. So geht man davon aus, dass ein zweijähriges Kind im Durchschnitt etwa 500 Wörter aktiv verwendet, ein dreijähriges mehr als 1.000 und ein fünfjähriges bis zu 3.000. Der passive Wortschatz eines sechsjährigen Kindes wird auf 14.000 Wörter geschätzt (Aitchison 1997: 221).

Vokabellernen

Offensichtlich kann das Gehirn ohne besondere Mühe Tausende, wenn nicht Zehntausende von Wörtern bewältigen. Dies gilt mindestens für den Erstspracherwerb, u. U. auch für den natürlichen Zweitspracherwerb, jedoch wohl kaum für den gesteuerten Fremdsprachenunterricht. Wir alle erinnern uns sicherlich an die Anstrengungen, die das Lernen von Vokabeln gekostet hat, seien es die eigenen oder die anderer Schülerinnen und Schüler. Allein das Lernen und Behalten von beispielsweise 50 Vokabeln für einen Test sowie die sich anschließenden Testergebnisse einer Lerngruppe zeigen, wie schwierig und mühsam Wortschatzarbeit im gesteuerten Fremdsprachenunterricht sein kann.

Funktionsweise des Gehirns

Die bislang aufgeführten quantifizierenden Aussagen führen zu der Frage, wie das menschliche Gehirn mit dieser hohen Anzahl an Wörtern umgeht. Der Forschungsstand in der Psycholinguistik und in der Kognitionswissenschaft verweist dazu auf einen menschlichen Wortspeicher im Gehirn, der als „mentales Lexikon" bezeichnet wird. Es ist ein Modell bzw. eine Metapher für diesen Wortspeicher, der vor allem hocheffektiv funktioniert, wenn man bedenkt, in welchen Bruchteilen von Sekunden Muttersprachler in der Lage sind, unter zehntausenden von möglichen Wörtern genau die benötigten Wörter für das Formulieren eines Satzes zu finden oder Wörter beim Hören sofort zu verstehen.

mentales Lexikon

Ein vollständiger und detaillierter Einblick in das mentale Lexikon ist mit den derzeitigen Forschungsmethoden nicht möglich. Hinweise auf das mentale Lexikon werden aus Wortsuche und Versprechern von Menschen ebenso erschlossen wie aus Wortfindungsproblemen von Aphasikern (d. h. Menschen mit Gehirnschädigung beispielsweise nach einem Verkehrsunfall), aus psycholinguistischen Experimenten oder aus Arbeiten der theoretischen Linguistik (Aitchison 1997: 20 ff.). Daher lassen diese Zugänge jeweils nur indirekte Schlussfolgerungen zum mentalen Lexikon zu.

Forschung zum mentalen Lexikon

Demzufolge ist das mentale Lexikon

Charakteristika

► in seinem Umfang nicht beschränkt,
► in seiner Entwicklung dynamisch und flexibel,
► in seinen Einträgen immer *up to date*,
► sowie in seiner Struktur netzwerkartig angelegt.

Wörter sind im mentalen Lexikon in einem engen Geflecht miteinander verbunden. Diese Wortgewebe sind offenbar nach semantischen Feldern strukturiert. Die Verbindungen lassen sich als Gerüst vorstellen, das flexibel und für Ergänzungen offen ist (Aitchison 1997: 105 ff.). Anstelle einer alphabetischen Ordnung wie in gedruckten Wörterbüchern sind die Einträge nach Bedeutungsähnlichkeit oder Lautähnlichkeit geordnet. Vermutlich werden Wörter auch nach Wortklassen geordnet, wobei wohl auch eine grundlegende Unterteilung in Funktionswörter und Inhaltswörter vorgenommen wird. Die einzelnen Einträge umfassen phonologische, morphologische, semantische und syntaktische Informationen zu den Wörtern. Insgesamt handelt es sich bei dem Gesamtaufbau des mentalen Lexikons

Vernetzung von Wörtern

> […] um einen evolutionären Mischmasch, dessen Bestandteile sich im Laufe der Jahrtausende zu einer etwas merkwürdigen Komposition verbunden haben. So sind die beiden Hauptkomponenten verschieden strukturiert; die eine erleichtert die Worterzeugung, die andere die Worterkennung. Beide überschneiden sich mit anderen Aspekten der Sprache und Kognition und interagieren mit ihnen.
>
> Insgesamt gesehen, beruht das mentale Lexikon – ein Begriff, der wohl als Metapher zu verstehen ist – auf Verbindungen, nicht Lokalisierungen, Kernbereichen, nicht Peripherien und Umrissen, nicht festen Details.
>
> (Aitchison 1997: 301)

WORTSCHATZARBEIT

mentales Lexikon von Bilingualen

Die bislang aufgeführten Beschreibungen beziehen sich auf ein monolinguales mentales Lexikon. Wie sieht nun das mentale Lexikon von Bilingualen aus? Verfügen Mehrsprachige über ein einziges Lexikon, in dem die verschiedenen Sprachen integriert aufgeführt sind, oder über mehrere Lexika, in denen jede einzelne Sprache getrennt aufgeführt ist? Der Stand der Forschung zu dieser Frage ist noch nicht abgeschlossen, jedoch bestehen verschiedene Hypothesen. Sie postulieren eine

Hypothesen

- getrennte Speicherung je nach Sprache,
- gemeinsame Speicherung aller Sprachen in einem mentalen Lexikon,
- getrennte Speicherung sprachspezifischer Elemente und gemeinsame Speicherung ähnlicher Elemente,
- gemeinsame Speicherung aller Sprachen mit starker Verbindung zwischen Elementen derselben Sprache (Stork 2003: 76 ff.).

Aufgabe 9.1 | ? Fassen Sie die zentralen Aussagen zum mentalen Lexikon zusammen. Was bezeichnet dieser Begriff und wie ist das mentale Lexikon aufgebaut?

Im Zusammenhang mit den genannten Überlegungen zum mentalen Lexikon und zum Wortschatz eines Menschen stellt sich die Frage nach einer begründeten Auswahl und Menge des im Französischlehrgang zu erlernenden Wortschatzes. Curricularen Vorgaben zufolge kann die Menge des Wortschatzes im Französischunterricht je nach Bundesland erheblich variieren.

Im Lehrplan des Jahres 1992 schreibt Bayern 2.400 Wörter für Französisch als 1. und 2. Fremdsprache in der Sekundarstufe I vor, Schleswig-Holstein hingegen verlangt 1997 nur 1.400 Wörter für Französisch als 1. Fremdsprache (Leupold 2007: 250 f.). Im Durchschnitt der Bundesländer werden wohl 600–700 Wörter pro Lernjahr vorgeschrieben.

Hamburger Rahmenplan

Im Hamburger Bildungsplan 2011 für die Neueren Fremdsprachen werden keine genauen Anforderungen an den Umfang des zu vermittelnden Wortschatzes vorgegeben. Stattdessen gibt es Formulierungen, die den zu erreichenden Wortschatz am Ende der Jahrgangsstufe 10 folgendermaßen beschreiben:

> Die Schülerinnen und Schüler verstehen Informationen und Gespräche zu vertrauten Inhalten, auch wenn einzelne unbekannte, aber aus dem Kontext leicht erschließbare Wörter vorkommen, vorausgesetzt, es wird deutlich und langsam gesprochen.
>
> (Freie und Hansestadt Hamburg. Behörde für Schule und Berufsbildung 2011:18)

Lehrplan Sachsen

Vergleichbare Aussagen finden sich auch im sächsischen Lehrplan für das Gymnasium (Sächsisches Staatsministerium für Kultus 2004/2007/2009/2011: 29). Hier wird als Ziel am Ende der Klassenstufe 9 für Französisch als 3. Fremdsprache lediglich das Beherrschen des Wortschatzes angegeben, der die im Lehrplan ausgewiesenen Themenbereiche hinreichend abdecke. Jedoch erfolgt keine Auflistung der Wörter, die zur Erreichung dieses Ziels vorgeschrieben sind und auch keine Nennung einer konkreten Anzahl an Wörtern.

Angesichts dieser unterschiedlichen Zahlen und offenen Vorstellungen gilt es auszuloten, welche Wörter denn nun im Französischunterricht ausgewählt und vermittelt werden sollen. Ein Meilenstein, der einen wesentlichen Beitrag zu einer fundierten Auswahl von Wortschatz darstellt, ist das *Français Fondamental* in den 1960er und 1970er Jahren (Ministère de l'Education Nationale 1966, 1973). Ausgehend von einem strukturalistischen Sprachverständnis und auf der Basis einer Untersuchung gesprochener Sprache wird ein Grundwortschatz des Französischen nach dem Kriterium der Frequenz der Wörter im realen Sprachgebrauch erstellt. Das *Français Fondamental (1er degré)* umfasst 1.475 Wörter, das darauf aufbauende *Français fondamental (2e degré)* 1.700 Wörter (vgl. Leupold 2007: 252 f.). Bis heute wird in curricularen Texten auf diese Liste eines Grundwortschatzes Bezug genommen (z. B. Hessisches Kultusministerium 2010: 32). *Français Fondamental*

Infolge des Aufkommens der kommunikativen Didaktik in den 1970er Jahren erfolgen eine Abkehr von den alphabetisch geordneten Wortlisten des *Français Fondamental* und die Hinwendung zu Redemitteln und Kommunikationssituationen. Für Französisch wird dies insbesondere im *Niveau Seuil* umgesetzt (Conseil de l'Europe 1976, 1977). Ausgehend von Sprechintentionen in verschiedenen Kommunikationssituationen werden Redemittel zur Umsetzung der Intentionen aufgelistet. *Niveau Seuil*

Bis heute ist die Auswahl des im Französischunterricht vermittelten Wortschatzes an Überlegungen des *Français Fondamental* und des *Niveau Seuil* orientiert. Die Ausrichtung am gesprochenen Französisch, an der Häufigkeit der Wörter, an Bezügen zur Lebenswelt der Jugendlichen sowie an Sprechintentionen und Redemitteln fließt in die Auswahl und Vermittlung von Wörtern ein. Die genannten Kriterien gelten jedoch nicht als absolut. Das Kriterium der Häufigkeit wird beispielsweise ergänzt durch inhaltliche und thematische Bezüge oder auch durch Motivation und Umsetzbarkeit in Kommunikationssituationen. So erweisen sich Wörter zur Bezeichnung von Gegenständen in einem Klassenzimmer (z. B. *la craie, le tableau, ...*) als nicht hoch frequent. Gleichwohl werden sie in der Regel recht früh im Französischunterricht vermittelt, da sie in der konkreten Kommunikationssituation im Unterricht wichtig sind. Kriterien: Frequenz, Relevanz

Darüber hinaus unterscheidet man im Französischunterricht den produktiven (aktiven) und den rezeptiven (passiven) Wortschatz sowie den potenziellen Wortschatz. Der produktive Wortschatz bezeichnet die gesamte Anzahl an Wörtern, die ein Mensch aktiv selbst benutzt. Der rezeptive Wortschatz umfasst die Menge aller Wörter, die Lernende verstehen, jedoch selbst nicht anwenden können und würden. Der rezeptive Wortschatz ist weit umfangreicher als der produktive Wortschatz. Der potenzielle Wortschatz umfasst Wörter, die zwar noch nicht gelernt wurden, jedoch beim ersten Hören verstanden produktiver, rezeptiver und potenzieller Wortschatz

WORTSCHATZARBEIT

werden. Hierunter fallen Internationalismen, d.h. Wörter, die in vielen Sprachen existieren (z.B. Hotel, Restaurant, in, international oder Europa), oder auch Ableitungen aus Wörtern, die bereits gelernt wurden (z.B. *beauté* von *beau*, *travail* von *travailler*).

Aufgabe 9.2 | ? Welche der folgenden Wörter sollten aus Ihrer Sicht im Anfangsunterricht Französisch (d.h. im 1. und 2. Lernjahr) vermittelt werden, welche nicht? Begründen Sie Ihre Auswahl.

manger, moi, le marché, la fleur, le coquelicot, la grange, enfin, la capitale, quand, vite, aller, la maison à colombages, le tisserand, échouer, lire, apprendre, international, le Canada, évidemment, se réjouir de, la baume de tigre, si, l'ONU, je, la tondeuse à gazon, bonjour, maman, le député, rouge

Die Wortschatzarbeit umfasst aus Perspektive der Lehrenden verschiedene Schwerpunkte. So geht es um die Einführung neuen Wortschatzes, um Einübung und Transfer sowie um die Überprüfung des Wortschatzes.

Semantisierung — Die Phase der Einführung neuer Wörter und der Erklärung ihrer Bedeutung wird als Semantisierung bezeichnet. Grundsätzlich gilt es, zwischen der aktiven und bewussten Semantisierung durch die Lehrkraft, der inzidentellen Semantisierung und der Autosemantisierung zu unterscheiden.

Semantisierungsverfahren — Bewusst durch die Lehrkraft durchgeführte Semantisierungsverfahren lassen sich unterscheiden in sprachliche und nicht-sprachliche Semantisierungsverfahren, erstere wiederum in einsprachige und zweisprachige Semantisierungsverfahren.

1. Sprachliche Semantisierung		
1.1 Einsprachige Semantisierung	Definition	**Le sèche-cheveux** est un appareil électrique qui sert à sécher les cheveux après lavage en produisant de l'air chaud.
	Umschreibung	Le **dimanche**, on ne travaille pas, on met de beaux vêtements, on fait un grand repas et quelques gens vont à l'église.
	Charakterisierung	**Le lion** est un animal grand, fort, féroce et sauvage. Il aime dormir et chasser d'autres animaux quand il a faim.
	Beispiel	Paris, c'est **la capitale** de la France.
	Synonym	**chercher à** faire qc. = essayer de faire qc.
	Antonym	**grand** – petit
	Wortfamilie	**le roi**, la reine, régner, le règne, royal, le royaume, la royauté, le royalisme, le royaliste, royalement, la royale,

1.2 Zweisprachige Semantisierung	Übersetzung	**en quelque sorte** – cela veut dire *eigentlich*
2. Nicht-sprachliche Semantisierung	Mimik	Je suis **heureux**. – glücklichen Gesichtsausdruck imitieren
	Gestik	Je suis **fort**. – auf eigene Muskeln zeigen und die Muskeln am Oberarm anspannen
	Proxemik	Je **cours**. – im Klassenzimmer umherlaufen
	Visualisierung durch Foto, Zeichnung	**une voiture** – Foto eines Autos zeigen oder Auto an die Tafel zeichnen
	Gegenstand	**le livre** – auf ein Buch in der Klasse zeigen

Die aktive Semantisierung wird häufig als Vorentlastung vor der Erarbeitung eines neuen Textes durchgeführt. Wesentlich ist die Berücksichtigung verschiedener Phasen bei dieser Einführung, d. h. die Orientierung an den vier Fertigkeiten Hören – Sprechen – Lesen – Schreiben in dieser Reihenfolge. Zunächst sollten die Lernenden das jeweilige Wort mehrfach hören, es dann selbst nachsprechen und dabei die Aussprache üben, anschließend das Wort lesen, sei es an der Tafel oder im Text, und schließlich das Wort selbst schreiben.

Semantisierung in vier Phasen

? Welche Semantisierungsverfahren würden Sie für die folgenden Wörter nutzen? Begründen Sie Ihre Entscheidung.

Aufgabe 9.3

curieux, descendre, le serpent, la semaine, la rose, lentement, si, où, l'Angleterre, écrire, le boucher

Die inzidentelle Semantisierung verläuft demgegenüber zufällig und nebenher im Unterrichtsgeschehen. Im Zentrum einer solchen Französischstunde stehen Texte, Inhalte oder Themen, nicht jedoch die Semantisierung an sich. Falls ein neues Wort in dem zu lesenden Text vorkommt, wird es gegebenenfalls und auf Nachfrage der Lernenden besprochen. Anders als im Anfangsunterricht, in dem es gezielt um die Erweiterung des Wortschatzes geht, ist die inzidentelle Semantisierung jedoch nicht Ziel und Zweck der Stunde, sondern ein Nebenprodukt.

inzidentelle Semantisierung

Die Autosemantisierung ist dadurch charakterisiert, dass Lernende selbst und eigenständig die Semantisierung vornehmen und dieser Prozess nicht zentral durch die Lehrkraft gesteuert ist. Sie erschließen sich die neuen Wörter selbst und greifen dabei auf ihre Kenntnisse aus anderen Sprachen, auf Ableitungen oder auf Hinweise aus dem Kontext zurück. Dieses Verfahren steht im Zeichen der Lernerautonomie und nimmt daher einen immer stärkeren Platz im Französischunterricht ein.

Autosemantisierung

WORTSCHATZARBEIT

Festigung des Wortschatzes

Mit der Einführung der neuen Wörter haben die Lernenden diese jedoch noch längst nicht dauerhaft in ihr mentales Lexikon aufgenommen. Weitere Schritte zur Vermittlung und Festigung des Wortschatzes bestehen somit in Aufgaben und Übungen zum Wortschatz, in denen die neuen Wörter angewendet und verarbeitet werden. Diese Verfahren sollten nicht allein Formen stupider und eindimensionaler Wiederholung folgen, sondern die Wörter in immer neuen Zusammenhängen umwälzen. Gerade angesichts neuerer Entwicklungen hin zu Aufgabenorientierung (*task based language learning*), zu inhaltsbezogenem Französischunterricht und Kompetenzorientierung gilt es, Übungen nicht mehr im Sinne einer einfachen Anwendung der neuen Wörter in sich wiederholenden Kommunikationssituationen anzulegen – und schon gar nicht im Sinne von *Pattern drill*-Übungen. Übungen sollten vielmehr an komplexen und authentischen Aufgaben und Redeanlässen orientiert sein.

Überprüfung des Wortschatzes

Die Überprüfung des gelernten Wortschatzes erfolgt traditionell in Vokabeltests. Das Abfragen von Wortgleichungen entspricht jedoch kaum Erkenntnissen der Psycholinguistik und Gedächtnispsychologie. Wörter werden in Kontexten angewandt und nicht entkontextualisiert genutzt. Dies gilt es auch, in der Evaluation zu respektieren. Anstelle eindimensionaler Wortgleichungen ist es sinnvoller, eine an authentischen Kommunikationssituationen orientierte Anwendung im Unterricht selbst anzuleiten (vgl. Einheit 13, S. 221 f.).

9.2 | Wörter lernen und behalten

Überlegungen zur Wortschatzarbeit beziehen sich nicht nur auf den Anteil der Lehrenden, sondern auch auf die Arbeit, die die Lernenden vornehmen müssen. Gerade wenn man von Positionen ausgeht, die Französischlernen als eigenständigen und aktiven Konstruktionsprozess der Lernenden begreifen (vgl. Einheit 4, S. 55 ff.), gilt es, vor allem auch den Lernenden und ihren Aktivitäten Rechnung zu tragen. Hierzu gehören die Aufnahme neuer Wörter, ihre Einübung und dauerhafte Memorierung.

Gedächtnismodell

Ausgehend von den eingangs dargestellten Aspekten zum mentalen Lexikon und aktuellen Forschungen der Psycholinguistik und Gedächtnispsychologie können Lernen und Memorieren von Wörtern durch verschiedene Aspekte erleichtert werden. Behaltensleistungen des Gehirns werden in Zusammenhang mit unterschiedlichen Gedächtnismodellen und -theorien erklärt. Diese Gedächtnismodelle sehen die Leistung des Gehirns beispielsweise in Abhängigkeit von einem Zeitfaktor oder auch von der Intensität der Verarbeitung.

Mehrspeichertheorie

Der Mehrspeichertheorie (Shiffrin/Atkinson) zufolge wird das Gedächtnis in das sensorische Register, das Kurzzeit- und Langzeitgedächtnis unterteilt. Die Aufnahme von Informationen in den Gedächtnisspeicher erfolgt von kurzzeitigen zu dauerhaften und langzeitigen Verarbeitungen. Das Kurzzeitgedächtnis bzw. Arbeitsgedächtnis kann etwa sieben Einheiten, z. B. Wörter, erfassen und kurzzeitig, d. h. vermutlich für wenige Sekunden, behalten.

Durch Wiederholung kann die Behaltensdauer verlängert werden. Im Langzeitgedächtnis sind Informationen z. T. sogar lebenslang enthalten, doch auch hier gibt es die Möglichkeit des Vergessens (Stork 2003: 56 ff.).

Daneben besteht auch ein Gedächtnismodell, das von der Intensität der Verarbeitung als Kriterium für eine dauerhafte Aufnahme von Informationen in das Gedächtnis ausgeht. Nach der Theorie der Verarbeitungstiefe bzw. dem Mehrebenenansatz (Craik/Lockhart) ergibt sich für die Aufnahme und Memorierung z. B. von Wörtern eine erleichterte und erhöhte Behaltensleistung durch eine tiefergehende Verarbeitung. Die Gedächtnisspur ist abhängig vom Grad der Oberflächlichkeit oder der Gründlichkeit der Verarbeitung (Stork 2003: 61 f.).

Theorie der Verarbeitungstiefe

Gemäß der Theorie der dualen Kodierung (Paivio) geht man von zwei Gedächtnissystemen aus: von einem imaginalen und einem verbalen System. Nicht-sprachliche Informationen, d. h. Vorstellungsbilder visueller, auditorischer oder haptischer Natur, werden im imaginalen System verarbeitet, sprachliche Informationen im verbalen System. Während das imaginale System Informationen parallel, flexibel und schnell verarbeitet, erfolgt die Verarbeitung im verbalen System statisch und langsamer. Diese Theorie erklärt, warum konkrete und bildhafte Wörter leichter und schneller gelernt und behalten werden als abstrakte Begriffe (Stork 2003: 62 ff.).

Theorie der dualen Kodierung

Im Blick auf das Wortschatzlernen führen diese Gedächtnismodelle ebenso wie die Hypothesen zum mentalen Lexikon zur Berücksichtigung verschiedener Aspekte im Französischunterricht. Das Lernen von Wörtern wird somit erleichtert und nachhaltig unterstützt durch

Erleichterung des Wortschatzlernens

- mehrkanalige Einführung und Anwendung,
- Anschluss von Neuem an bereits Bekanntes,
- Verknüpfung von Wort und Bild,
- Auffälligkeit in der Wahrnehmung, d. h. visuelle Hervorhebung von Besonderem,
- Wiederholung in elaborierter Form, d. h. in neuen Varianten,
- tiefergehende Verarbeitung,
- Herstellung eines Lernkontextes,
- Übertreibung und Humor,
- Anregung der Phantasie und
- Vernetzung in Sinnzusammenhängen.

Das Lernen von Vokabeln erfolgt im Französischunterricht üblicherweise mit Hilfe von Vokabelverzeichnissen in Lehrwerken und durch das Abschreiben und Lernen dieser Vokabeln in Listenform (Neveling 2004: 95 ff.). In den Vokabelverzeichnissen der Lehrwerke sind die in einer Lektion neu eingeführten Wörter in der Reihenfolge ihrer Einführung aufgelistet. Die Listen sind in der Regel dreispaltig: In der ersten Spalte befindet sich das französische Wort, häufig auch mit phonetischer Umschrift, in der zweiten Spalte ein kurzer Bei-

Vokabelverzeichnis

WORTSCHATZARBEIT

spielsatz, eine Erklärung oder Zeichnung, in der dritten Spalte die deutsche Übersetzung. Das Vokabelverzeichnis im Lehrwerk *Découvertes* (Bruckmayer et al. 2004) enthält darüber hinaus landeskundliche Erklärungen oder gesonderte Aufführungen von Vokabeln nach Wortfeldern, z. B. die Wochentage (2004: 155) oder Tiere (2004: 156).

Vokabellernen

Obwohl das Anfertigen eines eigenen Vokabelhefts seit Jahrzehnten von Lehrenden, Lernenden und Eltern als Basis für das Vokabellernen erachtet wird, haben fremdsprachendidaktische Forschungen jedoch längst zu einer Abkehr davon plädiert. Die Effektivität dieses klassischen Vokabellernens wird bereits seit Jahren in Frage gestellt (Holtwisch 2000). Diese Form des Vokabellernens führt vor allem dazu, sich zu erinnern, auf welcher Seite und an welcher Stelle im Lehrwerk die jeweilige Vokabel abgedruckt ist, nicht jedoch, was sie bedeutet. Weit effektiver als das individuelle Lernen von Vokabeln mit Vokabelheft ist die wiederholte Anwendung der neuen Wörter im Unterricht. Das Lernen und Memorieren neuer Wörter sollte dabei vor allem nicht entkontextualisiert erfolgen.

Alternativen zu den Vokabelheften bestehen in Verfahren, in denen die Wörter individuell und flexibel durch die Lernenden bearbeitet werden. Lernen und Memorieren von Wörtern könnte u. a. wie im folgenden Beispiel realisiert werden:

Karteikasten

Selbst angefertigte Vokabelkarteikarten, die im Karteikasten jeweils neu geordnet werden können, bieten Lernenden einen aktiven, konstruktiven Zugang zu Wörtern. Auf den jeweiligen Karteikarten werden auf der Vorderseite die einzelnen Wörter aufgeführt und auf der Rückseite Beispielsätze, einsprachige Erklärungen oder auch eine Übersetzung. Ein weiterer Vorteil des Karteikastens besteht in einer flexiblen Neuordnung der Karten je nach individuellem Lernstand der Einzelnen. Aktuelle Lehrwerke bieten detaillierte Hinweise zur Erstellung und Nutzung von Wortkarteien. Darüber hinaus werden solche Karteikästen zum Kauf angeboten und stellen eine weit verbreitete und gängige Alternative zum Vokabelheft dar.

Aufgabe 9.4

? Vergleichen Sie das Lernen von Wörtern mit Hilfe eines Vokabelhefts und mit Hilfe eines Karteikastens. Welche Vor- und Nachteile beinhalten die jeweiligen Verfahren? Was würden Sie Ihren zukünftigen Schülerinnen und Schülern empfehlen? Begründen Sie Ihre Entscheidung.

Mnemotechnik

Eine wichtige Möglichkeit zur Erleichterung des Memorierens bilden Mnemotechniken. Mnemotechnik ist ein Begriff aus dem Griechischen: μνήμη (mneme) bedeutet Gedächtnis bzw. Erinnerung. Mnemotechniken sind Gedächtnishilfen und Techniken, die das Lernen und Behalten unterstützen. Sie wurden insbesondere von Rednern der Antike genutzt, um mit ihrer Hilfe längere Reden frei halten zu können. Darunter fallen einfache Merksätze und Reime ebenso wie komplexe Methoden, z. B. die Folgenden:

- Loci-Technik: Eine Reihenfolge von Dingen, z. B. die zu behaltenden Wörter, werden mit bestimmten Orten verbunden, beispielsweise mit Haltestellen der Straßenbahn oder einer Buslinie. Die Lerninhalte werden damit lokalisiert und das Behalten vereinfacht.

  Beispiel: Um eine Einkaufsliste für einen Supermarkt zu behalten, werden die einzelnen Wörter mit einem Weg assoziiert: *la viande* mit der eigenen Haltestelle, *les cerises* mit der ersten Abbiegung nach links, *les cornichons* mit der großen Linde 200 Meter weiter, *le lait* mit der nächsten Haltestelle, usw.

- Erfinden einer Geschichte: Neu zu lernende Wörter werden nicht entkontextualisiert der Reihenfolge nach gelernt, sondern zu einer Geschichte verbunden. Die Lerninhalte werden so miteinander verknüpft, der Rahmen wird behalten und das Memorieren der einzelnen Elemente dadurch unterstützt.

  Beispiel: Eine Wortliste (z. B. *le soleil, l'hiver, manger, vite, le choix, le lion, le boucher, heureux*) wird zu einer Geschichte oder einer Wortkette assoziiert: *En hiver, le lion n'est pas heureux parce que le soleil se couche tôt. Afin de consoler l'animal, le boucher du jardin zoologique lui donne vite un grand choix de viande à manger.*

- Schlüsselwortmethode: Ein Wort wird über Assoziationsketten gelernt. Ausgangspunkt ist die Aussprache des französischen Worts, das ähnlich wie ein anderes Wort im Deutschen klingt. Über diese Bedeutungsähnlichkeit wird ein Bezug zwischen den Wörtern generiert.

  Beispiel: *l'escalier* – eskalieren; wenn ein Kind eine hohe Treppe hinunterfällt und sich dabei verletzt, eskaliert die Situation.

Die auf Assoziationen basierende Struktur des mentalen Lexikons legt nahe, Assoziationen gezielt zum Wortschatzlernen zu nutzen. Somit bietet es sich auch an, auf Eselsbrücken, d. h. Merkverse, Reime oder Lernsprüche, zur Unterstützung der Erinnerung zurückzugreifen. Ein Beispiel zur Unterscheidung von *ou* (oder) und *où* (wo) ist der weit verbreitete Merksatz: Auf der Oder schwimmt kein Graf. Ein Merksatz zum Memorieren aller Verben, die im Französischen im *passé composé* mit *être* gebildet werden, ist der Folgende:

Aller, venir, arriver
sortir, partir, retourner
mourir, entrer, décéder
descendre, rester, demeurer
monter, tomber, naître
konjugiere stets mit *être*.

Eine weitere Möglichkeit zur Arbeit mit Wörtern sind Wörternetze. Sie stellen ebenfalls eine konkrete Umsetzung für den Französischunterricht aus der Erkenntnis über die netzwerkartige Struktur des mentalen Lexikons dar

WORTSCHATZARBEIT

(Neveling 2004). Das Erstellen eines Wörternetzes erfolgt in drei Schritten. Nach einer ersten Vorordnung der neuen Wörter werden Teilnetze erstellt und auf Papier festgehalten. Diese Wörter werden in einem dritten Schritt miteinander durch Linien verbunden und das Wörternetz schließlich mit Umrahmungen und eventuell mit kleinen Zeichnungen ausgeschmückt.

Anstelle einer linearen Anordnung der Wörter werden Wörter somit in einem Gewebe angeordnet und aufgebaut (Neveling 2007: 6):

Text 9.1

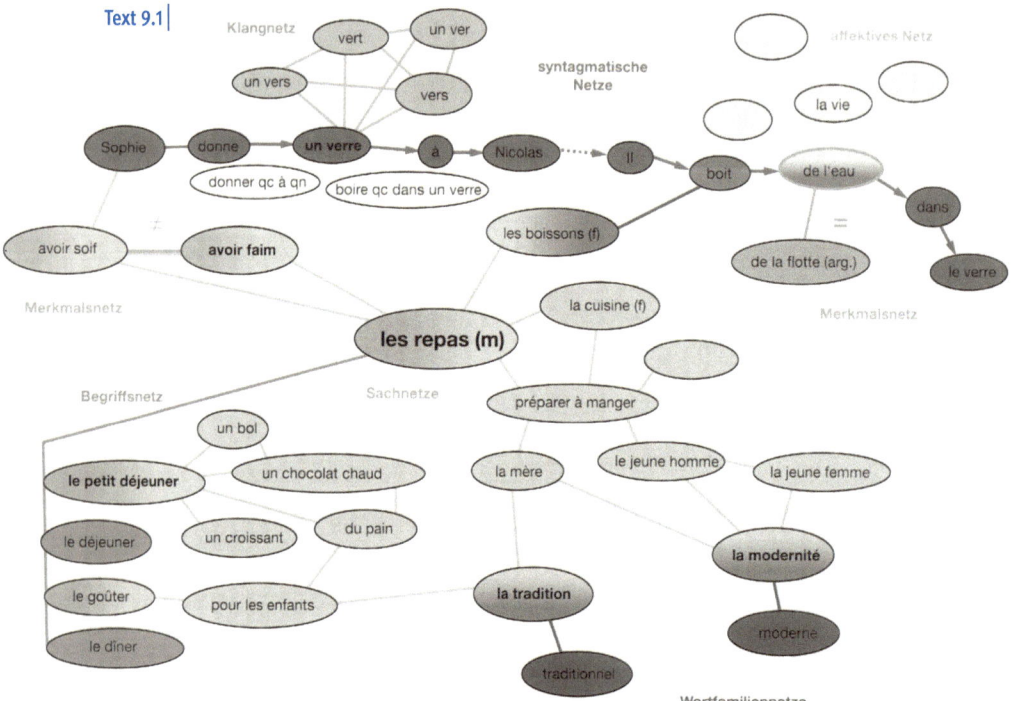

Aufgabe 9.5

? Entwickeln Sie ein Wörternetz ausgehend von dem Begriff *les pirates*. Beschreiben Sie anschließend, wie und nach welchen Kriterien Sie dieses Wörternetz aufgebaut haben.

mots images

Darüber hinaus lassen sich Wörter gut durch *mots images* einprägen. Hierbei wird die Bedeutung des jeweiligen Wortes durch eine entsprechende Visualisierung dargestellt. Ein Wort wird mit einer Form gezeichnet oder mit einer Anordnung der Buchstaben, die die Bedeutung des Wortes zum Ausdruck bringen. Die Assoziation erfolgt durch die Verknüpfung von Wort und Bild. Die folgenden *mots images*, die von der achtjährigen Charlotte mit Vergnügen gemalt wurden, erleichtern nicht nur das Behalten des jeweiligen Wortes, sondern unterstützen auch die Motivation zum Französischlernen und eignen sich besonders für den Frühbeginn.

WÖRTER LERNEN UND BEHALTEN | **Einheit 9**

? Entwickeln Sie zu den folgenden Wörtern Visualisierungen mit Hilfe von *mots images*, die die Bedeutung der jeweiligen Wörter verdeutlichen.

|Aufgabe 9.6

la lune, manger, aller, le soldat, grand, vite, le pantalon

Neben diesen kreativen Formen der Wortschatzarbeit lässt sich das Lernen von Wörtern im Französischunterricht auch in der Arbeit mit Wörterbüchern realisieren. Lehrwerke bieten in den Einzelbänden eines Lernjahrs ein selektives Wörterverzeichnis aller Wörter an, die in dem jeweiligen Band oder in vorausgehenden Bänden aufgeführt sind. Diese Wörterverzeichnisse sind in alphabetischer Reihenfolge in Deutsch – Französisch und in Französisch – Deutsch angeordnet. Sie enthalten für das französische Wort die phonetische Umschrift und verweisen darüber hinaus auch auf die Lektion, in der das Wort neu eingeführt ist. Sie ermöglichen den Lernenden damit, einzelne Wörter individuell und selbstständig nachzusehen (z. B. Schenk/Gregor 2003: 153 ff.).

Wortschatzliste und Wörterbuch in Lehrwerken

Darüber hinaus gibt es auch Wörterbücher, die insbesondere für Schülerinnen und Schüler erstellt sind. Hierzu gehört beispielsweise das PONS Schülerwörterbuch Französisch (2013), das Französisch – Deutsch und Deutsch – Französisch angelegt ist und in etwa 120.000 Stichwörter, darunter das Vokabular aller aktuellen Französischlehrwerke, enthält. Neben den eigentlichen Übersetzungen und verschiedenen Bedeutungen eines Worts finden sich landeskundliche Informationskästchen zu einigen Begriffen sowie Bildseiten mit thematischer Bündelung des Wortschatzes.

Wörterbuch für Schüler

Das Langenscheidt Schulwörterbuch Pro Französisch (2016) ist ebenfalls explizit für den schulischen Französischunterricht insbesondere der ersten

WORTSCHATZARBEIT

Lernjahre angelegt und enthält einen aktuellen Wortschatz auf der Basis von 135.000 Stichwörtern und Hinweise zu typischen Fehlerquellen, zu Sprachgebrauch, Grammatik und Landeskunde sowie zum Grundwortschatz.

einsprachige und zweisprachige Wörterbücher

Grundsätzlich gilt es, einsprachige und zweisprachige Wörterbücher zu unterscheiden. Erstere bieten vor allem die kontextualisierte Semantisierung eines Wortes in der jeweiligen Sprache, letztere beinhalten Übersetzungen. Einsprachige Wörterbücher bieten neben Informationen zur Orthografie und Grammatik vor allem eine komplexe Einordnung der Nutzung eines Wortes im Französischen im Kontext und enthalten damit semantische und syntaktische Informationen. Sie stellen jedoch keine Hilfe dar, wenn Lernende ein Wort in der Fremdsprache wissen möchten und eine Übersetzung aus der eigenen Sprache benötigen. Dazu sind zweisprachige Wörterbücher hilfreich, doch beinhalten sie für Lernende einige Hürden, insofern als sprachliche Kontexte fehlen, somit die Anwendung eines Wortes u. U. nicht genau nachvollzogen werden kann und darüber hinaus auch mehrere Bedeutungen von Wörtern eine Einordnung erschweren. Schließlich sind direkte eins zu eins Übersetzungen nicht möglich. Daher liegt es nahe, die Nutzung von Wörterbüchern zu erlernen und zu üben.

Lernwörterbuch

Neben den genannten alphabetisch geordneten Wörterbüchern gibt es auch Lernwörterbücher, die nach Themen und Sachgebieten geordnet sind und Satzbeispiele enthalten (vgl. z. B. Redaktion Langenscheidt 2015). Diese Zugänge zur Wortschatzarbeit nehmen Forschungsergebnisse zum mentalen Lexikon konstruktiv auf.

Wörterbücher in elektronischer Form

Schließlich werden Wörterbücher auch in elektronischer Form zur Nutzung mit dem Computer angeboten. Ein großer Vorteil liegt in der erhöhten Geschwindigkeit beim Nachschlagen, insofern als ein Suchbegriff durch den Computer sofort bereitgestellt wird. Dabei sind auch die Suchmöglichkeiten weit schneller und flexibler, als die konventionelle Suche beim Umblättern eines Buches ermöglicht. Darüber hinaus bieten Wörterbücher im Internet einen schnellen und kostenfreien Zugriff (vgl. z. B. www.pons.eu).

Lernsoftware

Eine weitere Alternative zum herkömmlichen Vokabellernen ist Lernsoftware. Vokabeltrainer simulieren die Arbeit mit dem Karteikasten und ermöglichen einen individuellen und hoch flexiblen Umgang mit dem eigenen Vokabellernprozess. Einzelne Lernaufgaben erfordern beispielsweise das Erkennen oder Nennen eines Wortes und bieten eine direkte Rückmeldung über Fehler des Lernenden.

Umwälzung des Wortschatzes

Darüber hinaus ist es auch wichtig, die Wörter wiederholt und im Französischunterricht immer neu zu verwenden. Die Anwendung und Umwälzung des Wortschatzes ist letztlich der entscheidende Faktor, der zu nachhaltigem und dauerhaftem Memorieren führt.

WÖRTER LERNEN UND BEHALTEN **Einheit 9**

Die Verarbeitung der Wörter im Gehirn des Menschen bildet den Gegenstand dieser Einheit. Das mentale Lexikon ist eine Metapher für den menschlichen Wortspeicher im Gehirn. Es ist netzwerkartig aufgebaut und verfügt über eine hohe Flexibilität im Umgang mit Wörtern. Unter Berücksichtigung von Forschungsergebnissen zum Charakter des mentalen Lexikons sollte Wortschatzarbeit im Fremdsprachenunterricht ebenfalls den assoziativen Charakter der Gehirnstrukturen berücksichtigen. In Semantisierungsverfahren, in der Einübung und Festigung des Wortschatzes ebenso wie in der Überprüfung des Wortschatzes kann das Lernen und Memorieren für Lernende einfacher und nachhaltig erfolgreich sein, wenn entsprechende Verfahren und Mnemotechniken sinnvoll im Französischunterricht eingesetzt werden.

Zusammenfassung

? Analysieren Sie ein aktuelles Französischlehrwerk Ihrer Wahl. Nehmen Sie den Schülerband für das erste Lernjahr und untersuchen Sie, inwieweit die hier aufgeführten Überlegungen zur Wortschatzarbeit in diesem Lehrwerkband umgesetzt sind. Welche Aspekte finden Sie wieder, welche nicht?

Aufgabe 9.7

Literatur

Aitchison, Jean (1997): Wörter im Kopf. Eine Einführung in das mentale Lexikon. Tübingen: Niemeyer. (Konzepte der Sprach- und Literaturwissenschaft, Bd. 56)

Bruckmayer, Birgit et al. (2004): Découvertes. Band 1. Stuttgart, Düsseldorf, Leipzig: Klett.

Conseil de l'Europe (Hg.) (1976): Un niveau seuil 1. Strasbourg: Conseil de l'Europe.

Conseil de l'Europe (Hg.) (1977): Un niveau seuil 2. Strasbourg: Conseil de l'Europe.

Holtwisch, Herbert (2000): Vokabelhefte und Wortgleichungen – und sonst nichts? Vorschläge zur behaltensfördernden Wortschatzarbeit im Englischunterricht der unteren Klassen der Sekundarstufe I. In: Praxis des neusprachlichen Unterrichts 47/4: 367–376.

Langenscheidt Schulwörterbuch Pro Französisch (2016): Berlin u. a.: Langenscheidt.

Leupold, Eynar (2007): Französisch unterrichten. Grundlagen, Methoden, Anwendungen. Seelze-Velber: Kallmeyer.

Ministère de l'Education Nationale (Hg.) (1966): Le français fondamental (1er degré). Paris: Institut Pédagogique National.

Ministère de l'Education Nationale (Hg.) (1973): Le français fondamental (2e degré). Paris: Institut Pédagogique National.

Neveling, Christiane (2004): Wörterlernen mit Wörternetzen. Eine Untersuchung zu Wörternetzen als Lernstrategie und als Forschungsverfahren. Tübingen: Narr. (Giessener Beiträge zur Fremdsprachendidaktik)

Neveling, Christiane (2007): Lernstrategie: Wörternetze. In: Der Fremdsprachliche Unterricht Französisch 90: 2–8.

Pons-Schülerwörterbuch Französisch-Deutsch Deutsch-Französisch (2013): Stuttgart: Klett Sprachen.

Redaktion Langenscheidt (Hg.) (2015) : Langenscheidt Grundwortschatz Französisch. Berlin u.a.: Langenscheidt.

Rey, Alain (Hg.) (2009): Le Grand Robert de la langue française. 6 Bände. Paris: Dictionnaires Le Robert.

Schenk, Sylvie/Gregor, Gertraud (2003): Réalités 3. Nouvelle édition. Berlin: Cornelsen.

Stork, Antje (2003): Vokabellernen. Eine Untersuchung zur Effizienz von Vokabellernstrategien. Tübingen: Narr. (Giessener Beiträge zur Fremdsprachendidaktik)

Internet

Dictionnaire des mots-images: http://www.ac-nancy-metz.fr/petitspoetes/HTML/JARDINSPOETIQUES/MOTSIMAGES/JARDINMOTIMA.html

Freie und Hansestadt Hamburg. Behörde für Schule und Berufsbildung (Hg.) (2011): Bildungsplan Gymnasium. Sekundarstufe I. Neuere Fremdsprachen. http://www.hamburg.de/contentblob/2376246/762ade29589101234bbaf9da66ef0a14/data/neuere-fremdsprachen-gym-seki.pdf

Hessisches Kultusministerium (2010): Lehrplan Französisch. Gymnasialer Bildungsgang. Jahrgangsstufen 5G bis 9G. https://kultusministerium.hessen.de/sites/default/files/media/g8-franzoesisch.pdf

Sächsisches Staatsministerium für Kultus und Sport (Hg.) (2004/2007/2009/2011): Lehrplan Gymnasium Französisch. http://www.schule.sachsen.de/lpdb/web/downloads/lp_gy_franzoesisch_2011.pdf

Einheit 10

Grammatikarbeit

	Inhalt
10.1 Begriff ‚Grammatik'	154
10.2 Grammatik vermitteln	157

In dieser Einheit geht es um die Relevanz von Grammatik für den Französischunterricht. Ausgehend von Definitionen und Bedeutungen des Begriffs ‚Grammatik' sowie verschiedenen Konzeptionen von Grammatik von der Grammatik-Übersetzungs-Methode bis zum aktuellen Französischunterricht werden konzeptionelle Vorstellungen zur Vermittlung von Grammatik diskutiert. Neben methodisch-didaktischen Entscheidungen zur Gestaltung des Grammatikunterrichts kommen Phasen des Grammatikunterrichts ebenso zum Tragen wie Überlegungen zu einem motivierenden und authentischen Grammatikunterricht.

Überblick

GRAMMATIKARBEIT

10.1 | Begriff ‚Grammatik'

Französischunterricht ist für viele daran Beteiligte, seien es Lehrkräfte, Lernende oder deren Eltern, sicher kaum ohne Grammatik vorstellbar. Der Begriff ‚Grammatik' wird in Gesprächen über das Lehren und Lernen von Französisch häufig benutzt und so kann man Äußerungen hören wie „Ich muss das noch mal in meiner Grammatik nachschlagen." oder „Die Grammatik habe ich noch nicht richtig verstanden." Allein diese beiden Sätze verweisen auf unterschiedliche Bedeutungen des Begriffs.

Aufgabe 10.1 | ? Ordnen Sie die Beispielsätze den jeweiligen Bedeutungen zu.
1. „Öffnet bitte eure Grammatik auf Seite 26."
2. „Jetzt lesen wir noch einmal den § 4 zur Grammatik des *subjonctif*."
3. „Machst du immer noch so viele Grammatik-Fehler?"
4. „Grammatik ist nötig, wenn man eine Fremdsprache korrekt sprechen will."
5. „Zum Nachschlagen benutze ich immer die Grammatik von Confais."

a. Dies bezieht sich auf die individuellen Grammatikkenntnisse eines Lernenden.
b. Damit ist eine Grammatik als Nachschlagewerk gemeint.
c. Dies meint eine konkrete Grammatik-Regel als Gegenstand des Unterrichts.
d. Dies bezieht sich auf ein grammatisches Beiheft, das zum Französischlehrwerk gehört.
e. Hier ist das grammatische Regelsystem einer Sprache gemeint.

Die Antworten zu der Aufgabe finden Sie auf www.bachelor-wissen.de.

Bedeutungen des Begriffs ‚Grammatik'

Diese Beispiele verdeutlichen, dass es mehrere Bedeutungen des Begriffs Grammatik gibt, deren Anwendung im Alltag in der Regel keine Schwierigkeiten macht. Sie lassen sich folgendermaßen strukturieren (vgl. Funk/Koenig 1991: 13):

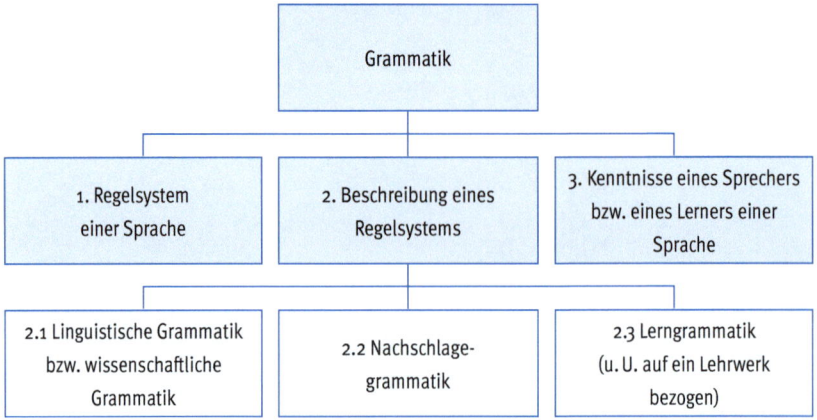

Eine Sprache verfügt zunächst über ein Regelsystem, unabhängig davon ob sie nun gelernt oder gesprochen wird (1. Bedeutung). Dieses Regelsystem macht die Sprachwissenschaft durch Beschreibungen sichtbar und nachvollziehbar (2. Bedeutung). Menschen verstehen dieses Regelsystem, wenn vielleicht auch nur teilweise, und bilden damit ihre eigene Grammatik im Kopf bzw. ihre Lernergrammatik (3. Bedeutung).

Die Beschreibung des Regelsystems kann, je nach ihren Funktionen, unterschiedlich ausfallen. Eine umfassende linguistische Beschreibung der Grammatik einer Sprache (2.1) beinhaltet in systematischer Ordnung alle grammatischen Regeln und Phänomene (z. B. Grevisse/Goosse 2011), eine Nachschlagegrammatik (2.2) ist nach Themenbereichen geordnet und umfasst nicht unbedingt alle Aspekte, die in einer linguistischen Grammatik enthalten sind (z. B. Klein/Kleineidam 1983, Laurent/Delauney 2012). Eine Lerngrammatik (2.3) ist häufig auf ein Lehrwerk bezogen und nach der Progression dieses Lehrwerks oder möglichen Lernfortschritten strukturiert (z. B. Gregor 2001). Dabei kann beispielsweise der *subjonctif* in verschiedene Paragraphen je nach einzelnen Lektionen unterteilt sein, was in einer linguistischen Grammatik oder einer Nachschlagegrammatik nicht der Fall ist.

Beschreibung des Regelsystems

Diese Klassifizierungen können noch differenzierter erfolgen: So lassen sich Grammatiken in wissenschaftliche Grammatiken und Gebrauchsgrammatiken unterscheiden. Als besonderer Typ einer Gebrauchsgrammatik gilt eine Fremdsprachengrammatik, die in lehrwerkunabhängige Lehrergrammatiken, lehrwerkbezogene Lehrergrammatiken sowie lehrwerkunabhängige Nachschlagegrammatiken für den Lerner (z. B. Gagnon/Lübke 2012) sowie lehrwerkbezogene Lerngrammatiken unterteilt wird. Klassifizierungen nach dem Stand der Lerner unterscheiden zwischen Basis-/Elementargrammatiken, Grammatiken für Fortgeschrittene, Schulgrammatiken, Universitätsgrammatiken und Grammatiken für die Erwachsenenbildung. Klassifizierungen nach dem Sprachlernprozess unterteilen in systematische Grammatiken, progressionsbezogene Grammatiken und Wiederholungs-/Selbstlerngrammatiken. Klassifizierungen nach der Darstellungssystematik unterteilen in Wortarten- und Satzgrammatiken, Textgrammatiken und kommunikative Grammatiken (vgl. Zimmermann 2007)

Klassifizierungen von Grammatiken

Das Verständnis von Grammatik wird auch an der im Unterricht verwendeten Terminologie erkennbar. Der Grammatikunterricht der modernen Fremdsprachen ist ursprünglich vom Lateinunterricht und seinem Grammatikverständnis geprägt. Die Grammatik als Beschreibungssystem einer Sprache speist sich aus der lateinischen Grammatik und aus einer dazugehörigen Terminologie, die auf andere Sprachen übertragen wurden. Dies wird deutlich an Begriffen wie Subjekt, Prädikat, Nominativ, Dativ, Prädikatsnomen, Possessivpronomen oder Präteritum.

Terminologie im Grammatikunterricht

Daneben finden sich jedoch auch Weiterentwicklungen und Anpassungen der grammatischen Terminologie an das Französische. Dazu ein Beispiel: Das lateinische Kasussystem hat sich im Französischen nicht in gleicher Form

GRAMMATIKARBEIT

erhalten, so dass beispielsweise Dativ und Akkusativ sinnvoller als *complément d'objet direct* oder *complément d'objet indirect* beschrieben werden (vgl. Klein/Strohmeyer 1958: 10; Klein/Kleineidam 1983: 15).

Orientierung an Latein

Dieses Verständnis von Grammatik, das sich primär an Latein und am Lateinunterricht orientierte, hat vor allem die Grammatik-Übersetzungs-Methode (vgl. Einheit 3; S. 33 ff.) geprägt. Übungen in Lehrwerken sind nicht an kommunikativen Redeintentionen oder inhaltsbezogenen Aufgaben ausgerichtet, sondern an formalen Fragen und Einsetzungsübungen, in denen eine bestimmte grammatische Form wiederholt und angewendet wird. Dies zeigt sich auch im folgenden Beispiel, in dem die Aufgabenstellung der Grammatikübung zur Stellung der Adjektive in einer Übersetzung und Erklärung des jeweiligen Beispiels besteht.

Text 10.1

La place des adjectifs § 134–136

a) *Expliquez (en allemand) la place des adjectifs dans les expressions suivantes.*
1. la société française. 2. de nombreux baigneurs. 3. le pouvoir politique. 4. un roi absolu 5. des institutions particulières. 6. une guerre inutile. 7. une énorme foule 8. une prison monumentale. […]   (Erdle-Hähner/Klein 1972: 144)

Fokus auf grammatische Form und grammatische Funktion

Seit der kommunikativen Wende in den 1970er Jahren und damit auch seit der Unterordnung der Grammatik unter die kommunikative Kompetenz wird der Fokus von der grammatischen Form auf die grammatische Funktion verlagert. Dies bedeutet, dass Aufgabenstellungen nicht mehr direkt auf das Ausfüllen von Lücken zum Üben einer grammatischen Form zielen. Die Form ist nicht mehr Selbstzweck, sondern dient zur Vermittlung bestimmter Inhalte oder Redeabsichten. Auch im folgenden Beispiel geht es um die Stellung der Adjektive. Die Aufgabenstellung besteht jetzt jedoch nicht mehr in einer Erklärung der Regel, sondern in ihrer Anwendung.

Text 10.2

5 Les petits hommes verts (§§ 32–34)

Décrivez les rêves de Victor.
Utilisez les adjectifs comme «grand», «petit», «vert», etc. …

Exemple: Victor fait des rêves bizarres.
            Il rêve de trois **petits** hommes **verts** devant …

(Bruckmayer u. a. 2004: 88)

GRAMMATIK VERMITTELN | **Einheit 10**

? Vergleichen Sie die beiden Übungen zur Stellung der Adjektive in Text 10.1 und Text 10.2. Was stellen Sie fest? Welche Vor- und Nachteile beinhalten die jeweiligen Übungen? | Aufgabe 10.2

Die beiden Aufgaben zur Stellung der Adjektive spiegeln jeweils das Verständnis und den Stellenwert von Grammatik ihrer Zeit. Insgesamt verläuft die Entwicklung von einem Verständnis von Grammatik, in dem die Form allem anderen vorgeordnet wird, hin zu einer Nachordnung der Grammatik unter die Kommunikation und den Inhalt. Grammatik nimmt eine mehr und mehr dienende Funktion ein. | Grammatik als dienende Funktion

Dies bedeutet auch, die Progression im Sprachlehrgang nicht mehr an der Grammatik des Französischen auszurichten, sondern an kommunikativen und inhaltsbezogenen Aspekten. Die Strukturierung erfolgt nicht nach dem (vermuteten) sprachlichen Schwierigkeitsgrad einzelner grammatischer Regeln und Strukturen, sondern an Themen, Situationen und Inhalten. Soweit lautet jedenfalls der theoretische Anspruch in der fremdsprachendidaktischen Diskussion, in curricularen Texten und aktuellen Vorstellungen zum Französischunterricht. In der Realität sieht dies vermutlich nicht immer so aus. Der Blick auf korrekte Endungen von Verben oder die Angleichung von Adjektiven dürfte infolge der eindeutig möglichen Zuordnung von Fehlern vermutlich immer noch strenger ausfallen als der Blick auf stilistische oder interkulturelle Fehler, die stärker die inhaltliche Seite des Französischunterrichts in den Mittelpunkt stellen. | Progression im Sprachlehrgang

Grammatik vermitteln | 10.2

Wenn Grammatik nicht völlig aus dem Französischunterricht verbannt ist und auch nicht verbannt werden sollte, stellt sich die Frage nach ihrem Stellenwert und nach ihrer Vermittlung.

Ein unterhaltsames Beispiel über die Gestaltung einer Grammatikstunde bietet der folgende literarische Text von Jacques Prévert:

« L'accent grave » | Text 10.3

Le professeur
Élève Hamlet!
L'élève Hamlet (sursautant)
… Hein… Quoi… Pardon… Qu'est-ce qui se passe… Qu'est-ce qu'il y a… Qu'est-ce que c'est?…
Le professeur (mécontent)
Vous ne pouvez pas répondre «présent» comme tout le monde? Pas possible, vous êtes encore dans les nuages.
L'élève Hamlet
Etre ou ne pas être dans les nuages!

LE PROFESSEUR
Suffit. Pas tant de manières. Et conjuguez-moi le verbe être, comme tout le monde, c'est tout ce que je vous demande.
L'ÉLÈVE HAMLET
To be...
LE PROFESSEUR
En français, s'il vous plaît, comme tout le monde.
L'ÉLÈVE HAMLET
Bien, monsieur. (Il conjugue :)
Je suis ou je ne suis pas
Tu es ou tu n'es pas
Il est ou il n'est pas
Nous sommes ou nous ne sommes pas...
LE PROFESSEUR
(excessivement mécontent) Mais c'est vous qui n'y êtes pas, mon pauvre ami!
L'ÉLÈVE HAMLET
C'est exact, monsieur le professeur,
Je suis « où » je ne suis pas
Et, dans le fond, hein, à la réflexion,
Etre « où » ne pas être
C'est peut-être aussi la question.

(Jacques Prévert: Paroles, 68 f. © Éditions Gallimard)

Grammatikunterricht mit Fokus auf der Form

Betrachten wir zunächst, welches Verständnis von Grammatikunterricht in diesem Beispiel präsentiert wird. Der Lehrer vertritt einen Ansatz, der stark von der Grammatik-Übersetzungs-Methode geprägt ist. So fordert er von seinem Schüler Hamlet, die Konjugation des Verbs *être* aufzusagen. Hierbei werden üblicherweise alle Formen mit den sechs Personalpronomen im Singular und Plural benannt. Hintergrund ist die Vorstellung, dass durch die Wiederholung der Formen eine spätere Anwendung im Kontext vorbereitet werde. Das Auswendiglernen bilde die Voraussetzung für eine künftige Nutzung.

Der Schüler Hamlet hingegen kann diese Sichtweise nicht nachvollziehen. Anstatt dem Unterricht aufmerksam zu folgen, sitzt er träumend im Klassenraum und erschrickt, als ihn der Lehrer anspricht. Dennoch kann er auf Aufforderung das Verb *être* korrekt konjugieren und formuliert dabei auch die Verneinung des Verbs. Die Parallele zu Shakespeares Drama und der bekannten Frage Hamlets, *To be or not to be*, sind dabei intendiert. In der Version Préverts geht es um das Verständnis von Schule und Unterricht schlechthin. Während der Lehrer mit seinem Bild von Schule und von den Schülern das Leben selbst aus dem Unterricht ausschließt, repräsentiert der Schüler Hamlet die Sehnsucht nach einem lebendigen und echten Unterricht, die jedoch durch das Aufsagen der Konjugationsmuster nicht erfüllt wird. So formuliert Hamlet am Ende die entscheidende Frage nach einem Sein, wo kein Sein möglich ist.

Das Wortspiel, das im Französischen damit verbunden ist – *être ou ne pas être* versus *être où ne pas être* – verweist auf den Titel, *L'accent grave*, und damit auf die Bedeutung von Grammatik.

Dieses Beispiel verdeutlicht auf unterhaltsame Weise, wie Grammatikunterricht vielleicht nicht aussehen sollte. Es steht auch in Zusammenhang mit Fragen zur Konzeption und zur methodisch-didaktischen Gestaltung des Grammatikunterrichts an sich sowie unterschiedlichen Antworten in der Geschichte des Fremdsprachenunterrichts und seiner Methoden. Dazu gehören Fragen nach Induktion und Deduktion, expliziter und impliziter Grammatikvermittlung, nach Kognitivierung und Habitualisierung, nach dem Verhältnis von Inhalt und Form, nach Kontextualisierung, nach ein- oder zweisprachiger Vermittlung oder nach Instruktion und Konstruktion.

<small>methodisch-didaktische Gestaltung des Grammatikunterrichts</small>

In den einzelnen Methoden werden jeweils andere Schwerpunkte gelegt: Während in der Grammatik-Übersetzungs-Methode ein systemlinguistischer und regelorientierter Zugang für den Grammatikunterricht dominiert, in dem Grammatik einen wichtigen Bestandteil des Fremdsprachenunterrichts bildet sowie kognitiv und entkontextualisiert vermittelt wird, steht in der direkten Methode eine explizite Grammatikvermittlung im Hintergrund. In der audiovisuellen Methode dominieren mechanistische *Pattern drill*-Übungen, denen grammatische Regeln implizit zugrunde gelegt sind, die jedoch nicht explizit erklärt werden. Durch Automatisierung und Habitualisierung sollen Lernende gleichsam von selbst Grammatik anwenden, ohne sie direkt verstehen zu müssen. Im kommunikativen Ansatz schließlich steht eine kontextualisierte Vermittlung der Grammatik nicht als Selbstzweck, sondern in ihrer Bedeutung und Funktion im Mittelpunkt (vgl. Einheit 3, S. 31 ff.).

<small>Grammatikunterricht in verschiedenen Methoden</small>

Neuere Entwicklungen zum Grammatikunterricht zielen darauf, Grammatik als ein sinnvolles Hilfsmittel zur Strukturierung der französischen Sprache zu nutzen. Damit verbindet sich die Überlegung, dass dies zu einer Unterstützung und Erleichterung des Sprachlernprozesses führt. Dieses Verständnis steht in Zusammenhang mit Vorstellungen von einem Französischunterricht, der von Kognitionsorientierung, konstruktivistischem Lernen, Lernerautonomie und kommunikativer Didaktik sowie von Bildungsstandards und Aufgabenorientierung geprägt ist. Um dieses Ziel zu erreichen, sollten verschiedene Überlegungen zum Umgang mit Grammatik berücksichtigt werden. Zu einem solchen Grammatikunterricht gehören demnach unter anderen:

<small>Grammatikunterricht heute</small>

- der Vorrang der Funktion vor der Form,
- die Absage an ein Verständnis von Grammatik als Selbstzweck,
- die angemessene, schülerorientierte Nutzung einer grammatischen Metasprache,
- die Einbettung der Grammatik in Inhalte und Themen,
- die Verständlichkeit der Grammatikregeln.

GRAMMATIKARBEIT

Aufgabe 10.3 | **?** Vergleichen Sie die Beschreibungen des Grammatikunterrichts mit Ihren eigenen Unterrichtserfahrungen. Welche Aspekte haben Sie selbst erlebt? Stellen Sie Ihre eigene Einschätzung dazu begründet dar.

Lehrkräfte stehen somit bei der Vorbereitung und Gestaltung von Grammatikunterricht vor drei grundlegenden Entscheidungen, die das methodisch-didaktische Vorgehen im Französischunterricht wesentlich beeinflussen:

- Habitualisierung versus Kognitivierung?
- Induktion versus Deduktion?
- Einsprachigkeit versus Zweisprachigkeit?

Habitualisierung versus Kognitivierung

Im Zusammenhang mit der Erarbeitung einer grammatischen Regel muss grundsätzlich darüber entschieden werden, wie diese Grammatikregel nun eingeführt, erklärt und geübt wird bzw. welchen Stellenwert eine solche Regel im Französischunterricht überhaupt einnehmen soll. Französischlehrer/innen können sich für ein kognitivierendes oder habitualisierendes Vorgehen bzw. für dazwischen liegende Mischformen entscheiden.

Dabei geht es darum, wie sehr und wie intensiv Grammatik durch Bewusstmachung oder durch Nachahmung erlernt werden kann.

Definition

> Habitualisierung meint, dass ein Lerninhalt ohne Bewusstmachung und lediglich durch Gewohnheit und Wiederholung erlernt wird. Grammatische Fachtermini oder eine grammatische Regel werden nicht explizit erklärt. Stattdessen wird die Grammatik durch Wiederholung und an konkreten Beispielen eingeübt.
>
> Kognitivierung bedeutet, dass ein Lerninhalt kognitivierend, d. h. bewusstmachend erklärt und gelernt wird. Eine Grammatikregel wird explizit erklärt, die grammatischen Termini werden explizit benannt, Lernen erfolgt durch einen Bewusstmachungsprozess.

Habitualisierung

Ein habitualisierendes Vorgehen im Grammatikunterricht bietet sich bei all den Inhalten an, die ohne Bewusstmachung verstanden werden können. Wenn Lernende aus Beispielen heraus Formen verstehen und anwenden können, ist es nicht unbedingt nötig, das entsprechende grammatische Phänomen bewusst zu machen und zu erklären. Wenn Possessivpronomina allein durch eine mit Mimik und Gestik massiv unterstützte Anwendung verstanden und im Anschluss von den Lernenden selbst angewendet werden können, ist der Rückgriff auf eine explizite Grammatikregel dazu nicht mehr zwingend notwendig, wenn auch nicht zwingend ausgeschlossen.

Signalgrammatik

Ein solches Vorgehen kann insbesondere durch Prinzipien der Signalgrammatik unterstützt werden. Signalgrammatik verweist, wie der Begriff impliziert, auf die Vermittlung von Grammatik durch – meist visualisierende – Signale. Insbesondere Lerngrammatiken, die Bestandteil eines Lehrwerks bilden, sind mit signalgrammatischen Elementen angereichert.

GRAMMATIK VERMITTELN **Einheit 10**

Text 10.4

leur poisson   leurs poissons

(Gregor 2001: 20)

Kognitivierung

Ein kognitivierendes Vorgehen im Grammatikunterricht setzt dagegen auf bewusstmachende Lernprozesse, auf Explizierung von Grammatikregeln und Vermittlung der Fachterminologie. Dies bietet sich gerade bei komplexen grammatischen Phänomenen oder bei solchen an, die im Deutschen nicht vorkommen. Dazu gehören beispielsweise die Verwendung des *subjonctif* oder die Unterscheidung von *passé composé/passé simple* und *imparfait*. Erklärungen wie die folgende verdeutlichen, dass der Lernprozess nicht über Imitation und Wiederholung angelegt ist, sondern über kognitive Verstehensprozesse der Lernenden bezüglich der Struktur und der Verwendung des *imparfait*.

> Das Imperfekt (*L'imparfait*)
> Gebrauch
> Dem deutschen Präteritum entsprechen im Französischen zwei Zeiten: das *passé simple* und das *imparfait*.
> Das *imparfait* bezeichnet Zustände,
> – die lange andauern,
> – die gleichzeitig mit anderen stattfinden und
> – die schon andauern, bevor man sie erwähnt. (Frage: Was war…?)
> Das *imparfait* wird beim Sprechen und beim Schreiben verwendet. […]
> (Lübke 2006: 19)

Text 10.5

Eine konkrete Möglichkeit einer unterhaltsamen und gleichzeitig die Funktion und Form anvisierenden Bearbeitung von Grammatik bietet sich durch die Bearbeitung französischer Chansons. Auf der Internetseite *La chanson en cours de FLE* werden französische Chansons im Zusammenhang mit dem Französischlernen präsentiert und nach Themen strukturiert, so u. a. auch nach grammatischen Phänomenen. Lernende können ein Chanson anhören und den dazugehörenden Lückentext ausfüllen.

Grammatik mit Chansons

GRAMMATIKARBEIT

Aufgabe 10.4
? Recherchieren Sie auf der Internetseite *La chanson en cours de FLE*: http://platea.pntic.mec.es/cvera/hotpot/chansons/
Wählen Sie ein Chanson unter der Rubrik *La grammaire par les chansons* aus und machen Sie die vorgegebene Übung. Inwieweit wird dabei Kriterien der Habitualisierung und Kognitivierung Rechnung getragen? Nehmen Sie begründet Stellung.

Induktion versus Deduktion
Neben der Entscheidung über den Grad der Habitualisierung und Kognitivierung des Grammatiklernens stellt sich auch die Frage nach einem induktiv oder deduktiv geprägten Vorgehen.

Definition
Induktion beschreibt einen Lernweg vom Beispiel zur Regel, vom Einzelnen zum Ganzen. Grammatik wird ausgehend von Beispielen vermittelt, aus denen die Grammatikregel hergeleitet wird. Dabei erschließen die Lernenden sich die Regel aus einzelnen Beispielsätzen.

Deduktion beschreibt einen Lernweg von der Regel zum Beispiel, vom Ganzen zum Einzelnen. Ausgehend von einer von der Lehrkraft vorgegebenen Grammatikregel werden einzelne Beispiele auf die Regel angewandt. Die Lernenden üben die Regel anschließend mit Beispielsätzen ein.

Induktion
Induktion ist ein relativ zeitaufwändiges und schülerorientiertes Vorgehen, das Erarbeitungen mit Umwegen impliziert und als leicht verständlich, einprägsam und motivationspsychologisch sinnvoll gilt, da den Bedürfnissen und Fragen der Lernenden ein großer Stellenwert eingeräumt wird.

Phasen der Induktion
Induktion:
1. Reaktivierung der Vorkenntnisse
2. Präsentation von Sprachbeispielen
3. Erkennen des neuen grammatischen Phänomens in den Beispielen und Analyse von Form und Funktion durch Lernende
4. Abstrahieren der grammatischen Regel und Formulierung als Regel-Instruktion, Merksatz oder Modell durch Lernende
5. Einüben und Übertragung der Regel auf analoge Beispiele in zunehmend komplexeren Kontexten

Die induktive Erarbeitung einer Grammatikregel erfolgt in der Regel lernerzentriert und berücksichtigt Überlegungen zur Lernerautonomie. Dabei ist Grammatik nicht Selbstzweck, sondern in einen inhaltlichen und kommunikativen Rahmen eingebettet. Betrachten wir als Beispiel die Einführung der Possessivbegleiter.

induktive Einführung der Possessivbegleiter
Den Ausgangspunkt könnte ein Gespräch im Unterricht bilden, in dem die Lehrkraft und die Lernenden über ihre Taschen, Bücher, Stifte, Hefte oder ihre Kleidungsstücke reden. Durch Zuordnungen unter Rückgriff auf Beispielsätze

wie *C'est mon livre. C'est ton cahier, Janina? Où est ton manteau, Thomas?* können Possessivbegleiter eingeführt und erarbeitet werden.

Die nächsten Schritte nach der Einführung der Possessivbegleiter im Gespräch bestehen darin, dass die Lernenden das für sie neue grammatische Phänomen zu beschreiben suchen, unter Umständen bereits mit einer ersten Regel, die mit eigenen Worten formuliert ist. Diese erste Regelformulierung kann im Anschluss, sofern nötig, an weiteren Beispielen überprüft und dann im Kontext angewandt werden. Dabei können auch Umwege bei der Regelfindung sowie falsche Hypothesen der Lernenden letztlich zu einer fruchtbaren, weil nachhaltigen Regelerarbeitung beitragen.

Alternativ zu einem Unterrichtsgespräch bietet es sich an, Beispiele aus einem Text – sei es ein literarischer Text, ein Sachtext oder ein didaktisierter Text aus einem Lehrwerk – zu nutzen. Charakteristisch für Lehrwerktexte ist vor allem die Konzentration auf eine Grammatikregel und die Anhäufung entsprechender Beispiele. Dies wird auch im folgenden Text aus einem Lehrwerk für Französisch als dritte Fremdsprache deutlich, der eine hohe Anzahl an Possessivbegleitern enthält:

Grammatik im Lehrwerktext

> **Marie et sa famille**
> Marie: Regarde, c'est ma famille: voilà mes parents. Et là, c'est ma sœur Sarah et là, mon frère Jérémy avec sa copine et son skate.
> Julien: Et là, c'est ton chien?
> Marie: Oui, il s'appelle Goliath. C'est la terreur du quartier!
>
> **Marie et son appartement**
> Marie: Ça, c'est mon appartement. Et voilà nos chambres.
> Julien: Votre appartement est sympa.
> Marie: Oui, il est super!
> Marie montre encore des photos de monsieur et madame Laroche dans leur cuisine avec leurs enfants et leur chien…
>
> (Gauvillé 2006: 27)

|Text 10.6

Demgegenüber steht die Deduktion, in der ausgehend von der Regel Beispiele dazu eingeübt werden. Dieses Vorgehen ist zeitökonomischer, jedoch weniger anschaulich und einprägsam als die Induktion. Lernende bleiben passiv, doch wird ihr theoretisches Abstraktions- und Verallgemeinerungsvermögen hierbei gefördert.

Deduktion

Deduktion:
1. explizite Erklärung einer grammatischen Regel (Paradigma, Regel-Instruktion) durch die Lehrkraft
2. Konkretisierung der Regel durch Demonstration an Beispielen
3. Einüben der Regel durch Übertragung auf analoge Beispiele

Phasen der Deduktion

GRAMMATIKARBEIT

Ein deduktives Vorgehen setzt somit bei der Vorgabe der neuen Grammatikregel durch die Lehrkraft an. Die vorgegebene Regel wird den Lernenden erklärt und im Anschluss an konkreten Beispielen angewandt. Dabei geht man zunächst von einfacheren Beispielen aus, die auf eine direkte Wiederholung zielen, und entwickelt schrittweise komplexere Beispiele, bei denen die Lernenden mehr Umformungen oder schwierigere Antworten leisten müssen.

Induktion und Deduktion im Vergleich

Beide Verfahren können letztlich für alle grammatischen Phänomene und Regeln angewandt werden, doch gilt die Induktion infolge der höheren Berücksichtigung von Lernerautonomie und individuellen Lernwegen als das nachhaltigere Verfahren, bei dem eine größere Behaltensleistung seitens der Lernenden erzielt wird. Beide Verfahren sind jedoch mit Vorteilen und Nachteilen verbunden:

	Vorteile	Nachteile
Induktion	– Berücksichtigung individueller Lernwege und Lernzeiten – Förderung von Lernerautonomie und eigenständiger Gestaltung der Lernprozesse – Stärkung von Nachhaltigkeit der Behaltensleistungen – Hoher Grad an Verständlichkeit	– Inkaufnahme von Lernumwegen und Missverständnissen – Gefahr der unklaren Regelformulierung – Inkaufnahme einer langen Dauer – Vernachlässigung des Abstraktionsvermögens
Deduktion	– Nutzung einer gezielten Regelerklärung – Vermeidung von Missverständnissen – Nutzung der Präzision und damit einer kurzen Dauer – Förderung des Abstraktionsvermögens	– Vernachlässigung der Individualität der einzelnen Lernenden – Förderung eines lehrerzentrierten Französischunterrichts – Inkaufnahme einer hohen Vergessensrate – Geringer Grad an Anschaulichkeit und Einprägsamkeit

Insgesamt berücksichtigen induktive Verfahren eher aktuelle Überlegungen zum Französischunterricht und nehmen konstruktiv Diskurse der Lernerautonomie, des eigenständigen und konstruktivistisch geprägten Lernens auf. Der höhere Zeitaufwand mag zunächst als Nachteil für den Französischunterricht erscheinen, doch wenn man die intensivere Festigung des Gelernten und das längere Behalten auf Seiten der Lernenden berücksichtigt, so erscheint die investierte Zeit im Nachhinein als berechtigt und sinnvoll.

Aufgabe 10.5

? Würden Sie die Entscheidung für ein induktives oder ein deduktives Vorgehen von dem jeweiligen grammatischen Phänomen bzw. der grammatischen Regel abhängig machen, die Sie vermitteln möchten, oder nicht? Begründen Sie Ihre Position.

GRAMMATIK VERMITTELN — Einheit 10

Darüber hinaus stellt sich für Französischlehrer/innen grundsätzlich die Frage, ob Grammatik auf Französisch oder auf Deutsch erklärt werden sollte. Diese Frage wird von vielen Lehrkräften mit einem Votum für Deutsch beantwortet (vgl. Zimmermann 1990: 82 f.). So sei Grammatik schließlich ein zentraler Teil des Französischunterrichts und durch den Wechsel zu Deutsch sei sichergestellt, dass alle in einer Lerngruppe die Grammatik verstehen könnten. Außerdem seien viele Grammatikregeln so schwer, dass sie nicht einsprachig thematisiert, erklärt und verstanden werden könnten.

einsprachige versus zweisprachige Grammatikvermittlung

Hinter derartigen Äußerungen stehen Vorstellungen, die immer noch von der längst überkommenen Grammatik-Übersetzungs-Methode geprägt zu sein scheinen. Das Wissen über die Sprache wird als wichtiger erachtet als die Anwendung dieses Wissens in der Fremdsprache. Angesichts aktueller bildungspolitischer Entwicklungen erscheint dies problematisch. Der Kompetenzbegriff, der im Zuge der Implementierung der Bildungsstandards breit vertreten wird (Weinert), visiert Wissen im Sinne von Können und Handeln, d. h. von Anwendung des Gelernten, an (vgl. Einheit 5, S. 77 ff.). Inwieweit ein auf Deutsch erlerntes Wissen nun auf die Ebene einer Handlungskompetenz übertragen werden kann, erscheint zumindest mit einem Fragezeichen zu versehen. Wesentlich für die Lernenden ist, dass sie nicht nur eine Grammatikregel auf Deutsch formulieren können und vereinzelte Beispielsätze verstehen, sondern dass sie diese Grammatikregel auf andere Beispiele eigenständig übertragen und anwenden können.

Kritik

Über die drei genannten grundlegenden Entscheidungen zur Gestaltung des Grammatikunterrichts hinaus erscheint auch relevant, in welchen Schritten bzw. Phasen Grammatik im Unterricht thematisiert wird. Analog zu anderen Inhalten gibt es für den Grammatikunterricht folgende Phasen:

Phasen im Grammatikunterricht

- ▶ Präsentation und Erarbeitung des Neuen
- ▶ Sicherung und Kognitivierung (z. B. der Grammatikregel)
- ▶ Einübung (durch Wiederholung und eng an die Grammatikregel angelehnte Übungen)
- ▶ Transfer (durch Übertragung der Struktur auf andere Zusammenhänge)
- ▶ Anwendung (durch eigenständige Nutzung der Struktur in anderen Kontexten)

Diese Reihenfolge der Phasen ist primär an der einzuführenden grammatischen Struktur oder Regel orientiert. Ein Vorgehen, dass jedoch weniger die Grammatik selbst als mehr ihre dienende Funktion als Ausgangspunkt wählt (beispielsweise in einem von *task based language learning* geprägten Französischunterricht), würde mehr von der Anwendung und einer komplexen Situation ausgehen und die Grammatikregel dem unterordnen. Dies würde bedeuten, zunächst den Inhalt, die Situation, die Aufgabe oder den Rahmen in den Mittelpunkt des Unterrichts zu stellen und daraus Teilbereiche zur Erfüllung der Aufgabe oder zur situativen Ausgestaltung des Inhalts und zur

task based language learning: Rahmenaufgabe

GRAMMATIKARBEIT

kommunikativen Bearbeitung der Situation zu entwickeln. Dementsprechend wäre der oben genannten ersten Phase – Präsentation und Erarbeitung des Neuen – eine weitere Phase vorgeschaltet, nämlich die Vorstellung einer *task*, einer Aufgabe, eines situativen und sprachlich-kommunikativen Rahmens, in den das sprachlich-kommunikativ-grammatisch Neue eingebettet wäre.

Aufgabe 10.6 | **?** Wie würden Sie die Grammatikregeln zu den Relativpronomen *qui* und *que* einführen und erklären? Erläutern Sie Ihr Vorgehen unter Bezugnahme auf die dargestellten Überlegungen zum Grammatikunterricht.

Grammatik mit literarischen Texten

Eine möglichst authentische und motivierende Arbeit mit Grammatik im Französischunterricht könnte auch mit literarischen Texten umgesetzt werden, in denen Beispiele für eine bestimmte Grammatikregel gehäuft vorkommen. Ein solches Vorgehen ist jedoch nicht unumstritten. Grundsätzlich geht es dabei um die Frage, inwieweit Grammatik in authentische Situationen und Inhalte eingebettet werden kann und sollte und inwieweit literarische Texte für Grammatik instrumentalisiert werden können und sollten. Betrachten wir diese Problematik an einem konkreten Beispiel: an einer Kurzgeschichte von Jacques Sternberg.

Text 10.7 | La vengeance
Ils étaient amants depuis quelques mois.
  Ils allaient souvent l'un à la rencontre de l'autre, elle dans sa puissante voiture qu'elle conduisait en virtuose, lui sur son vélomoteur qu'il maîtrisait depuis de longues années. Ce décalage était assez incongru, puisqu'il avait largement l'âge d'être son père, mais indifférent à la bagnole il n'avait jamais appris à conduire alors qu'elle considérait le deux-roues avec nostalgie, comme un souvenir de son adolescence.
  A part cela, il l'aimait d'un amour sauvage, féroce, désespéré, parce qu'elle seule le faisait encore bander et il savait qu'elle ne pourrait être que son dernier amour.
  Mais un jour, après un bref rendez-vous, elle lui annonça dans la rue qu'elle avait pris un amant de son âge et qu'elle ne le verrait plus.
Il demeura silencieux, sans réaction, prit son vélomoteur et lui dit simplement alors qu'elle se glissait dans sa voiture:
– Je t'ai si souvent suivie à mobylette; là, je vais t'ouvrir la route comme un motard.
  Il démarra avant elle, il la précédait d'une dizaine de mètres dans une rue déserte, il roulait assez vite quand très brutalement, sans prévenir, il fit une embardée bien calculée pour se faire faucher de plein fouet par la voiture de son amie qui n'eut même pas le temps de freiner et plaqua son amant dans la mort sur le coup, sous la violence du choc.
Elle ne s'en remit jamais.

(Sternberg 1993: 125)

Dieser Text könnte gut für den Vergleich von *passé simple* und *imparfait* genutzt werden. Die Eröffnung der Erzählung erfolgt durch eine Beschreibung der Rahmenhandlung und der Situation im *imparfait*. Das Einsetzen der Handlung wird durch das *passé simple* gut zum Ausdruck gebracht.

Grammatik und Literatur: Pro und Contra

An einem solchen literarischen Text wird die Bedeutung und Verwendung der beiden Vergangenheitstempora gut deutlich. Die Funktion der Grammatik und ihre Relevanz im Französischen sind gut nachvollziehbar, die Form könnte der Funktion bei einem solchen Schwerpunkt einer Französischstunde nachgeordnet sein. Soweit die positiven Aspekte einer solchen Textauswahl.

Literarische Texte sollten jedoch nicht zur Erklärung einer Grammatikregel instrumentalisiert werden, um die Motivation der Lernenden, sich mit Inhalten literarischer Texte auseinanderzusetzen, nicht zu konterkarieren. Somit bietet sich die Lektüre dieses Textes natürlich für den Französischunterricht an, auch um damit erneut eine Grammatikregel in ihrer konkreten Anwendung zu verstehen. Wenn jedoch der Text letztlich der Grammatik untergeordnet ist, wird dem literarischen Charakter und dem Inhalt des Textes nicht Rechnung getragen.

? Welchen Stellenwert würden Sie der Grammatik, d.h. dem *futur simple*, in einem Französischunterricht über den folgenden Text von Raymond Queneau einräumen? Stellen Sie Ihre Position begründet dar.

Aufgabe 10.7

L'ÉCOLIER

J'écrirai le jeudi j'écrirai le dimanche
quand je n'irai pas à l'école
j'écrirai des nouvelles j'écrirai des romans
et même des paraboles
je parlerai de mon village je parlerai de mes parents
de mes aïeux de mes aïeules
je décrirai les prés je décrirai les champs
les broutilles et les bestioles
puis je voyagerai j'irai jusqu'en Iran
au Tibet ou bien au Népal
et ce qui est beaucoup plus intéressant
du côté de Sirius ou d'Algol
où tout me paraîtra tellement étonnant
que revenu dans mon école
je mettrai l'orthographe mélancoliquement
(Raymond Queneau: Battre la campagne, 513 © Éditions Gallimard)

Text 10.8

Die sprachlich deutliche Struktur des Textes sowie die Häufung an Formen des *futur simple* legen nahe, diesen Text im Hinblick auf die Grammatik zu betrachten und zu analysieren. Doch Aufgabenstellungen, die lediglich zur

GRAMMATIKARBEIT

Erarbeitung und Übung des *futur simple* und seiner Formen dienen, lassen den Inhalt des literarischen Textes sowie seinen literarischen Charakter außen vor. In diesem Spannungsfeld gilt es, eine sinnvolle Position zu finden.

Grammatik nicht als Selbstzweck

Insgesamt ist es wichtig, dass Grammatik nicht als Selbstzweck und pure Konjugationsübung den Französischunterricht dominiert, sondern dass ihre Funktion für die Fremdsprache und den Sprachlernprozess sowie für die Motivation der Lernenden nachhaltig genutzt wird.

Zusammenfassung

> Gegenstand dieser Einheit waren die Bedeutung und der Stellenwert von Grammatik für den Französischunterricht. Der Begriff ‚Grammatik' an sich umfasst verschiedene Bedeutungen, so u. a. das Regelsystem einer Sprache, die Beschreibung des Regelsystems sowie die individuellen Kenntnisse der Sprecher einer Sprache. Darüber hinaus haben Sie verschiedene Konzeptionen von Grammatik für den Französischunterricht kennengelernt sowie grundlegende Entscheidungen über den Grad der Kognitivierung und Habitualisierung, über die Nutzung eines induktiven oder deduktiven methodisch-didaktischen Vorgehens oder über die einsprachige oder zweisprachige Vermittlung von Grammatik. Grammatikunterricht zeichnet sich daneben auch aus über die Einbettung in inhaltliche und kommunikative Zusammenhänge sowie durch Bezugnahme auf authentische Situationen.

Aufgabe 10.8

? Welchen Stellenwert sollte Grammatik im Anfangsunterricht und im Leistungskurs Französisch einnehmen. Welche methodisch-didaktischen Überlegungen sind für Sie leitend? Stellen Sie Ihre Position begründet dar.

Literatur

Bruckmayer, Birgit u. a. (2004): Découvertes 1. Für den schulischen Französischunterricht. Stuttgart u. a.: Klett.

Erdle-Hähner, R./Klein, Hans-Wilhelm (Hg.) (1972): Etudes Françaises Ausgabe B Teil 2. Stuttgart: Klett.

Funk, Hermann/Koenig, Michael (1991): Grammatik lehren und lernen. Fernstudieneinheit 1. Berlin u. a.: Langenscheidt.

Gagnon, Catherine/Lübke, Diethard (2012): 2 in 1 zum Nachschlagen: Französische Grammatik. Braunschweig: Bildungshaus Schulbuchverlage.

Gauvillé, Marie u. a. (2006): Cours intensif 1. Französisch für den schulischen Unterricht. Stuttgart, Leipzig: Klett.

Gregor, Gertraud (2001): Réalités 1. Nouvelle édition. Grammatikheft. Berlin: Cornelsen.

Grevisse, Maurice/Goosse, André (2011): Le bon usage. Grammaire française. 15ᵉ édition. Bruxelles: De Boeck & Larcier.

Klein, Hans-Wilhelm/Strohmeyer, F. (1958): Französische Sprachlehre. Stuttgart: Klett.

Klein, Hans-Wilhelm/Kleineidam, Hartmut (1983): Grammatik des heutigen Französisch. Für Schule und Studium. Stuttgart u. a.: Klett.
Laurent, Nicolas/Delauney, Bénédicte (2012): Bescherelle. La grammaire pour tous. Paris: Hatier.
Lübke, Diethard (2006): Französische Grammatik zum Nachschlagen. Braunschweig: Bildungshaus Schulbuchverlage, Schroedel.
Prévert, Jacques (1949): Paroles. Paris: Gallimard.
Queneau, Raymond (1989): Battre la campagne. In: Œuvres complètes I. Edition établie par Claude Debon. Paris: Gallimard, 433–526.
Sternberg, Jacques (1993): Contes griffus. Paris, Denoël.
Zimmermann, Günther (1990): Grammatik im Fremdsprachenunterricht der Erwachsenenbildung. Ergebnisse empirischer Untersuchungen. Ismaning: Hueber.
Zimmermann, Günther (2007): Grammatiken. In: Bausch, Karl-Richard/Christ, Herbert/Krumm, Hans-Jürgen (Hg.): Handbuch Fremdsprachenunterricht. 5. Auflage. Tübingen: Francke, 406–409.

Einheit 11

Landeskunde und interkulturelles Lernen

	Inhalt
11.1 Landeskunde	172
11.2 Interkulturelles Lernen	174
11.3 Interkulturelle Kompetenzen fördern	181

In dieser Einheit lernen Sie verschiedene Konzeptionen und Ansätze der Landeskunde und des interkulturellen Lernens kennen. Der Überblick umfasst Positionen der Realienkunde, der Kulturkunde, der kritischen Landeskunde der 1970er Jahre und Ansätze interkulturellen Lernens wie die interkulturelle Kommunikation, die Didaktik des Fremdverstehens oder auch transkulturelles Lernen. Die theoretischen Ansätze werden durch konkrete Beispiele aus dem Französischunterricht illustriert. Ein weiterer Schwerpunkt liegt auf interkulturellen Kompetenzen im Sinne des Gemeinsamen europäischen Referenzrahmens für Sprachen.

Überblick

LANDESKUNDE UND INTERKULTURELLES LERNEN

11.1 | Landeskunde

Im Französischunterricht geht es neben dem Lehren und Lernen der Fremdsprache darum, französischsprachige Länder und ihre Kulturen kennenzulernen und sich mit ihnen auseinanderzusetzen. Dies ist Gegenstand der Didaktik der Landeskunde und des interkulturellen Lernens.

Landeskunde bezieht sich auf die „Kunde" über ein bestimmtes Land, d. h. die Thematisierung von Inhalten in einem Unterricht, der vor allem eine positivistische Wissensvermittlung durch Faktenwissen beinhaltet. Die Kenntnis gesellschaftlicher, historischer, geografischer oder politischer Zusammenhänge gilt dabei als wesentlich für das Verständnis des jeweiligen Landes.

Phasen der Landeskunde

Konzeptionen der Landeskunde haben sich im Lauf der Jahrzehnte verändert und mit bildungspolitischen wie fremdsprachendidaktischen Rahmenbedingungen weiterentwickelt. Wenn in der Realität des Französischunterrichts auch keine deutlich voneinander abgrenzbaren Phasen auszumachen sind und wohl eher von langsamen und kontinuierlichen Entwicklungen bzw. nebeneinander bestehenden Ansätzen ausgegangen werden muss, erscheint eine systematische Strukturierung der einzelnen Phasen zur Übersicht sinnvoll (vgl. z. B. Schumann 2007: 4).

Realienkunde

In den Anfängen der neusprachlichen Reformbewegung gegen Ende des 19. Jahrhunderts kommt die Realienkunde mit einem Fokus auf alltagspraktische Realien der fremden Kultur auf. Mit Viëtors Forderung nach einer Umkehr des Fremdsprachenunterrichts (vgl. Einheit 3, S. 35) und der damit verbundenen Absage an einen von Grammatik und Literatur geprägten Fremdsprachenunterricht geht ein verstärktes Interesse an landeskundlichen Themen und Inhalten einher. Aus einem positivistischen Bildungsverständnis heraus entwickelt sich eine kognitiv-wissensorientierte Landeskunde. Das Ziel dieser Realienkunde besteht in der Vermittlung von Faktenwissen über Frankreich, insbesondere über geografische, gesellschaftliche, historische und politische Inhalte. Hierzu gehört die Vermittlung von Kenntnissen über die französische Hauptstadt, die Anzahl ihrer Einwohner, Bahnhöfe oder Metrolinien ebenso wie das Kennenlernen von Realien, d. h. Briefmarken, Postkarten oder Menükarten eines Restaurants. Anhand der Realien soll ein direkter Zugang zur fremdsprachlichen Kultur und Gesellschaft verwirklicht werden.

Kulturkunde

In den 1920er und 1930er Jahren dominiert die Kulturkunde, in der es um mehr als reines Faktenwissen durch Realien geht und in der das Verstehen des Fremden anvisiert wird. So vollzieht man hier auch eine Suche nach der französischen Kultur und dem in ihr „Typischen" bzw. nach ihren konstitutiven Merkmalen. Gegenstand des Französischunterrichts sind nicht mehr allein Fahrkarten und Preise von Lebensmitteln, sondern die französische Kultur sowie die Franzosen, ihr Wesen und ihr Nationalcharakter. Dies erfolgt vor allem auf der Basis einer Analyse der Sprache, Kunst und Literatur und ist einem Kulturbegriff verpflichtet, in dem Volk, Kultur und Nation als Einheit betrachtet werden. Dabei läuft die Kulturkunde jedoch Gefahr, dass Typologisierungen und Verallgemeinerungen, die zum Verstehen der französischen Kultur unumgänglich sind, zu Stereotypen und Klischees führen und zu einer vereinfachten Wahrnehmung des fremden Nationalcharakters beitragen (Steinbrügge 2005).

In der Zeit des Nationalsozialismus entwickelt sich die Kulturkunde zur rassistischen Wesenskunde weiter. Französischunterricht wird in dieser Zeit erteilt, um den Feind besser verstehen und damit besiegen, regieren und verwalten zu können. Der Franzose als solcher wird dabei mit ausschließlich negativen Wesenszügen belegt. Er sei weibisch, hinterhältig, nachtragend und verlogen sowie gegenüber dem deutschen Arier in Art und Charakter minderwertig.

Wesenskunde

Nach dem Zweiten Weltkrieg besteht zunächst das Bedürfnis nach einer Tabuisierung der in der Zeit des Nationalsozialismus vertretenen landeskundlichen Vorstellungen. Im Fremdsprachenunterricht kommen vor allem sprachdidaktische Inhalte zum Tragen, landeskundliche Themen bleiben weitgehend ausgespart. Insgesamt bestehen moderate Traditionen einer bildungsorientierten Kulturkunde fort.

Dieses Konzept der geisteswissenschaftlich begründeten Kulturkunde wird erst im Zuge der Studentenbewegung von 1968 grundlegend infragegestellt und durch den Ansatz einer sozialwissenschaftlichen, kritischen und politischen Landeskunde weiterentwickelt. So entfaltet sich ein neues Verständnis von Landeskunde im Französischunterricht, das primär *civilisation*, d. h. Kultur und Gesellschaft, zum Gegenstand macht. Daraus entwickeln sich in der Fachdidaktik Überlegungen zu einem Unterricht, in dem ein kritischer Blick auf Alltagswirklichkeiten, Stereotype und Klischees sowie gesellschaftskritische und politische Perspektiven in den Vordergrund gerückt werden. Diese Landeskunde zielt auf Völkerverständigung, Abbau von Vorurteilen und Förderung von kommunikativer Kompetenz in internationalen Zusammenhängen.

kritische Landeskunde

In den 1980er Jahren entwickeln sich daraus neue Schwerpunkte. Die Didaktik der Landeskunde wird in dieser Zeit insbesondere durch die Stuttgarter Thesen zur Landeskunde im Französischunterricht (Robert Bosch Stiftung/Deutsch-französisches Institut 1982) geprägt. Dabei steht das Lernziel einer transnationalen Kommunikationsfähigkeit im Mittelpunkt:

Stuttgarter Thesen zur Landeskunde

> Das Lernziel Transnationale Kommunikationsfähigkeit gilt für sämtliche Stufen des Französischunterrichts. Dieser muss vorbereiten auf Situationen authentischer Kommunikation mit Menschen der anderen Gesellschaft und Ausländern im eigenen Land und auf das Verstehen und Erörtern dargestellter fremder und eigener Wirklichkeit in sprachlichen und nicht-sprachlichen Dokumenten.
>
> (Robert Bosch Stiftung/Deutsch-französisches Institut 1982: 11)

LANDESKUNDE UND INTERKULTURELLES LERNEN

Paradigmenwechsel

Dieses Verständnis der Landeskunde deutet bereits einen Paradigmenwechsel an: von dem einseitigen Blick auf das andere Land, seine Sprache und Menschen, ohne die eigene Situation und Perspektive auf Frankreich zu reflektieren, hin zu einer doppelten Blickrichtung zwischen der eigenen und der fremden Wirklichkeit. Über das landeskundliche Faktenwissen hinaus werden sprachliche und kommunikative Kompetenzen wie transnationale Kommunikationsfähigkeit anvisiert. Dies zielt auf die Sensibilisierung für Unterschiede, den bewussten Abbau von Vorurteilen sowie die Entwicklung von Toleranz und kritischem Bewusstsein.

Aufgabe 11.1

? Vervollständigen Sie die folgende Tabelle. Geben Sie dabei in Stichworten zu den einzelnen landeskundlichen Ansätzen zentrale Charakteristika und Zielsetzungen sowie Unterrichtsbeispiele an.

Ansatz	Charakteristika	Zielsetzungen	Unterrichtsbeispiel
Realienkunde			
Kulturkunde			
Kritische Landeskunde			

11.2 | Interkulturelles Lernen

Interkulturalität

Der Paradigmenwechsel, der sich in den Stuttgarter Thesen zur Landeskunde bereits andeutet, vollzieht sich endgültig in den 1990er Jahren, in denen öffentliche Diskurse und auch fremdsprachendidaktische Themen von Interkulturalität, multiethnischen Gesellschaften, Migration und Globalisierung geprägt sind. Die Bandbreite der Argumentationen ist dabei kaum von Konsens geprägt.

Der Fremdsprachenunterricht wird infolge seines Gegenstands, d. h. die fremde Sprache und Kultur, als grundsätzlich interkulturell eingestuft, worin sich die zentrale Stellung interkulturellen Lernens in der Fremdsprachendidaktik begründet. Der Begriff verweist auf eine konzeptuelle Weiterentwicklung der Landeskunde. Aus der Fokussierung der jeweils anderen Kultur in der Landeskunde werden Überlegungen zu interkulturellem Lernen mit einer doppelten Blickrichtung zwischen der eigenen und der fremden Kultur entwickelt. Sichtweisen und Wahrnehmungen der eigenen und anderer Kulturen kommen zur Sprache, möglichst gegenseitiges Verstehen wird anvisiert.

erziehungswissenschaftliche Perspektiven

Ein Unterricht, der dem Rechung trägt und in dem das Verhältnis zwischen verschiedenen Kulturen analysiert und reflektiert wird, könnte fremdsprachendidaktisch oder auch erziehungswissenschaftlich begründet sein. Interkulturelles Lernen kann somit als grundlegendes Prinzip jeglichen Unterrichts

INTERKULTURELLES LERNEN — Einheit 11

und damit fächerübergreifend verstanden werden. Diese Perspektive der Erziehungswissenschaften bildet sich in Positionen der Ausländerpädagogik und in interkulturellen Ansätzen ab, in denen multikulturelle Differenzen oder Positionen der Diversität und Pluralität vertreten werden. Diese Argumentationen werden auf alle Schulfächer bezogen.

Die Ausländerpädagogik, ein erziehungswissenschaftlicher Ansatz zur Integration der Gastarbeiterkinder in den 1950er und 1960er Jahren, geht von einem sprachlichen und kulturellen Defizit der Minderheiten aus. Damit sind fehlende Deutschkenntnisse der Kinder oder auch ihr mangelndes Wissen über das Leben in Deutschland gemeint. Ziel ist die sprachliche und kulturelle Assimilation dieser Kinder. *(Ausländerpädagogik)*

Die Einseitigkeit dieser Defizit-Hypothese und ihr negativer Blick auf die Minderheiten werden von der Differenz-Hypothese einer Multi-Kulti-Pädagogik abgelöst. Kulturelle Vielfalt und Kompetenzen in mehreren Sprachen gelten als positiv und werden im schulischen Alltag zunächst kulturalisierend und exotisierend aufgenommen, beispielsweise in Form einer Integration kulinarischer Beiträge aus den Herkunftsländern zu Schul- und Klassenfesten. Selbstgekochtes und Gebackenes wie türkische Süssspeisen, arabischer Hummus oder spanische Churros werden als sinnvoller Anknüpfungspunkt zur Würdigung der Minderheitenangehörigen erachtet. Kulturelle Differenz und Ethnizität gelten als Wert und die Begegnung zwischen Angehörigen verschiedener Kulturen wird angestrebt. *(Defizit-Hypothese / Differenz-Hypothese)*

Auch die Differenz-Hypothese führt nicht zu überzeugender Integration und erfolgreicher interkultureller Erziehung. Kritikpunkte zielen auf die Stigmatisierung der Fremden als Fremde, auf die Vernachlässigung gesellschaftspolitischer und sozioökonomischer Überlegungen, auf die Exotisierung der Fremden oder auf mangelnde Berücksichtigung rassistischer Diskriminierungen, was insbesondere in den Ansatz des Antirassismus mündet. Dieser betont, dass Respekt gegenüber den Fremden und Integration von Minderheiten nicht allein durch den Konsum exotischer Gerichte oder folkloristischer Musik umgesetzt werden können. Politische und ökonomische Kriterien seien weit wichtiger. So zielt die Analyse auf das Erkennen rassistischer Denkstrukturen und Handlungsweisen. *(Antirassismus)*

Der antirassistischen Pädagogik geht es vor allem um die Demontage rassistischer Denkstrukturen und Handlungsweisen. Dabei stehen politische und wirtschaftliche Argumentationen im Vordergrund. Kritisiert werden offen diskriminierende Handlungsweisen ebenso wie versteckter Rassismus, beispielsweise in Form eines paternalistischen Rassismus. Auch die wohlmeinende Hilfe gegenüber als hilflos und minderwertig erachteten Minderheiten wird als Rassismus gesehen, insofern als dadurch erneut eine hierarchische Struktur und die Unterlegenheit des Anderen bestätigt werde.

Der kritische Blick auf Schwarz-Weiß-Denken und das Aufdecken rassistischer Strukturen sind sinnvoll und notwendig, doch beinhalten sie gleichzei- *(Kritik am Antirassismus)* tig eine grundlegende Schwäche: Die Dichotomisierung der eigenen und der fremden Kulturen und jegliche Einschätzung von Verhaltensweisen als rassistisch führt zu einer kontraproduktiven Stagnation. Wenn jegliches Denken und Handeln als rassistisch interpretiert wird, dann sind vermeintlich „richtige" und politisch korrekte Handlungsweisen von vornherein ausgeschlossen.

Pädagogik der soziokulturellen Vielfalt

Aus dieser Kritik am Antirassismus öffnen sich die Denkweisen in den folgenden Jahren und eine Pädagogik der soziokulturellen Vielfalt etabliert sich. Vielfalt und Diversität werden damit als sinnvolle Alternative zu den genannten Ansätzen betrachtet. Dies bedeutet, Differenz nicht nur kulturell oder ethnisch zu begründen und einzig aus diesen Kategorien Sichtweisen auf Mehrheiten und Minderheiten abzuleiten. Daneben bestehen weitere Diskriminierungskategorien wie Religion, sexuelle Orientierung oder Behinderung. Jeder Mensch gehört mit verschiedenen Teilidentitäten den einzelnen Kategorien an und kann, je nach Kontext, Minderheitenangehöriger oder auch Teil der Mehrheit sein. Zielsetzungen bestehen in der Förderung einer Sensibilität für Diversität (Allemann-Ghionda 1997: 6).

Aufgabe 11.2

? Führen Sie die Tabelle der Aufgabe 11.1 fort und ergänzen Sie sie mit den hier angeführten Ansätzen.

fremdsprachendidaktische Perspektiven

Diese Positionen der Erziehungswissenschaften werden auf Schule und Unterricht insgesamt bezogen und damit auch auf den Fremdsprachenunterricht. Innerhalb der Fremdsprachendidaktik bestehen darüber hinaus weitere Ansätze, die sich explizit mit interkulturellem Lernen im Französischunterricht auseinandersetzen.

Interkulturelles Lernen wird in der Fremdsprachendidaktik intensiv und kontrovers vor allem in den 1990er Jahren diskutiert. Aus der Breite der Ansätze haben drei Positionen die Diskussionen besonders geprägt: Diskurse zu interkultureller Kommunikation, die Giessener Didaktik des Fremdverstehens und Konzeptionen eines Fremdsprachenunterrichts als hybridem Raum, drittem Ort und damit zusammenhängend Vorstellungen von Transkulturalität (Fäcke 2005).

interkulturelle Kommunikation

In Diskursen zu interkultureller Kommunikation geht es um angemessene und erfolgreiche Kommunikation bei Begegnungen mit Menschen aus anderen Kulturen, um möglichst umfangreiches Wissen über die andere Kultur, um Vorstellungen und Erwartungen der Angehörigen der anderen Kultur, um Klischees, Vorurteile und Stereotype und deren Aufbrechen, Abbau und Überwindung sowie schließlich um Kulturstandards. Kultur wird dabei als ein spezifisches Orientierungssystem und Kulturstandards als Bewertungs- und Verhaltensstandards definiert.

INTERKULTURELLES LERNEN **Einheit 11**

Unter Kulturstandards werden alle Arten des Wahrnehmens, Denkens, Wertens und Handelns verstanden, die von der Mehrzahl der Mitglieder einer bestimmten Kultur für sich persönlich und andere als normal, selbstverständlich, typisch und verbindlich angesehen werden. Eigenes und fremdes Verhalten wird auf der Grundlage dieser Kulturstandards beurteilt und reguliert. (Thomas 1996: 112)

| Definition

Gerade im Blick auf die Fremdsprache geraten eigene und fremde Kulturstandards in den Fokus der Analyse. Dabei werden unterschiedliche Formen erfolgreicher und weniger erfolgreicher Kommunikation sowie (interkulturelle) Missverständnisse analysiert. So geht es hier z. B. um Fragen nach dem Bedeutungsspektrum von *Kaffeetrinken* im Deutschen mit dem Bezug auf eine bestimmte Uhrzeit, die Kombination mit Kuchen und Torten sowie mit bestimmten Gruppen oder Personen, mit denen das Kaffeetrinken durchgeführt wird, und im Vergleich dazu nach der Bedeutung von *boire un café* im Französischen.

| interkulturelles Missverständnis

Der Vergleich zwischen den jeweiligen assoziierten Bedeutungen und Kulturstandards, die Betonung von Unterschieden sowie die Vermeidung von möglichen interkulturellen Missverständnissen bilden somit den Gegenstand und die Zielsetzung von interkultureller Kommunikation. Auch die Auseinandersetzung mit Klischees und Stereotypen wird anvisiert mit dem Ziel, klischeehafte Denkweisen aufzubrechen und kritisch zu beleuchten. Dies ist auch Thema der folgenden Aufgabe in einem Oberstufenlehrwerk:

| Vergleich von Kulturstandards

Chapitre 5 LA FRANCE, L'ALLEMAGNE ET L'EUROPE

1 Etranges voisins

| Text 11.1

(Bär/Fischer 2002: 93)

LANDESKUNDE UND INTERKULTURELLES LERNEN

Aufgabe 11.3

? Zu der Karikatur werden im Lehrwerk folgende Aufgaben gestellt:

1. Décrivez les dessins de Fritz Behrendt, ci-dessus.
   Quels clichés sur les Allemands et les Français illustrent-ils?
   A quelles époques de l'Histoire ces caricatures renvoient-elles?
2. Les dessins justifient-ils le titre? Qu'est-ce que le dessinateur souhaite montrer?
3. Faites le portrait du Français ou de la Française «typique» et de l'«Allemand(e) typique» d'aujourd'hui: Décrivez leur physique, leurs qualités et leurs défauts, les objets dont ils s'entourent (puis dessinez-les ou faites un collage).

Analysieren Sie die Aufgabenstellungen zu der Karikatur. Inwieweit tragen Sie zum Aufbrechen, Infragestellen oder Zementieren von Klischees über Deutsche und Franzosen bei?

Kritik

Dieser kulturalistische Ansatz sieht sich zahlreicher Kritik ausgesetzt: Hier stünden statische, die eigene und fremde Kultur und Sprache zementierende Sichtweisen im Vordergrund, die die jeweiligen Kulturen als homogene und in sich kohärente Blöcke betrachten, die kulturelle Vielfalt innerhalb der jeweiligen Kultur nivellieren sowie Veränderlichkeit und Veränderbarkeit von Kulturen kaum berücksichtigen. Obwohl Zielsetzungen u. a. in der Überwindung von Klischees und Stereotypen lägen, trage dieser Ansatz kontraproduktiv zu ihrer Bestätigung bei. Lösungen dienten der Zementierung eines vermeintlich bestehenden Status Quo.

So könne interkulturelles Lernen nicht nur zum Ziel haben, Klischees und Stereotypen über ein bestimmtes Land und seine Bewohner zu vermitteln, sondern darüber hinaus sollten die historische Bedingtheit und Entstehungsgeschichte dieser Klischees zur Sprache kommen, ihre Vielfalt und Unterschiedlichkeit je nach Perspektive des Betrachters sowie schließlich Möglichkeiten ihrer Aufhebung, Aufbrechung und Infragestellung aufgezeigt werden.

Didaktik des Fremdverstehens

In den 1990er Jahren wird das hermeneutische Konzept (vgl. Einheit 1, S. 8) der Didaktik des Fremdverstehens entwickelt (vgl. z. B. Christ 1998). In diesen Positionen geht es um das Wechselverhältnis zwischen dem Eigenen und dem Fremden.

Den Ausgangspunkt der Überlegungen bilden kulturelle Differenz und die Zugehörigkeit zu unterschiedlichen Muttersprachen:

Definition

Von Fremdverstehen sprechen wir dann, wenn zwei Partner, die einander verstehen wollen, unterschiedliche, kulturell bedingte Referenzrahmen haben. Das ist z. B. immer dann (aber nicht nur dann) der Fall, wenn sie verschiedene Sprachen als Muttersprachen sprechen und sich folglich in einer ihnen fremden Sprache verständigen müssen. (Christ 1998: 8)

Diese Position basiert auf dem Postulat einer homogenen Lerngruppe und eines in sich kulturell kohärenten Subjekts. Der Einzelne wird z. B. durch den Lerngegenstand im Fremdsprachenunterricht mit dem Fremden konfrontiert.

Damit steht der hermeneutische Ansatz des Fremdverstehens im Kontext kulturbezogener Überlegungen. Differenzen zwischen fremden Kulturen und Sprachen werden insgesamt zu einem konstitutiven Moment der Auseinandersetzung mit Fremdheit gemacht und Verstehen zwischen als fremd definierten Kulturen wird durch Perspektivenwechsel und durch Empathie angestrebt.

Verstehen durch Perspektivenwechsel und Empathie

Die Kritik an der Didaktik des Fremdverstehens zielt darauf, dass der Vielfalt, den Überschneidungen und Brüchen zwischen dem Eigenen und dem Fremden bzw. multiplen Identitäten innerhalb eines Subjekts kaum Rechnung getragen werde. Ethnizität, gesellschaftliche Strukturen und soziale Hierarchien bzw. hierarchische Verhältnisse im Kontext eines globalen Blicks würden kaum in den Diskurs aufgenommen. Somit sei die Didaktik des Fremdverstehens einem Verständnis in sich homogener, deutlich voneinander abgrenzbarer Kulturen verpflichtet. Infragestellungen des Kulturbegriffs oder auch antirassistische Argumentationen würden nicht aufgegriffen.

Ist Fremdverstehen nun möglich oder nicht? Diese Frage wird von der Didaktik des Fremdverstehens positiv beantwortet. Neben diesem hermeneutischen Optimismus gibt es jedoch auch kritische Positionen, die Fremdverstehen grundsätzlich als nicht realisierbar erachten (Hunfeld 2004). Die hermeneutische Distanz bzw. Differenz wird stehengelassen und als Ausgangspunkt für (selbst)kritische Reflexion genutzt.

hermeneutischer Skeptizismus

Gleichsam als Weiterentwicklung aus der Didaktik des Fremdverstehens verabschieden sich neuere Ansätze in den Fremdsprachendidaktiken von vereindeutigenden, dichotomen Kategorien wie z. B. das Eigene und das Fremde, visieren verstärkt offenere Überlegungen an und beziehen diese u. a. aus der Tradition der Postmoderne.

So finden sich mehr und mehr Positionen auf der Basis von Transkulturalität und transkulturellem Verstehen (vgl. z. B. Eckert/Wendt 2003). Diese Argumentationen richten sich gegen die Vorstellung voneinander abgrenzbarer Kulturen und treten für ein Aufbrechen dichotomer Sichtweisen ein, sie stehen in der Tradition von Poststrukturalismus und Postmoderne sowie des erkenntnistheoretischen Konstruktivismus. Transkulturalität steht im Zusammenhang mit der Hybridisierung und Öffnung der Kulturen. Kultur wird als Diskurs, als Text oder als Intertext verstanden, insofern als sie durch Vielfalt, Brüche und Überlappungen sowie durch Mehrdeutigkeiten und Unschärfen gekennzeichnet sei. Diesem Verständnis zufolge sind Kulturen nicht eindeutig voneinander zu trennen, sondern sind durch Hybridität, d. h. Mischungen und Überschneidungen, gekennzeichnet.

Transkulturalität

> **Definition**
>
> Postmoderne/Poststrukturalismus ist ein philosophischer Denkansatz, dessen Vertreter (z. B. François Lyotard, Michel Foucault, Jacques Derrida) seit den 1960er Jahren das Ende der Moderne proklamieren. Die Welt sei nicht mehr eindeutig erkennbar und eindimensional erklärbar. Anstatt durch einen einzigen Herrschaftsdiskurs lasse sich Welt und Wirklichkeit weit angemessener durch Vielfalt, Brüche und Ambivalenzen erfassen. Anstelle einer unhinterfragten Übernahme bestehender Strukturen erfolgt die Kritik und Dekonstruktion von Denkweisen, Normen und Prinzipien sowie die Analyse von Diskursen, die die genannten Strukturen begründen.

> **Definition**
>
> Transkulturalität verweist auf ein Verständnis der Verquickung von Kulturen. Infolge des Aufeinandertreffens verschiedener Kulturen kommt es zu Verwischungen von Grenzen, zu Aufhebungen, Verschiebungen und Brüchen zwischen diesen Kulturen, die sich in vielfältigen Lebensformen, Einstellungen sowie Denk- und Handlungsweisen manifestieren. Dies bedeutet eine Absage an Vorstellungen eindeutig voneinander abgrenzbarer Kulturen ebenso wie an Vorstellungen einer universellen globalen Kultur, in der sich alle wie in einem „Einheitsbrei" wiederfinden können.

culture ‚of a third kind'

Auch Claire Kramsch argumentiert ausgehend von ähnlichen Überlegungen und mit vergleichbaren Zielsetzungen. Aus der Bewusstwerdung von Differenz, die sie als *betwixt and between* (Kramsch 1993: 234) sieht, entwickele sich ein Potenzial für mögliche Veränderungsprozesse im Fremdsprachenunterricht im Sinne eines Entstehens einer *culture ‚of a third kind'* (Kramsch 1993: 235). Ausgehend von einem kritischen pädagogischen Zugriff gehe es um einen offenen Prozess, der sich im Fremdsprachenunterricht zwischen der eigenen Kultur und der Zielsprachenkultur entwickele. So seien Lernende neugierig auf Grenzüberschreitungen und das Testen der Grenzen durch eine Sicht auf die fremde Sprache, die nicht als monolithischer Block, sondern als bewegliches Konstrukt verstanden werde.

Kultur als Diskurs

Diese Überlegungen zielen auf eine Öffnung des Kulturbegriffs, ein Verständnis von Kultur als Diskurs, die Auseinandersetzung mit eigenen Wirklichkeitskonstruktionen, die Vermeidung von Aneignungen und den kritischen Umgang mit Macht- und Herrschaftsdiskursen. Die Vermeidung von Dichotomien und Ontologisierungen führt zu Vorstellungen von Hybridität,

Dekonstruktion

Aufhebung und Dekonstruktion. Transkulturalität bildet somit den Rahmen für ergebnisoffene Denkprozesse und Auseinandersetzungen, in denen ein sensibler Umgang mit Kultur und Macht konstruktiv ausgehandelt werden kann. Dies führt zu einem Verständnis eines Fremdsprachenunterrichts als hybridem Raum, im dem diskursive Aushandlungsprozesse anvisiert werden. Gleichzeitig besteht hierbei die Gefahr postmoderner Verwischungen, die eine konkrete Sichtbarmachung gesellschaftlicher Hierarchien und Ausgrenzungen in den Hintergrund rückt.

INTERKULTURELLE KOMPETENZEN FÖRDERN — Einheit 11

? Betrachten Sie erneut das oben angegebene Übungsbeispiel zu Klischees zwischen Deutschland und Frankreich. Welche Zielsetzungen und mögliche Aufgabenstellungen würden sich aus der Sicht der Didaktik des Fremdverstehens und des Ansatzes der Transkulturalität dazu ergeben?

| Aufgabe 11.4

Interkulturelle Kompetenzen fördern | 11.3

Der Überblick über die Entwicklungen innerhalb der Landeskunde und des interkulturellen Lernens hat verschiedene Ansätze mit je eigenen Schwerpunkten und Zielsetzungen deutlich gemacht. Diese Überlegungen wirken sich auch konkret auf die Gestaltung des Französischunterrichts aus. Auf curricularer Ebene ist interkulturelle Kompetenz neben kommunikativer Kompetenz als Zielsetzung im Französischunterricht in allen Bundesländern breit etabliert. Exemplarisch macht dies der folgende Auszug aus dem Lehrplan für Gymnasien in Hessen deutlich:

hessischer Lehrplan

| Text 11.2

> 1 Aufgaben und Ziele des Faches
>
> Durch die immer weiter fortschreitende Erweiterung der Europäischen Union und der Internationalisierung des Lebens in allen Bereichen wird die **Mehrsprachigkeit** der Bürger der Europäischen Union unerlässlich für die Mobilität im beruflichen und privaten Bereich. In diesem Rahmen kommt der französischen Sprache eine besondere Bedeutung zu. Frankreich hat nicht nur eine gemeinsame Grenze mit Deutschland, es ist auch eines der beliebtesten Reiseländer und vor allem der wichtigste Handelspartner Deutschlands. Französisch ist darüber hinaus in einem großen Teil des Fernen und Nahen Ostens, im afrikanischen Raum, in Teilen Kanadas und Lateinamerikas u. a. Verkehrssprache mit z. T. erheblicher kultureller, soziokultureller Prägung. Neben immer wichtiger werdenden guten landeskundlichen Kenntnissen und hoher interkultureller Kompetenz – eine enge deutsch-französische Zusammenarbeit in vielen Bereichen der Kultur und Wirtschaft ist heute eine nicht mehr wegzudenkende Realität – wird von unseren Schülerinnen und Schülern eine hohe Kompetenz in der französischen Sprache erwartet.
>
> Der Bedeutung des **Französischen als Weltsprache**, insbesondere auch für die beruflichen Perspektiven unserer Schülerinnen und Schüler, muss der Französischunterricht im Gymnasium Rechnung tragen.
>
> Erstes Ziel des Französischunterrichts ist die Entwicklung der mündlichen und schriftlichen **Kommunikationsfähigkeit** zur Bewältigung von außerschulischen Sprachverwendungssituationen bei Aufenthalten im Ausland, im beruflichen Umfeld, im Kontakt mit ausländischen Bürgern (themenbezogene Unterhaltung) und im akademischen Studium. Interkulturelles Lernen steht daher im Mittelpunkt des Französischunterrichts. Dies schließt erste Begegnungen mit fiktionalen Texten der frankophonen Literatur ein.

Dem Französischunterricht kommt im Rahmen der sich weiter entwickelnden **bilingualen Bildungsangebote** eine besondere Bedeutung zu, denn der bilinguale Sachfachunterricht erfordert großes sprachliches Können sowie eine erweiterte interkulturelle Kompetenz. Auf diese dynamische Entwicklung und die damit verbundene Forderung nach Mehrsprachigkeit der europäischen Bürgerinnen und Bürger muss sich schulische Bildung in Hessen, insbesondere gymnasiale Bildung, einlassen, um im internationalen Wettbewerb weiterhin bestehen zu können.

Die Ziele des Französischunterrichts liegen in den Bereichen

[...]

Interkulturelle Kompetenz

- Die Begegnung mit dem Anderen, d. h. die Auseinandersetzung mit anderen Wertvorstellungen und Lebensgestaltungen mit dem Ziel, die eigenen zu überdenken
- Entwicklung der eigenen Identität in der Begegnung mit anderen Kulturen
- Zurechtfinden im zielkulturellen (Alltags-) Kontext
- Kennen lernen der Geschichte von Gesellschaft und Kultur Frankreichs sowie der europäischen Dimension
- Auseinandersetzung mit den frankophonen Kulturen und ihrer Literatur
- Entwicklung von Einstellungen wie Toleranz und Achtung vor dem anderen und von Empathiefähigkeit gegenüber anderen Kulturen

(Hessisches Kultusministerium 2010: 3)

Aufgabe 11.5 | ? Vergleichen Sie die genannten hessischen Zielsetzungen mit den Argumenten der zuvor aufgeführten landeskundlichen und interkulturellen Ansätze. Welche Bezugspunkte stellen Sie fest?

Gemeinsamer europäischer Referenzrahmen für Sprachen

Die curricularen Vorstellungen einzelner Bundesländer machen die zentrale Position interkulturellen Lernens im Französischunterricht sichtbar. Darüber hinaus ist interkulturelles Lernen im Fremdsprachenunterricht heute vor allem auch durch Zielvorstellungen des Europarats und des Gemeinsamen europäischen Referenzrahmens für Sprachen geprägt. In diesem Zusammenhang wird von verschiedenen Kompetenzen ausgegangen: *savoirs*, *savoir-faire*, *savoir-apprendre*, *savoir-être*, *savoir-comprendre* und *savoir-s'engager*, die im Bereich des Wissens, der Fertigkeiten und Einstellungen angesiedelt sind (Byram 1997: 34). Interkulturelle Kompetenzen spiegeln somit

▶ deklaratives Wissen und Kenntnisse über ein Land, seine Bewohner und Kulturen, Fertigkeiten (*savoir*),
▶ prozedurales Wissen über einen sensiblen Umgang mit Angehörigen anderer Kulturen als Vermittlungsperson in interkulturellen (Konflikt)Situationen (*savoir-faire*),

▶ persönlichkeitsbezogene Kompetenzen in Bezug auf Einstellungen, Motivationen, Wertvorstellungen und Überzeugungen (*savoir-être*),
▶ sowie die Lernfähigkeit, mit diesen Kompetenzen umzugehen und sich gesellschaftspolitisch zu engagieren (*savoir-apprendre*) (vgl. Conseil de l'Europe 2001).

Der Referenzrahmen beschreibt folgende allgemeine individuelle Kompetenzen:

Kompetenzen im Referenzrahmen

2.1.1 Compétences générales individuelles

Text 11.3

Les compétences générales individuelles du sujet apprenant ou communiquant […] reposent notamment sur les **savoirs, savoir-faire et savoir-être** qu'il possède, ainsi que sur ses **savoir-apprendre**.

– **Les savoirs, ou connaissance déclarative** […] sont à entendre comme des connaissances résultant de l'expérience sociale (savoirs empiriques) ou d'un apprentissage plus formel (savoirs académiques). Toute communication humaine repose sur une connaissance partagée du monde. En relation à l'apprentissage et à l'usage des langues, les savoirs qui interviennent ne sont pas, bien entendu, seulement ceux qui ont à voir directement avec les langues et cultures. Les connaissances académiques d'un domaine éducationnel, scientifique ou technique, les connaissances académiques ou empiriques d'un domaine professionnel sont évidemment d'importance dans la réception et la compréhension de textes en langue étrangère relevant des domaines en question. Mais les connaissances empiriques relatives à la vie quotidienne (organisation de la journée, déroulement des repas, modes de transport, de communication et d'information), aux domaines public ou personnel, sont tout aussi fondamentales pour la gestion d'activités langagières en langue étrangère. La connaissance des valeurs et des croyances partagées de certains groupes sociaux dans d'autres régions ou d'autres pays telles que les croyances religieuses, les tabous, une histoire commune, etc., sont essentielles à la communication interculturelle. Les multiples domaines du savoir varient d'un individu à l'autre. Ils peuvent être propres à une culture donnée; ils renvoient néanmoins à des constantes universelles. […]

savoirs

– **Les habiletés et savoir-faire** […], qu'il s'agisse de conduire une voiture, jouer du violon ou présider une réunion, relèvent de la maîtrise procédurale plus que de la connaissance déclarative, mais cette maîtrise a pu nécessiter, dans l'apprentissage préalable, la mise en place de savoirs ensuite « oubliables » et s'accompagne de formes de savoir-être, tels que détente ou tension dans l'exécution. […].

savoir-faire

– **Les savoir-être** […], sont à considérer comme des dispositions individuelles, des traits de personnalité, des dispositifs d'attitudes, qui touchent, par exemple, à l'image de soi et des autres, au caractère introverti ou extraverti manifesté dans l'interaction sociale. On ne pose pas ces savoir-être comme des attributs permanents d'une personne et ils sont sujets à des variations. Y sont inclus les

savoir-être

savoir-apprendre

facteurs provenant de différentes sortes d'acculturation et ils peuvent se modifier. […]

– **Les savoir-apprendre** […] mobilisent tout à la fois des savoir-être, des savoirs et des savoir-faire et s'appuient sur des compétences de différents types. En la circonstance, « savoir-apprendre » peut aussi être paraphrasé comme « savoir/être disposé à découvrir l'autre », que cet autre soit une autre langue, une autre culture, d'autres personnes ou des connaissances nouvelles.

(Conseil de l'Europe 2001: 16 f.)

In diesen Kompetenzen spiegeln sich Zielsetzungen der Landeskunde – *savoirs* – und des interkulturellen Lernens – *savoir-faire*, *savoir-être*, *savoir-apprendre* – deutlich wieder. Deklaratives Wissen über das andere Land und die andere Kultur wird mit prozeduralem Umsetzungswissen und Handlungskompetenzen, mit Einstellungen und Bereitschaft, sich eine interkulturelle Sensibilität anzueignen, kombiniert.

Aufgabe 11.6 | **?** Vergleichen Sie den Zugang des Gemeinsamen europäischen Referenzrahmens für Sprachen mit älteren interkulturellen Ansätzen. Welche Gemeinsamkeiten, welche Unterschiede stellen Sie fest? Welche Vor- und Nachteile impliziert die Bezugnahme auf *savoirs*, *savoir-faire*, *savoir-être*, *savoir-apprendre*?

Umsetzungen im Französischunterricht

Ein Französischunterricht, in dem diese landeskundlichen und interkulturellen Zielsetzungen aktiv umgesetzt werden, zeichnet sich durch die explizite und implizite Bezugnahme auf bestimmte Inhalte ebenso aus wie durch die Vermittlung von Einstellungen und Denkweisen, die auf Offenheit und Neugier gegenüber französischsprachigen Kulturen und Nationen sowie ihren Bewohnern und auch auf ein konstruktives Miteinander gegenüber dem nahen Fremden, d. h. Mitschülerinnen und Mitschülern nicht-deutscher Herkunft bzw. mit Migrationshintergrund, zielen.

Anfangsunterricht

Im Anfangsunterricht wird ein solches kulturspezifisches Wissen wohl eher implizit vermittelt werden, beispielsweise in Fotografien der Lehrwerke, die ein Haus, eine Straße oder eine Schule in Frankreich zeigen und damit indirekt auf Besonderheiten gegenüber vergleichbarer Architektur in Deutschland hinweisen, durch die Vermittlung französischer Begrüßungsformen – *faire la bise* – oder auch durch Bezugnahme auf französische Alltagskultur.

Text 11.4 |

(Crismat u. a. 2004: 73)

INTERKULTURELLE KOMPETENZEN FÖRDERN   Einheit 11

Neben dieser Alltagskultur wird seit den 1990er Jahren kulturelle und ethnische Vielfalt innerhalb Frankreichs explizit thematisiert. Die französische Lehrwerkfamilie, bestehend aus Monsieur und Madame sowie ihren Kindern, wird zunehmend ersetzt bzw. erweitert durch mehrere Lehrwerkfiguren, die nicht nur rein französischen Hintergrund haben, sondern aus dem Maghreb oder aus einem zentralafrikanischen Land stammen.

ethnische Vielfalt in Frankreich

Eine besonders deutliche Thematisierung der Frankophonie findet sich im Lehrwerk *Passages*, dessen erster Band lediglich in der ersten Lektion in Marseille angesiedelt ist und der aus einer Reise durch drei frankophone Länder – Marokko, Senegal und Martinique – besteht (Pelz 1998). Die jugendlichen Protagonisten stammen aus Frankreich und Deutschland, wobei unter den französischen Kindern ein Junge aus dem Senegal und ein weiterer aus Marokko stammen. Gerade das konstruktive Miteinander zwischen diesen Kindern repräsentiert einen sensiblen interkulturellen Umgang zwischen ihnen. Hier wird Lernenden des ersten Lernjahrs deutlich vermittelt, in welchen Ländern Französisch gesprochen wird und darüber hinaus werden einige landeskundliche Informationen über diese Länder vermittelt.

Frankophonie im Lehrwerk

Landeskunde und interkulturelles Lernen beziehen sich somit nicht allein auf Frankreich, sondern auf alle frankophonen Länder, so dass durch die Thematisierung mehrerer französischsprachiger Länder bereits ein Moment der Diversität und Vielfalt realisiert wird. Dabei kommen sowohl Nachbarländer Frankreichs wie die Schweiz oder Belgien als auch Nationen wie Kanada, die Staaten des Maghreb oder einige Staaten Zentralafrikas und der Karibik zur Sprache.

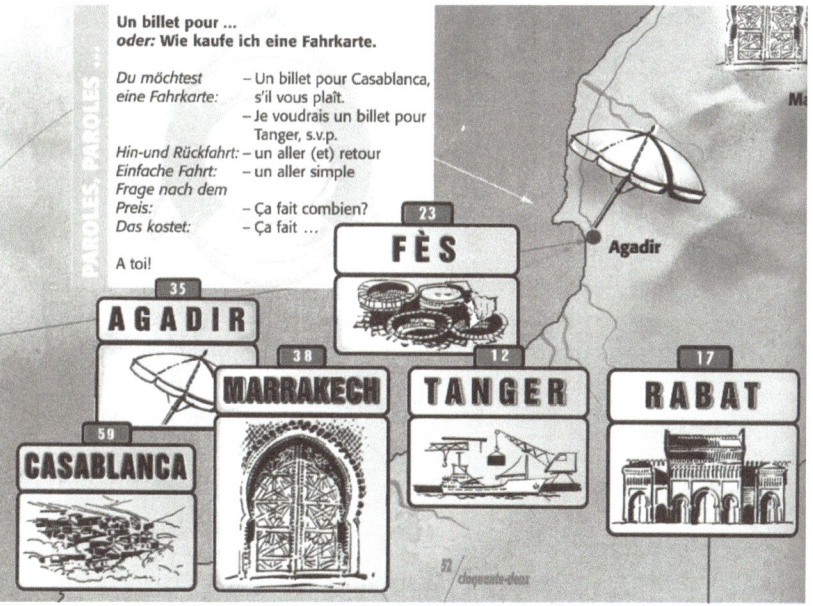

| Text 11.5

(Pelz 1998: 52)

LANDESKUNDE UND INTERKULTURELLES LERNEN

interkulturelle Kompetenzen durch Literatur

Interkulturelle Kompetenzen lassen sich darüber hinaus gut durch literarische Texte erwerben. Dabei bilden gerade auch ältere literarische Texte aus Frankreich eine gute Möglichkeit, sich interkulturellen Themen anzunähern, zumal die Autoren eine Perspektive auf bestimmte Inhalte haben, die ihrer Zeit geschuldet ist und sich u.U. von gegenwärtigen Perspektiven unterscheidet – oder eben auch nicht. Dies macht auch das folgende Beispiel deutlich, in dem ein Vergleich verschiedener Esskulturen im Europa des 18. Jahrhunderts entfaltet wird. Der französische Schriftsteller und Historiker Louis-Antoine Caraccioli (1719-1803) vertritt in „Paris, le modèle des nations étrangères ou l'Europe française" (1777) die Ansicht, dass die französische Küche einen wichtigen Beitrag zur Bereicherung der kulinarischen Sitten in Europa geleistet habe. Damit formuliert er zu seiner Zeit Vorstellungen über die Bedeutung der französischen Gastronomie, die heute in ähnlicher Form vertreten werden (vgl. v. Kulessa/Seth 2017: 48 f.).

Text 11.6

Des Tables

C'est certainement aux Français, et personne ne le contestera, que l'Europe doit l'honneur inestimable de ne plus noyer sa raison dans le vin, et l'avantage de manger avec délicatesse. Je sais que les Italiens ne donnèrent jamais dans l'excès de l'ivresse ; mais comme ils ne tiennent point table, et qu'une des principales vertus de la noblesse italienne c'est la sobriété, on ne peut leur attribuer la gloire d'avoir banni l'ivresse des festins.

Un étranger qui voyageait autrefois dans l'Allemagne et dans la Pologne, et qui se trouvait à la table des grands, essuyait une vexation de la part des convives, s'il ne buvait pas. On le forçait à faire tête à la compagnie, et il fallait boire à la santé des vivants, et mêmes des morts ; car on terminait ordinairement la séance sans trop savoir ce qu'on disait.

Cette étrange coutume est maintenant abolie, et sans l'excellence et la variété des vins qui donnent aux fêtes allemandes une prééminence sur les festins français, on ne boit pas plus à Varsovie et à Prague, qu'à Paris. Il n'y a que les Anglais qui n'ont pas encore voulu se dessaisir de ce mauvais usage ; ce qui ne contribue pas peu à ralentir leur ardeur pour les sciences.

Les étrangers, soit en fréquentant les ambassadeurs français, soit en venant eux-mêmes en France, ont enfin appris que la tempérance est spécialement la vertu des gens bien nés, et que s'il arrive de prendre quelquefois dans la crème des vins, une pointe de gaieté, il est odieux d'y perdre sa raison et ses sens. On ne peut néanmoins disconvenir, que nos repas sont devenus très ennuyeux, depuis qu'on a des prétentions à l'esprit, et qu'il n'y a que la bonne chère qui les soutient ; mais elle y est excellente. […]

Quelle gêne autrefois qu'une table russe, et maintenant quelle liberté, quel agrément ! On y parle avec intérêt, on y rit avec aisance, on y mange avec délicatesse, et c'est encore un miracle français.

INTERKULTURELLE KOMPETENZEN FÖRDERN — Einheit 11

> On soupe à Milan, depuis que le maréchal de Villars y introduisit la coutume de donner des repas ; on festine à Turin comme dans un pays qui avoisine Grenoble et Lyon, et l'on commence dans Rome même, d'après le bon exemple des ambassadeurs français, à connaître la bonne chère, et à savoir parfois en user.
>
> Venez sans façon dîner chez moi, dit amicalement un Napolitain à un aimable voyageur qu'il connaissait ; nous serons moins que les muses, plus que les grâces, le nombre, en un mot, qui convient, pour que la conversation soit générale et pas trop bruyante.
>
> Oh ! répond l'Étranger, ce n'est pas un Napolitain qui m'invite, mais un Français : il faut en effet convenir qu'on se croit à Paris, et non à Naples, quand on est aussi agréablement invité.
>
> (Caraccioli 1777, zitiert nach: Kulessa/Seth 2017: 48 f.)

| Aufgabe 11.7

? Welche Kompetenzen würden Sie mit der Lektüre dieses Textes in Ihrem eigenen Französischunterricht vermitteln? Nehmen Sie bei der Antwort Bezug auf die Kompetenzen des Referenzrahmens *savoir*, *savoir-faire*, *savoir-être* und *savoir-apprendre*.

Hier wird ein Vergleich verschiedener Esskulturen ausgewählter europäischer Nationen entwickelt und dabei die Vorrangstellung der französischen Küche besonders gelobt. Charakteristisch ist die verallgemeinernde Perspektive auf die französische oder die polnische Esskultur, ohne Unterschiede und Differenzierungen innerhalb der jeweiligen Länder zu berücksichtigen. Das Lob gilt der französischen Küche bzw. dem französischen Wein, die wegweisend für Europa seien und einen positiven Einfluss auf die Kulturen anderer Länder ausgeübt hätten.

Ein solcher Zugang ermöglicht insbesondere auch durch die historische Verfremdung, einen kritischen Blick auf generalisierende und tendenziell auch stereotypisierende Sichtweisen zu werfen. Auch in Lehrmaterialien der Gegenwart werden verallgemeinernde Wahrheiten zu einem französischen oder deutschen Frühstück immer wieder transportiert. Somit bietet dieser Text etliche Ansatzpunkte zu interkulturellem Lernen im Französischunterricht.

Zusammenfassung

In dieser Einheit wurden verschiedene Konzepte der Landeskunde und des interkulturellen Lernens thematisiert. Landeskunde bezieht sich auf gesellschaftliche, kulturelle, politische und ökonomische Zusammenhänge eines bzw. mehrerer französischsprachiger Länder. Interkulturelles Lernen visiert demgegenüber einen doppelten Blick zwischen verschiedenen Kulturen, d. h. zwischen der eigenen Kultur der Lernenden und der fremden Kultur der Zielsprache, an. Neben Wissen und Kenntnissen geht es um Einsichten und Einstellungen zur Zielkultur und zu den Unterrichtsinhalten. Interkulturelle Kompetenzen, wie sie im Gemeinsamen europäischen Referenzrahmen für Sprachen entwickelt sind, bestehen aus Wissen, Fertigkeiten und Einstellungen (*savoirs*, *savoir-faire*, *savoir-apprendre*, *savoir-être*).

Aufgabe 11.8

? Welchen Stellenwert würden Sie interkulturellem Lernen in Ihrem Französischunterricht einräumen? Stellen Sie Ihre eigene Position begründet dar und beziehen Sie sich dabei auf die oben dargestellten Diskurse.

Literatur

Allemann-Ghionda, Christina (1997): Mehrsprachige Bildung in Europa. In: BMW AG, München (Hg.): LIFE. Ideen und Materialien für interkulturelles Lernen. Lichtenau: AOL, 1–10.

Bär, Hansjörg/Fischer, Wolfgang (2002): Nouveaux Horizons 1. Nouvelle Edition. Stuttgart, Leipzig: Klett.

Byram, Michael (1997): Teaching and Assessing Intercultural Communicative Competence. Clevedon u. a.: Multilingual Matters.

Caraccioli, Louis-Antoine (1777): Paris, le modèle des nations étrangères ou l'Europe française. Paris : Duchesne. http://gallica.bnf.fr/ark:/12148/bpt6k1156961

Conseil de l'Europe (2001): Cadre européen commun de référence pour les langues. Paris: Didier.

Crismat, Anne u. a. (2004): Tous ensemble 1. Für den schulischen Französischunterricht. Stuttgart u. a.: Klett.

Eckert, Johannes/Wendt, Michael (Hg.): Interkulturelles und transkulturelles Lernen im Fremdsprachenunterricht. Kolloquium Fremdsprachenunterricht. Bd. 15. Frankfurt: Lang.

Fäcke, Christiane (2005): Französischunterricht heute: Theoretische Positionen, didaktische Leitlinien, konkrete Umsetzungen. Eine Bestandsaufnahme – insbesondere im Hinblick auf interkulturelles Lernen. In: Neusprachliche Mitteilungen 58/4: 5–16.

Hunfeld, Hans (2004): Fremdheit als Lernimpuls. Skeptische Hermeneutik – Normalität des Fremden – Fremdsprache Literatur. Klagenfurt: Drava und Meran: Alpha Beta.

Kramsch, Claire (1993): Context and culture in language teaching. Oxford: Oxford university press. (Oxford applied linguistics)

Kulessa, Rotraud/Seth, Catriona (Hg.) (2017): L'idée de l'Europe au Siècle des Lumières. Cambridge, UK: Open Book Publishers.

Pelz, Manfred (1998): Passages 1. Lehrwerk für den Französischunterricht. Frankfurt am Main: Diesterweg.

Robert Bosch Stiftung/Deutsch-französisches Institut (1982): Stuttgarter Thesen zur Rolle der Landeskunde im Französischunterricht.

Schumann, Adelheid (2007): Le Maghreb. Inhalte und Verfahren einer Interkulturellen Landeskunde. In: Der Fremdsprachliche Unterricht Französisch 41/86: 2–9.

Steinbrügge, Lieselotte (2005): Kulturkunde – die verdrängte Tradition der interkulturellen Didaktik. In: Schumann, Adelheid (Hg.): Kulturwissenschaften und Fremdsprachendidaktiken im Dialog. Perspektiven eines interkulturellen Französischunterrichts. Kolloquium Fremdsprachenunterricht, Bd. 19. Frankfurt am Main u. a.: Lang, 85–96.

Thomas, Alexander (1996): Analyse der Handlungswirksamkeit von Kulturstandards. In: Thomas, Alexander (Hg.): Psychologie interkulturellen Handelns. Göttingen u. a.: Hogrefe. Verlag für Psychologie, 107–135.

Internet

Christ, Herbert (1998): Fremdverstehen und interkulturelles Lernen. Zeitschrift für Interkulturellen Fremdsprachenunterricht [Online], 1 (3), 22pp. http://tujournals.ulb.tu-darmstadt.de/index.php/zif/article/view/733/710

Hessisches Kultusministerium (2010): Lehrplan Französisch. Gymnasialer Bildungsgang. Jahrgangsstufen 5G bis 9G. https://kultusministerium.hessen.de/sites/default/files/media/g8-franzoesisch.pdf

Einheit 12

Literaturunterricht

	Inhalt
12.1 Literatur und literarischer Kanon	192
12.2 Literaturdidaktische Modelle	196
12.3 Lesen in der Fremdsprache	200
12.4 Ästhetisch-literarische Kompetenzen fördern	203

Gegenstand dieser Einheit sind die Bedeutung und der Stellenwert von Literatur für den Französischunterricht. Sie lernen grundlegende Überlegungen zum Einsatz literarischer Texte kennen. Dazu gehören die Frage nach einem möglichen Kanon und nach verpflichtender Lektüre, unterschiedliche Zugangsweisen verschiedener literaturdidaktischer Modelle, Leseprozesse in der Fremdsprache und schließlich die Diskussion über die Bedeutung eines Literaturunterrichts angesichts aktueller Entwicklungen im Zeichen der Bildungsstandards, der Kompetenzorientierung und neuer Aufgabenformate.

Überblick

LITERATURUNTERRICHT

12.1 | Literatur und literarischer Kanon

Themen der Literaturdidaktik

Welchen Stellenwert sollten literarische Texte im Französischunterricht einnehmen? Warum und mit welchen Zielsetzungen sollte man literarische Texte in den Französischunterricht einbinden? Wie lässt sich mit literarischen Texten sinnvoll umgehen? Welche Kompetenzen sollen bei jugendlichen Lesern und Leserinnen anvisiert werden? Mit welchen Intentionen sollten literarische Texte rezipiert werden? Wie lassen sich nachhaltige Bezüge zur Literatur bei Schülerinnen und Schülern fördern?

Diese Fragen bilden einen Überblick über Themen, die in der Literaturdidaktik diskutiert werden, und natürlich gibt es darauf sehr viele unterschiedliche Antworten. In Begründungen zum Einsatz literarischer Texte im Französischunterricht wird beispielsweise auf die Bedeutung ästhetisch-literarischer Bildung an sich verwiesen, auf die Möglichkeiten, sich phantasievoll mit fiktiven Charakteren und Handlungen auseinandersetzen zu können oder auch auf die Anleitung zu Sinn entnehmendem Leseverstehen durch Texte, die einen vielfältigen, persönlichen und eigenständigen Zugang ermöglichen. Im Fremdsprachenunterricht könne Literatur darüber hinaus den Fremdsprachenlernprozess motivierend unterstützen.

Zielsetzungen des Literaturunterrichts

Ein langfristiges Ziel des Literaturunterrichts besteht darin, Schülerinnen und Schüler nachhaltig zum Lesen zu motivieren und sie, wenn möglich, zur Rezeption sowohl deutsch- als auch fremdsprachiger Literatur auch über das Ende der Schulzeit hinaus anzuleiten. Die damit anvisierte intrinsische Lesemotivation wird nicht unbedingt durch ein lehrer- und textzentriertes Leseverstehen mit Interpretation eines postulierten Textsinns gefördert. Da dies in der schulischen Praxis jedoch häufig praktiziert wird, erscheint die Einforderung folgender Leserechte, die der französische Schriftsteller Daniel Pennac formuliert, begründet.

Text 12.1

1. Le droit de ne pas lire.
2. Le droit de sauter des pages.
3. Le droit de ne pas finir un livre.
4. Le droit de relire.
5. Le droit de lire n'importe quoi. […]
7. Le droit de lire n'importe où.

(Daniel Pennac: Comme un roman, 162 © Éditions Gallimard)

Lesemotivation Jugendlicher

Diese Forderungen entsprechen kaum der alltäglichen Praxis des Literaturunterrichts. Sie werden vermutlich von vielen als Widerspruch zu anderen schulischen Aspekten wie Leistungsorientierung, Vergleichbarkeit und Notengebung empfunden. Die von Pennac vorgeschlagene Öffnung des Literaturunterrichts ist nicht gleichzusetzen mit einem alle Schülerinnen und Schüler motivierenden Unterricht, der Leselust fördern und nachhaltig auch über das Ende des Fremdsprachenunterrichts hinaus unterstützen möchte. Jugendliche lesen literarische Texte nicht immer, nicht immer gern und auch nicht immer mit tiefem Verständnis, wie Studien zum Lesen deutlich machen. Die Ursachen dafür liegen nicht allein an der methodisch-didaktischen Gestaltung des Literaturunterrichts, sondern auch an gesellschaftlichen Entwicklungen wie z. B. an einer veränderten Kindheit und Jugend und an medialen Einflüssen, die die Lektüre von Büchern wesentlich seltener als Selbstverständlichkeit erscheinen lassen. Auch das Sinn entnehmende Lesen ist eine Kompetenz, über die zahlreiche Jugendliche nur defizitär verfügen. Angesichts dieser Schwierigkeiten stellt sich die Frage, wie sich der Literaturunterricht im Fach Französisch entwickeln sollte.

Dabei geht es zunächst auch um die Auswahl literarischer Texte für die Lektüre im Unterricht. Die Praxis des fremdsprachlichen Literaturunterrichts zeigt immer wieder die Kontinuität bestimmter Lesetraditionen des Französischunterrichts, die u. a. mit dem bestehenden Unterrichtsmaterial, d. h. Lehrwerken und didaktisierten Texten und Textsammlungen, sowie mit organisatorischen Rahmenbedingungen, z. B. der Stundentafel oder der Dauer einer Unterrichtsstunde, zusammenhängen. *Auswahl literarischer Texte*

Im Französischunterricht determiniert zunächst der sprachliche Schwierigkeitsgrad die Auswahl literarischer Texte. Darüber hinaus erweisen sich weitere, zum Teil auch implizite Kriterien von Bedeutung, die mit der Dominanz gesellschaftlicher Diskurse, mit Ausbildungstraditionen der jeweiligen Lehrergeneration oder auch mit Einflüssen seitens der Kultusministerien zusammenhängen.

Im Anfangsunterricht Französisch wird immer wieder der sporadische Einsatz kurzer literarischer Formen wie Gedichte, Chansons oder Kurzgeschichten praktiziert. Darüber hinaus kommen adaptierte oder auch didaktisch aufbereitete Texte vor, gestaffelt nach dem fremdsprachlichen Niveau der Schülerinnen und Schüler. Diese *Easy Readers* beinhalten vereinfachte literarische Texte, Texte der Kinder- und Jugendliteratur oder auch didaktisierte Texte, die explizit für den Fremdsprachenunterricht verfasst sind. *literarische Texte im Anfangsunterricht*

Im fortgeschrittenen Französischunterricht besteht zunehmend die Tendenz zur Lektüre immer längerer literarischer Ganzschriften, vor allem im Bereich der Sekundarstufe II und im Leistungskurs. Hierzu zählen Klassiker wie Jean de La Fontaine, Molière oder Gustave Flaubert oder auch moderne Klassiker wie Albert Camus, Simone de Beauvoir oder Eugène Ionesco. Daneben finden sich aktuelle literarische Texte zeitgenössischer Autoren, Kinder- und Jugendliteratur sowie Literatur aus frankophonen Räumen. *literarische Texte im fortgeschrittenen Französischunterricht*

Nach empirischen Untersuchungen über die Verwendung literarischer Texte im Französischunterricht, d. h. zum Einsatz französischer Autoren und Werke im Oberstufenunterricht von den 1970er bis zu den 1990er Jahren (Weller 2000), dominieren immer wieder bestimmte Autoren. Allerdings unterscheidet sich die Reihenfolge der Favoriten manchmal leicht. Dazu gehören Camus, Molière, Sartre, Saint-Éxupéry, Maupassant, Voltaire, Anouilh und Ionesco. *literarischer Kanon im Französischunterricht*

LITERATURUNTERRICHT

Die häufigsten genannten literarischen Texte sind: *Le Petit Prince, L'Étranger, Rhinocéros, Antigone, Huis clos, La Peste, Le Cid* und *Candide*. Abgesehen von Corneille und Racine, die noch in den 1970er Jahren dominieren und in den 1990er Jahren eher hintere Ränge einnehmen, stehen mit Camus, Sartre, Molière und Saint-Exupéry konstant die Gleichen an der Spitze (Fäcke 2009).

Der im Französischunterricht gelesene Kanon literarischer Texte ist ebenfalls von bildungspolitischen Entwicklungen und curricularen Vorgaben beeinflusst. Dazu gehört u. a. das Zentralabitur, weswegen im Folgenden der Lehrplan des Bundeslandes Bayern exemplarisch vorgestellt wird. Diese zentralisierte Abschlussprüfung hat direkte Auswirkungen auf die Textauswahl im Literaturunterricht des Fachs Französisch in der Sekundarstufe II.

bayrischer Lehrplan

Im Lernbereich „Umgang mit Texten und Medien" des bayrischen Lehrplans für das Gymnasium ist für die modernen Fremdsprachen 2006 noch Folgendes formuliert:

Text 12.2

Die Schüler lernen, Texte vielfältiger Art unter verschiedenen Gesichtspunkten zu erschließen und zu kommentieren und entwickeln eine individuelle Lesekompetenz. Neben der Arbeit mit schriftlichen Texten, bei denen auch die Anwendung unterschiedlicher Lesestrategien trainiert wird, beschäftigen sie sich mit Hörtexten, Filmen bzw. Filmausschnitten sowie mit Cartoons, Photos und anderen visuellen und graphischen Darstellungen. Von Anfang an werden die Schüler durch altersgemäße Lesestoffe an die Begegnung mit Literatur herangeführt; so sollen sie Freude am Umgang mit Literatur entwickeln sowie zur Auseinandersetzung mit Wertvorstellungen und Fragen der sprachlichen Ästhetik angeregt werden. Die Interaktion von Leser und Text steht im Mittelpunkt; handlungs- und produktionsorientierte, die Kreativität anregende Methoden sowie formalanalytische Verfahren ergänzen sich gegenseitig und tragen zur intellektuellen wie ästhetischen Bildung bei. Mit dem Verfassen von fremdsprachigen Texten zu vielfältigen Kommunikationsanlässen, die adressatengerecht und sprachlich-stilistisch angemessen gestaltet sein sollen, bereiten sich die Schüler auf die unterschiedlichsten Situationen in Studium, Beruf und Privatleben vor. Dabei schulen sie ihre sprachpraktischen Fertigkeiten sowie ihre Fähigkeit zu logischer Gedankenführung und klarer Strukturierung; gleichzeitig werden sie angeregt, ihre Phantasie zu entfalten.

(Bayrisches Kultusministerium 2006)

Der Umgang mit Texten und Medien wird für den Französischunterricht weiter präzisiert:

Text 12.3

Durch die Auseinandersetzung mit authentischen Texten verschiedenster Art und zu einem breiten Themenspektrum entwickeln die Schüler ihr Interesse an der französischen Sprache und Kultur weiter.

Sie erschließen und bewerten Sachtexte aus unterschiedlichen Bereichen und Quellen. Anhand literarischer Texte lernen sie andere Lebensformen, Denkweisen sowie Haltungen kennen, erproben Verfahren formaler Analyse und nutzen Möglichkeiten individueller Deutung. Literatur wird – wenn möglich – auch in Verbindung mit Tonaufnahmen, Verfilmungen oder Theateraufführungen behandelt. Die Schüler gewinnen Einblicke in Literaturgeschichte und gängige Methoden der Interpretation von Texten, indem sie einige bedeutende Werke (ggf. in Auszügen) exemplarisch analysieren und Bezüge zum zeitgeschichtlichen Hintergrund sowie zu weiteren künstlerischen Ausdrucksformen (Kunst, Malerei, Musik), ggf. auch zur Literatur anderer Sprachen herstellen. Sie arbeiten Gestaltungsmittel sowie deren Wirkung und Aussageabsicht heraus und erschließen sich die ästhetische, historische und gesellschaftliche Dimension der Texte. Durch gezielte Hinweise werden die Schüler zudem zur Lektüre über die Schule hinaus angeregt. (Bayrisches Kultusministerium 2006)

| Textauswahl

Die bislang genannten Formulierungen in diesem bayrischen Lehrplan für die Arbeit mit literarischen Texten sind noch sehr allgemein gehalten. Im Bereich der Texterschließung finden sich schließlich weitere Präzisierungen fiktionaler Texte, die für den Unterricht verbindlich vorgeschlagen werden:

fiktionale Texte:
- repräsentative Beispiele aus der Lyrik seit dem 16. Jahrhundert (Autoren wie Ronsard, Lamartine, Hugo, Baudelaire, Verlaine, Apollinaire, Eluard, Prévert)
- eine Komödie von Molière, möglichst in Verbindung mit Theateraufführungen oder Verfilmungen
- Aphorismen, Sentenzen; eine Fabel von La Fontaine
- eine Ganzschrift aus der erzählenden Literatur ab dem 19. Jahrhundert und – ggf. in Auszügen – repräsentative narrative Texte des 18. und 19. Jahrhunderts (Autoren wie Voltaire, Balzac, Flaubert, Maupassant, Zola, Camus, Ionesco, Modiano)
- ein modernes Drama oder eine Ganzschrift aus dem Bereich Film (Filmskript oder Textbuch; Autoren wie Beckett, Sartre, Koltès)
- Karikaturen, ggf.: *bandes dessinées*
- Lieder, Chansons
- ein Spielfilm (ggf. in Ausschnitten) (Bayrisches Kultusministerium 2006)

| Text 12.4

Auf eine genaue Vorgabe bestimmter Autoren und Werke wird an dieser Stelle verzichtet, stattdessen findet sich das Kriterium der Repräsentativität und des Überblicks über verschiedene Jahrhunderte und literarische Gattungen. Unter den vorgeschlagenen Autoren sind die „Klassiker" versammelt, andere Autoren – seien es Frauen, Autoren aus frankophonen Ländern oder zeitgenössische Autoren, die noch nicht den Rang „kanonisierter Klassiker" haben – finden sich hier nicht.

Kriterium: Repräsentativität der literarischen Texte

LITERATURUNTERRICHT

Kanonbildung Die Auswahl der literarischen Texte wird letztlich nicht begründet, sondern lediglich vorgegeben. Sie mag infolge mangelnder Transparenz der Entscheidungsfindung als willkürlich oder auch als unhinterfragte Anlehnung an einen mehr oder weniger traditionellen, von der Literaturwissenschaft vorgegebenen Kanon empfunden werden. Jegliche Form der Kanonbildung, sei sie nun enger oder weiter angelegt, beinhaltet zwangsläufig eine Normierung, d.h. eine Aufwertung bestimmter als kanonisierbar eingestufter Texte und eine Ausgrenzung aller anderen Texte, die die Aufnahme in den Kanon nicht erreichen.

Konsequenzen für den Literaturunterricht Welche Konsequenzen sind damit für den Literaturunterricht im Fach Französisch zu erwarten? Lernende werden primär mit den immer gleichen Texten konfrontiert, die für sie jedoch jeweils neu sind. Lehrende reproduzieren immer wieder gleiche oder ähnliche Unterrichtseinheiten über Texte und Themen, mit denen sie durch die Wiederholung sehr vertraut sind. Eine solche Form der Kanonbildung muss nicht zwangsläufig problematisch sein, sie unterstützt jedoch eine unreflektierte Übernahme von Lesetraditionen, deren Genese u. U. nicht nachvollzogen und kritisch analysiert wird. Darüber hinaus führt dies zur – ungewollten – Ausgrenzung aller anderen Texte und bildet damit ein bremsendes Moment in der Erneuerung und Aktualisierung des literarischen Kanons (Fäcke 2009).

Aufgabe 12.1 ? Inwieweit erachten Sie die Vorgabe eines literarischen Kanons für den Französischunterricht als hilfreich, unterstützend, störend oder einengend? Nehmen Sie begründet Stellung.

12.2 | Literaturdidaktische Modelle

Themen der Literaturdidaktik Die Literaturdidaktik widmet sich darüber hinaus auch Fragen zum Verhältnis zwischen Text und Leser, d.h. den kindlichen bzw. jugendlichen Leserinnen und Lesern. Sie ist stark lesedidaktisch ausgerichtet. Die diskutierten Zugangsweisen zu literarischen Texten orientieren sich an den Verstehensvoraussetzungen, zielen auf identitätsbedeutsame Leseprozesse sowie den Aufbau einer stabilen Lesemotivation und nehmen grundlegende Lesefähigkeiten in den Blick, die Schülerinnen und Schüler erwerben müssen, um fiktionale Texte für sich mit Gewinn lesen zu können. Lesen in der Schule wird verstanden als gemeinsamer Prozess, der individuellen Verstehensprozessen, kreativen wie reflektierenden Zugangsweisen und dem offenen Gespräch Raum lässt.

Bezüge zwischen Literaturtheorie und Literaturdidaktik Die schulische Praxis des Literaturunterrichts profitiert dabei von vielfältigen Bezügen zwischen Literaturtheorie und Literaturdidaktik. So sind gerade in der jüngeren Geschichte der Literaturwissenschaft etliche Richtungen für den Literaturunterricht bedeutsam gewesen. Sichtweisen des *New Criticism* (vgl. Wimsatt/Beardsley 1954), die den Text in den Mittelpunkt stellen und

Überlegungen zu möglichen Intentionen des Autors oder zu Reaktionen der Rezipienten ablehnen, haben in Gestalt der textimmanenten Interpretation Eingang in den Literaturunterricht gefunden. Positionen der ideologiekritischen Literaturwissenschaft finden sich z. B. in der Einbettung des Textes in seinen historischen, politischen und gesellschaftlichen Kontext in der schulischen Praxis des Literaturunterrichts wieder. Den größten Einfluss auf die Literaturdidaktik hat wohl die Rezeptionsästhetik ausgeübt. Dabei geht es insbesondere um die Interaktion zwischen Text und Rezipienten als Bedeutung konstituierendes Moment (vgl. Bredella 2002). Die Rezeptionsorientierung hat zu der Erkenntnis geführt, dass nicht der Text im Mittelpunkt des Unterrichts steht, sondern Kinder und junge Menschen, die einen literarischen Text lesen. In der Folge rezeptionsästhetischer, konstruktivistischer und kognitionspsychologischer Überlegungen hat sich ein dynamisches Literaturverständnis herausgebildet. Wenn literarische Texte nur als gelesene Texte existieren und ihre Realität in der Vorstellung ihrer Leser gewinnen, müssen individuelle Leseprozesse ernst genommen werden.

Solche Vorstellungen haben die traditionelle Gegenstandsorientierung mit ihrem substantialistischen Literaturverständnis abgelöst, auch wenn sie in die Praxis des täglichen Unterrichts bislang nur teilweise Eingang gefunden haben. Ein Literaturunterricht, der allein auf lineare Lektüre mit zumeist intensivem bzw. nur analytischem Lesen und Verstehen setzt, rückt in den Hintergrund zugunsten eher offener Verfahren, die auf individuelle Lese- und Verstehensprozesse zielen und häufig rezeptionsorientierte mit produktionsorientierten Zugängen verknüpfen. Dies impliziert auch die Abkehr von einem vermeintlich gegebenen eindeutigen Textsinn, der die Interpretation im Literaturunterricht steuert und vorgibt. Gerade die individuelle Auseinandersetzung mit literarischen Texten ermöglicht ein breites Spektrum an mentalen Prozessen der jugendlichen Rezipienten, deren Zugänge nicht vorschnell durch Kriterien wie „richtig" oder „falsch" kategorisiert werden können.

offene Verfahren im Literaturunterricht

? Sie lesen im Französischunterricht den Jugendroman *Regardez-moi* mit einer 10. Klasse. Entwickeln Sie mindestens 5 verschiedene Aufgabenstellungen in Bezug auf den Beginn des Romans, die eine Lektüre im Sinne der Rezeptionsästhetik nahelegen. Beziehen Sie sich dabei auf folgenden Textausschnitt:

Aufgabe 12.2

> Ça y est! Ils m'ont choisie, moi! Je n'arrive pas encore à y croire…
>   Sur je ne sais combien d'adolescents, plusieurs milliers, sans doute, plusieurs dizaines de milliers, même, c'est ma candidature qu'ils ont retenue. Pourquoi? Mystère. En toute honnêteté, je n'ai rien d'exceptionnel. Nom: Gina Lorrain. Âge: quatorze ans et demi. Taille: moyenne. Corpulence: moyenne. Niveau d'études: moyen (bonne en français, mauvais en maths, passable dans les autres matières). Signes distinctifs: boutons d'acné sur le front, cheveux châtains mi-longs, yeux noisette. Plutôt mignonne – d'après mon copain Loud, en tout cas –

Text 12.5

mais je n'ai rien d'une star. Est-ce justement mon côté « banal » qui a motivé le choix de Socio-life ? Je ne vois pas d'autre explication…

N'empêche, j'en suis retournée. Dans deux semaines, ma vie va changer. Je vais devenir hypercélèbre. J'ai l'impression de vivre un rêve…

En fait, je ne réalise pas encore vraiment. Et, à mon avis, mes parents non plus : ils sont complètement dépassés par les événements !

Quand j'ai répondu à l'annonce, c'était comme une sorte de jeu. Ni eux ni moi n'avons pensé une seule seconde que je gagnerais. Ça paraissait tellement invraisemblable !

Je vais rapidement résumer l'aventure, elle en vaut la peine. Ça me permettra de me rappeler les détails, plus tard. D'ailleurs, c'est pour cette raison que je commence mon journal. Si tout se passe bien, il se peut même qu'un jour je le publie. Je l'intitulerai : *Les Carnets intimes d'une future vedette* et ce sera un best-seller…

Non, là, je délire.

Quoique…

En janvier dernier, donc, la chaîne Socio-life, spécialisée dans les reality-shows, lance un appel à la télé et dans la presse : ils cherchent un(e) adolescent(e) pour représenter sa génération dans une nouvelle émission : *Regardez-moi*! Ce ou cette adolescent(e) doit accepter – avec l'autorisation de ses parents bien entendu – de se laisser filmer vingt-quatre heures sur vingt-quatre, pendant trois mois. Le reportage sera retransmis en direct, non-stop, c'est-à-dire qu'à n'importe quel moment du jour ou de la nuit, les téléspectateurs pourront suivre le ou la gagnant(e) dans ses activités quotidiennes. Le but de l'émission est de *permettre aux adultes d'observer comme à travers un microscope le comportement d'un jeune, afin de mieux l'analyser et le comprendre* (j'ai recopié le texte de l'annonce).

(Gudule 2001: 5–7)

literaturdidaktische Ansätze

Literaturdidaktische Ansätze bewegen sich auf einem Kontinuum, dessen Enden durch die Orientierung am Text oder an den Rezipienten bestimmt sind. Subjektorientierte Positionen (z. B. Fish 1995) stellen die Leser und ihre individuellen Zugänge zum Text in den Mittelpunkt, textorientierte Positionen (z. B. Werlich 1986) sehen Bedeutung ausschließlich im Text selbst. Im Französischunterricht haben in der Praxis eher textorientierte Umgangsweisen eine lange Tradition, u. a. weil sie einen festen und determinierten Sinn postulieren und damit im Literaturunterricht gerade im Blick auf die Vergleichbarkeit von Leistungen leichter handhabbar scheinen. Seit den 1970/80er Jahren haben sich jedoch vor allem rezeptionsorientierte Ansätze sowohl in der literaturdidaktischen Theoriebildung als auch in der schulischen Praxis durchgesetzt. Darüber hinaus wird in der Fremdsprachendidaktik der Ansatz der Intertextualität seit einigen Jahren verstärkt verfolgt (Hallet 2002); der Blick auf den Einzeltext und dessen intensive Lektüre wird abgelöst durch den Blick auf intertextuelle Bezüge zwischen zahlreichen Texten und die Vernetzungen zu einem komplexen Textgewebe. Die Relevanz neuerer Diskurse z. B. in der Folge von Konstruktivismus (vgl. Einheit 4, S. 59 ff.) oder postmoderner Dekonstruktion für die Literaturdidaktik muss sich noch erweisen.

Betrachten wir einmal genauer, wie sich die literaturdidaktische Orientierung am Leser und am Text bei der Bearbeitung literarischer Texte konkret auswirkt. Am Beispiel des folgenden Gedichts von Victor Hugo lassen sich diese Unterschiede aufzeigen.

> Literaturdidaktik: Leser – Text

Demain, dès l'aube…

| Text 12.6

Demain, dès l'aube, à l'heure où blanchit la campagne,
Je partirai. Vois-tu, je sais que tu m'attends.
J'irai par la forêt, j'irai par la montagne.
Je ne puis demeurer loin de toi plus longtemps.

Je marcherai les yeux fixés sur mes pensées,
Sans rien voir au dehors, sans entendre aucun bruit,
Seul, inconnu, le dos courbé, les mains croisées,
Triste, et le jour pour moi sera comme la nuit.

Je ne regarderai ni l'or du soir qui tombe,
Ni les voiles au loin descendant vers Harfleur,
Et quand j'arriverai, je mettrai sur ta tombe
Un bouquet de houx vert et de bruyère en fleur.

3 septembre 1847.

(Hugo 1856/1973: 226)

Subjektorientierten Positionen zufolge liegen Ausgangspunkt und Zielsetzungen der Überlegungen zum Umgang mit dem Text bei den Lesenden. Dies bedeutet, Gedanken und Gefühle der Rezipienten zur Sprache zu bringen und in der Lerngruppe miteinander zu diskutieren. Dabei geht es auch darum zu erkennen, welche unterschiedlichen und komplexen Motive in den Reaktionen zum Ausdruck kommen können. Ein mögliches Verfahren besteht darin zu schreiben, worum es in dem Gedicht geht, und dadurch zu erfahren, dass literarische Texte Interpretation erfordern und es wichtig ist, eine Beziehung zum Text aufzunehmen. Aufgabenstellungen wie die Frage nach dem wichtigsten Wort, der wichtigsten Passage oder dem wichtigsten Aspekt im Text zielen darauf, die intendierte Wirkung des Textes zu erforschen und die ausgelöste Wirkung im Rezipienten zu thematisieren. Eigene Deutungen werden zur Sprache gebracht und im Vergleich mit der Gruppe analysiert und relativiert.

> Subjektorientierung

Im Blick auf das Gedicht Hugos würde der Fokus eines leserorientierten Zuschnitts vor allem darauf liegen, die Gedanken und Gefühle der Rezipienten bei der Lektüre zu erforschen. Welche Gefühle habe ich, wenn ich *Demain, dès l'aube...* lese? Empfinde ich Melancholie, Traurigkeit, Überraschung, Glück, Nachdenklichkeit oder auch Besänftigung, Erholung und Freude? Warum ist das so? Welche Seiten in mir werden angesprochen und warum? Der Austausch über diese Gedanken und Gefühle wird je nach Rezipienten immer neu ausfallen und ein Literaturunterricht nach diesem Modell muss letztlich jedes Mal zu anderen Gesprächen führen. Eine vermeintlich „richtige" Lösung oder den „richtigen" Umgang mit dem Gedicht gibt es nicht.

Textorientierung

Textorientierten Positionen zufolge wird die Interpretation dieses Gedichts ganz anders aussehen. Im Mittelpunkt steht nun ein literaturwissenschaftlicher Zugriff auf den Text. Dabei werden Themen diskutiert, die auf den historischen Hintergrund der Entstehung des Gedichts abheben, auf den Autor Victor Hugo, seine Biografie, seine Zeit und auf literargeschichtliche Schwerpunkte der Romantik. Darüber hinaus werden auch formale und gattungstheoretische Aspekte des Gedichts analysiert, d. h. Reimschemata, Metaphern und weitere formale Besonderheiten der Strophen. Das Gedicht könnte mit anderen Texten Hugos oder mit anderen Gedichten der Romantik verglichen und auf Charakteristika hin analysiert werden. Schwerpunkte der Interpretation würden sich an das anlehnen, was in literaturwissenschaftlichen Abhandlungen diskutiert wird, d. h. biografische, gattungstheoretische und geistesgeschichtliche Zusammenhänge. Dabei würde u. a. Folgendes vermittelt werden: Hugo gilt als der wichtigste Literat der frühen Romantik, seine Texte spiegeln „typisch romantische intimistische Dichtung, in der die Außenwelt – häufig Naturbetrachtungen – zum Anstoß für melancholische Reflexionen über Vergangenheit und Vergänglichkeit wird". (Gröne/Reiser 2017: 83) In diesem Gedicht thematisiert er den Tod seiner Tochter und beschreibt eindrücklich seinen Umgang mit der Trauer.

Bei diesem Zugriff werden immer die gleichen Inhalte diskutiert und erklärt, unabhängig von der Zusammensetzung der Lerngruppe. Die Ergebnisse müssen zwangsläufig immer die Gleichen sein. Dabei wird durch diesen textorientierten Zugriff indirekt eine vermeintliche Wahrheit der Interpretation vermittelt und Abweichungen werden als „falsch" gedeutet.

Aufgabe 12.3

? Vergleichen Sie subjektorientierte Positionen mit textorientierten Positionen. Welche Vor- und Nachteile stellen Sie jeweils fest? Wie sollten diese Positionen im schulischen Literaturunterricht umgesetzt werden? Stellen Sie ihre eigene Position begründet dar.

12.3 Lesen in der Fremdsprache

Die fremdsprachliche Literaturdidaktik steht im Blick auf Zugangsweisen zu literarischen Texten vor einem Problem, das die Deutschdidaktik nicht kennt: nämlich vor der Schwierigkeit, Leseprozesse in der fremden Sprache so zu organisieren, dass die Lesemotivation nicht leidet und zugleich Lesestrategien und Lesetechniken gelernt und literarische Erfahrungen möglich werden können (vgl. Fäcke/Wangerin 2007).

Lesen ist eine konstruktive Tätigkeit und ein interaktiver Prozess, in den die Wahrnehmung des Gelesenen ebenso einfließt wie die Bildung und Überprüfung von Hypothesen über das Gelesene. Auch eigene Vorkenntnisse über die Wahrscheinlichkeit von Buchstabenkombinationen, den Verlauf von Sätzen, die Wahrscheinlichkeit von Wortkombinationen und logische Strukturen sowie das eigene Weltwissen und kulturspezifische Prägungen beeinflussen das Lesen (Westhoff 1997:46ff.). Lesen ist ein Kombination von *bottom up* und *top down* (vgl. Einheit 8, S. 123). Lesen als Konstruktion

bottom up und *top down*

Lesen Sie einmal die folgenden Satzbeispiele und vergleichen Sie sie:

- Il a acheté un kilo de pommes de terre au marché. Le kilo coute 3,50 euros.
- Il a acheté une femme de ménage au marché. Le kilo coute 32,50 euros.

Wenn die beiden Sätze auch die gleichen syntaktischen Strukturen aufweisen und sich nur in einigen wenigen Wörtern unterscheiden, so wird dennoch sofort die Bedeutung logischer Strukturen, des eigenen Weltwissens und kulturspezifischer Prägungen erkennbar. Der erste Satz lässt sich auf den ersten Blick und problemlos einer Einkaufssituation auf dem Markt zuordnen, während der zweite Satz absurd erscheint und damit schwerer lesbar und verstehbar ist. Neben dem Dekodieren der Buchstaben, der Wörter und des Satzes (*bottom up*) erweisen sich vor allem auch die Vorkenntnisse und das Weltwissen der Leserinnen und Leser (*top down*) von Bedeutung für das Leseverstehen.

Darüber hinaus sind auch Unterschiede zwischen erstsprachlichen und fremdsprachlichen Leseprozessen relevant. Die geringere Vertrautheit mit Buchstabenfrequenzen und Buchstabenkombinationen in der Fremdsprache, mit Wortformen, Orthografie und Syntax führt zu einem geringeren Lesetempo und zu einer Beeinträchtigung des Leseverständnisses. Das Lesen in der Fremdsprache unterscheidet sich somit deutlich vom Lesen in der Erstsprache. erstsprachliche und fremdsprachliche Leseprozesse

Ferner gilt es, Lesetechniken und Leseziele zu berücksichtigen. Die Lektüre eines Fahrplans zielt auf das Herauslesen einer gezielten Information, nämlich der Abfahrtzeit des nächsten Zuges, die Lektüre eines Gedichts visiert hingegen ein genaues und vertieftes Verständnis des gesamtes Textes an und die Lektüre einer umfassenden Ganzschrift wie beispielsweise eines Romans von Gustave Flaubert kann nicht mit gleicher Intensität und Genauigkeit erfolgen, sondern zielt eher auf ein Gesamtverständnis des Textes mit genauem Verständnis einiger Schlüsselszenen. Dementsprechend werden unterschiedliche Lesetechniken auch im Französischunterricht verfolgt. Lesetechniken und Leseziele

LITERATURUNTERRICHT

Aufgabe 12.4 | ? Füllen Sie bitte die folgende Tabelle aus.

Lesetechnik	Leseziel	Beispiel/ Situation	Textgattung
Detailliertes Lesen *La lecture « repérage »*	Detaillierte Informationen heraussuchen	Das Kleingedruckte in einem Vertrag lesen	Vertrag, Bedienungsanleitung, Wörterbuch, Kochrezept
Orientierendes Lesen *La lecture « orientation »*			
Überfliegendes Lesen/ kursorisches Lesen *(skimming)* *La lecture « survol »*			
Suchendes Lesen/ selegierendes bzw. selektives Lesen *(scanning)* *La lecture « écremage »*			
Genaues Lesen/ intensives Lesen *La lecture « approfondissement »*			

(vgl. Vignaud 2002: 7)

Der fremdsprachliche Literaturunterricht kann durch die Berücksichtigung der genannten Lesetechniken unterschiedliche Umgangsweisen mit literarischen Texten fördern.

leises Lesen und lautes Lesen

Aus lesedidaktischer Perspektive ist darüber hinaus die bewusste Unterscheidung zwischen leisem und lautem Lesen von Bedeutung. Das laute Lesen wird gerade im Fremdsprachenunterricht häufig zur Übung der Aussprache und zur Steuerung des gemeinsamen Lesens in der Klasse genutzt. Diese Form des Lesens ist künstlich und entspricht dem natürlichen Leseprozess nicht. Wer würde schon allein und zu Hause in privatem Rahmen sich selbst einen Text laut vorlesen? Das laute Lesen erscheint lediglich dann sinnvoll, wenn anderen vorgelesen wird, die den Text selbst nicht vor Augen haben, beispielsweise das Vorlesen eines Märchens für kleine Kinder. Wenn jemand hingegen einen Text nur für sich selbst liest, dann wird dies in der Regel nicht laut geschehen. Das laute Lesen führt dazu, dass der laut Lesende sich auf die Aussprache konzentriert und nicht auf den Inhalt.

Das leise Lesen hingegen führt zu schnellerem Lesefluss und unterstützt die Konzentration auf den Inhalt des Textes. Gerade im Fremdsprachenunterricht, wenn eine größere Lerngruppe den gleichen Text oder Textabschnitt liest, eignet sich das leise Lesen zur Unterstützung individueller Leseprozesse. Die Schülerinnen und Schüler können ihr Lesetempo individuell bestimmen, eventuell einzelne Passagen oder Sätze überfliegen, langsam oder schnell lesen oder auch mehrfach wiederholen. Das leise Mitlesen hingegen steuert ein vereinheitlichendes Lesen, bei dem alle in der Lerngruppe lediglich mitlesen können und ihr Lesen nicht selbst steuern können. Somit bietet es sich an, gerade in Lesephasen, in denen es nicht um das Üben der korrekten Aussprache geht oder um die Steuerung eines gemeinsamen Lesens, Raum für das leise Lesen zu geben. Das Unterstützen individueller Leseprozesse kann dazu beitragen, die Motivation zur Rezeption von Literatur langfristig zu unterstützen.

leise und laut lesen im Französischunterricht

Ästhetisch-literarische Kompetenzen fördern | 12.4

Diskurse zu einem primär an ästhetisch-literarischer Bildung orientierten Literaturunterricht, wie sie in der Rezeptionsästhetik verfolgt werden, müssen sich heute aktuellen Entwicklungen im Zeichen von Bildungsstandards und Kompetenzorientierung stellen, die langfristig Veränderungen des Literaturunterrichts nach sich ziehen (vgl. Einheit 5, S.77 ff.).

Die funktionalen kommunikativen Kompetenzen der Bildungsstandards für den Mittleren Schulabschluss umfassen kommunikative Fertigkeiten (Hör- und Hör/Sehverstehen, Sprechen, Schreiben und Sprachmittlung), die Verfügung über die sprachlichen Mittel (Wortschatz, Grammatik, Aussprache und Intonation sowie Orthografie), interkulturelle Kompetenzen sowie methodische Kompetenzen. Damit zielen sie in Anlehnung an den Gemeinsamen Europäischen Referenzrahmen für Sprachen zunächst auf ein funktionales und pragmatisches Ziel bei der Fremdsprachenvermittlung, in dem die Befähigung zur konkreten Anwendung der jeweiligen Fremdsprache und die praktische Bewältigung interkultureller Begegnungen im Mittelpunkt stehen. Dabei fällt auf, dass die Förderung ästhetisch-literarischer Kompetenzen zunächst fehlt.

Bildungsstandards

Auch in den Bildungsstandards für die allgemeine Hochschulreife werden ästhetisch-literarische Kompetenzen nicht explizit erwähnt. Allerdings tragen die auf die Sekundarstufe II bezogenen Standards stärker dem Bezug auf literarische Texte Rechnung. Hier kommt die Text-Medien-Kompetenz zum Tragen:

> Text- und Medienkompetenz umfasst die Fähigkeit, Texte selbstständig, zielbezogen sowie in ihren historischen und sozialen Kontexten zu verstehen, zu deuten und eine Interpretation zu begründen. Text- und Medienkompetenz

schließt überdies die Fähigkeit mit ein, die gewonnenen Erkenntnisse über die Bedingungen und Techniken der Erstellung von Texten zur Produktion eigener Texte unterschiedlicher Textsorten zu nutzen. (KMK 2012: 22)

<small>ästhetisch-literarische Kompetenzen</small>

Was bedeutet dies nun für den Literaturunterricht und seine Stellung innerhalb des Fremdsprachenunterrichts? Inwieweit ist ein Fokus auf ästhetisch-literarische Bildung in den Bildungsstandards noch umsetzbar? Darüber hinaus führt diese konzeptionelle Gewichtung des Fremdsprachenunterrichts auch zu der Frage, wie es in einem solchen Unterricht neben den zu erreichenden Kompetenzen nun mit der Bildung steht. Der Bildungsbegriff blickt auf eine lange Tradition erziehungswissenschaftlicher Diskurse und Definitionen zurück. Wenn zusammenfassend und damit zwangsläufig verkürzend Bildung als umfassender Prozess zur Herausbildung „eine[r] als wünschenswert ausgegebene[n] Persönlichkeitsstruktur" (Menze 1983: 350) definiert wird, dann bedeutet Bildung weit mehr als die oben aufgeführten Kompetenzen der Bildungsstandards. Bildung im Sinn einer Persönlichkeitsentwicklung kann damit auch durch die Auseinandersetzung mit literarischen Texten gefördert werden. Damit ergibt sich zunächst ein Missverhältnis zwischen einer anwendungsorientierten und auf Leseverständnis zielenden Erarbeitung von Texten, wie in den Bildungsstandards und im Europäischen Referenzrahmen primär anvisiert, und dem Fokus auf ein ästhetisch-literarisches Verstehen dieser Texte, wie es in den oben dargestellten literaturdidaktischen Positionen im Mittelpunkt steht.

<small>Bildungsbegriff</small>

Symptomatisch ist für diese Entwicklung der neue bayrische LehrplanPLUS (Bayrisches Kultusministerium 2016), in dem der Bezug auf literarische Texte weit geringer ausfällt als noch im alten Lehrplan von 2006 (vgl. Einheit 12, S. 194f.). Die ausführliche Beschreibung des Umgangs mit literarischen Texten und die Vorgaben zur Textauswahl sind stark reduziert auf die Auflistung von Teilkompetenzen im Bereich der Text- und Medienkompetenzen und vereinzelter Hinweise auf Inhalte. So findet sich zum Selbstverständnis des Fachs Französisch folgender knapper Hinweis:

> Auch das literarische Schaffen französischer Schriftsteller hat in großem Ausmaß zur europäischen Identität beigetragen und soll den Schülerinnen und Schülern exemplarisch zugänglich gemacht werden. (Bayrisches Kultusministerium 2016)

Weitere Präzisierungen erfolgen in den Kompetenzerwartungen, so z.B. für die Jahrgangsstufe 12 für Französisch als 1., 2. und 3. Fremdsprache:

> Die Schülerinnen und Schüler ...
> [...]
> – beantworten komplexe Fragen zum Inhalt von Texten.

- analysieren und interpretieren bzw. kommentieren zunehmend differenziert anspruchsvolle argumentative, narrative, dramatische und lyrische Texte, Filme und Karikaturen.
- analysieren Texte und ihre Wirkung mithilfe ihres Wissens über frequente Textsorten und Gestaltungsmittel wie Schrifttypen und geläufige Stilmittel, unterscheiden zwischen Information und Meinungsäußerung und belegen gewonnene Erkenntnisse an klar zuzuordnenden Textstellen.
- erkennen in fiktionalen Texten komplexe Personenkonstellationen und erfassen die Charakteristika von Protagonisten in ihrer Vielschichtigkeit. (Bayrisches Kultusministerium 2016)

Thematische Präzisierungen umfassen folgende Hinweise:

Kunst, Kultur und Literatur:
- Begegnung mit einzelnen Werken der bildenden Kunst des Realismus und Impressionismus
- Begegnung mit mindestens einem narrativen Text des 19. Jahrhunderts anhand von Auszügen
- Begegnung mit mindestens einem Beispiel der Lyrik des 19./20./21. Jahrhunderts
- ein Werk der erzählenden Literatur des 20. oder 21. Jahrhunderts als Ganzschrift
- mindestens je ein Beispiel für klassische Chansons und moderne französischsprachige Musik (Bayrisches Kultusministerium 2016)

Im Vergleich zum vorangegangenen Lehrplan (Bayrisches Kultusministerium 2006) wird eine deutlichere Orientierung an Kompetenzen vorgenommen, die auch zur Reduktion der Bezugnahme auf Literatur führt.

ästhetisch-literarisches Verstehen gemäß der Bildungsstandards

Eine Lektüre im Sinne dessen, was vor allem in den Bildungsstandards für den Mittleren Schulabschluss anvisiert wird, führt primär zu einem Textverständnis, das auch in *multiple choice*-Aufgaben überprüft werden kann. Eine an Bildung orientierte Zielsetzung ist zunächst nicht impliziert, Fragen zur Einordnung und Bewertung der gesellschaftlichen Relevanz der in den Texten aufgeführten Themen werden nicht gestellt. Stattdessen wird der literarische Text reduziert auf eine Aufgabe, die die Vergleichbarkeit aller Lösungsergebnisse postuliert und das literarische Moment des Textes ausblendet. Literaturdidaktische Überlegungen der Rezeptionsästhetik (Bredella 2002) oder subjektivistischer Zugänge (Fish 1995), die auf ein individuelles Verstehensmoment der Auseinandersetzung zwischen dem literarischen Text und den Textrezipienten zielen, bleiben eher außen vor. Unterschiedliche Auseinandersetzungen mit dem literarischen Text, die der Individualität einzelner Schülerinnen und Schüler Rechnung tragen, kommen ebenfalls kaum zum Tragen. Gleiches gilt für die Möglichkeit kontroverser Diskurse innerhalb einer Lerngruppe als konstitutives Moment für das Textverstehen.

LITERATURUNTERRICHT

Die Bildungsstandards für die Allgemeine Hochschulreife (KMK 2012) gehen über dieses Verständnis hinaus und berücksichtigen Dimensionen der Auseinandersetzung mit literarischen Texten, d.h. vielfältige Verstehensmöglichkeiten oder offene Interpretationen ohne eindeutige Antworten, weit mehr. Dieser Zugang ist einer Weiterentwicklung fremdsprachendidaktischer Diskurse in Bezug auf die Kompetenzorientierung ebenso geschuldet wie den sprachlich und literarisch komplexeren Texten, die im fortgeschrittenen Französischunterricht der Sekundarstufe II gelesen werden.

Bildungsstandards als Herausforderung für die Literaturdidaktik

Was bedeutet diese Entwicklung nun für den Umgang mit Fiktionalität im Fremdsprachenunterricht im Kontext von Kompetenzorientierung und Bildungsstandards? Inwieweit sind hier Widersprüche unaufhebbar oder lassen sich die beiden Pole, d.h. Kompetenzorientierung und Persönlichkeitsbildung, miteinander versöhnen? Welchen Stellenwert sollte man literarischen Texten nun im Französischunterricht angesichts aktueller Diskurse zur Einführung der Bildungsstandards beimessen? Diese Fragen bedeuten für die Lese- und Literaturdidaktik vor allem auch, sich diesen Herausforderungen neuer bildungs- und sprachenpolitischer Entwicklungen zu stellen, Entwicklungen hin zu Bildungsstandards, Kompetenzen und Aufgabenorientierung mit zu reflektieren und Möglichkeiten der Verbesserung des Literaturunterrichts empirisch zu überprüfen. Dies bedeutet auch, neue Aufgabenformate für literarische Texte (vgl. Burwitz-Melzer 2007) sowie Kompetenzschemata für ästhetisch-literarische Kompetenzen (vgl. Surkamp 2012) zu entwickeln und begründet die Relevanz literarischer Texte für den Fremdsprachenunterricht aufzuzeigen.

Aufgabe zum Messen der Lesekompetenz

Eine auf Kreativität und individuelle Auseinandersetzung zielende Arbeit mit dem literarischen Text steht zunächst weniger im Zeichen dessen, was Bildungsstandards und Kompetenzorientierung anvisieren. Jedenfalls lassen sich derartige Unterrichtsprozesse nicht nach Maßstäben der Vergleichbarkeit und Gleichheit für alle Lernenden messen. Eine auf Messbarkeit zielende Aufgabe, die sich an den Vorschlägen der Kultusministerkonferenz oder des Instituts für Qualitätsentwicklung im Bildungswesen (IQB) orientiert, könnte im Blick auf einen literarischen Text folgendermaßen aussehen:

| Text 12.7

Beispiel

Standardbezug

Die Schülerinnen und Schüler können die Aussage einfacher literarischer Texte verstehen.

Hinweise

Der Inhalt orientiert sich an der Lebenswelt der Schülerinnen und Schüler. Die Schülerinnen und Schüler haben mit literarischen Texten gearbeitet. Das Aufgabenformat „multiple choice" ist ihnen vertraut. Französischsprachige Arbeitsanweisungen sind erarbeitet und geübt worden. Die Nutzung eines zweisprachigen Wörterbuchs ist möglich. Die folgende Aufgabe ist auf 20–25 Minuten angelegt.

ÄSTHETISCH-LITERARISCHE KOMPETENZEN FÖRDERN — Einheit 12

L'œuvre (Jacques Sternberg)

Le peintre se leva pour prendre un peu de recul, juger ensuite son paysage, il n'en fut pas très satisfait. C'était d'un vert agréable, ce pré, mais un peu nu.

Alors il peignit un personnage au milieu du pré, un peintre justement qui peignait un paysage. Et comme il était très minutieux, dans la toile du peintre de sa toile, il peignit également un peintre qui peignait lui aussi une toile dans laquelle il ajouta un autre peintre.

Ce fut tout, car cela devenait vraiment trop petit.

Alors, soulagé de son œuvre d'art, le peintre plia son chevalet, sa boîte, sa chaise, il quitta le pré, sa toile sous le bras. Et tous les peintres de sa toile quittèrent également le pré, pliant bagage eux aussi, avec chacun une toile sous le bras.

(Sternberg 1998: 132)

Lösungserwartungen

Die Schülerinnen und Schüler erfassen die wesentlichen Textaussagen und können entsprechend die angemessene Zuordnung in den „multiple choice"-Aufgaben vornehmen.

1. Le peintre peignit
   A. un peintre peignant dans un pré.
   B. une belle ville.
   C. un paysage de campagne avec des animaux.
   D. une maison de campagne.
2. Le peintre se trouve dans la campagne
   A. avec son chevalet, sa boîte et sa chaise.
   B. avec un chevalet et une boîte, mais sans chaise.
   C. avec un bon copain.
   D. avec son œuvre d'art, son chevalet, sa chaise et sa boîte.
3. En lisant l'histoire on se sent irrité parce que…
   A. la réalité est si bizarre.
   B. le peintre n'est pas tout seul.
   C. tous les peintres agissent de la même façon.
   D. les peintres ne sont pas d'objets d'arts.

(vgl. Kultusministerkonferenz 2003: 60–62)

Mit Aufgabenformaten dieser Art kann ein auf Vergleichbarkeit der Schülerleistungen basierender Zugang zum literarischen Text umgesetzt werden. Die Antworten lassen sich vor allem in der ersten *multiple choice*-Aufgabe problemlos und relativ eindeutig bestimmen. Der Schwierigkeitsgrad bei der Beantwortung hängt ab von der Nähe zwischen den möglichen Antworten, wie der Vergleich der Beispiele 1 und 2 verdeutlicht. Auch die genaue Trennung der Kompetenzen, d.h. hier nur die Klärung des Textverstehens, kann mit einer *mutiple choice*-Aufgabe gut getestet werden. Lernende werden damit angeleitet, genaues Lesen zu üben und den Inhalt zu verstehen.

*multiple choice-*Aufgabe

LITERATURUNTERRICHT

individuelles Leseverstehen

Ein solcher Umgang mit einem literarischen Text legt jedoch weitergehende Aspekte der Auseinandersetzung nicht nahe. Ein individuelles Leseverstehen, das Achten auf eigene Gefühle beim Lesen oder auch ein persönlicher und kreativer Zugang stehen nicht im Vordergrund.

Die dritte *multiple choice*-Aufgabe hingegen legt durch die vorgegebenen Antworten eine differenziertere Auseinandersetzung mit dem Inhalt nahe und lässt keine eindeutigen Antworten zu. Hier könnte ein solches Aufgabenformat zu einem differenzierteren Verständnis des literarischen Textes genutzt werden. Dabei kann es aber nicht mehr darum gehen, eine oder mehrere der möglichen Antworten anzukreuzen, sondern die Aufgabe und individuelle Antworten der Lernenden als Anlass zum Gespräch über den literarischen Text zu nutzen.

Literaturdidaktik zwischen Standardisierung und Förderung individueller Leseprozesse

Einen offeneren Umgang mit literarischen Texten bieten Beispielaufgaben des IQB für eine standardbasierte Abiturprüfung. Die Vorschläge zur Bearbeitung von Texten bewegen sich im Rahmen einer komplexen Schreibaufgabe und umfassen Aufgaben, die ein vertieftes Leseverstehen voraussetzen, um einzelne Teilaufgaben bearbeiten zu können.

In der Aufgabensammlung des gemeinsamen Abituraufgabenpools der Bundesländer findet sich u.a. die folgende Beispielaufgabe zum Kompetenzbereich Schreiben, die sich auf einen Auszug aus einem literarischen Text bezieht. Es handelt sich um die autobiografische Erzählung "L'Analphabète" (Kristof 2004). Die folgenden Teilaufgaben machen den offenen Charakter der Auseinandersetzung mit dem literarischen Text deutlich:

> **Aufgabenstellung**
>
> 1. Présentez les étapes suivies par Agota Kristof dans son apprentissage du français. (30%)
> 2. Analysez le rôle joué par les langues dans la vie privée et professionnelle de la narratrice. (40%)
> 3. Lors d'un débat sur l'intégration des immigrés qui a lieu dans votre lycée, vous décidez d'inviter la fille aînée d'Agota Kristof, romancière d'expression française. Rédigez la lettre d'invitation, dans laquelle vous exposez vos raisons. (30%) (IQB 2015)

Die Entwicklung der letzten Jahre zeigt, dass Kompetenzorientierung zum zentralen Paradigma des Französischunterrichts geworden ist und auch den Literaturunterricht wesentlich beeinflusst. Der fremdsprachlichen Literaturdidaktik stellt sich die Aufgabe, standardbasierte und rezeptionsästhetische Zugänge sinnvoll miteinander weiterzuentwickeln und den Argumentationen beider Seiten Rechnung zu tragen.

ÄSTHETISCH-LITERARISCHE KOMPETENZEN FÖRDERN — **Einheit 12**

? Vergleichen Sie einen Literaturunterricht im Sinne der Bildungsstandards mit einem Literaturunterricht im Sinne der Rezeptionsästhetik. Welche Gemeinsamkeiten und Unterschiede stellen Sie fest? Welche Vor- und Nachteile beinhalten die jeweiligen Positionen? | Aufgabe 12.5

Wesentliche literaturdidaktische Überlegungen zur Bedeutung und zum Einsatz literarischer Texte im Französischunterricht wurden in dieser Einheit präsentiert. Aktuellen Lehrplänen zufolge ist die Lektüre bestimmter Texte im Rahmen eines orientierenden Kanons verpflichtend. Diese Lektüre erfolgt im Rahmen leser- und textorientierter literaturdidaktischer Modelle, wobei die Rezeptionsästhetik eine dominierende Rolle spielt. Dabei erweist sich auch die Analyse fremdsprachlicher Leseprozesse als bedeutsam, so u. a. die Unterscheidung zwischen erstsprachlichem und fremdsprachlichem Lesen, zwischen verschiedenen Lesetechniken oder auch zwischen leisem und lautem Lesen. Der Stellenwert literarischer Texte im Französischunterricht ist daneben auch durch aktuelle Diskurse im Zeichen der Bildungsstandards, Kompetenzorientierung und neuer Aufgabenformate geprägt. | Zusammenfassung

---

? Sie planen in Ihrer Klasse 10 (Französisch als zweite Fremdsprache) die Lektüre eines aktuellen Jugendromans. Sie überlegen, eventuell *Monsieur Ibrahim et les fleurs du coran* von Eric Emmanuel Schmitt (2006) zu lesen. Zuvor diskutieren Sie mit einer erfahrenen Kollegin in einer Freistunde Zielsetzungen, Begründungen und mögliche Schwerpunkte der Lektüre. Stellen Sie Ihre eigene Position begründet dar. | Aufgabe 12.6

Literatur

Bredella, Lothar (2002): Literarisches und interkulturelles Verstehen. Tübingen: Narr.

Burwitz-Melzer, Eva (2007): Ein Lesekompetenzmodell für den fremdsprachlichen Literaturunterricht. In: Bredella, Lothar/Hallet, Wolfgang (Hg.): Literaturunterricht, Kompetenzen und Bildung. Trier: WVT Wissenschaftlicher Verlag Trier, 127–157.

Fäcke, Christiane/Wangerin, Wolfgang (2007): Literarische Texte im Deutsch- und im Fremdsprachenunterricht. In: Fäcke, Christiane/Wangerin, Wolfgang (Hg.): Neue Wege zu und mit literarischen Texten. Diskussionsforum Deutsch, Bd. 25. Baltmannsweiler: Schneider-Verlag Hohengehren, 2–15.

Fäcke, Christiane (2009): Literarische Texte im Zentrum und in der Peripherie. Literaturdidaktik und literarischer Kanon im Französischunterricht. In: französisch heute 3: 103–110.

Fish, Stanley Eugene (1995): Is There a Text in This Class? The Authority of Interpretive Communities. 9. Auflage. Cambridge, Mass. u. a.: Harvard University Press.

Gröne, Maximilian/Reiser, Frank (2017): Französische Literaturwissenschaft. Tübingen: Narr.

Gudule (2001): Regardez-moi. Paris: Flammarion.

Hallet, Wolfgang (2002): Fremdsprachenunterricht als Spiel der Texte und Kulturen. Intertextualität als Paradigma einer kulturwissenschaftlichen Didaktik. Trier: WVT Wissenschaftlicher Verlag Trier.

Hugo, Victor (1856): Les contemplations. Paris: M. Lévy. (zitiert nach: (1973): Les contemplations. Paris: Gallimard.)
Kristof, Agota (2004): L'Analphabète. Récit autobiographique. Carouge-Genève: Éditions Zoé.
Menze, Clemens (1983): Bildung. In: Enzyklopädie Erziehungswissenschaft, Bd. 1. Stuttgart: Klett, 350–358.
Pennac, Daniel (1992): Comme un roman. Paris: Gallimard.
Schmitt, Eric Emmanuel (2006): Monsieur Ibrahim et les fleurs du coran. Parin: Albin Michel.
Sternberg, Jacques (1998): Contes glacés. Bruxelles: Labor.
Surkamp, Carola (2012): Literarische Texte im kompetenzorientierten Fremdsprachenunterricht. In: Hallet, Wolfgang/Krämer, Ulrich (Hrsg.): Kompetenzaufgaben im Englischunterricht. Grundlagen und Unterrichtsbeispiele. Seelze: Klett / Kallmeyer, 77–90.
Vignaud, Marie-Françoise (2002): Mosaïque de textes littéraires. In: Der fremdsprachliche Unterricht Französisch 2: 4–11.
Weller, Franz Rudolf (2000): Literatur im Französischunterricht heute. Bericht über eine größere Erhebung zum Lektüre-„Kanon". französisch heute 31/2: 138–159.
Werlich, Egon (1986): Praktische Methodik des Fremdsprachenunterrichts mit authentischen Texten. Berlin: Cornelsen-Velhagen & Klasing.
Westhoff, Gerhard (1997): Fertigkeit Lesen. Fernstudieneinheit 17. Berlin u.a.: Langenscheidt.
Wimsatt, William K./Beardsley, Monroe C. (1954): The verbal icon. Studies in the meaning of poetry. Lexington, Ky: University of Kentucky press.

Internet

Bayrisches Kultusministerium (2006): Lehrplan für das Gymnasium in Bayern. Moderne Fremdsprachen.
http://www.isb-gym8-lehrplan.de/contentserv/3.1.neu/g8.de/index.php?StoryID=26366
Bayrisches Kultusministerium (2016): LehrplanPLUS Gymnasium Französisch. http://www.lehrplanplus.bayern.de/fachprofil/gymnasium/franzoesisch/auspraegung/franzoesisch
Institut für Qualitätsentwicklung im Bildungswesen – IQB (2015): Gemeinsame Abituraufgabenpools der Länder – Aufgabensammlung zur Orientierung. Aufgaben für das Fach Französisch. https://www.iqb.hu-berlin.de/bista/abi/franzoesisch/aufgaben
Kultusministerkonferenz (2003): Bildungsstandards für die erste Fremdsprache (Englisch/Französisch) für den mittleren Schulabschluss. Beschluss vom 4.12.2003. https://www.kmk.org/fileadmin/Dateien/veroeffentlichungen_beschluesse/2003/2003_12_04-BS-erste-Fremdsprache.pdf
Kultusministerkonferenz (2012): Bildungsstandards für die fortgeführte Fremdsprache (Englisch / Französisch) für die Allgemeine Hochschulreife (Beschluss der Kultusministerkonferenz vom 18.10.2012),
http://www.kmk.org/fileadmin/veroeffentlichungen_beschluesse/2012/2012_10_18-Bildungsstandards-Fortgef-FS-Abi.pdf

Einheit 13

Lehrwerke und Unterrichtsmaterialien

	Inhalt
13.1 Mit Lehrwerken Französisch lernen	212
13.2 Lehrwerke analysieren	216
13.3 Didaktisierte und authentische Unterrichtsmaterialien einsetzen	223

Überblick

In dieser Einheit lernen Sie die Bedeutung und Stellung von Lehrwerken und anderen Unterrichtsmaterialien für den Französischunterricht kennen. Dabei geht es zunächst um das Lehrwerk als Leitmedium des Unterrichts sowie um die Vor- und Nachteile dieser Dominanz, anschließend um Lehrwerkanalyse und -kritik von Seiten fremdsprachendidaktischer Forschung und schließlich um die Diskussion über die Nutzung didaktisierter und authentischer Unterrichtsmaterialien. Die Darstellung wird an zahlreichen Beispielen aus Französischlehrwerken verdeutlicht.

LEHRWERKE UND UNTERRICHTSMATERIALIEN

13.1 | Mit Lehrwerken Französisch lernen

Unter den im Französischunterricht verwendeten Unterrichtsmaterialien nimmt das Lehrwerk sicherlich eine zentrale Stellung ein. Bevor im Folgenden der Stellenwert von Lehrwerken genauer analysiert wird, gilt es zunächst, die Begriffe Lehrwerk und Lehrbuch voneinander abzugrenzen. Bis in die 1950er und 1960er Jahre werden Lehr*bücher* im Französischunterricht genutzt, d. h. es handelt sich dabei um ein einziges Buch, in dem französischsprachige Texte und Übungen aufgeführt sind. Seit den 1970er Jahren bieten Schulbuchverlage Lehr*werke* für den Französischunterricht an. Diese Lehrwerke bestehen aus einem Schülerbuch, das in Lektionen oder *unités* gegliedert ist und im Unterricht bearbeitet werden soll. Darüber hinaus gibt es zahlreiche Begleitmaterialien: ein Grammatikheft, ein Vokabelheft, ein Arbeitsheft (*cahier d'activités*), einen Lehrerbegleitband, Poster, Folien und seit entsprechenden technischen Neuerungen auch CDs und DVDs. Neben diesen zentral für den Unterricht konzipierten und aufeinander abgestimmten Bestandteilen gibt es weitere, die als Ergänzung zum Unterricht angeboten werden, z. B. Selbstlernmaterialien, Tandembögen, CD-Roms zur Selbstarbeit am Computer oder auch Klausurvorlagen für Lehrkräfte.

Lehrbuch

Lehrwerk

Begleitmaterialien

Lehrwerke dominieren vor allem im Fremdsprachenunterricht. In dieser Hinsicht bestehen deutliche Unterschiede zu Unterrichtsfächern wie z. B. Sozialkunde oder Erdkunde, in denen das Lehrwerk keine vergleichbare Leitfunktion ausübt. Progression, Auswahl der Inhalte oder auch methodische Umsetzungen werden im Französischunterricht der Spracherwerbsphase, d. h. in den ersten Lernjahren, deutlich vom Lehrwerk vorgegeben.

Lehrwerk als Leitmedium

Auch auf curricularer Ebene wird dem Lehrwerk häufig eine zentrale Position eingeräumt, wie das Beispiel des hessischen Lehrplans zeigt. Dies bezieht sich vor allem auf den Unterricht der Sekundarstufe I, jedoch nicht auf die Sekundarstufe II:

hessischer Lehrplan

Text 13.1 |

Im Anfangsunterricht kommt dem Lehrwerk prinzipiell die Funktion eines Leitmediums zu. Es ist jedoch grundsätzlich zu prüfen, inwieweit die Themen und Inhalte des Lehrplans durch medial anders vermittelte Materialien besser erarbeitet werden können. (Hessisches Kultusministerium 2010: 5)

Lektüre: Die Fachkonferenz Französisch verständigt sich im Rahmen des Schulcurriculums auf jahrgangsbezogene Lektürevorschläge. Ab der Jahrgangsstufe 7G in der 1. Fremdsprache bzw. Jahrgangsstufe 8G in der 2. Fremdsprache ist die Behandlung mindestens einer lehrwerkunabhängigen Lektüre verbindlich. (Hessisches Kultusministerium 2010: 6)

Die unterrichtliche Arbeit in der gymnasialen Oberstufe vollzieht sich in der Regel an **authentischen** Texten unter Nutzung einer Vielfalt von Textsorten. In den dritten und den neu beginnenden Fremdsprachen müssen die verwendeten Materialien (auch Materialien aus Lehrwerken) Merkmale authentischer Texte aufweisen. (Hessisches Kultusministerium: 2010:11)

Diese zentrale Stellung des Lehrwerks wird seit Jahren innerhalb der Fremdsprachendidaktik (z. B. Leitzgen 1996; Börner/Vogel 1999) kritisiert und Schwierigkeiten, die einzelne Lehrkräfte immer wieder formulieren, werden wiederholt benannt. Dennoch basiert der Fremdsprachenunterricht insbesondere in der Spracherwerbsphase der Sekundarstufe I wesentlich auf dem Einsatz von Lehrwerken. Die Kritik an diesem zentralen Stellenwert der Lehrwerke bezieht sich auf die lineare und starre Progression, auf implizite und explizite Normierungen oder auf ein geringes Maß an Flexibilität, Authentizität und Aktualität (Börner/Vogel 1999). Darüber hinaus dominiere die Grammatik bei der Konzeption und Progression: So seien Lehrwerkinhalte nach grammatischen Regeln strukturiert und nicht nach lernerorientierten Kriterien oder motivierenden Themen.
Fremdsprachendidaktik: Kritik an Dominanz des Lehrwerks

Die Dominanz des Lehrwerks im Französischunterricht zeigt sich bereits in Struktur und Aufbau von Lehrwerken. Ein Lehrwerk ist an einer sprachlichen Progression ausgerichtet und gibt damit die zu vermittelnden Inhalte und sprachlichen Strukturen genau vor. Dabei bauen die einzelnen Einheiten bzw. Lektionen genau aufeinander auf und führen die in der vorangegangenen Lektion vermittelten Inhalte und sprachlichen Strukturen in der jeweils folgenden genau fort. Diese Progression bezieht sich auf den Wortschatz, auf grammatische Strukturen, auf Aussprache und Syntax. Fakultative Inhalte sind vereinzelt vorgesehen, doch wird in der Regel die lineare Erarbeitung des Lehrwerks vorausgesetzt. Neuere Lehrwerke fügen häufig, zwischen den linear gestalteten Lektionen Plateauphasen ein, d. h. Einheiten oder Lektionen, die zur Wiederholung des bereits Gelernten dienen und keinen neuen Wortschatz oder neue Grammatik beinhalten. Lehrwerke für den fortgeschrittenen Unterricht innerhalb der Sekundarstufe I arbeiten mit einzelnen Modulen, die in beliebiger Reihenfolge bearbeitet werden können.
Aufbau des Lehrwerks

Progression

Plateauphase

Lehrwerke für die Sekundarstufe II sind nicht an sprachlicher Progression, sondern an Inhalten und Themen ausgerichtet. Die einzelnen Kapitel müssen nicht in linearer Abfolge bearbeitet werden, sondern können individuell ausgewählt werden. Thematische Schwerpunkte liegen beispielsweise auf bestimmten Epochen französischer Geschichte, auf einzelnen politischen und gesellschaftspolitischen Inhalten oder auch auf landeskundlichen oder kulturellen Themen.
Lehrwerke der Sekundarstufe II

Eine derartige Gestaltung von Lehrwerken (ver)führt dazu, dass Lehrende ihren gesamten Französischunterricht vorwiegend bzw. ausschließlich am Lehrwerk orientieren und keine weiteren Inhalte oder Materialien integrieren müssen. Eine solche Orientierung am Lehrwerk ist zwar nicht zwingend, jedoch nahe liegend. Sie beinhaltet zahlreiche Vor- und Nachteile.

Das Lehrwerk als Leitmedium des Unterrichts bietet zunächst eine Orientierungshilfe für Lehrende wie Lernende. Das bereits Bearbeitete und Gelernte, das derzeit im Unterricht aktuell zu Lernende sowie zukünftige Lerninhalte sind für Lehrende und Lernende jederzeit zu überblicken. Darüber hinaus ist
Orientierung für Lehrende und Lernende

mit der Kontinuität des im jeweiligen Lehrwerk umgesetzten Sprachvermittlungskonzepts, d. h. der Art der vorgegebenen Texte, Übungen und Aufgaben, eine Vertrautheit für Lehrende wie Lernende gegeben. Schülerinnen und Schüler wissen dadurch, worauf sie sich im Französischunterricht einzustellen haben. Wenn jemand einmal durch Krankheit für längere Zeit fehlen sollte, sind durch die enge Anlehnung ans Lehrwerk eine individuelle Nacharbeit möglich bzw. Hilfestellungen für die Nachhilfe verfügbar.

Vergleichbarkeit

Darüber hinaus eröffnet die Konzentration auf das Lehrwerk eine mögliche Vergleichbarkeit über die jeweilige Lerngruppe hinaus. Ein Vergleich mit Parallelklassen innerhalb der Schule oder auch über die Schule hinaus kann auf den ersten Blick mit Hilfe des Lehrwerks erfolgen. Ein genauer Lernstand kann dadurch zwar nicht ermittelt werden, doch sind immerhin Aussagen darüber möglich, welche Lektion denn nun gerade in einer bestimmten Lerngruppe bearbeitet wird. Damit erleichtert ein Lehrwerk auch den Wechsel zwischen Schulen.

Arbeitserleichterung für Lehrkräfte

Das Lehrwerk stellt vor allem auch eine Arbeitserleichterung für die Lehrkräfte dar. Die gesamte Konzeption und Progression eines Lehrgangs muss nicht selbst entwickelt werden. Inhalte, Themen, Texte, Übungen und Aufgaben sind bereits vorgegeben. Selbst die Feinabstimmung zwischen den einzelnen Bereichen ist bereits erfolgt. Die einzelnen Bestandteile eines Lehrwerks innerhalb eines multimedialen Verbunds sind ebenfalls vorgegeben, so dass sie sinnvoll aufeinander abgestimmt im Unterricht eingesetzt werden können.

Lehrwerk als heimlicher Lehrplan

Die detaillierte Vorgabe des Lehrgangs durch das Lehrwerk beinhaltet jedoch nicht nur Vorteile. Die mögliche genaue Orientierung am Lehrwerk führt ebenfalls dazu, dass das Lehrwerk als heimlicher Lehrplan des Unterrichts angesehen werden kann. Somit wirkt ein Lehrwerk stärker und direkter auf den Französischunterricht ein als curriculare Vorgaben einzelner Kultusministerien, die weit weniger rezipiert und beachtet werden. Wenn das Lehrwerk nun als heimlicher Lehrplan wirkt, bedeutet dies auch eine Normierung des Französischunterrichts. Die starre Anlehnung an das Lehrwerk führt dazu, die einzelnen Lektionen nacheinander abzuarbeiten, aktuelle Inhalte wie beispielsweise tagesaktuelle politische und gesellschaftliche Entwicklungen in französischsprachigen Ländern in den Hintergrund zu rücken und sich sehr eng an die vom Lehrwerk vorgegebenen Inhalte und Themen anzulehnen.

Veralten der Lehrwerke

Dies führt zu einer grundsätzlichen Schwäche aller Lehrwerke, nämlich dem Problem, dass sie praktisch gleich nach ihrer Veröffentlichung veralten. Die Integration beispielsweise landeskundlicher Inhalte läuft sofort Gefahr, dass aufgeführte Politiker, Sänger oder Sportler innerhalb weniger Jahre nicht mehr aktuell sind. Die Autoren der Lehrwerke stehen damit vor einem grundlegenden Dilemma: Sollen derartige Inhalte aufgenommen werden oder nicht? Können die Fußballer der *Equipe Nationale* namentlich erwähnt werden, wenn sie bei der nächsten Weltmeisterschaft eventuell nicht mehr in der Mannschaft spielen? Soll Emmanuel Macron als Präsident Frankreichs benannt werden, wenn er vielleicht die nächste Wahl nicht mehr gewinnt? Oder sollte eine Sängerin, die gerade die Hitlisten anführt, aufgenommen werden, obwohl sie vielleicht in einem Jahr bereits vergessen sein wird? Eine mögliche Lösung kann in der geschickten Wahl gesellschaftlich bekannter Personen bestehen, die die französische Öffentlichkeit über lange Zeit dominieren, so u. a. Schauspieler wie Audrey Tatou, Klassiker der Haute Couture wie Coco Chanel oder Comichelden wie Astérix und Obélix. Das Problem des Veraltens von Lehrwerken wird dadurch jedoch nicht grundsätzlich behoben.

Die überwiegende Mehrheit aller Lehrkräfte setzt das Lehrwerk als zentrales Leitmedium des Unterrichts ein. Dies führt zu einem weiteren Nachteil, nämlich der Gefahr des unmündigen Umgangs mit diesem Lehrwerk und der starren und wenig hinterfragenden Anlehnung an seine Vorgaben. Dieser Gefahr erliegen sicher nicht alle Französischlehrerinnen und -lehrer, dennoch sollte sie hier Erwähnung finden. Erst die eigene und aktive Nutzung des Lehrwerks als ein Medium unter anderen führt zu einem eigenständigen und auf individuelle Lernbedürfnisse der jeweiligen Lerngruppe abgestimmten Französischunterricht. Dies kann ein für alle Bundesländer konzipiertes und zugelassenes Lehrwerk von sich aus nicht leisten.

wenig eigenständige Nutzung von Lehrwerken

Betrachten wir dazu die Genese eines Lehrwerks. Da ein Lehrwerk aus verkaufsstrategischen Überlegungen seitens der Schulbuchverlage möglichst weite Verbreitung und Rezeption erfahren sollte, liegt es nahe, eine Genehmigung aller Kultusministerien der einzelnen Bundesländer zu erzielen. Ein Lehrwerk, das beispielsweise nur für das Bundesland Sachsen-Anhalt konzipiert, erstellt und genehmigt würde, wäre sicher nicht sinnvoll finanzierbar. Um die Genehmigung der jeweiligen Kultusministerien zu erreichen, wird ein Lehrwerk zunächst an allen curricularen Vorgaben der Bundesländer ausgerichtet. Dies stellt sicher eine Schwierigkeit dar, wenn man bedenkt, wie die Vorgaben bezüglich z. B. der Anzahl vorgeschriebener und zu vermittelnder Wörter oder einer bestimmten grammatischen Struktur zwischen Schleswig-Holstein und Bayern voneinander differieren.

Entstehung eines Lehrwerks

An der Genese eines Lehrwerks sind zahlreiche Personen und Interessengruppen beteiligt: Neben den Schulbehörden, die durch die Curricula Einfluss auf ein Lehrwerk ausüben, gehören dazu zunächst Vertreter des jeweiligen Schulbuchverlags sowie das Autorenteam. In der Regel wird ein Lehrwerk nicht von einem einzigen Autor erstellt, sondern von einer Gruppe mehrerer Autoren, die selbst beruflich mit dem Lehren und Lernen von Französisch befasst sind. Dabei handelt es sich mehrheitlich um Französischlehrerinnen und -lehrer aus der Schule oder seltener auch um Dozentinnen und Dozenten aus dem Hochschulbereich.

Interessengruppen

Nach dem Erstellen des Manuskripts durch das Autorenteam in Koordination mit den konzeptionellen Vorstellungen der Verlagsseite wird zunächst eine Prüffassung des Lehrwerks erstellt und den einzelnen Kultusministerien

LEHRWERKE UND UNTERRICHTSMATERIALIEN

zur Genehmigung vorgelegt. Nach erfolgter Zulassung kann das Lehrwerk in der Schule verwendet werden.

Aufgabe 13.1 | Welche Konsequenzen ergeben sich für den Französischunterricht durch den Einsatz des Lehrwerks? Listen Sie Vor- und Nachteile für einen lehrwerkbasierten und einen lehrwerkunabhängigen Französischunterricht in der folgenden Tabelle auf.

	Lehrwerkbasierter Französischunterricht	Lehrwerkunabhängiger Französischunterricht
Vorteile	– *Orientierung für Lehrende und Lernende* – –	– *individuelle Unterrichtsgestaltung* – –
Nachteile	– *Lehrwerk als heimlicher Lehrplan* – –	– *hoher Aufwand bei der Lektüresuche* – –

13.2 | Lehrwerke analysieren

Die Ausführungen über die Stellung und Bedeutung der Lehrwerke im Französischunterricht haben gezeigt, dass eine unkritische Umgangsweise mit Lehrwerken grundsätzlich nicht hilfreich und konstruktiv ist. An dieser Stelle setzt die Lehrwerkanalyse und -kritik ein.

Geschichte der Lehrwerkanalyse

Lehrwerkanalysen zielen auf eine kritische Begutachtung einzelner Lehrwerke, ihrer Inhalte, Spracherwerbskonzepte oder einzelner Bereiche wie Layout oder Grammatik. Bis zu den 1950er Jahren bilden diese Analysen noch keinen Schwerpunkt fremdsprachendidaktischer Forschung. Dies erklärt sich durch den Konsens unter Fachdidaktikern zu bestehenden Lehrbüchern, durch ein Verständnis des Französischunterrichts als elitärem Fach für eine homogene Zielgruppe sowie durch die dominierende Stellung eines einzigen Lehrwerks, nämlich *Etudes Françaises*, in immer neuen Auflagen (z. B. Lepointe/Strohmeyer 1953; Erdle-Hähner/Klein 1961). Gesellschaftliche und curriculare Veränderungen sowie daraus resultierende Entwicklungen im Fremdsprachenunterricht führen in den 1960er Jahren zum Beginn der Auseinandersetzungen über Lehrwerke. Englischunterricht wird für alle verpflichtend eingeführt, die Lerngruppen werden dadurch heterogener, Zielsetzungen und Unterrichtsmethoden ändern sich. Dies führt auch zu neuen Anforderungen an die Unterrichtsmaterialien.

Vom Lehrbuch zum Lehrwerk

Mit der Entwicklung vom Lehrbuch zum komplexen Lehrwerk ergeben sich weitere Veränderungen. Die entstehende Vielfalt und Konkurrenz auf dem Lehrwerkmarkt machen Lehrwerkanalysen sinnvoll und notwendig, um den Verlagen konstruktive Vorschläge zu einer Verbesserung neuer Lehrwerke zu machen und um Schulen bzw. Lehrkräften Hilfestellung bei der Auswahl neu anzuschaffender Lehrwerke zu geben.

Lehrwerkanalysen erfolgen auf der Basis von Kriterienkatalogen, um die Analyse transparent, objektiv und nachvollziehbar zu machen. Je nach Schwerpunktsetzung der Kriterien werden unterschiedliche Bereiche der Lehrwerke analysiert und begutachtet. Einerseits führt die Orientierung an Kriterienrastern durchaus zu differenzierten und objektivierten Lehrwerkanalysen, andererseits kann die Ausrichtung an solchen Katalogen auch als einengendes Korsett und als nur vermeintliche Objektivität erfahren werden. Auch die Auswahl und Schwerpunktsetzung einzelner Kriterien unterliegt einer letztlich subjektiven Festsetzung. *Kriterienkatalog*

Ein Beispiel für diese Kriterienkataloge ist der Stockholmer Kriterienkatalog. Er beinhaltet Fragen zum Aufbau des Lehrwerks, zum Layout, zur Übereinstimmung mit dem Lehrplan, zu Inhalten bzw. zu Landeskunde, zu Sprache, zu Grammatik, zu Übungen und zur Perspektive der Schüler (Krumm 1994: 100–104). Im Folgenden ist ein Abschnitt daraus aufgeführt: *Stockholmer Kriterienkatalog*

> **Stockholmer Kriterienkatalog** [...] *Text 13.2*
> g) Übungen
> 1. *Arbeitsanweisungen*
>   – Sind die Arbeitsanweisungen eindeutig?
>   – In welcher Sprache sind die Arbeitsanweisungen formuliert?
>   – Wie werden die Lernenden angesprochen (Du/Sie-Anrede, Ton)?
>   – Geben die Arbeitsanweisungen Hinweise auf die (Sprech-)Situation (Regieanweisungen)?
> 2. *Fertigkeiten*
>   – Werden alle Fertigkeiten in ausgewogenem Verhältnis geübt?
> 3. *Übungstypen*
>   – Welche Übungstypen kommen vor?
>   – Sind die Übungen systematisch aufgebaut und ermöglichen sie eine schrittweise Einübung nach dem Muster:
>   1. Verstehen (Hören – Lesen)?
>   2. Reproduzieren (Sprechen – Schreiben)?
>   3. Sprechen und Schreiben in vorgegebenen Rollen und Situationen?
>   4. Freie Äußerungen (mündlich und schriftlich)?
> 4. *Übungsformen*
>   – Variieren die Übungsformen?
>   – Werden kreative Übungen betont, z. B. altersgerechte Spielübungen?
>   – Fördern die Übungen die Zusammenarbeit der Schüler? Gibt es Partnerübungen mit Übungen, die für (Klein-)Gruppen geeignet sind?
>   – Fördern die Übungen selbständiges Arbeiten und Lernen?

5. *Zusammenhang*
   - Besteht ein sprachlicher und thematischer Zusammenhang zwischen Textteil, Grammatik und Übungsteil?
6. *Differenzierung*
   - Gibt es genügend und verschiedenartige Übungen, um eine Differenzierung innerhalb heterogener Gruppen zu ermöglichen?
7. *Wiederholung*
   - Gibt es systematische Wiederholungen?
   - Gibt es ein ausreichendes Angebot an Übungen? (Krumm 1994: 104)

Aufgabe 13.2

? Lesen Sie den Auszug aus dem Stockholmer Kriterienkatalog. Welche Vor- und Nachteile, welche Chancen und Grenzen sehen Sie in der Verwendung eines solchen Kriterienkatalogs für eine Analyse der Übungen in Französischlehrwerken? Stellen Sie Ihre Position begründet dar.

Themen von Lehrwerkanalysen

Der Rückblick auf fremdsprachendidaktische Auseinandersetzungen mit Lehrwerken verweist auf zahlreiche Themen, die in Lehrwerkanalysen zum Gegenstand gemacht wurden. Dazu gehören beispielsweise die Entwicklung von Kriterienkatalogen mit systematischen Beurteilungsrastern (z. B. Vielau 1981), gesellschaftskritische Analysen der Inhalte von Lehrwerken in den 1970er Jahren (z. B. Schüle 1973) oder auch Kritik an der Rolle der Frau in Lehrwerken. Daneben werden die Bedeutung von Grammatik (z. B. Funk 1995) oder die Funktion von Bildern analysiert. Seit den 1990er Jahren kommt verstärkt eine interkulturelle Dimension in den Blick (z. B. Fäcke 1999). Darüber hinaus gibt es Analysen zur Art und Weise des Umgangs mit Lehrwerken im Fremdsprachenunterricht (z. B. Wernsing 1993) und vor allem immer wieder Überlegungen zu der unhinterfragten Dominanz des Lehrwerks oder zu der Frage nach der Abschaffung von Lehrwerken (z. B. Bleyhl 2000).

Aufgabe 13.3

? Betrachten Sie den folgenden Ausschnitt aus einer Lektion des Lehrwerks *Tous ensemble* und analysieren Sie ihn im Blick auf interkulturelle Fragestellungen. Bitte beantworten Sie bei Ihrer Analyse die folgenden Fragen unter Berücksichtigung der Darstellung in Einheit 11:

- Welches Verständnis landeskundlichen und interkulturellen Lernens liegt der Darstellung des Lehrwerktextes zu Grunde?
- Welche Zielsetzungen werden verfolgt?
- Welche Vor- und Nachteile beinhaltet eine solche Darstellung ethnischer Minderheiten aus Zentralafrika?
- Inwiefern halten Sie diese Darstellung für sinnvoll, nachvollziehbar, hilfreich, störend, eingrenzend oder diskriminierend? Begründen Sie Ihre Position.

LEHRWERKE ANALYSIEREN **Einheit 13**

🔊 **Le porte-bonheur** | Text 13.3

(Crismat u. a. 2004: 71)

Betrachtet man die Entwicklung von Lehrwerken in verschiedenen Generationen, so lassen sich Bestrebungen seitens der Lehrwerkverlage feststellen, Kritikpunkte aus der Fremdsprachendidaktik zumindest in Ansätzen aufzunehmen und bei der Konzeption neuer Lehrwerke umzusetzen. Gleichzeitig bestehen Diskrepanzen zwischen der fremdsprachendidaktischen Diskussion und der tatsächlichen Gestaltung von Lehrwerken. Während in den eher theoretisch angelegten Diskussionen bestimmte Schwerpunkte – derzeit

Lehrwerkkritik und Lehrwerkentwicklung

LEHRWERKE UND UNTERRICHTSMATERIALIEN

Bereiche wie z. B. Kognitionsorientierung, Kompetenzen und Aufgabenorientierung – im Mittelpunkt stehen, lassen sich konkrete Umsetzungen dieser Gedanken erst mit einer mehrjährigen Verzögerung in den Lehrwerken wiederfinden. Diese Diskrepanz steht in Zusammenhang mit langen Vorläufen, die der Entwicklung, Konzeption, Erstellung und Genehmigung eines Lehrwerks vorausgehen, mit curricularen Zwängen, denen sich Lehrwerkverlage immer wieder ausgesetzt sehen, oder auch mit unterschiedlichen Vorstellungen von Lehrkräften, Lehrwerkautoren und Fremdsprachendidaktikern über das Lehren und Lernen von Fremdsprachen. Auch an dieser Stelle kommt ein spannungsreiches Verhältnis zwischen Theorie und Praxis zum Ausdruck.

Lehrwerk als Spiegel seiner Zeit

Lehrwerke spiegeln somit in allen Bereichen ihrer Konzeption und Gestaltung ihre Zeit wider. Dies kommt zum Beispiel im Layout der Lehrwerke, in der Gestaltung des Bildmaterials, in der methodisch-didaktischen Konzeption und in den Inhalten der Lehrwerktexte zum Ausdruck.

Das Bildmaterial verdeutlicht die Entstehungszeit eines Lehrwerks besonders gut, so z. B. durch die Fotos und Zeichnungen der Lehrwerkfiguren, die Moden ihrer Zeit in Kleidung oder Haarfrisur repräsentieren, durch Bildmaterial mit Wohnungseinrichtungen, Autos oder auch Telekommunikationsmitteln. Während in den 1980er Jahren ein aus heutiger Sicht altmodisch wirkendes Telefon abgebildet ist, finden sich in aktuellen Lehrwerken Computer, Handys, I-Pod oder auch SMS und Emails.

Aufgabe 13.4

? Ordnen Sie die folgenden Bildmaterialien den angegebenen Lehrwerken zu:
Etudes Françaises (1968)
Etudes Françaises. Echanges (1983)
Passages (1998)
À plus! (2012)

A

B
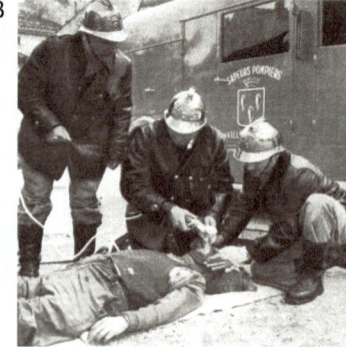

LEHRWERKE ANALYSIEREN **Einheit 13**

C D

Lehrwerke spiegeln nicht nur in der visuellen Darstellung ihre Zeit, sondern auch in der methodisch-didaktischen Gestaltung. Fremdsprachendidaktische Methoden wie die Grammatik-Übersetzungs-Methode, die audiolinguale oder audiovisuelle Methode, der kommunikative Ansatz oder die interkulturelle Didaktik werden einzelnen Lehrwerken jeweils zu Grunde gelegt und finden sich im Spracherwerbskonzept insgesamt oder auch in einzelnen Übungen und Aufgaben wieder (vgl. Einheit 3, S. 31 ff.). Lehrwerke der Grammatik-Übersetzungs-Methode weisen zahlreiche Übungen auf, die einem formal-analytischen Grammatikverständnis verpflichtet sind oder die die Übersetzung von Sätzen oder Texten einfordern. Lehrwerke der audiovisuellen Methoden enthalten zahlreiche *Pattern drill*-Übungen, aktuelle Lehrwerke legen Wert auf authentische Kommunikation oder auf Übungen, die der Kompetenzorientierung und Aufgabenorientierung verpflichtet sind.

Lehrwerke als Spiegel fremdsprachendidaktischer Methoden

Diese Weiterentwicklung wird deutlich beim Vergleich einzelner Übungen verschiedener Lehrwerke, die jeweils auf den gleichen Inhalt zielen. Wortschatzübungen können ganz unterschiedlich gestaltet sein, wie die folgenden Beispiele zeigen.

Gestaltung von Wortschatzübungen

| 1 | Exercice de vocabulaire |

a) *Cherchez tous les mots que vous connaissez de la famille des mots suivants.* 1. la famille. 2. naître. 3. le commerce. 4. le fort. 5. défendre. 6. occuper. 7. le courage.

b) *Cherchez des synonymes pour les mots en italique.* 1. François Ier aimait beaucoup *l'époque des Grecs et des Romains.* 2. Jacques Cartier partit pour *le Nouveau Monde.* 3. Les Indiens *aimaient faire la guerre.* 4. Elle *arrive au* fort saine et sauve.

c) *Expliquez ce que c'est.* 1. l'Antiquité. 2. un navigateur. 3. un aventurier. 4. un commerçant. 5. faire fortune. 6. un indigène.

(Erdle-Hähner/Klein 1961: 142)

|Text 13.4

LEHRWERKE UND UNTERRICHTSMATERIALIEN

Text 13.5

Vocabulaire
Expliquez ces adjectifs. Vous pouvez utiliser quelqu'un, quelque chose, une personne, une chose, ____ . (→ Apprendre à apprendre, p. 59/II)

Exemples: égoïste

égoïste   solidaire   fatigué
malheureux   pauvre   déprimé
seul   sympa   courageux
gentil   grave   mignon
inutile   interdit   malade

1. Une personne égoïste, c'est une personne qui ne fait rien pour les autres.
2. On dit que quelqu'un est égoïste quand il ne pense pas aux autres.
3. Cette fille est égoïste: les problèmes des autres ne l'intéressent pas.

(Bächle 2005: 73)

Während die Übung aus dem älteren Lehrwerk aus den 1960er Jahren in der Wortschatzübung Wortfamilien erstellen lässt, Synonyme und Definitionen zu historischen Ereignissen einfordert, ohne direkte, situative Bezüge herzustellen oder Hinweise auf eine konkrete Kommunikationssituation zu bieten, sind in dem Lehrwerk von 2005 ausschließlich Adjektive in der genannten Übung thematisiert. Die eingeforderten Erklärungen sind in konkrete Beispielsätze eingebunden, die eher den Alltagserfahrungen Jugendlicher entsprechen, und darüber hinaus finden sich Verweise auf Lernstrategien (*Apprendre à apprendre*). Das eher dekontextualisierte Vokabellernen und Üben ist einem Spracherwerbskonzept gewichen, in dem aktuelle fremdsprachendidaktische Überlegungen zu einem Sprachenlernen in authentischen Kontexten oder gedächtnispsychologische Überlegungen zum Wortschatzlernen Vorrang haben.

Rezeption von Lehrwerken

Fremdsprachendidaktische Lehrwerkanalysen fokussieren bislang bestimmte Inhalte der Lehrwerke, seien es nun gesellschaftskritische Perspektiven im Zusammenhang mit interkulturellem Lernen oder grammatikorientierte Perspektiven, oder sie nehmen die optische Gestaltung, das Layout und das Bildmaterial in den Blick. Die Rezeption von Lehrwerken wurde bislang jedoch noch nicht umfassend empirisch untersucht. Wie gehen Lehrende mit Lehrwerken um, wie rezipieren Lernende ihre Lehrwerke? Welche Einstellungen haben sie dazu und wie lernen sie mit ihnen? Diese Fragen sind bislang noch nicht repräsentativ und differenziert beantwortet. Die beiden folgenden Aussagen einzelner Lehrkräfte könnten jedoch das Spektrum spiegeln.

Orientierung am Lehrwerk

Ein Lehrer, der an der Berliner Europaschule unterrichtet, orientiert seinen Unterricht zentral am Lehrwerk. Im Rahmen eines Interviews über sein berufliches Selbstverständnis äußert er sich auch zu den von ihm verwendeten Unterrichtsmaterialien:

Text 13.6

Der Rahmenplan richtet sich nach dem französischen Programm. Das ist sehr traditionell, Grammatik, Konversation, Schriftspracherwerb, lesen. Ich mache mir keinen Kopf in diesem Sinne, ich will das Rad nicht neu erfinden, sondern

DIDAKTISIERTE UND AUTHENTISCHE UNTERRICHTSMATERIALIEN EINSETZEN — Einheit 13

> ich gehe vor nach dem französischen Programm. Ich habe ein Lesebuch, ein *Livre Complet*, da drin hat man eine gute Progression. In jeder Lektion werden bestimmte Schwerpunkte behandelt, Grammatik, Kollokationen, Orthographie, mündlicher Ausdruck, Textproduktion und ich arbeite mich da vor. Ich habe parallel dazu ein *Cahier d'exercices* und ich gebe den Kindern aus dem *Cahier d'exercices* immer die passenden Seiten zu bearbeiten, zu den Themen, die wir besprochen haben.

Eine Lehrerin, die an einem Gymnasium im ländlichen Raum unterrichtet, orientiert sich weit weniger eng an dem an ihrer Schule verwendeten Lehrwerk:

Lehrwerk als Baustein neben anderen

Text 13.7

> An meiner Schule wird zu Beginn des Schuljahres jeweils das für die Jahrgangsstufe verbindliche Lehrwerk, also das Schülerbuch, verteilt. Die Eltern kaufen dann das *Cahier d'activités* privat dazu. Die meisten Kollegen legen das Buch ihrem Unterricht zu Grunde, ich selbst mach das allerdings weniger. Meistens gefallen mir die Übungen nicht, die Texte find ich zu steril und zu langweilig. Deswegen will ich das mit den Schülern nicht so gern ständig durchnehmen. Also oft lesen wir die Texte einer Lektion nicht und machen nur einige der Übungen dazu. Wenn es geht, nehme ich eigene Texte, die ich entweder selbst geschrieben hab oder in französischen Zeitschriften oder im Internet gefunden hab. Inzwischen hab ich schon eine größere Textsammlung, auf die ich schnell zurückgreifen kann. Deswegen ist ein Lehrwerk bei mir nur ein Baustein unter vielen anderen.

Vermutlich bildet die erstgenannte Position die Meinung der Mehrheit der Lehrkräfte ab, die zweite ist hingegen wohl eher eine Minderheitenposition. Insgesamt stellt das Lehrwerk eine zentrale Grundlage im Französischunterricht der Spracherwerbsphase dar und verdient daher, immer wieder einer kritischen Analyse unterworfen zu werden.

Lehrwerk: Grundlage in der Spracherwerbsphase

? Welchen Stellenwert würden Sie dem Lehrwerk in Ihrem eigenen zukünftigen Französischunterricht einräumen? Tendieren Sie eher zu der ersten oder zu der zweiten der genannten Positionen (Text 13.6 und 13.7)?

Aufgabe 13.5

Didaktisierte und authentische Unterrichtsmaterialien einsetzen | 13.3

Neben den Lehrwerken der Spracherwerbsphase gibt es weitere Materialien, die im Französischunterricht Verwendung finden. Dazu gehören Lektüretexte, Musik, Film sowie Materialien, die durch Computer und Internet Eingang in den Französischunterricht finden. Kriterien für die Auswahl bestehen vor allem im sprachlichen Schwierigkeitsgrad der Texte, im inhaltlichen Bezug zum Unterricht oder auch im Bezug zu den anvisierten Zielsetzungen.

LEHRWERKE UND UNTERRICHTSMATERIALIEN

Lektüretexte

Von Schulbuchverlagen werden neben Lehrwerken vor allem Lektüretexte oder Textsammlungen angeboten. Hierbei sind didaktisierte und authentische Materialien zu unterscheiden. Authentische Materialien sind in gleicher Form und unverändert auch in Frankreich erhältlich, beispielsweise ein Jugendroman. Didaktisierte Materialien hingegen sind explizit für den Französischunterricht in Deutschland erstellt und beinhalten sprachliche Vereinfachungen, Kürzungen des Originaltextes sowie Anmerkungen, d. h. Vokabelerklärungen, Kommentare zu bestimmten landeskundlichen Inhalten oder auch Fragen zur Bearbeitung im Unterricht. Die Didaktisierung zielt auf die Vereinfachung des Textes und darauf, ihn zur Bearbeitung im Unterricht vorzubereiten sowie Lehrenden Hilfestellungen zum Unterrichten zu geben. Sie birgt jedoch auch einige Nachteile.

Adaptierte und didaktisierte Texte sind zwar vermeintlich leichter verständlich für Lernende, aber sie stellen auch eine Verfremdung des Originaltextes dar. Die Vereinfachung führt nämlich gleichzeitig zu sprachlicher und damit auch inhaltlicher Glättung des Textes, wodurch eventuell Spannungsmomente und sperrige Passagen entfernt werden, die das Wesen des Textes ausmachen.

Didaktisierung versus Authentizität

Insgesamt sind diese Lektüretexte primär als Ergänzung zur Lehrwerkarbeit in der Sekundarstufe I gedacht. In der Fremdsprachendidaktik werden didaktisierte Texte in der Regel stark kritisch kommentiert und es wird häufig ein Votum für authentische Materialien formuliert. Authentizität beinhalte etliche Vorteile, so einen unverfälschten Bezug zur Realität französischsprachiger Länder, aktuelle und echte Vermittlungsperspektiven, sprachliche und inhaltliche Echtheit oder auch die Vermeidung verfälschender Glättungen und Vereinfachungen und damit Entfremdungen vom Originaltext. Gleichzeitig betonen vor allem Französischlehrer/innen die Schwierigkeiten, einen sprachlich angemessenen und damit einen für das begrenzte fremdsprachliche Niveau der Schüler/innen passenden Text zu finden. Gerade für den Anfangsunterricht und ausgesprochen geringe Sprachkenntnisse der Lernenden seien nur schwer authentische Texte auffindbar.

Auswahl der Unterrichtsmaterialien

Neben der Schwierigkeit, sprachlich einfache und damit für das Fremdsprachenlernen angemessene Texte zu finden, beinhaltet die Suche nach authentischen Unterrichtsmaterialien weitere Probleme, die mit inhaltlicher Angemessenheit, Aktualität und Repräsentativität in Zusammenhang stehen. Jeder ausgewählte Text, der im Französischunterricht gelesen und bearbeitet wird, bedeutet gleichzeitig die Nichtbearbeitung anderer Texte. So stellt sich die Frage, welches Bild Frankreichs oder anderer Länder der Frankophonie im Französischunterricht dominieren soll. Ist es ein modernes Hightech-Frankreichbild der Internet- und Telekommunikation, ein literarisches Frankreichbild voll klassischer Autoren wie Voltaire und Stendhal oder das Frankreich einer Alltags- und Jugendkultur, das mit den Unterrichtsmaterialien vermittelt wird?

Musik und Film

Authentizität ist auch durch die Verwendung von Musik und Film im Französischunterricht herzustellen. Kriterien zur Auswahl von Musik, d. h. Chansons, Liedern etc., und Filmen liegen im sprachlichen Schwierigkeitsgrad, in der Aktualität und in der Verständlichkeit für die jeweilige Lerngruppe. Darüber hinaus spielen weitere Faktoren eine Rolle, z.B. der inhaltliche Bezug zu thematischen Schwerpunkten von Unterrichtseinheiten, Kriterien wie Exemplarizität und Authentizität in landeskundlicher oder interkultureller Hinsicht, oder auch Möglichkeiten zur Förderung von Motivation durch Lernerorientierung.

Neben konventionellen Möglichkeiten der Suche nach Musik und Film auf Tonträgern und Filmträgern gibt es diverse Seiten im Internet, die den Zugriff auf Musik und Film ermöglichen. Grundsätzlich lassen sich durch das Internet unendlich viele Möglichkeiten eines direkten, schnellen und authentischen Zugangs zu französischsprachigen Ländern realisieren. Landeskundliche Informationen sind damit tagesaktuell und immer neu zugänglich.

| Internet

? Lesen Sie den folgenden Textausschnitt aus dem Oberstufenlehrwerk *Parcours*, in dem in einer Einheit mit dem Titel *Problèmes de société. Ville et quartier* ein Stadtteil von Paris beschrieben wird. Lesen Sie anschließend den Leitartikel auf der Internetseite der französischen Tageszeitung *Le Monde* (www.lemonde.fr). Vergleichen Sie den Lehrwerktext mit dem authentischen und tagesaktuellen Text aus dem Internet. Welche Gemeinsamkeiten und welche Unterschiede stellen Sie fest? Welche Vor- und Nachteile ergeben sich aus der Auswahl der jeweiligen Texte für den Französischunterricht?

| Aufgabe 13.6

Impressions de Belleville

Au XIVe siècle, le fief de Savie (montagne sauvage), situé sur une colline, est baptisé Belleville en raison de la beauté des lieux. En 1790, Belleville devient une commune, puis en 1860 un quartier de Paris, situé entre le XIXe et le XXe arrondissements. Depuis le début du XXe siècle, Belleville accueille des vagues successives d'immigrés venus des quatre coins du monde. Beaucoup d'entre eux sont commerçants ou artisans.

A Belleville, on peut faire un tour du monde gastronomique, par exemple en allant dans uns des cantines chinoises, qui offrent des plats à des prix raisonnables, ou en goûtant une pâtisserie orientale accompagnée d'un thé à la menthe. « La Java », l'unique boîte du quartier, propose des concerts de rock ou des soirées salsa.

A Paris, on peut regarder la télé dans les cafés. Regarder la télé en groupe devient un spectacle vivant. A Belleville, certains cafés diffusent chaque dernier samedi du mois Télé Bocal, la première télé de quartier et la seule chaîne diffusée exclusivement dans les bars parisiens.

Télé Bocal est née en 1955. Elle propose des programmes courts et variés: des reportages d'actualité où l'homme de la rue donne son opinion, des fictions souvent tournées dans le quartier et presque toujours jouées par des comédiens amateurs, etc. C'est une chaîne qui s'adresse à tous et qui recueille toutes les opinions et toutes les tendances.

| Text 13.8

LEHRWERKE UND UNTERRICHTSMATERIALIEN

Le parc de Belleville se trouve à flanc de colline; par beau temps on a une vue magnifique sur Paris.

Tous les mardis et vendredis, le boulevard de Belleville se transforme en marché.

Tout près de Belleville, à Ménilmontant, se trouve le Père Lachaise, le plus grand cimetière de Paris où de nombreuses personnalités reposent. Toute l'année, des fans de Jim Morrison viennent lui rendre hommage.

le fief: *Lehen;* **la colline:** *Hügel;* **baptiser qn/qc:** *donner un nom à qn/qc;* **à flanc de colline:** *am Hang eines Hügels;* **rendre hommage à qn:** *jdm Ehre erweisen* [Zeilenangaben des Originaltextes sind hier nicht übernommen]

(Mößer u. a. 1998: 95)

Die Auswahl der Unterrichtsmaterialien wird für jede Lerngruppe immer wieder neu getroffen werden müssen und sich damit flexibel und dynamisch verändern. Letztlich wird wohl eine vielfältige und breite Auswahl an Texten und Unterrichtsmaterialien Grundlage eines guten und motivierenden Französischunterrichts bilden.

Zusammenfassung

Lehrwerke stellen eine zentrale Grundlage des Französischunterrichts dar und werden wegen ihrer jahrzehntelangen Dominanz vor allem in der Sekundarstufe I immer wieder als heimlicher Lehrplan kritisiert. Das Lehrwerk bedeutet eine Orientierung und Erleichterung für die Lehrenden sowie Sicherheit und Hilfestellung für die Lernenden, gleichzeitig jedoch auch Einengung, Normierung und Ausrichtung an schnell veraltenden Inhalten und normierter Progression. In Lehrwerkanalysen wird wiederholt Kritik an zahlreichen Aspekten der Lehrwerke formuliert, doch wurde bislang jedoch noch kaum die Rezeption von Lehrwerken untersucht. Von Seiten der Fremdsprachendidaktik werden insgesamt authentische Unterrichtsmaterialien gegenüber didaktisierten Materialien favorisiert.

Aufgabe 13.7

? Lesen und analysieren Sie den Auszug aus dem Inhaltsverzeichnis des Lehrwerks *Découvertes* auf www.bachelor-wissen.de. Welche Schlussfolgerungen ziehen Sie daraus über das Spracherwerbskonzept dieses Lehrwerks?

Literatur

Bächle, Hans u. a. (2005): À plus! Band 2. Französisch für Gymnasien. Berlin: Cornelsen.

Bleyhl, Werner (2000): Grundsätzliches zu einem konstruktiven Fremdsprachenlernen und Anmerkungen zur Frage: Englisch-Anfangsunterricht ohne Lehrbuch? In: Fery, Renate/ Raddatz, Volker (Hg.): Lehrwerke und ihre Alternativen. Kolloquium Fremdsprachenunterricht, Bd. 3. Frankfurt am Main u. a.: Lang, 20–34.

Blume, Otto-Michael u. a. (2012): À plus! 1. Nouvelle édition. Französisch für Gymnasien. Berlin: Cornelsen.

Börner, Wolfgang/Vogel, Klaus (Hg.) (1999): Lehrwerke im Fremdsprachenunterricht. Lernbezogene, interkulturelle und mediale Aspekte. Bochum: AKS.

Bruckmayer, Birgit u. a. (2004): Découvertes. Für den schulischen Französischunterricht. Band 1. Stuttgart u. a.: Klett.

Bufe, Wolfgang u. a. (1998): Passages. Band 2. Frankfurt am Main: Diesterweg.

Crismat, Anne u. a. (2004): Tous ensemble 1. Stuttgart u. a.: Klett.

Erdle-Hähner, Rita/Klein, Hans-Wilhelm (1961): Etudes Françaises. Ausgabe B Teil 1. Stuttgart: Klett.

Fäcke, Christiane (1999): Egalität – Differenz – Dekonstruktion. Eine inhaltskritische Analyse deutscher Französisch-Lehrwerke. Hamburg Kovač.

Funk, Hermann (1995): Grammatikvermittlung in Deutsch-als-Fremdsprache-Lehrwerken. Historische und aktuelle Perspektiven. In: Gnutzmann, Klaus/Königs, Frank G. (Hg.): Perspektiven des Grammatikunterrichts. Tübingen: Narr, 29–46.

Grunwald, Bernd u. a. (Hg.) (1983): Etudes Françaises. Echanges. Edition longue. Band 2. Stuttgart u. a.: Klett.

Krumm, Hans-Jürgen (1994): Stockholmer Kriterienkatalog. In: Kast, Bernd/Neuner, Gerhard (Hg.): Zur Analyse, Begutachtung und Entwicklung von Lehrwerken für den fremdsprachlichen Deutschunterricht. Berlin u. a.: Langenscheidt, 100–104.

Leitzgen, Günter (1996): Weg vom Lehrbuch! In: französisch heute 27/3: 190–198.

Lepointe, Ernest/Strohmeyer, Fritz (Hg.) (1953): Etudes Françaises für Mittel- (Real-) Schulen und ähnliche Anstalten. Mi B Teil 3. Stuttgart: Klett.

Mößer, Thomas u. a. (1998): Parcours. Französisch für die Oberstufe. Berlin: Cornelsen.

Schüle, Klaus (1973): Zur Inhaltsproblematik in fremdsprachlichen Lehrwerken. In: Praxis des neusprachlichen Unterrichts 20/4: 409–417.

Vielau, Axel (1981): Kriterien für die Beurteilung von Lehrwerken. In Zielsprache Französisch 13/4: 187–193.

Wernsing, Armin Volkmar (1993): Von Lehrbuchtexten und dem Umgang mit ihnen. Beispiel: Französischunterricht. In: Praxis des neusprachlichen Unterrichts 40/2: 173–180.

Internet

Hessisches Kultusministerium (2010): Lehrplan Französisch. Gymnasialer Bildungsgang. Jahrgangsstufen 5G bis 9G. https://kultusministerium.hessen.de/sites/default/files/media/g8-franzoesisch.pdf

Einheit 14

Leistungsbewertung

	Inhalt
14.1	Leistungsmessung und Leistungsbewertung	230
14.2	Evaluation schriftlicher Leistungen	235
14.3	Evaluation mündlicher Leistungen	239
14.4	Sprachenzertifikate *DELF* und *DALF*	244

Gegenstand dieser Einheit sind Evaluation, Leistungsmessung und Leistungsbewertung im Französischunterricht. Dabei werden Überlegungen zu einer objektiven, kompetenzorientierten Leistungsmessung ausgehend von curricularen Anforderungen einzelner Bundesländer vorgestellt und die Bedeutung neuerer bildungs- und sprachenpolitischer Dokumente sowie verschiedener Schulleistungsstudien angeführt. Sie lernen Kriterien und Methoden zur Evaluation schriftlicher und mündlicher Leistungen sowie die Relevanz schulexterner Sprachenzertifikate kennen.

Überblick

14.1 | Leistungsmessung und Leistungsbewertung

Schulischer Französischunterricht beinhaltet nicht allein das Lehren und Lernen einer Fremdsprache, sondern umfasst auch die Evaluation, Bewertung und Benotung der erbrachten Leistungen der Schülerinnen und Schüler. Die Notengebung stellt einen unhintergehbaren Bestandteil im Rahmen der Institution Schule dar und wird in einzelnen Bundesländern jeweils unterschiedlich gehandhabt. Im Rahmenlehrplan für den Französischunterricht der gymnasialen Oberstufe in Berlin sind die Grundlagen der Leistungsbewertung folgendermaßen beschrieben:

Rahmenlehrplan Berlin

Text 14.1 |

1.3 Leistungsfeststellung und Leistungsbewertung

Wichtig für die persönliche Entwicklung der Schülerinnen und Schüler ist eine individuelle Beratung, die die Stärken der Lernenden aufgreift und Lernergebnisse nutzt, um Lernfortschritte auf der Grundlage nachvollziehbarer Anforderungs- und Bewertungskriterien zu beschreiben und zu fördern. So lernen die Schülerinnen und Schüler, ihre eigenen Stärken und Schwächen sowie die Qualität ihrer Leistungen realistisch einzuschätzen und kritische Rückmeldungen und Beratung als Chance für die persönliche Weiterentwicklung zu verstehen. Sie lernen außerdem, anderen Menschen faire und sachliche Rückmeldungen zu geben, die für eine produktive Zusammenarbeit und erfolgreiches Handeln unerlässlich sind. Die Anforderungen in Aufgabenstellungen orientieren sich im Verlauf der Qualifikationsphase zunehmend an der Vertiefung von Kompetenzen und den im Kerncurriculum beschriebenen abschlussorientierten Standards sowie an den Aufgabenformen und der Dauer der Abiturprüfung. Die Aufgabenstellungen sind so offen, dass sie von den Lernenden eine eigene Gestaltungsleistung abverlangen. Die von den Schülerinnen und Schülern geforderten Leistungen orientieren sich an lebens- und arbeitsweltbezogenen Textformaten und Aufgabenstellungen, die einen Beitrag zur Vorbereitung der Lernenden auf ihr Studium und ihre spätere berufliche Tätigkeit liefern. Neben den Klausuren fördern umfangreichere schriftliche Arbeiten in besonderer Weise bewusstes methodisches Vorgehen und motivieren zu eigenständigem Lernen und Forschen. Auch den mündlichen Leistungen kommt eine große Bedeutung zu. In Gruppen und einzeln erhalten die Schülerinnen und Schüler Gelegenheit, ihre Fähigkeit zum reflektierten und sachlichen Diskurs und Vortrag und zum mediengestützten Präsentieren von Ergebnissen unter Beweis zu stellen. Praktische Leistungen können in allen Fächern eigenständig oder im Zusammenhang mit mündlichen oder schriftlichen Leistungen erbracht werden. Die Schülerinnen und Schüler erhalten so die Gelegenheit, Lernprodukte selbstständig allein und in Gruppen zu erstellen und wertvolle Erfahrungen zu sammeln.

(Senatsverwaltung für Bildung, Jugend und Sport Berlin 2006: 7 f.)

LEISTUNGSMESSUNG UND LEISTUNGSBEWERTUNG — Einheit 14

Im weiteren Verlauf werden die abschlussorientierten Standards genauer beschrieben, die sich an den Niveaustufen B2 und vereinzelt C1 des Gemeinsamen europäischen Referenzrahmens für Sprachen (Europarat 2001) orientieren (vgl. Einheit 5, S. 73 ff.). Die Standards sind unterteilt in kommunikative Kompetenz (Rezeption, Produktion, Sprachmittlung), methodische Kompetenz (Lern- und Arbeitstechniken, Umgang mit Texten und Medien, Präsentation) und interkulturelle Kompetenz. Zur Illustration sind im Folgenden die Standards für die Sprachmittlung aufgeführt:

Standards

Sprachmittlung

Grundkursfach	Leistungskursfach
Die Schülerinnen und Schüler geben unter Verwendung von Hilfsmitteln den Inhalt mündlicher oder schriftlicher Äußerungen zu vertrauten Themen in der jeweils anderen Sprache sowohl schriftlich als auch mündlich adressatengerecht wieder. Dies kann sich auf den gesamten Text, auf Hauptaussagen oder Details beziehen.	Die Schülerinnen und Schüler geben unter Verwendung von Hilfsmitteln den Inhalt auch längerer, anspruchsvoller mündlicher oder schriftlicher Äußerungen auch zu weniger vertrauten Themen in der jeweils anderen Sprache sowohl schriftlich als auch mündlich adressatengerecht wieder. Dies kann sich auf den gesamten Text, auf Hauptaussagen oder Details beziehen.

Dabei kommt es auf die korrekte Wiedergabe des wesentlichen Inhalts und eine angemessene sprachliche Gestaltung an.

(Senatsverwaltung für Bildung, Jugend und Sport Berlin 2006: 15)

Text 14.2

Bevor Sie weiterlesen, bearbeiten Sie bitte die folgende Aufgabe:

? Nach welchen Maßstäben werden Leistungsfeststellung und Leistungsbewertung im Sinne des Rahmenlehrplans von Berlin erstellt? Welche Kriterien sind leitend?

Aufgabe 14.1

Wie das Dokument zeigt, haben Diskurse zu Leistungsbewertung und Evaluation in den letzten Jahren zahlreiche Veränderungen erfahren. Die Orientierung an Standards und die Beschreibung von Kompetenzen unterscheidet sich deutlich von der herkömmlichen Suche nach Fehlern als Grundlage der Notengebung. Die Kompetenzen umfassen Fähigkeiten und Handlungsweisen der Schülerinnen und Schüler in konkreten Kommunikationssituationen, ohne auf inhaltliche Details wie die Auswahl an zu übersetzenden Texten, Themen, Grammatikregeln oder des Wortschatzes einzugehen. Wesentlich ist nicht eine korrekte sprachliche Wiedergabe, sondern eine korrekte Wiedergabe zentraler inhaltlicher Aspekte sowie die Angemessenheit (nicht: Korrektheit) der fremdsprachlichen Gestaltung.

Leistungsbewertung orientiert an Kompetenzen

LEISTUNGSBEWERTUNG

Schulleistungsstudien

Ein solcher Zugang ist vor allem durch große vergleichende Schulleistungsstudien wie z. B. PISA, DESI oder VERA, durch den Gemeinsamen Europäischen Referenzrahmen für Sprachen sowie durch die Verabschiedung der Bildungsstandards für den Mittleren Schulabschluss (Kultusministerkonferenz 2003) und der Bildungsstandards für die Allgemeine Hochschulreife (Kultusministerkonferenz 2012) in Deutschland geprägt (vgl. Einheit 5, S. 73 ff.). Die DESI-Studie erfasst die sprachlichen Leistungen in Deutsch und Englisch an deutschen Schulen (Klieme 2008). VERA ist eine bundesweite Lernstandserhebung durch Vergleichsarbeiten, mit denen der Leistungsstand in den Hauptfächern erhoben werden soll, um Defiziten im Blick auf die Bildungsstandards nachzugehen.

Die genannten Schulleistungsstudien zeigen auf, inwieweit gerade auch die Evaluation von Schülerleistungen bislang subjektiven Kriterien unterworfen ist und damit Ungerechtigkeiten im Schulsystem mitgetragen und perpetuiert werden. Dementsprechend erfolgt die herkömmliche Leistungsbewertung und Notengebung häufig als individuelle Bewertung Einzelner oder als vergleichende Bewertung innerhalb einer Lerngruppe. Eine Schülerin könnte damit im Französischunterricht einer Klasse 8 von verschiedenen Lehrkräften für dieselbe Leistung unterschiedliche Noten erhalten. Sie könnte auch für die gleiche Leistung in unterschiedlichen Klassen je nach durchschnittlichem Leistungsniveau der Lerngruppe andere Noten bekommen oder sie könnte an anderen Schulen und in anderen Bundesländern unterschiedlich benotet werden. Es wäre auch denkbar, dass sie von demselben Lehrer je nach Zeitpunkt der Beurteilung für die gleiche Leistung eine andere Note erhält.

Die genannten Defizite in der Vergleichbarkeit bei der Notenfindung, in der Transparenz und damit Nachvollziehbarkeit der Evaluation führen dazu, genauere Testkriterien auch in die Notengebung des Französischunterrichts einfließen zu lassen.

Grundsätzlich gilt es, dabei die folgenden Formen der Evaluation zu unterscheiden:

Formen der Evaluation

Eine summative Evaluation stellt eine Leistungsbewertung dar, die sich aus einzelnen Leistungen und Bewertungen additiv zusammensetzt. Im Französischunterricht wird diese Form der Evaluation bei der Notenfindung am Ende eines Schuljahres praktiziert, insofern als bei dieser Gelegenheit eine Endnote aus einzelnen Noten zusammengesetzt wird.

Eine formative Evaluation zielt auf eine individuelle Bewertung eines Einzelnen, bei der die Entwicklungen der Lernleistungen im Vergleich zu einem vorherigen Leistungsstand beurteilt werden. Dabei soll die Leistungsentwicklung in ihrem Verlauf bewertet werden und einen möglichst motivierenden Impuls für das zukünftige Lernen geben. Hierbei spricht man oft von einer pädagogischen Note.

Die Evaluation kann jedoch auch im Vergleich zu Mitlernenden erfolgen und sich damit an einer Norm der Gruppe orientieren. Diese Form der normorientierten Evaluation stellt ein bislang gängiges Prinzip im Französischunterricht dar, insofern als die Notengebung in Abhängigkeit von der vergleichenden Bewertung der Lernleistungen innerhalb der Lerngruppe erfolgt, ohne in der Regel auf Lernergebnisse von Parallelklassen zu achten.

Anstelle einer Orientierung an der individuellen Entwicklung eines Schülers oder am Durchschnitt einer Lerngruppe kann die Evaluation auch an festen Kriterien wie zu erreichenden Standards erfolgen. Die Leistung wird dabei durch ein eindeutig definiertes Lernziel oder einen Standard ermittelt und beinhaltet damit eine höhere Vergleichbarkeit zwischen einzelnen Schülerinnen und Schülern. Diese Form der Evaluation wird auch im oben aufgeführten Rahmenlehrplan von Berlin erkennbar.

Die höchste Form der Vergleichbarkeit stellen Tests dar, d.h. Tests in Gestalt einer standardisierten Leistungsmessung, die unabhängig von einzelnen Lerngruppen, Schulen, Bundesländern oder auch Staaten durchgeführt werden. Sie sind wie im Fall von Schulleistungsstudien wie PISA und anderen an den Gütekriterien quantitativer Empirie, d.h. an Objektivität, Reliabilität und Validität, ausgerichtet (vgl. Porsch/Tesch/Köller 2010). *standardisierte Leistungsmessung durch Tests*

Die fünf aufgeführten Formen der Evaluation sind hier nach dem Grad einer zunehmenden Objektivität geordnet, d.h. Gütekriterien werden mehr und mehr umgesetzt (vgl. dazu Tagliante 2005; Przyborski/Wohlrab-Sahr 2014: 21 ff.). Testgütekriterien zielen darauf, Tests und Testergebnisse nachvollziehbar, vergleichbar und transparent zu machen. Dies wird durch die drei folgenden Kriterien realisiert: *Testgütekriterien*

Objektivität meint, dass die Evaluation unabhängig von subjektiven Einflüssen erfolgt. Dies bedeutet, dass subjektive Einschätzungen der Evaluierenden ausgeschlossen werden. Jeder Schüler und jede Schülerin müsste dann von jedem Lehrer und jeder Lehrerin für die gleiche Leistung gleich benotet werden. *Objektivität*

Reliabilität meint die Zuverlässigkeit eines Testergebnisses, das bei bestimmtem Verhalten jeweils gleich oder ähnlich ausfallen sollte. Wenn *Reliabilität*

- ein Test mehrfach durchgeführt wird,
- ein Test in parallelen Gruppen gleichzeitig durchgeführt wird,
- ein Test von verschiedenen Personen durchgeführt wird

und jeweils zu gleichen oder ähnlichen Resultaten führt, gilt er als reliabel.

Validität meint die Gültigkeit eines Tests, d.h. bezieht sich auf die Frage, ob ein Test wirklich das misst, was gemessen werden soll. Wenn beispielsweise das Leseverstehen getestet werden soll, dürfte ein valider Test auch wirklich nur das Leseverstehen testen. Gleiches gälte ebenso für das Hörverstehen oder das Schreiben. Eine Vermischung verschiedener Fertigkeiten in einem Test würde seine Validität beeinträchtigen oder in Frage stellen, da eine Fertigkeit als Voraussetzung einer weiteren zur Erfüllung der Testaufgabe nötig *Validität* wäre und damit die eigentliche Leistung nicht eindeutig zu messen wäre (vgl. Hinger 2009: 274 ff.).

Auch wenn die Leistungsbewertung im Französischunterricht den Testgütekriterien Objektivität, Reliabilität und Validität wohl kaum immer entspricht, so gibt es seit Einführung der Bildungsstandards dennoch einige neue Entwicklungen, die einen Schritt in diese Richtung darstellen und die deutlichere Realisierung dieser Kriterien bei der Evaluation von Leistungen anvisieren:

Vergleichsarbeiten
- Die Implementierung von Vergleichsarbeiten (vgl. VERA 8) in verschiedenen Schuljahren oder das Zentralabitur in allen Bundesländern außer Rheinland-Pfalz stärken die Vergleichbarkeit von Schülerleistungen über die einzelne Lerngruppe hinaus und fordern vermehrt die Orientierung an Standards und Lernzielen ein.

Referenzrahmen
- Eine deutlichere Bezugnahme auf den Gemeinsamen europäischen Referenzrahmen für Sprachen führt zu neuen Gewichtungen in der Gestaltung von Klassenarbeiten und Tests. Dazu gehört u. a. die stärkere Gewichtung mündlicher Leistungen und ihre Berücksichtigung bei der Evaluation und Leistungsbewertung, so u. a. in Bayern, wo pro Schuljahr eine Klassenarbeit (bzw. „Schulaufgabe") als mündliche Arbeit durchgeführt wird.

neue Testkultur
- Darüber hinaus finden sich Elemente einer neuen Testkultur, in der bestimmte Testformate aus Schulleistungsstudien verstärkt Eingang in den Französischunterricht finden, wie z. B. Aufgaben mit *multiple choice*-Antworten.

Selbstevaluation
- Auch die Stärkung der Selbstevaluation neben der bislang tradierten Fremdevaluation durch die Lehrkräfte findet verstärkt Anwendung im Französischunterricht. Dies wird vor allem in den Selbsteinschätzungen im Sinne des Sprachenportfolios (vgl. Einheit 5, S. 76 f.) umgesetzt.

Aufgabenbeispiel
Neue Aufgabenformate der Testaufgaben werden u. a. in den Vergleichsarbeiten (VERA 8) für die erste Fremdsprache Französisch in der 8. Klasse eingesetzt, wie das folgende Beispiel zum Leseverstehen exemplarisch verdeutlicht:

Text 14.3
> Tu es en Bretagne avec tes parents et ils ont trouvé cet article dans un journal. Ta maman veut savoir ce qui s'est passé. Lis le document et mets une croix à la bonne réponse.
>
> Deux mineurs, âgés respectivement de 16 et 17 ans, ont été interpellés jeudi et présentés au juge pour enfants, vendredi, à Saint-Brieuc. Ils sont soupçonnés d'avoir volé cinq voitures [...] Il leur est également reproché d'avoir émis des chèques volés (le montant est en cours d'évaluation) et d'avoir conduit sans permis. L'affaire démarre le dimanche 15 mai, au petit matin. Une maison, située à Trébeurden (22), fait l'objet d'une fouille méthodique entre 6h et 7h, alors que ses occupants dorment encore. Une voiture est volée, ainsi que des appareils multimédias et des téléphones portables. Text: © Öffentliches Gut

EVALUATION SCHRIFTLICHER LEISTUNGEN — Einheit 14

Quel est le titre qui convient le mieux au texte ?
☐ Des jeunes victimes d'agression et de vol
☐ Deux garçons impliqués dans un accident de voiture
☐ Deux jeunes arrêtés pour différents actes criminels

(IQB 2014)

Mit den Vergleichsarbeiten des VERA 8-Projekts im Französischunterricht der 1. Fremdsprache soll der Leistungsstand der Schülerinnen und Schüler im Vergleich erhoben werden. Dabei handelt es sich um eine flächendeckende Lernstandserhebung, deren Ziele in der Unterrichtsentwicklung und in der Erfassung der Genauigkeit der Diagnose bestehen. Die Bestandsaufnahme dient zur Sicherung und Entwicklung von Standards (Helmke 2014).
Lernstandserhebung durch Vergleichsarbeiten

Aufgabenformate im Sinne dieser Testaufgaben finden vermehrt Eingang in den Französischunterricht, und zwar nicht nur zur Feststellung von Leistungen in Klausuren, sondern auch im Alltag des Unterrichts, in dem nicht sofort eine Note gegeben wird. Die Einführung dieser Testkultur und die Berücksichtigung von Testgütekriterien für die Leistungsmessung und Leistungsbewertung im Französischunterricht ziehen etliche Vor- und Nachteile nach sich. So werden damit mehr Gerechtigkeit und Vergleichbarkeit in der Evaluation anvisiert, allerdings gleichzeitig auch bestimmte Testformate in den Vordergrund gestellt, die zu einer Ausgrenzung der Evaluation weniger eindeutig messbarer Leistungen führen. Einstellungen, interkulturelle Kompetenzen oder auch ästhetisch-literarische Kompetenzen lassen sich wohl kaum mit Testformaten nach dem oben angeführten Beispiel aus dem VERA 8-Projekt messen. Die eigenständige Auseinandersetzung mit bestimmten Bildungsinhalten scheint dem Fokus auf Kompetenzen zunächst entgegenzustehen.

Testaufgaben im Französischunterricht

? Beschreiben Sie die Charakteristika von Testaufgaben, die den Testgütekriterien Objektivität, Reliabilität und Validität entsprechen. Welche Vor- und Nachteile gehen mit ihrer Verwendung im Französischunterricht einher?

Aufgabe 14.2

Evaluation schriftlicher Leistungen | 14.2

Im herkömmlichen Französischunterricht stellen die schriftlichen Leistungen die zentrale Grundlage für die Notenfindung dar. Häufig werden schriftliche Leistungen höher gewichtet als mündliche Leistungen. Dabei spielt ein vermeintlich eindeutig zu ermittelnder Fehler eine wichtige Rolle, insofern als aus der Anzahl der Fehler neben stilistischen und inhaltlichen Kriterien anschließend eine Note errechnet wird. Diese Form der Leistungsbewertung stellt für Lehrende wie Lernende eine Orientierung dar, die von vielen unhinterfragt als hilfreich eingeschätzt wird, wie *Le petit Nicolas* im folgenden Beispiel auf amüsante Weise verdeutlicht:

Text 14.4

Je suis le meilleur
HIER, J'AI ÉTÉ LE MEILLEUR EN CLASSE. Parfaitement!
La maîtresse nous a fait une dictée et moi j'ai eu sept fautes. Celui qui me suivait, c'est Agnan, qui a eu sept fautes et demie, et les accents comptent pour une demie et Agnan n'a pas mis l'accent sur le « où » où il fallait le mettre. Comme Agnan est le premier de la classe et le chouchou de la maîtresse, ça ne lui a drôlement pas plu de ne pas être le meilleur pour la dictée. Il a dit à la maîtresse que ce n'était pas juste et que l'accent, il allait le mettre, mais qu'il avait été dérangé. La maîtresse lui a dit de se taire, alors Agnan s'est mis à pleurer et il a dit qu'il allait se plaindre à son papa et que son papa allait se plaindre au directeur et que personne ne l'aimait et que c'était affreux et quand la maîtresse lui a dit qu'elle allait le mettre au piquet, il a été malade.

Je suis sorti de l'école avec ma dictée sur laquelle la maîtresse avait écrit à l'encre rouge: « Nicolas a fait la meilleure dictée de la classe. Très bien. » Les copains, ils voulaient comme d'habitude que j'aille avec eux à la boulangerie regarder la vitrine et acheter du chocolat, mais je leur ai dit que je devais rentrer vite à la maison. « Ben quoi, a dit Alceste, un copain, parce que tu es le meilleur en dictée tu veux plus jouer avec nous? » Moi, je ne lui ai même pas répondu à Alceste qui avait fait vingt-huit fautes et demie. Et j'ai couru jusqu'à la maison.

(Goscinny/Sempé 2004: 317–319)

Die Anzahl der Fehler im Diktat bildet die Grundlage für die Bewertung der Leistungen und in der Folge auch die Bewertung (und Abwertung) der Menschen. Der Fehler wird in diesem Beispiel von Seiten der Lehrerin wie der Lerngruppe als unhinterfragte Autorität anerkannt. Fehler im Diktat leiten sich aus sprachlicher Korrektheit, d.h. aus der Orthografie des Französischen und aus grammatischen Regeln, ab. Aus der Erzählung des *Petit Nicolas* kann man schließen, dass Akzentfehler im Französischen als halbe Fehlerpunkte gewertet werden, andere Fehler als ganze Fehlerpunkte. Diese Korrektur bildet nicht nur die Grundlage in der fiktiven französischen Primarstufenklasse, die der kleine Nicolas besucht, sondern wird lange Zeit auch bei Diktaten im Französischunterricht in Deutschland praktiziert.

negatives Fehlerverständnis

Einer derartigen Korrektur schriftlicher Leistungen liegt ein negatives Fehlerverständnis zu Grunde. Fehler sind demzufolge mit Versagen konnotiert und die Lernenden müssen dementsprechend „bestraft" werden, – mit schlechten Noten und damit einhergehend mit Motivationsverlust. Französisch gilt folglich bei Schülerinnen und Schülern häufig als schwer zu erlernende Sprache.

Eine solche Sicht auf Fehler steht in engem Zusammenhang mit grundlegenden Konzeptionen des Sprachenlernens. Werden Fehler als Störfaktor für einen erfolgreichen Sprachlernprozess erachtet, dann ergeben sich daraus ein negatives Verständnis von Fehlern sowie negative Korrekturen. Mit der Formulierung der *Interlanguage*-Hypothese (Selinker 1972) geht jedoch ein veränderter Blick auf das Sprachenlernen und damit auch auf die Bedeutung von Fehlern einher. Spracherwerb wird als ein Prozess gesehen, in dessen Verlauf Lernende verschiedene Stadien durchlaufen, die man als Interimssprache oder als Lernersprache bezeichnet. Lernende durchlaufen diese verschiedenen Lernersprachen notwendigerweise und nähern sich dabei mehr und mehr der Zielsprache Französisch an. Fehler bilden dabei einen sinnvollen Anhaltspunkt für die Lernenden, Diskrepanzen zwischen der eigenen Lernersprache und der Zielsprache zu erkennen. Lehrende haben damit die Aufgabe, Lernenden auf diesem Weg behilflich zu sein und ihren Lernprozess zu begleiten. Dieses Verständnis des Sprachenlernens bedeutet auch, dass Fehler nicht als Defizit negativ konnotiert sind, sondern einen positiven Beitrag zum Sprachenlernen leisten und als notwendige Rückmeldung für Lernende und Lehrende dienen.

Interlanguage-Hypothese

Fehler als notwendige Rückmeldung

Als Konsequenz aus einem derartigen Verständnis des Sprachenlernens und des Fehlers ergeben sich bestimmte Umgangsweisen mit Fehlern im Französischunterricht:

Anstelle einer negativen Korrektur hilft eine positive Korrektur, den individuellen Stand der Lernersprache zu diagnostizieren. Fehler werden nicht mit Rotstift markiert und gezählt, sondern es werden Punkte für erbrachte Leistungen vergeben. Ganz im Sinne des Gemeinsamen europäischen Referenzrahmens für Sprachen, in dem Kann-Aussagen formuliert sind, wird damit auch in Klausuren das bewertet, was Lernende schon können und nicht das, was sie noch nicht können. Die positive Rückmeldung wirkt auf Lernende motivierender und rückt nicht mehr den Fehler in den Mittelpunkt der Aufmerksamkeit. Der Lernprozess wird stärker berücksichtigt und dadurch die Motivation zum Französischlernen weiter unterstützt.

positive Fehlerkorrektur

Darüber hinaus sind Fehler nicht nur auf sprachliche Fertigkeiten und deklaratives Wissen bezogen, sondern werden weiter gefasst. Die Überprüfung weiterer Kompetenzen, z. B. *savoir-apprendre, savoir-être* im Sinne des Referenzrahmens, zielt auf ein Verständnis der Sprachanwendung, in dem umfassende kommunikative Kompetenzen höher eingestuft werden als beispielsweise das korrekte Angleichen eines *participe passé*.

Die Bewertung der Leistungen bezieht sich nicht allein auf die Anzahl an Fehlern in Bezug auf sprachliche Korrektheit (d. h. Orthografie und Grammatik), sondern ist stärker an den Deskriptoren des Referenzrahmens orientiert. Damit werden allgemeine Kompetenzen und kommunikative Sprachkompetenzen anvisiert sowie verschiedene Referenzniveaus (A1 bis C2) berücksichtigt. Konstitutiv ist auch die getrennte Berücksichtigung kommunikativer Sprachaktivitäten, d. h. Rezeption, Produktion, Interaktion und Sprachmittlung (jeweils mündlich und/oder schriftlich). Die Evaluation und Beurteilung schriftlicher Leistungen muss damit berücksichtigen, inwieweit die Aufgaben-

Leistungsbewertung durch Deskriptoren des Referenzrahmens

LEISTUNGSBEWERTUNG

stellung im Blick auf Inhalte und kommunikative Kompetenzen umgesetzt ist. Dazu gehören sprachliche Sicherheit, Angemessenheit des Registers und der Varietät, des Stils und der inhaltlichen Umsetzung der Aufgabe.

Anforderungen an neue Aufgabenformate

Wenn mit einem solchen Vorgehen auch noch Vergleichbarkeit und Transparenz der Beurteilung einhergehen sollen, müssen Aufgabenstellungen entsprechend ausfallen. Die Berücksichtigung der Testgütekriterien Objektivität, Validität und Reliabilität fordert Aufgabenformate, die genaue Rahmenbedingungen vorschreiben, jedoch sollte auch die eigene Kreativität bei der Erfüllung der Aufgabe Raum finden. Testaufgaben, wie das oben aufgeführte Beispiel aus VERA 8 (vgl. Text 14.3) deutlich macht, entsprechen voll den Testgütekriterien und sind leicht zu korrigieren. Allerdings ermöglichen *multiple choice*-Tests keine kreative Eigenleistung der Lernenden und lassen keine individuellen Bearbeitungen der Aufgabe zu. Daher gilt es Aufgabenformate in den Französischunterricht zu integrieren, die sowohl einer individuellen und kreativen Beantwortung Rechnung tragen als auch Testgütekriterien weitgehend berücksichtigen.

Aufgabe 14.3

? Vergleichen Sie die beiden folgenden Schreibaufgaben:
1. Qu'est-ce que tu as fait pendant les vacances d'été? Ecris une page dans ton journal de mémoire.
2. Tu passes tes vacances d'été à la mer avec tes parents, ton frère et ta sœur. Vous visitez la région et passez les après-midi à la plage. Vers la fin des vacances, tu écris une lettre à tes grands-parents. Dans cette lettre,
   - tu décris le village, la plage et votre maison de vacances,
   - tu racontes comment vous aimez les vacances, ce que tu as fait avec la famille,
   - tu mentionnes la visite d'un château et d'un musée et
   - tu parles d'un après-midi à la plage.

Inwiefern entsprechen diese beiden Aufgaben den oben genannten Kriterien der Objektivität, Validität und Reliabilität zu der Bewertung der Leistungen? Wie könnte eine Evaluation und Bewertung der Leistungen sinnvoll und konstruktiv erfolgen?

Kriterien der Leistungsbewertung

Die Bewertung der Leistungen umfasst dabei mehr als sprachliche Fehler im Bereich Grammatik, Orthografie, Syntax oder Wortschatz. Die Angemessenheit des Textes in Bezug auf die Adressaten, in diesem Fall die Großeltern, ein inhaltlicher Bezug zu dem Strandurlaub, oder auch die formale Gestaltung des Briefes sind ebenso von Bedeutung. Im Vergleich zu herkömmlichen Klausuren ergibt sich in der Leistungsmessung und Leistungsbewertung vor allem eine grundlegende Verschiebung: Nicht mehr der Fehler und der Fehlerquotient sind zentral im Mittelpunkt der Bewertung, sondern die allgemeinen Kompetenzen und kommunikativen Sprachkompetenzen der Lernenden.

Ein solches Verständnis der Leistungsmessung und Leistungsbewertung führt zu einem veränderten Verständnis des Französischunterrichts insgesamt. Der Fokus auf die sprachliche Korrektheit, auf Fehler und das Versagen der Lernenden sowie damit einhergehend das Verständnis eines als schwierig geltenden Französischunterrichts wird verschoben zu Gunsten eines kompetenzorientierten Unterrichts, in dem vor allem das Können und die Kompetenzen der Lernenden in den Mittelpunkt gerückt sind.

Evaluation mündlicher Leistungen | 14.3

Die Attraktivität schriftlicher Leistungen als Grundlage der Leistungsbewertung liegt zunächst darin, dass das Schriftliche festgehalten ist und damit auch zu einem späteren Zeitpunkt für andere, d.h. Lernende, Eltern, Kollegen oder Schulleitung, nachvollziehbar bleibt. Dies bedeutet für Lehrende, dass umstrittene Leistungen auch im Nachhinein noch auf der Basis des Geschriebenen gerechtfertigt werden können. Darüber hinaus ist die Bewertung des Schriftlichen auch deswegen einfacher als die Bewertung des Mündlichen, weil wiederholtes Lesen eine gründlichere Reflexion und Korrektur ermöglicht. Die Beurteilung mündlicher Leistungen muss demgegenüber unmittelbar nach dem Gesprochenen erfolgen und kann im Nachhinein schwerer nachvollziehbar begründet werden.

Dennoch werden im Zuge neuerer fremdsprachendidaktischer und sprachenpolitischer Entwicklungen mündliche Leistungen stärker in den Mittelpunkt gerückt. Das Mündliche ist gegenüber dem Schriftlichen deutlich aufgewertet. Dies lässt sich zunächst gut mit der prozentualen Bedeutung mündlicher Sprachaktivitäten begründen: So umfassen das Hören und Sprechen insgesamt 75 % der Sprachaktivitäten, das Lesen und Schreiben nur 25 % (Neveling 2000: 3). Allein aus diesem Grund gilt es, das Mündliche in der Evaluation stärker zu berücksichtigen. *Aufwertung des Mündlichen*

Auch im Gemeinsamen europäischen Referenzrahmen für Sprachen wird dem Mündlichen eine eigenständige Bedeutung zugewiesen, insofern als die vier kommunikativen Sprachaktivitäten – Rezeption, Produktion, Interaktion und Sprachmittlung – getrennt aufgeführt sind und jeweils das Mündliche und/oder das Schriftliche berücksichtigt werden. Im Bereich des Mündlichen können das deklarative Wissen (*savoir*), das prozedurale Wissen (*savoir-faire*), die Lernfähigkeit (*savoir-apprendre*) und die auf die eigene Persönlichkeit bezogenen Kompetenzen (*savoir-être*) unterschieden werden (vgl. Europarat 2001). Die Bewertung einer mündlichen Leistung umfasst dementsprechend das fremdsprachliche Wissen, die Umsetzung in der konkreten Sprechsituation, das Wissen über das eigene Sprechen sowie beispielsweise die Offenheit gegenüber Thema und Fremdsprache. *Bedeutung des Mündlichen im Referenzrahmen*

In Bayern wird in diesem Sinn seit dem Schuljahr 2007/2008 eine schriftliche Klassenarbeit, d.h. eine „Schulaufgabe", durch eine mündliche Prüfung verpflichtend ersetzt. *mündliche Prüfung in Bayern*

LEISTUNGSBEWERTUNG

Text 14.5

§ 54 (Große Leistungsnachweise) Abs. 1, Satz 1:
In den Fächern Deutsch und Mathematik sowie in den Fremdsprachen sind je Schuljahr mindestens drei, bei vier und mehr Wochenstunden mindestens vier schriftliche Schulaufgaben zu halten; in jeder modernen Fremdsprache soll in mindestens einer geeigneten Jahrgangsstufe davon eine Schulaufgabe oder ein Teil einer Schulaufgabe in Form einer mündlichen Prüfung abgehalten werden.
(Bayrisches Staatsministerium für Unterricht und Kultus 2007)

Orientierung an kompetenzorientierten Aufgabenformaten

Diese mündliche Prüfung wird mit Hilfe kompetenzorientierter Aufgabenformate durchgeführt. Die Aufgaben sollen dabei möglichst authentische Kommunikationssituationen beinhalten, motivierend und komplex sein sowie Vergleichbarkeit zwischen den einzelnen Prüflingen ermöglichen. Die Aufgabenstellungen bestehen beispielsweise in einer Bildbeschreibung, in Fragen der Prüfenden an die Prüflinge, in einer Debatte oder einem Interview oder auch in der Sprachmittlung. Dabei wäre wünschenswert, wenn die Prüfung monologische und dialogische Bestandteile umfassen könnte.

Für die Durchführung der Prüfung ist es hilfreich, wenn eher abstrakt formulierte Kompetenzen konkret auf bestimmte Inhalte bezogen werden. Eine Kompetenz wie z. B. „verständlich und angemessen über Vertrautes sprechen können" ließe sich folgendermaßen konkretisieren:

Die Schülerinnen und Schüler können
- über sich selbst sprechen,
- über andere, d. h. Freunde und Familienmitglieder, sprechen,
- über ihren Alltag sprechen,
- über schulische Erfahrungen sprechen,
- über ihre Freizeitgestaltung sprechen,
- ihre Wünsche, Abneigungen und Vorlieben beschreiben.

Eine mögliche Aufgabenstellung könnte folgendermaßen aussehen:

Text 14.6

Tu participes à un échange scolaire. Tu arrives en France, tu rencontres ton/ta corres et tu parles de ta famille et de tes copains. Tu mentionnes
- les noms de tes parents, leur âge, leur profession
- les noms de tes frères et sœurs, leur âge, leurs hobbies
- les noms de tes copains, leur âge, leurs hobbies

Tu poses une question à ton/ta corres: idées pour des cadeaux de la France
Tu as 30 €. Vous allez les acheter ensemble.
Parle avec ton/ta partenaire pendant 3–4 minutes.

kriterienorientierte Bewertung

Kriterien für die Bewertung einer solchen mündlichen Prüfungsleistung zielen nicht nur auf die sprachliche Korrektheit im Bereich von Grammatik und Wortschatz, sondern auch auf Aussprache und Intonation, auf das Interaktionsverhalten sowie auf inhaltsbezogene Kriterien. Zentral ist, dass die Bewertung kriterienorientiert und nicht bezugsgruppenorientiert erfolgt, d. h.

es wird beurteilt, inwieweit der Einzelne die Aufgaben im Blick auf die Erfüllung der vorgegebenen Standards löst. Dementsprechend ist die genaue und differenzierte Beschreibung der Standards und Kriterien bei der Leistungsbewertung hilfreich.

Ein Beispiel für eine solche Beschreibung für die Niveaustufe A2/A2+ des Gemeinsamen Europäischen Referenzrahmens liefert das bayrische Staatsinstitut für Schulqualität und Bildungsforschung in München (ISB) (http://www.isb-gym8-lehrplan.de/contentserv/3.1.neu/g8.de/index.php?StoryID=26786):

Kriterien zur Bewertung mündlicher Sprachproduktion | Text 14.7

A2 A2+	Aussprache/ Intonation	Sprachliche Mittel/ Sprachrichtigkeit (Grammatik/Lexik)	Strategie/ Interaktion	Aufgabenerfüllung/ Inhalt
Evtl. Faktor	2	3	2	3
5 4,5	– artikuliert und betont verständlich und fast immer korrekt, auch in längeren Äußerungen – Gesprächstempo angemessen	– verwendet eine sehr große Bandbreite des erlernten Wortschatzes in grammatisch überwiegend korrekten Strukturen, die über einfache Satzmuster hinausgehen	– agiert/reagiert weitgehend mühelos in vertrauten Gesprächssituationen und in einfachen Routinegesprächen – geht geschickt auf den Partner ein und beantwortet einfache Fragen mühelos	– erfüllt die gestellten Aufgaben oder die vorgegebene Rolle in einfachen Routinegesprächen (Freizeit, Arbeit) und vertrauten Situationen in vollem Umfang
4 3,5	– artikuliert und betont meist verständlich und korrekt – gelegentliches, aber nicht störendes Zögern	– verwendet erlernten Wortschatz in angemessenem Umfang und grammatikalisch meist korrekte Strukturen, die über einfache Satzmuster hinausgehen	– agiert/reagiert in der Regel sicher in vorhersehbaren Gesprächssituationen – äußert sich gedanklich nachvollziehbar – geht auf den Partner ein	– erfüllt die gestellten Aufgaben oder die vorgegebene Rolle in einfachen Routinegesprächen (Freizeit, Arbeit) und vertrauten Situationen in angemessenem Umfang

LEISTUNGSBEWERTUNG

3 2,5	– artikuliert und betont insgesamt noch deutlich genug, um sich in kurzen Äußerungen verständlich zu machen – gelegentliche Ausspracheschwierigkeiten	– verwendet erlernten Wortschatz in angemessenem Umfang und einfache, grammatikalisch nicht immer korrekte Strukturen – das Verständnis ist noch gewährleistet	– agiert/reagiert in den meisten vorhersehbaren Gesprächssituationen noch angemessen – zeigt im Dialog wenig Initiative – hat Schwierigkeiten, sich kohärent zu äußern und das Gespräch in Gang zu halten	– erfüllt die gestellten Aufgaben oder die vorgegebene Rolle trotz gelegentlicher Schwächen (Abweichungen, fehlende Relevanz, Auslassungen) noch hinreichend
2 1,5	– Mängel in Artikulation und Betonung beeinträchtigen die Verständlichkeit – häufiges, teilweise störendes Zögern	– Mängel in Wortschatz und/ oder Grammatik beeinträchtigen die Verständlichkeit	– äußert sich in den meisten Gesprächssituationen bruchstückhaft – ergreift kaum die Initiative und geht auf den Partner nur sporadisch ein	– erfüllt die gestellten Aufgaben oder die vorgegebene Rolle nur noch mit erheblichen Einschränkungen
1 0,5	– häufige Mängel in Artikulation und Betonung beeinträchtigen die Verständlichkeit erheblich	– häufige Mängel in Wortschatz und/oder Grammatik beeinträchtigen die Verständlichkeit erheblich	– kann nur sehr begrenzt und mit viel Hilfe an vorhersehbaren Gesprächssituationen teilnehmen – verhält sich passiv	– erfüllt die gestellten Aufgaben oder die vorgegebene Rolle selbst in vertrauten, eingeübten Situationen nur ansatzweise
0	– unverständlich	– völlig unzureichend	– inadäquat	– Beitrag unbrauchbar

BE	50–44	43–37	36–31	30–25	24–17	16–0
Note	1	2	3	4	5	6

© ALP/Multiplikatoren, ISB, Mayrhofer (Landeskoordinatorin Moderne FS)

EVALUATION MÜNDLICHER LEISTUNGEN — Einheit 14

|Aufgabe 14.4

? Welchen Stellenwert sollte die Evaluation mündlicher Leistungen im Französischunterricht einnehmen? Kommentieren Sie die Entscheidung Bayerns zur verpflichtenden Durchführung einer mündlichen Klassenarbeit.

Evaluation des Hörverstehens

Neben dem Sprechen sind auch das Hörverstehen und das Hör-/Sehverstehen von Bedeutung und es gilt, auch dafür eigene Aufgaben und Testformate zu entwickeln. Das Hörverstehen selbst ist nicht direkt beobachtbar und kann nur durch Rückschlüsse aus dem Verhalten der Schülerinnen und Schüler rekonstruiert werden. Dabei sollte das Hörverstehen isoliert geprüft werden und Formate wie *multiple choice*-Tests, Wahr/Falsch-Aufgaben oder auch kurze Antworten sollten in den Testaufgaben dominieren. Hörtexte werden durch ihre monologische oder dialogische Struktur und auch nach ihrem Schwierigkeitsgrad unterschieden. Der Schwierigkeitsgrad ergibt sich aus der Sprechgeschwindigkeit, der Deutlichkeit der Aussprache, der Länge, der Anzahl der Gesprächsteilnehmer oder auch der Komplexität des Textes.

Da Hörverstehenstexte darüber hinaus auch authentisch sein sollen, bietet es sich beispielsweise an, die Lautsprecheransage eines Bahnhofes als Hörtext zu wählen. Mögliche Fragestellungen dazu könnten die Folgenden sein:

|Text 14.8

Ecoutez le haut-parleur à la Gare de l'Est à Paris. Cochez la bonne réponse.
Le train en provenance de Strasbourg arrive à
☐ 15.38
☐ 11.38
☐ 12.45
☐ 22.25
Le train à destination de Francfort part à
☐ 9.20
☐ 11.31
☐ 10.22
☐ 8.20
Les voyageurs sont priés de faire attention à leurs valises.
☐ vrai
☐ faux
M. Dupont est prié de se présenter à l'information.
☐ vrai
☐ faux

Durch die eindeutige Zuordnung der Antworten entspricht die Bewertung des Hörverstehens eindeutig den Gütekriterien der Testformate, d. h. Objektivität, Reliabilität und Validität.

Darüber hinaus beinhaltet die Gestaltung einer Hörverstehensaufgabe etliche Schwierigkeiten, da nicht allein das Hörverstehen, sondern auch die

Vertrautheit mit dem Prüfungsformat und die Konzentrationsfähigkeit beim Lösen einer solchen Aufgabe eine Rolle spielen.

14.4 | Sprachenzertifikate *DELF* und *DALF*

außerschulische Leistungsmessung

Leistungsmessung und Leistungsbewertung beziehen sich auf einen konstitutiven Bestandteil des Französischunterrichts innerhalb der Institution Schule. Darüber hinaus bestehen außerschulische Möglichkeiten der Evaluation der Leistungen im Französischen: die Sprachenzertifikate *DELF* (*Diplôme d'études en langue française*) und *DALF* (*Diplôme approfondie de langue française*). Auf Initiative des französischen Erziehungsministeriums werden diese standardisierten Zertifikate seit 1985 weltweit abgenommen und ermöglichen damit ein hohes Maß an Vergleichbarkeit. Neben dem allgemeinen *DELF* gibt es eine parallel angebotene Prüfung, das *DELF scolaire*, das inhaltlich genauer auf Alltagserfahrungen Jugendlicher abgestimmt ist. *DELF* bescheinigt damit Basiskenntnisse bzw. vertiefte Kenntnisse im Französischen, *DALF* bescheinigt Französischkenntnisse für berufliche Zusammenhänge und gilt als Zulassungsvoraussetzung für ein Studium in Frankreich. Das *DELF scolaire* (Baptiste/Marty 2010) wird häufig als externe Prüfung im Zusammenhang mit schulischem Französischunterricht angeboten und gilt beispielsweise in Bayern als Abschlussprüfung für den Französischunterricht der Realschule.

Aufgabenformate DELF/DALF

Analog zum Referenzrahmen werden die Fertigkeiten Hörverstehen, Leseverstehen, Sprechen und Schreiben getrennt getestet. Die Aufgabenformate entsprechen in ihrer Struktur den oben aufgeführten Testformaten und ermöglichen damit ein hohes Maß an Transparenz und Vergleichbarkeit. Inhaltliche Schwerpunkte der Aufgabenstellungen zielen auf die Bewältigung realistischer Kommunikationssituationen, wobei in den einzelnen Teilprüfungen rezeptive und produktive Kompetenzen verlangt werden. Die Dominanz des Alltagsbezugs und der Fokus auf die Fremdsprache als Mittel zur Kommunikation bedeuten gleichzeitig, dass der Umgang mit literarischen Texten sowie komplexe auf die Persönlichkeit bezogene Kompetenzen (*savoir-être*) vernachlässigt werden. Im Vordergrund steht eine Konzeption, der zufolge die Fähigkeiten von Lernenden zur Bewältigung authentischer kommunikativer Situationen getestet werden. Eine solche schulexterne Prüfung trägt somit nicht nur zu höherer Vergleichbarkeit der evaluierten Schülerleistungen bei, sondern fördert auch die Qualitätsentwicklung des Französischunterrichts (Helmke 2007).

Die Gestaltung und der Ablauf des *DELF* sind im Folgenden exemplarisch am Beispiel des *DELF 2nd degré* aufgeführt:

DELF 2ⁿᵈ degré

| Text 14.9

Nature des épreuves	Durée	Coef.	Prép.
A5 CULTURE ET CIVILISATION **Épreuves orales** – Entretien sur le thème choisi par le candidat (6 thèmes possibles, portant sur la France et le monde francophone: 1. travailler 2. se déplacer 3. étudier 4. les institutions 5. les pratiques culturelles 6. la civilisation et la culture contemporaines)	15 mn	1	30 mn
– Exposé sur un thème dans une perspective comparatiste, suivi d'un entretien avec le jury (thème au choix du candidat parmi les 6 thèmes énoncés ci-dessus)	15 mn	1	30 mn
Épreuve écrite – Compte rendu d'un ou plusieurs textes remis au candidat (thème au choix du candidat parmi les 6 thèmes énoncés ci-dessus)	1 h 30	2	

(Leupold 2002: 401)

Zielsetzungen und Aufgabenformate des *DELF* werden seit einigen Jahren in den Lehrwerken berücksichtigt, die Aufgaben zur Vorbereitung auf die Zertifikatsprüfungen enthalten. Sie entsprechen in ihrer Struktur den Anforderungen von *DELF* und tragen damit dazu bei, die Lernenden auf die Prüfungen vorzubereiten (z. B. Crismat 2004: 91).

DELF in Lehrwerken

Diese Zertifikatsprüfungen unterscheiden sich deutlich von den Rückmeldungen über den Leistungsstand von Lernenden, die in schulüblicher Notengebung oder einzelnen Kommentaren von Lehrkräften enthalten sind. Sie können sicherlich einen hilfreichen Beitrag zu einem an Kompetenzen orientierten Französischunterricht leisten, stellen andererseits – auch durch Prüfungsgebühren – Anforderungen an Lernende wie Eltern, die dem in Deutschland praktizierten Verständnis von Schule nicht entsprechen. Der Gewinn an externer und internationaler Vergleichbarkeit in der Evaluation der Schülerleistungen geht einher mit einem Fokus auf Französischkompetenzen, die sich an alltagspraktischen Bewältigungen von Kommunikationssituationen orientieren, und mit der Vernachlässigung bestimmter Bildungsinhalte.

LEISTUNGSBEWERTUNG

Zusammenfassung

In dieser Einheit haben Sie Funktionen, Methoden und Formate zur Messung und Bewertung von Leistungen im Französischunterricht kennengelernt. Neuere curriculare Texte beschreiben die Leistungsbewertung im Französischunterricht in Anlehnung an die Testgütekriterien Objektivität, Reliabilität und Validität. Dabei kommen Einflüsse des Gemeinsamen europäischen Referenzrahmens für Sprachen, von Schulvergleichsstudien wie PISA und VERA oder auch der Bildungsstandards zum Tragen. Leistungsmessung ist dementsprechend kompetenzorientiert und im Blick auf zu erreichende Standards angelegt. Dieser Fokus erweist sich von Vorteil für Vergleichbarkeit und Transparenz, jedoch werden bestimmte weniger eindeutig überprüfbare Kompetenzen ausgespart.

Aufgabe 14.5

? Sie diskutieren im Rahmen einer Fachkonferenz Französisch an Ihrer Schule Vorteile und Nachteile verschiedener Aufgabenformate für die Leistungsmessung und Leistungsbewertung. Sie vergleichen herkömmliche Klassenarbeiten des Französischunterrichts mit kompetenzorientierten Aufgaben, die Testgütekriterien entsprechen. Stellen Sie Ihre eigene Position begründet dar.

Literatur

Baptiste, Auréliane/Marty, Roselyne (Hg.) (2010): Réussir le DELF B2. Paris: Didier.

Crismat, Anne u. a. (2004): Tous ensemble 1. Stuttgart u. a.: Klett.

Lescure, Richard u. a. (2001): DELF A1, A2, A3, A4. 450 activités. Paris CLE International.

Europarat (2001): Gemeinsamer europäischer Referenzrahmen für Sprachen: lernen, lehren, beurteilen. Berlin u. a.: Langenscheidt.

Goscinny, René/Sempé, Jean-Jacques (2004): Histoires inédites du Petit Nicolas. Paris: IMAV Editions.

Helmke, Andreas (2014): Unterrichtsqualität und Lehrerprofessionalität. Diagnose, Evaluation und Verbesserung des Unterrichts. Seelze-Velber: Klett Kallmeyer.

Hinger, Barbara (2009): Diagnostik, Evaluation und Leistungsbewertung. In: Grünewald, Andreas/Küster, Lutz (Hg.): Fachdidaktik Spanisch. Seelze, Stuttgart: Kallmeyer, Klett, 269–310.

Klieme, Eckhard (Hg.) (2008): Unterricht und Kompetenzerwerb in Deutsch und Englisch: Ergebnisse der DESI-Studie. Weinheim, Basel: Beltz.

Leupold, Eynar (2002): Französisch unterrichten. Grundlagen, Methoden, Anwendungen. Seelze-Velber: Kallmeyer.

Neveling, Christiane (2000): Hörverstehen im Fremdsprachenunterricht. Psycholinguistische Grundsatzüberlegungen. In: Praxis des neusprachlichen Unterrichts 47: 3–9.

Porsch, Raphaela / Tesch, Bernd / Köller, Olaf (Hg.) (2010): Standardbasierte Testentwicklung und Leistungsmessung Französisch in der Sekundarstufe I. Münster: Waxmann.

Przyborski, Aglaja/Wohlrab-Sahr, Monika (2014): Qualitative Sozialforschung. Ein Arbeitsbuch. München: Oldenbourg.

Selinker, Larry (1972): Interlanguage. In: International Review of Applied Linguistics in Language Teaching 10/1: 209-231.
Tagliante, Christine (2005): L'évaluation et le cadre européen commun. Paris: CLE International.

Internet

Bayrisches Staatsministerium für Unterricht und Kultus (2007): Schulordnung für die Gymnasien in Bayern (Gymnasialschulordnung – GSO) vom 23. Januar 2007. http://www.gesetze-bayern.de/Content/Document/BayGSO

Senatsverwaltung für Bildung, Jugend und Sport Berlin (Hg.) (2006): Rahmenlehrplan für die gymnasiale Oberstufe. Französisch. https://www.berlin.de/sen/bildung/unterricht/faecher-rahmenlehrplaene/rahmenlehrplaene/mdb-sen-bildung-unterricht-lehrplaene-sek2_franzoesisch_neu2014.pdf

Institut zur Qualitätsentwicklung im Bildungswesen (IQB) (2014): VERA 8. Beispielaufgaben Französisch Sek I. Durchgang 2014. Une affaire. https://www.iqb.hu-berlin.de/vera/aufgaben/frz1

Kultusministerkonferenz (2003): Bildungsstandards für die erste Fremdsprache (Englisch/Französisch) für den mittleren Schulabschluss. Beschluss vom 4.12.2003. https://www.kmk.org/fileadmin/Dateien/veroeffentlichungen_beschluesse/2003/2003_12_04-BS-erste-Fremdsprache.pdf

Sachregister

Die Verweise beschränken sich auf die Seiten, auf denen Definitionen und Erläuterungen sowie Problem- und Anwendungskontexte des jeweiligen Begriffs zu finden sind.

Additiver Bilingualismus 87, 90
Alternative Methoden 50 f.
Altersfaktor 102 ff.
Anfangsunterricht 184, 193
Antirassismus 175
Arbeitstechnik 58 ff.
Assymetrischer Bilingualismus 87
Audiolinguale Methode 37 ff., 221
Audiovisuelle Methode 40 ff., 159, 221
Aufgabe 79, 81 ff., 165 f., 206, 234, 238, 240, 244
Aufgabenorientierung 81 ff., 159
Ausländerpädagogik 175
Aussprache 102, 123, 202
Authentizität 224
Autonomie siehe: Lernerautonomie

Begegnungssprachenmodell 106
Behaviorismus 37
Berufliches Selbstverständnis 20
Berufsbild 19 ff., 24
Berufswahl 18
Bildung 35, 82, 203 ff.
Bildungsstandard 12, 77 ff., 118, 203 ff.
Bilingualer Sachfachunterricht 91 ff.
Bilingualismus 86 ff.
Blended learning 64
Bottom up 119, 123, 201
Brückensprache 54

Community Language Learning 50
Computer assisted language learning 62
Content and Language integrated Learning (CLIL) 93
CREDIF 40
Critical Period Hypothesis 103
Curriculum 68 ff., 230
Curriculumtheorie 69

Deduktion 160, 162 ff.
Defizit-Hypothese 175
Deklaratives Wissen 118, 182, 237
Dekonstruktion 180
DELF, DALF 244 ff.
DESI 9, 12, 232

Didaktik 2
Didaktisierung 224
Differenz-Hypothese 175
Direkte Methode 35 ff., 39, 159

Einsprachigkeit 35 f., 38, 160, 165
E-Learning 62 ff.
Empirie 9
Erstsprache 4, 91, 95 f., 138
Erziehungswissenschaft 11
EuroComRom 54
Europaschule siehe: Staatliche Europa-Schule Berlin (SESB)
Evaluation 12, 68, 77, 232 ff., 235 ff., 239 ff., 243

Fachdidaktik 2 ff.
Faktorenkomplexion 7
Fehler 236 f.
Fertigkeit 119, 122
Fossilisierung 90
Français Fondamental 141
Frankophonie 86 f., 185
Fremdsprachendidaktik 3
Fremdverstehen 178 f.
Frühbeginn 104 ff., 110, 114

Gedächtnismodell 12, 142
Gemäßigter Konstruktivismus 60
Gemeinsamer europäischer Referenzrahmen für Sprachen 73 ff., 118, 121, 182 ff., 203, 231, 234, 237, 239 ff.
Grammatik 6, 111, 153 ff.
Grammatik-Übersetzungs-Methode 33 ff., 39, 159, 221

Habitualisierung 160
Handlungsorientierung 110
Heimlicher Lehrplan 68, 214
Hermeneutik 8, 177
Hör-/Sehverstehen 120 f.
Hörverstehen 119 f., 243
Humanistic Approach 51

Immersion 36, 88 ff., 91, 96, 110, 113

Induktion 160, 162 ff.
Input 77
Instruktion 60, 159, 162
Instruktivismus 61
Interdependenzhypothese 87 f.
Interferenz 54
Interkomprehension 64
Interkulturelle Didaktik 52 ff., 221
Interkulturelle Kommunikation 176
Interkulturelles Lernen 13, 93, 112, 174 ff.
Interkulturelles Missverständnis 177
Interlanguage-Hypothese 90 f., 237
Internet 63, 225
Intertextualität 198 f.

Kann-Beschreibung 74 f., 237
Kanon, literarischer 193, 196
Karteikasten 146
Kinder- und Jugendliteratur 193, 197 f.
Kognitionsorientierung 55 ff., 159
Kognitive Psychologie 57
Kognitivierung 160 f.
Kommunikative Didaktik 43 ff., 82, 159, 221
Kommunikative Kompetenz 43, 45, 118
Kompensationsstrategie 131
Kompetenz 23, 72, 78 ff., 118, 183 f.
   Ästhetisch-literarische Kompetenzen 203 ff.
   Funktionale kommunikative Kompetenzen 74, 118 ff., 203
   Methodische Kompetenzen 128 ff.
   Interkulturelle Kompetenzen 53, 181 ff., 186
   Soziale Kompetenzen 128 ff.
   Text-Medien-Kompetenz 133, 204
Kompetenzniveau 74
Konstruktivismus 57, 59 ff.
Kreativität 125, 206
Kritische Landeskunde 173
Kultur 180
Kulturkunde 172 f.
Kulturstandard 177
Kulturwissenschaft 11

SACHREGISTER

Landeskunde 172 ff.
Language awareness 12, 57 f., 91, 129
Lateralisierung 103
Lebensweltliche Mehrsprachigkeit 64
Leerstelle 124
Lehrbuch 212, 216
Lehrerausbildung 27
Lehrerforschung 24 ff.
Lehrgangsmodell 106 f.
Lehr-Lern-Verfahren 32
Lehrplan 45, 68 ff., 79 f., 181 f., 194 f., 212
Lehrwerk 112, 212 ff.
Lehrwerkanalyse 8 f., 216 ff.
Lehrwerkkritik 219
Leistungsbewertung 94, 98, 230 ff., 237 f., 241
Leistungsmessung 230 ff., 244
Lernen durch Lehren 62
Lernen lernen 55, 222
Lernen und erwerben 90
Lernerautonomie 12, 55 ff., 129, 143, 159
Lernersprache 91, 237
Lernpsychologie 12
Lernsoftware 150
Lernstrategie 12, 58 ff., 129 ff., 222
Lerntechnik 58 ff., 201
Lernziel 44
Lesekompetenz 124, 206
Lesen 124 f., 200 ff.
Lesetechnik 201 f.
Leseverstehen 123 ff., 208
Lingua franca 54
Linguistik siehe: Sprachwissenschaft
Literaturdidaktisches Modell 196 ff.
Literaturunterricht 166 f., 186 ff., 191 ff., 197
Literaturwissenschaft 10, 197

Mediation 127
Medien 40
Mehrspeichertheorie 144
Mehrsprachigkeit 13, 86 ff.
Mehrsprachigkeitsdidaktik 53 ff.
Mentales Lexikon 139 f.
Methode 32 ff., 221
Methodik 2
Mindeststandard 77
Mnemotechnik 146 f.
Monitor-Modell 90
Motivation 3, 23, 51, 57, 141, 148, 167 f., 192 f., 225
Mots images 146 f.

Multiple choice 79, 205 ff., 234, 238, 243

Natural Approach 51
Neue Medien 13, 62 ff.
Neusprachliche Reformbewegung 35
Niveau Seuil 141

Objektivität 233
Operationalisierung 78
Outcome 77, 82
Output 130

Partnersprache 95 ff.
Pattern drill 38 f., 42, 159
Performanz 52
Phasen des Unterrichts 165
PISA 9, 12, 124, 232 f.
Plateauphase 213
Postmoderne 180
Poststrukturalismus 180
Potenzieller Wortschatz 141
Produktiver Wortschatz 141
Professionalisierung 25
Progression 111, 157, 213
Prozedurales Wissen 118, 182
Psychodramaturgie linguistique 51

Radikaler Konstruktivismus 13, 60 f.
Rahmenrichtlinie 68 ff.
Reading literacy 124
Realienkunde 172
Referenzrahmen siehe: Gemeinsamer europäischer Referenzrahmen für Sprachen
Regelstandard 78
Reliabilität 233
Rezeptionsästhetik 197
Rezeptive Mehrsprachigkeit 54
Rezeptiver Wortschatz 141
Richtziel 70

Scanning 63, 202
Schreiben 125 ff.
Schwellenniveauhypothese 87 ff.
Selbstevaluation 234
Semantisierung 142 f.
Semilingualismus 87
Signalgrammatik 160
Simulation globale 62
Skimming 63, 202
Sprachbewusstheit siehe: *Language awareness*

Sprachenpass 76
Sprachenportfolio 76 ff.
Sprachenzertifikat 244 ff.
Sprachlabor 42
Sprachlehrforschung 12
Sprachmittlung 118 f., 127, 231
Sprachwissenschaft 10 f.
Sprechen 121 ff.
Staatliche Europa-Schule Berlin (SESB) 91, 95 ff., 222
Standard 227
Stationenlernen 62
Strukturalismus 37
Subjektive Theorien 25
Submersion 88, 91
Subtraktiver Bilingualismus 87
Suggestopädie 50
Superlearning 50
Symmetrischer Bilingualismus 87

Task based language learning 12, 81, 165
Testgütekriterien 233
Theorie der dualen Kodierung 145
Theorie der Verarbeitungstiefe 145
Theorie-Praxis-Bruch 27
Top down 119, 123, 201
Total immersion 36
Total physical response 50, 122
Transkulturalität 52, 179 f.

Übergang (Primarstufe/Sekundarstufe) 108
Übung 83
Unterrichtsmaterialien 223 ff.

Validität 233
Vergleichsarbeiten (VERA) 232, 234 f., 238
Verkehrssprache 54
Vermittelnde Methode 39 ff.
Vermittlungswissenschaften 11
Vokabel 138, 145 f.

Wesenskunde 171
Wörterbuch 149 f.
Wörternetz 147 f.
Wortschatz 55, 138 ff., 149, 221 f.

Zweisprachigkeit 86 ff., 95 ff., 160, 165
Zweitsprache 4, 88 ff.
Zweitspracherwerbsforschung 90

Text- und Abbildungsverzeichnis

Text 1.1: Daudet, Alphonse (1908). Contes du Lundi. Paris: Fasquelle, S. 5–12. **Text 2.4:** Pica & Erroc (2000): Les Profs. Tome 1: Interro surprise. Charnay-lès-Mâcon: Bamboo Edition, S. 4 f. © Bamboo Edition – Erroc & Pica. **Text 2.5:** Lipowsky, Frank (2006): Auf den Lehrer kommt es an. Empirische Evidenzen für Zusammenhänge zwischen Lehrerkompetenzen, Lehrerhandeln und dem Lernen der Schüler. In: Allemann-Ghionda, Cristina/Terhart, Ewald (Hg.): Kompetenzen und Kompetenzentwicklung von Lehrerinnen und Lehrern: Ausbildung und Beruf. Weinheim und Basel: Beltz, 47–70. (Zeitschrift für Pädagogik, 51. Beiheft), S. 64 f. **Text 3.1:** Strohmeyer, Fritz (1949): Études françaises: Grammatik. Neue französische Sprachlehre. Stuttgart: Ernst Klett Verlag. **Text 3.2:** Guberina, Pierre/Rivenc, Paul (1966): *Voix et images de France. Cours audio-visuel de français.* Livre de l'élève. COURS CRÈDIF. Paris: Didier, S. 10. **Text 3.3:** Piepho, Hans-Eberhard (1973): Moderne Unterrichtsgestaltung. Stundenvorbereitung Englisch für die Klassen 5–10. 30 Beispiele. Limburg: Frankonius, S. 22 f. **Text 3.4:** Bayerisches Staatsministerium für Unterricht und Kultus (2016): LehrplanPLUS für das Gymnasium in Bayern. Fachprofile Moderne Fremdsprachen. http://www.lehrplanplus.bayern.de/fachprofil/gymnasium/franzoesisch/auspraegung/moderne%20fremdsprachen **Text 4.1:** Beutter, Monika (1995): Découvertes série verte, Seite 77, ISBN 3-12-523250-3 © Ernst Klett Verlag GmbH, Stuttgart, 1995. **Text 4.2:** Martinez, Hélène (2008): Du rapport aux savoirs: l'autonomie comme pratiques. In: französisch heute 39/3: 214–228, S. 218. **Text 4.3:** Belaval-Nink, Sandrine u. a. (2004): Tout va bien. Lehrwerk für den Französischunterricht. Band 1 © Bildungshaus Schulbuchverlage Westermann Schroedel Diesterweg Schöningh Winklers GmbH www.diesterweg.de, S. 53. **Text 5.1:** Hessisches Kultusministerium (2016): Kerncurriculum Gymnasiale Oberstufe. Französisch. https://kultusministerium.hessen.de/sites/default/files/media/kcgo-f.pdf S. 34 ff. **Text 5.2:** Bayerisches Staatsministerium für Unterricht und Kultus (1982): Curricularer Lehrplan für Französisch als 3. Fremdsprache in der 9. und 10. Jahrgangsstufe des Gymnasiums Bayern. In: Amtsblatt des Bayerischen Staatsministeriums für Unterricht und Kultus, Teil I. Sondernummer 14. München, 26. Mai 1982, S. 354. **Text 5.3:** Ministerium für Schule und Weiterbildung, Wissenschaft und Forschung des Landes Nordrhein-Westfalen (Hg.) (1999): Sekundarstufe II, Gymnasium/Gesamtschule. Richtlinien und Lehrpläne. Französisch. In: Schriftenreihe Schule in NRW, Nr. 4705. Frechen: Ritterbach, S. 13. **Text 5.4:** Ebd., S. 84. **Text 5.5:** http://www.unifr.ch/ids/Portfolio/pdfs/pf-neu-d/d-kopiervorlagen.pdf **Text 5.6:** Belaval-Nink, Sandrine u. a. (2004): Tout va bien. Cahier d'activités 1 © Bildungshaus Schulbuchverlage Westermann Schroedel Diesterweg Schöningh Winklers GmbH www.diesterweg.de, S. 31. **Text 5.7:** Kultusministerkonferenz (2003): Bildungsstandards für die erste Fremdsprache (Englisch/Französisch) für den mittleren Schulabschluss. Beschluss vom 4. 12. 2003. https://www.kmk.org/fileadmin/Dateien/veroeffentlichungen_beschluesse/2003/2003_12_04-BS-erste-Fremdsprache.pdf **Text 5.8:** Hessisches Kultusministerium (2011): Bildungsstandards und Inhaltsfelder. Das neue Kerncurriculum für Hessen. Sekundarstufe I – Gymnasium. Moderne Fremdsprachen. https://kultusministerium.hessen.de/sites/default/files/media/kerncurriculum_moderne_fremdsprachen_gymnasium.pdf S. 15 f. **Text 7.1:** Morgenstern, Susie (1984): La sixième. Paris: l'école des loisirs, S. 10 f. **Text 7.2:** Bernd, Claudia u. a. (2004): Toi et moi 2. Lehrerband. Leipzig, Stuttgart, Düsseldorf: Ernst Klett Grundschulverlag, S. 5. © Ernst Klett Verlag GmbH, Stuttgart 2004. Alle Rechte vorbehalten. www.klett.de **Text 7.3:** Bernd, Claudia u. a. (2004): Toi et moi 2. Lehrerband. Leipzig, Stuttgart, Düsseldorf: Ernst Klett Grundschulverlag, S. 20. © Ernst Klett Verlag GmbH, Stuttgart 2004. Alle Rechte vorbehalten. www.klett.de **Text 8.1:** Europarat (2001): Gemeinsamer europäischer Referenzrahmen für Sprachen: lernen, lehren, beurteilen. Berlin u.a.: Langenscheidt, S. 63. **Text 8.2:** Ebd., S. 78. **Text 8.3:** Ebd., S. 93. **Text 8.4:** Ebd., S. 74. **Aufgabe 8.5:** Alamargot, Gérard u. a. (2005): Découvertes 2, Seite 117, ISBN 3-12-523821-8 © Ernst Klett Verlag GmbH, Stuttgart, 2005 **Text 8.5:** https://www.iqb.hu-berlin.de/bista/abi/franzoesisch/aufgaben **Text 8.6:** Europarat (2001): Gemeinsamer europäischer Referenzrahmen für Sprachen: lernen, lehren, beurteilen. Berlin u.a.: Langenscheidt, S. 62 f. **Text 8.7:** Nach Oxford, Rebecca L. (1990): Language Learning Strategies. What every teacher should know. Boston, MA: Heinle & Heinle, S. 17. **Text 8.8:** Ministerium für Kultus, Jugend und Sport Baden-Württemberg (2016): Bildungsplan 2016. Französisch als erste Fremdsprache. http://www.bildungsplaene-bw.de/site/bildungsplan/get/documents/lsbw/export-pdf/depot-pdf/ALLG/BP2016BW_ALLG_GYM_F1.pdf, S. 17 ff. **Text 9.1:** Neveling, Christiane (2007): Lernstrategie: Wörternetze. In: Der Fremdsprachliche Unterricht

Französisch 90: 2–8, S. 6.   **Text 10.1:** Erdle-Hähner, R./Klein, Hans-Wilhelm (Hg.) (1972): Etudes Françaises Ausgabe B Teil 2. S. 144, ISBN 3-12-529500-9 © Ernst Klett Verlag GmbH, Stuttgart, 1972.   **Text 10.2:** Bruckmayer, Birgit u. a. (2004): Découvertes 1, S. 88, ISBN 3-12-523801-3 © Ernst Klett Verlag GmbH, Stuttgart, 2004.   **Text 10.3:** Prévert, Jacques (1949): Paroles. Paris: Gallimard. © Éditions Gallimard.   **Text 10.4:** Gregor, Gertraud (2001): Réalités 1. Nouvelle édition. Grammatikheft. Berlin: Cornelsen, S. 20.   **Text 10.5:** Lübke, Diethard (2006): Französische Grammatik zum Nachschlagen. © Bildungshaus Schulbuchverlage Westermann Schroedel Diesterweg Schöningh Winklers GmbH www.diesterweg.de, S. 19.   **Text 10.6:** Gauvillé, Marie u. a. (2006): Cours intensif 1, S. 27, © Ernst Klett Verlag GmbH, Stuttgart 2006.   **Text 10.7:** Sternberg, Jacques (1993): *La vengeance* in «Contes griffus» Paris, Denoël, S. 125. © Éditions Denoël, 1993.   **Text 10.8:** Queneau, Raymond (1989): «L'écolier». In: Battre la campagne, Paris: Gallimard, S. 433–526. S. 513. © Éditions Gallimard.   **Text 11.1:** Bär, Hansjörg/Fischer, Wolfgang (2002): Nouveaux Horizons 1. Nouvelle Edition. Stuttgart, Leipzig: Klett, S. 93.   **Text 11.2:** Hessisches Kultusministerium (2010): Lehrplan Französisch. Gymnasialer Bildungsgang. Jahrgangsstufen 5G bis 9G. https://kultusministerium.hessen.de/sites/default/files/media/g8-franzoesisch.pdf S. 3.   **Text 11.3:** Conseil de l'Europe (2001): Cadre européen commun de référence pour les langues. Paris: Didier, S. 16 f.   **Text 11.4:** Crismat, Anne u. a. (2004): Tous ensemble 1, Schülerbuch (523901), S. 73. © Ernst Klett Verlag Gmbh, Stuttgart 2004.   **Text 11.5:** Pelz, Manfred (1998): Passages 1. Lehrwerk für den Französischunterricht © Bildungshaus Schulbuchverlage Westermann Schroedel Diesterweg Schöningh Winklers GmbH www.diesterweg.de, S. 52.   **Text 11.6:** Caraccioli, Louis-Antoine (1777): Paris, le modèle des nations étrangères ou l'Europe française. Zitiert nach Kulessa, Rotrand/Geth Catriona (ltg.) (2017): L'idée de l'Europe au Siècle des Lumières. Cambridge, MK: Open Book Publishers, S. 48 f.   **Text 12.1:** Pennac, Daniel (1992): Comme un roman. Paris: Gallimard, S. 162. © Éditions Gallimard.   **Text 12.2–Text 12.4:** Bayrisches Kultusministerium (2006): Lehrplan für das Gymnasium in Bayern. Moderne Fremdsprachen. http://www.isb-gym8-lehrplan.de/contentserv/3.1/g8.de/index.php?StoryID=26366,   http://www.isb-gym8-lehrplan.de/contentserv/3.1/g8.de/index.php?StoryID=26499   **Text 12.5:** Gudule (2001): Regardez-moi. Paris: Flammarion, S. 5–7.   **Text 12.6:** Hugo, Victor (1956): Les contemplations. Paris: M. Lévy (zitiert nach: (1973): Les contemplations. Paris: Gallimard, S. 226.   **Text 12.7:** Kultusministerkonferenz (2003): Bildungsstandards für die erste Fremdsprache (Englisch/Französisch) für den mittleren Schulabschluss. Beschluss vom 4. 12. 2003. https://www.kmk.org/fileadmin/Dateien/veroeffentlichungen_beschluesse/2003/2003_12_04-BS-erste-Fremdsprache.pdf   **Text 13.1:** Hessisches Kultusministerium (2010): Lehrplan Französisch. Gymnasialer Bildungsgang. Jahrgangsstufen 5G bis 9G. https://kultusministerium.hessen.de/sites/default/files/media/g8-franzoesisch.pdf S. 11.   **Text 13.2:** Krumm, Hans-Jürgen (1994): Stockholmer Kriterienkatalog. In: Kast, Bernd/Neuner, Gerhard (Hg.): Zur Analyse, Begutachtung und Entwicklung von Lehrwerden für den fremdsprachlichen Deutschunterricht. Berlin u. a.: Langenscheidt, 100–104. S. 104.   **Text 13.3:** Crismat, Anne u. a. (2004): Tous ensemble 1, Schülerbuch (523901), S. 71. © Ernst Klett Verlag Gmbh, Stuttgart 2004.   **Aufgabe 13.4:** Etudes Françaises, S. 39 © Ernst Klett Verlag GmbH, Stuttgart, 1968 ISBN 3-12-529500-X   Etudes Françaises. Echanges, S. 55. © Ernst Klett Verlag GmbH, Stuttgart, 1983 ISBN 3-12-522800-X   Bufe, Wolfgang u. a. (1998): Passages. Band 2, S. 58. © Bildungshaus Schulbuchverlage Westermann Schroedel Diesterweg Schöningh Winklers GmbH www.diesterweg.de   Bächle, Hans u. a. (2005): À plus! Band 2. Französisch für Gymnasien. Berlin: Cornelsen, S. 80.   **Text 13.4:** Erdle-Hähner, R./Klein, Hans-Wilhelm (Hg.) (1972): Etudes Françaises Ausgabe B Teil 2. S. 142, ISBN 3-12-529500-9 © Ernst Klett Verlag GmbH, Stuttgart, 1972.   **Text 13.5:** Bächle, Hans u. a. (2005): A plus! Band 2, S. 73, ISBN 9783464220689 © Cornelsen Verlag GmbH 2005.   **Text 13.8:** Mößer, T. u. a. (1998): Parcours. Französisch für die Oberstufe. Berlin: Cornelsen, S. 95.   **Text 14.1:** Senatsverwaltung für Bildung, Jugend und Sport Berlin (Hg.) (2006): Rahmenlehrplan für die gymnasiale Oberstufe. Französisch. https://www.berlin.de/sen/bildung/unterricht/faecher-rahmenlehrplaene/rahmenlehrplaene/mdb-sen-bildung-unterricht-lehrplaene-sek2_franzoesisch_neu2014.pdf S. 7 f.   **Text 14.2:** Ebd., S. 15.   **Text 14.3:** Institut zur Qualitätsentwicklung im Bildungswesen (IQB) (2014): VERA 8. Beispielaufgaben Französisch Sek I. Durchgang 2014. Une affaire. https://www.iqb.hu-berlin.de/vera/aufgaben/frz1 S. 30.   **Text 14.4:** Sempé, Jean-Jacques/Goscinny, René (2004): Histoires inédites du Petit Nicolas. Paris: IMAV Éditions.   **Text 14.5:** Bayrisches Staatsministerium für Unterricht und Kultus (2007): 2235-1-1-1-UK. Schulordnung für die Gymnasien in Bayern (Gymnasialschulordnung – GSO) vom 23. Januar 2007. http://www.gesetze-bayern.de/Content/Document/BayGSO   **Text 14.7:** Bayrisches Staatsinstitut für Schulqualität und Bildungsforschung in München (ISB) (http://www.isb-gym8-lehrplan.de/contentserv/3.1.neu/g8.de/index.php?StoryID=26786): © ALP/Multiplikatoren, ISB, Mayrhofer (Landeskoordinatorin Moderne FS)   **Text 14.9:** Leupold, Eynar (2002): Französisch unterrichten. Grundlagen, Methoden, Anwendungen. Seelze-Velber: Kallmeyer, S. 401.